中國的現代國家構造

CIVITAS 思想共和國

朱國斌 主編

# 中國的現代國家構造
## 下卷 憲政轉型

# Construction of the Modern State in China
## Volume III: Constitutional Transformation

任劍濤

CITY UNIVERSITY OF
HONG KONG PRESS
香港城市大學出版社

編　輯　陳小歡
封面設計　蕭慧敏　Création 城大創意製作



國際統一書號：978-962-937-418-1

出版

香港城市大學出版社
香港九龍達之路
香港城市大學
網址：www.cityu.edu.hk/upress
電郵：upress@cityu.edu.hk



**Construction of the Modern State in China**
Volume III: Constitutional Transformation
(in traditional Chinese characters)

ISBN: 978-962-937-418-1

Published by

City University of Hong Kong Press
Tat Chee Avenue
Kowloon, Hong Kong
Website: www.cityu.edu.hk/upress
E-mail: upress@cityu.edu.hk

Printed in Hong Kong

# 目錄

## 下卷　憲政轉型

# 上卷目錄

## 黨國結構

# 中卷目錄

## 黨治國家

# 下卷

# 憲政轉型

導論

# 在「國家——社會」理論視野中的憲政中國

自晚清以來，中國一直走在建構現代國家的路途上。但延宕至今，中國作別古典帝國、建構現代民族－國家（nation state）的任務仍未完成。這結果，自然是多重原因導致的。從理論的角度來看，中國建構現代國家的任務之所以未完成，是因為沒有能夠確立起真正現代的政治理論視界。長期以來，人們習慣於從國家建構的單一視角，審視中國的國家形態轉變問題。在這樣的視界中，「社會」（the society）建設似乎與國家建構無甚關聯。其實，在現代憲政民主的國家建構中，國家－社會（the state vs. the society）的二元對應建構，是真正有助於建構現代國家的基礎條件之一。就此而言，確立國家－社會理論視野中的憲政中國理論論證進路，並對之進行較為深入、有系統的理論－歷史分析，就具有不言而喻的必要性與重要性。

## 一、為憲政中國確立理論視界

建構現代中國，乃是一個國家建構（state construction）的理論努力與實踐進程交織而成的社會政治變遷過程。這是自晚清以來中國政治變遷最為重要的，也是致力建國的理論家與政治家所共同突顯的國家轉型主題。

晚清中國遭遇的國家轉型，是一個古典帝國向現代民族國家轉變的天崩地裂過程。「天崩」，意味着為中國古典政治秩序安排進行政治哲學辯護的體系的崩潰；「地裂」，象徵着中國古代典章制度和社會風俗的結構性裂變。前者的指向是理論上的，後者的指向是現實實踐層面的。前者，是一個思想史必須解釋的問題；後者，則是一個政治史必須清理的難題。從思想史的角度看，中國從古典帝國向現代國家的轉變，就是一個回顧古典帝國的統治哲學、理解現代國家的國家哲學，及清晰把握古典統治哲學向現代國家哲學轉變的思想整理問題。從政治史的角度審視中國從古典帝國的制度建構向現代憲政民主國家的轉變，就是一個逆溯中國古典帝國政治秩序、觀察現代國家政治制度，並在兩端之間發現古典政治向現代轉變的必然性或不可逆性。這是一個極其複雜微妙卻非經深入解析就不得要領的宏大問題。

首先，從政治史的角度看，晚清國家轉軌的政治大變局，是一個古典國家遭遇現代國家挑戰後必然出現的歷史性局面。作為一個龐大而具有相當實力的古典中國，它在政治上具有一整套制度建制，這套制度在基本結構上維持了兩千餘年不變。但這樣的維持，是在缺乏強而有力競爭者才發生的。古典時代是一個地域化發展的時代，在東亞，尤其是遠東這片土地上，古典中國的典章制度不僅成為中國的制度建構成果，更成為這一地區的其他國家如朝鮮、日本等國家制度建構的理路，養成了中國對古典制度的自信和信賴。

> 通過對歷史上亞洲區域內的各種關係進行研究之後，我們不難發現，以中國為核心的與亞洲全境密切聯繫存在的朝貢關係，以及在此基礎上形成的朝貢貿易關係，是亞洲而且只有亞洲才具有的唯一的歷史體系。亞洲區域內的各種關係，是在以中國為中心的朝貢關係、朝貢貿易關係中形成的，這種關係是歷史上形成的聯結亞洲各國各地區的內在的紐帶。[1]

但到了清朝，一種完全不同於遠東政治文明模式的、「西方」政治文明與之發生碰撞，「東方」的政治文明的缺陷，展露無遺。恰如法國學者佩雷菲特在《停滯的帝國》中指出，在英國人馬戛爾尼使華的事件上，所體現的「第一個爆發工業文明的國家和最傑出的文明國家之間高傲的相遇」，可悲的不是馬戛爾尼談論的使華時期因磕頭而引發的兩國交流悲劇，而是馬戛爾尼指出此後中國的政治觀念反應機制，歷百餘年不變，「一九六〇年的中國人仍贊同乾隆對馬戛爾尼使華團的看法，這突出地表現了這種連續性。歷史教科書，大學課本，以及我與之交談的知識分子都用馬克思的語言支持傳統的觀點。馬戛爾尼的態度是『帝國主義的』、『資本主義的』和『殖民主義的』。所有人都贊同乾隆的嚴厲的回答：『朕無求於任何人。爾等速速收起禮品，啟程回國。』毛不久前遣返蘇聯技術人員和『顧問』時也是這樣做的，他當時宣佈說：『我們要自力更生』。」[2]

中國對自己面臨國家轉型而形成的結構性反應機制，造成現代國家建構的嚴重滯緩。但是，從晚清到中華民國和中華人民共和國的政治歷史中，還是對現代國家建構做出了緩慢的適應性改變。這種改變，就是三個政權體制中的人們對現代國家建構的憲政民主體制的制度認同，在總體上維持着一個政治上的自覺或不自覺、自願或勉強的認可態度。晚清的制憲、中華民國的立憲、中華人民共和國的制憲與修憲，一直是三個政權體制中的政治家和政治思想家們熱衷或不得不從事的政治要務。恰如論者所言，「近代一百多年中，中國人從初步認識和傳播民主思想，到逐漸提出並嘗試以改革或革命的手段建立某種西方式的民主制度，經過曲折的奮鬥而最終沒有取得成功。這就是西方民主在近代中國的命運。」[3] 這一斷言，既切中了中國建構現代國家的大失敗這事實，也勾畫出中國建構憲政民主的現代國家的政治史主線。對這主線，坊間已經有為數眾多的專門著作問世，並已經成為中國現代政治史研究的參考，因此本章不再細述。[4] 簡而言之，這條政治史線索顯現為現代國家建構的人民主權原則的中國認同，致力於建構現代中國人對於憲政民主的價值認取與制度傾慕，在中西比較中對經濟繁榮、法治秩序、現代文化及其對中國古典傳統的取代之勢的全心承諾，在這些政治觀念的驅動下，中國展現出一種要告別古典帝國、努力建構現代國家的政治變遷趨勢。可見，中國建構現代國家的過程中，乃是一個政治史與思想史共同展現的政治轉軌。

其次，從思想史的角度看，中國從古典帝國向現代民族國家的轉變，是一個投射到三個介面的思想史大事件。之所以說它是一個思想史大事件，原因在於，像中國這樣地域廣袤、人口眾多、歷史悠久、傳統深厚，尤其是在古典狀態下將國家治理得井然有序的國家，為什麼一旦與現代國家接觸，便處於如此被動的位置，最後分崩離析，陷入無法收拾的革命亂局，以至於到了今天，通過革命建國的任務尚陷在革命困局之中而難以自拔？這是國家轉軌的思想史研究者無法回避的重大問題。之所以說它是投射到三個介面的複雜問題，是因為不在古典帝國的統治哲學、現代國家的國家哲學與它們相互之間的思想承接關係三個支點上去理解中國的國家轉軌，就不能在思想觀念上理解國家轉變的要領。在這三個支點的研究上，論著汗牛充棟。但由於人們只重點關注第三個支點，因此圍繞這一支點提出的種種解釋，不足以促進人們形成關於中國國家轉軌的共識。不寧唯是，還造成人們以前卷所述的抵抗帝國主義、殖民主義的姿態抗拒現代國家的建構。為此，有必要在肯定中國古典帝國時代統治哲學的現代性價值基礎上，釐清古典政治智慧的現代效用；同時，弄清起源於西方的現代國家國家哲學之地方化知識（local knowledge）和全球性意義（global meaning）的不同涵義，進而知曉中國現代建國的自身存在論處境，避免陷入簡單的對抗性知識論陷阱之中。最後，以一種歷史理性的精神，認取源自中國自身變遷所註定的、接受、轉進並創新的現代國家建構理念，跳出中西對峙的傳統—現代二元思維，順應中國歷史演進的大趨勢。而這種順應，就體現為人們對建構現代國家必然面對的國家—社會結構的承諾，以及在這一承諾的前提條件下，將國家權力的現代建構與現代社會的精心培育貫通起來，致力營造一種現代國家哲學和社會自治相互關聯且積極互動的嶄新政治理念。只有在這種複雜的思維中，才足以確定憲政中國建構的恰當理論視界（proper theoretical vision）。誠如論者所指出，探究現代國家就必須了解現代社會，因為在現代，「國家是存在於社會之中的，在一定程度上，它被社會構造；相應地社會被國家所型塑。」[5] 即使國家與社會各自的結構與功能可以分開審視，但需知這種審視總是在兩者的關聯性視角展開的，因為唯有在這種關聯性視角中，憲政民主的現代國家建構，其複雜的內涵才會展現在人們面前。

國家—社會的二元結構，何以為憲政民主制度奠立堅實基礎的呢？因為只有在國家—社會的二元結構中，國家建構的任務——既為國家提供穩定的制度供給，又為社會輸送可靠的法律保障。如果建構國家不以社會的優先性為前提，就無法化解國家建構的重大張力——自然狀態中的戰爭定局與市民社會裏的和平之間的緊張。只有將國家「視為一種負有維護和整修雙重功用並因此『完善』自然社會的工具」，國家權力才能受到嚴格規範，既周全限制和有效規範了國家權力，又促使人們接受法律的統治。其中，國家決策者與公民形成了委託—代理的關係。代理者經由選舉產生，以法律作為統治手段，致力保護公民的生命、財產與自由權利。如果國家決策者的行為與託付者的意願相違背，他們就等於向託付者宣戰，「在這種意義上的宣戰情況下，選民們就解除了對現行國家當局的義務，甚至可以通過暴力反抗自由地創建新的政治當局」，並由此恢復國家的立憲秩序。[6] 這樣的憲政建構，遠較所謂安全國家、普遍國家、民主國家的合理性程度要高，它早已經構成現代國家型態的主流或正位，並且是矯正現代國家建構的錯位情形的基本座標——像德國那樣的普遍國家型態、蘇聯般的絕對民主國家，試圖回歸現代國家的行列，都不得不以憲政民主國家為參照。起自十八世紀，經歷兩個多世紀演進的憲政民主制度，確實具有它建構強大而穩定、有序且具活力的現代國家型態的基本制度功能。

如前所述，中國從古典帝國躍遷到現代憲政民主國家，已然成為國家轉軌的事實必然。在國家轉軌的理論籌備與實踐推進兩個建國面向中，人們會明顯察覺到政治實踐推着政治理論向前走的態勢。這是中國建構現代國家處於理論貧困狀態的顯著標誌。為此，需要在上述理論視界中，重新確立推進國家走向憲政民主軌道的政治方向，並為此聚集國家建構的理論資源。

## 二、國家的限定性

建構現代國家（the modern state），有一個自生自發過程的產物與人為建構過程的產物兩種類型的差異。這是一種承諾現代國家都是人為建構的結果後，對國家建構中基於進化理性和立於建構理性的進路做出的相對區分。對於自生自發秩序（the spontaneous order）基礎上建構的現代國家而言，從歷史傳統中誕生現代國家，是一個波瀾不驚的、自然而然的轉變過程。對於人為建構的現代國家（artificial state）來説，即對那些處在必須建構現代國家卻又具有自己獨特的歷史—文化傳統的古典國家來説，則是一個交織着國家建制和現代國家轉型的複雜轉變過程。

這是兩種需要相對仔細來比較説明的國家建構類型。前者的典範是英國，後者的代表國家是德國。它們兩者在建構現代國家的實踐推進與理論回應上，極具比較分析的政治理論價值：因為這樣的比較，突顯出健全的現代國家建構的基本進路，也同時顯現出必須盡量避免走上畸形的現代國家建構歧路。

對英國而言，它是第一個完整意義上的現代國家。但是，英國建構現代國家與所有其他國家的情形大為不同。作為第一個工業化社會，英國是人類歷史上首個告別傳統社會，進入現代社會的國家，但是，這樣的歷史進程並不始於英國。早在英國之前，葡萄牙、西班牙等國就開始了地理探險，以殖民征服者的姿態侵入此前在歐洲人視野之外的美洲，打破了人類處於古典社會階段的區域化發展態勢，展現出一幅現代「世界」的圖景。其後，荷蘭人發現並將現代商業體系規範化，從而贏得了現代早期國家競爭的經濟優勢。但是，由於這三個國家都未能將領土擴張、經濟發展、社會進步與國家建構緊密地結合，故未能成為在完整意義上堪稱典範的現代國家。經過大約三個世紀的國家競爭，最後還是英國力拔頭籌，完成了現代國家的建構。人們對這一國家間競爭過程進行過精彩的描述，「發生於一六六〇至一八一五年的大國之爭，但這些戰爭很難輕易地概括為一個大集團與許多對手之間的鬥爭。在這個紛亂動盪的時期，西班牙、荷蘭等以前的一流強國正淪為二流國家；法國、英國、俄國、奧地利、普魯士這五個主要大國脱穎而出，逐漸主宰了十八世紀歐洲的外交，並進行了一系列長期的聯盟（這些聯盟的成員變化很快）戰爭。在這一時期，最初由路易十四、後來又由拿破崙統治的法國，比歷史上任何國家都更接近於控制整個歐洲。但是，它的努力總是由於其他強國組成的聯盟反對而無法實現，至少是功敗垂成。由於到十八世紀初期供養龐大的常備軍和國家艦隊耗資巨大，能夠建立先進的銀行借貸系統的國家（如英國）比金融系統落後的對手，享有多方面的優勢。……在十八世紀中葉之後，英國發生了工業革命。這使它更有能力在海外建立殖民地和挫敗拿破崙統治歐洲的企圖。」[7]

儘管這樣的敍述還是局限在經濟領域，但着眼於戰爭聯盟關係，已經顯示了英國在現代國家建構中以制度創新作為國家競爭的重要支柱，從而在現代國家建構中脱穎而出的關鍵資訊。英國人在國家建構上形成了制度上相互呼應的體系化建制，並且成功對接了現代與傳統，以漸進積累的方式完成現代國家建構。除了上述的經濟體制的創新機制，英國人令人矚目的現代政制創制，是其領先於歐洲其他國家在國家建構上率先實現國家現代轉型的決定性原因。而英國人在政制上的創制，一方面倚賴其政治家對保守的國家建構的漸進探索，另一方面則與思想家對現代國家建構理論的積極應對和有力籌劃緊密相關。就前者而言，英國人自一二一五年由國王與貴族達成《大憲章》以來，規範國家權力的努力就未曾中斷過。「一二一五年存留至今的一些條款反映了英國法和行政管理的持續發展。《大憲章》一度不是作為博物館檔去封存，而是作為英格蘭普通法的一部分得到維護，並且根據法律需要的功能而保持或廢止。現在存留下來的多數條款都與個人自由相關，這反映了一二一五年原初法案的性質。它是具有可適用性的。這是它最大和最重要的特徵。」[8] 英國人建構現代國家的最大政治成就，不是在結果上顯示的那個現代國家結構，而是他們富有耐心地、漸進地推進的國家建構，從而避免了建構現代國家政治上的過度緊張，及由此導致的不健全的國家建構「急就章」。

就後者，即英國人對現代政治理念的理論推敲而言，英國人對基於個人自由的現代經濟—政治觀念進行了系統的、富有現實成效的理論闡釋。不說霍布斯這一線對個人主義理念的一貫性伸張，僅就約翰·洛克對於國家建構的契約論的申述，對於國家權力的憲制性設計，對於社會權利優先性的張揚，就顯現出一條直接追溯到聖托馬斯，承接哈里法克斯、胡克等人的思想傳承線索。[9] 而就英國人成功闡釋現代政府與企業關係，從而為現代國家創造財富的方式，即市場經濟，提供了理論辯護而言，亞當・斯密在《國富論》一書中對自由放任的市場經濟理念的申述，已經足以啟發人們將政府的宏觀政策調控限定在規範的權力領域，將市場的資源配置作為政府不可隨意干預的空間以保衛現代政企關係理念。這一理念，進一步確立了洛克從國家—社會關係、權力—權利結構上對國家權力做出的限制和規範，促使國家權力尊重公民在市場領域中的資源配置權利。[10] 將現代國家在漸進的歷史過程中，建構國家權力受到控制和規範、公民權利受到周全保護的機制，是英國人對現代國家建構所作出不可替代的最大貢獻。

德國的國家建構進路及其結果卻與英國形成鮮明對比。德國是後起的現代國家，因此，國家建構的政治張力與理論緊張都是顯而易見的。毫無疑問，各個民族在自己的歷史文化傳統上建構現代國家的努力，都會呈現出這兩種張力。差別僅僅是，像英國那樣內生、先發的現代國家建構，不至於構成建構現代國家的引導性甚至決定性力量，而像德國般的後發外生現代國家建構緊張，就成為建構現代國家的主導性力量，以至於在建國過程中不斷衍生歧路，將國家建構引向難以化解的悲劇。從政治史的視角看，德國建構現代國家的緊張感是受到法國大革命催生的結果。法國的革命建國，一方面鼓舞了正致力於建構現代國家的德國政治活動家，促使他們依照法國革命，更準確地説，是依照法國過濾了的英國建國模式，搭建德國的現代國家框架。另一方面，則必然導致理想的建國模式與德國政治傳統及其歷史文化現實之間的劇烈衝突。需知在法國發生現代建國的革命風潮的時候，德國的國家發展正處在君主專制向現代國家轉變的艱難時刻，君主代表的舊式國家力量與建構現代民族國家的新興政治勢力之間的鬥爭，處在一個令人焦灼的拉鋸狀態。一來法國的恐怖革命與帝國主義激起了整個歐洲的封建君主的反抗，二來歐洲大陸的民主改革者，開始着手一系列現代國家導向的社會政治改革（譬如像德國的馮・施泰因男爵的改革），三來歷史文化傳統和興起中的國家哲學，推動歐洲，尤其是德國在國家主義的路途上邁進。這三種力量綜合成為德意志建立統一國家的結果，搭建起了一個完全不具有同質性的國家怪胎。俾斯麥以鐵血政策統一起來的德國，「不是一個民族國家，它沒有同質性，沒有明確地屬於自己的生活方式。它只不過是按照普魯士的紀律捆綁在一起的一些地方政權的集合體。由於缺乏任何其他的標準，新的德國傾向於把民族同一性等同於物質上和政治上的權力。它總是試圖通過不斷獲得愈來愈多的權力，來彌補它內在的虛弱和不穩定性。」於是，「舊普魯士國家和現代工業制度的結合，按軍事方式組織起來的集體和技術時代的工作集體的完全結合」，造就了德國這個畸形的現代國家。[11] 正是這一畸形的國家建構成果，促使德國以謀求權力的衝動，發動了兩次世界大戰。

與現代德國的國家建構在政治上的艱難推進相伴隨，德國的現代國家理論，也在浪漫主義和理性主義的國家主義的共同塑造下，形成了國家至上的現代國家理論佔據主流地位的局面。在德國建構現代國家的早期，由詩學家們奠立了國家建構的理論基礎。在萊辛、赫爾德、歌德、席勒、施萊格爾、諾瓦利斯等人的推動下，現代國家的文化基礎在德國得到了明確的坐實——國家（民族）的語言、文化、傳統、習俗等等成為他們辨認民族國家的主要指標，這就與英國建構現代國家時着重在限制國家權力的進路大為不同。這一國家建構理念，與啟蒙主義處於鮮明對壘的狀態。它拒絕訴諸理性的力量作為國家建構的動力，它寧願將民族認同的基礎指向情感和靈感，但是，「德意志的古典主義和浪漫主義成就——它不僅是歌德也是如荷爾德林、克萊斯特、揚·保羅和很多其他天才人物共同取得的成就——也不能使德意志人結合成一個民族。德意志民族性仍然只是思想和精神的東西。它從未在政治實體的意義上實現。」[12] 德意志的國家精神並不是在浪漫主義和古典主義的述說中伸張的，而是在德國古典哲學，尤其是黑格爾的國家主義理論中闡釋的。如果浪漫主義和古典主義對於德國民族的認同發揮了動力效用的話，那麼黑格爾的理論則對德國的國家理念有塑造的作用。黑格爾是在國家與市民社會的對比性結構中闡釋國家至上的政治哲學理念的。就國家與市民社會的關係而言，它們呈現出兩個同樣應當為人們所重視的面相，一方面國家與市民社會相依為命，儘管國家調節市民社會的權力是絕對的，但國家必須尊重不由國家創造的市民財產權。另一方面，就國家與市民社會各自的特點來看，他認為社會具有其獨立存在的價值，它履行國家不予行使的職能——諸如提供公共服務、執行法律、履行員警職責、調整工商利益等，而國家僅為市民社會提供睿智的領導和道德的旨意。國家是絕對精神在世上的體現，「它是絕對合乎理性的，是天命，具有通曉事物和行使意志的力量，是永恆的和必然的精神實在，是上帝在世界上行進。」[13] 這樣的國家理念，直接呼應德國人尋求國家強勢權力的政治行動的精神需求，同時又對由個人權利定位的現代財產理念加以妥協，從而將古典傳統的城邦—國家理念轉換成為現代民族—國家觀念。因此，黑格爾的國家理論發揮了兩種國家建構的理論效用，一方面，它用之辯證，連接了個人訴求與國家意志、古典的城邦原則及基督教理念，「這一原則在政治上的結果是現代歐洲國家，其任務是使城邦原則——實體的普遍性——與基督宗教的原則——主體的個別性——和解。但是，黑格爾並沒有把這兩種相反的力量的辯證統一看作現代國家獨有的弱點，而是把它看作優勢！沒有個人特殊意欲和知識，城邦的一般就沒有任何效用，而如果個人不自己也要有一般，個人也就沒有任何效用。現代國家能夠做到讓主體性發展，直到成為特殊性的獨立的極端，因為它在另一方面也能夠將它引到國家的實體性統一之中。」

另一方面，它用之成功地抵抗了自由主義的國家觀，即認定「國家是一種單純的『應急國家』或者『知性國家』，也就是說，它沒有自己的實體性意義；它僅僅是一種『形式上的』統一居於單個的人的特殊利益之上的普遍性。」從而建構起以自己為目的的國家。[14] 這種目的性國家與英國式的工具性國家，成為分析現代國家建構的兩種基本模式。前者致力於限制國家，申述了憲政民主的國家理念；後者雖然也主張限制國家權力，[15] 卻賦予國家至高的絕對性。這樣的論述，正是德國建構現代國家的政治悲劇之理論的投射。

顯然，現代國家應當是英國式的工具性國家。工具性國家以周全限制和有力規範作為特質。這是與目的性國家僅僅伸張國家自身的絕對合理性和目的性，大不一樣的國家建構理念。為什麼必須限制國家權力，使其不至於陷入囂張而難以駕馭的狀態，肆意使用國家暴力權力對內強制統治、對外建立霸權呢？從現代英國的建國進路來說，限制國家權力，就是要從四個方面突顯國家的限定性，從而控制國家，使其既強大有力，又皈依伏法。其一，國家的限定性是從國家必要性的限制突顯出來的。人們在達成社會契約後還要達成政府契約，是為了確保政府能夠提供更好的安全保護和對外禦敵機制。除這樣的功能外，進入政治社會的公民似乎對於自己的私權不受國家侵害更為關注。假如公民的私權都必須受到國家權力的直接支配，國家勢必對公民安寧的私人生活和安全的公共生活，直接構成威脅。其二，國家的限定性也是國家的有限能力突顯出的國家特性。國家不是全能的，它不可能像霍布斯所期待的那樣，對自己的臣民進行全面的賞、罰、教，這是古典政教合一的國家所具有的功能。現代國家是與社會、市場相對存在的政治實體，它僅僅是與社會領域平分秋色的一個權力領域，既不可能以佔據所有資源為前提包辦一切，也不可能以自身提供給公民的全面而滿意的服務上升為完美的建制。除了使用公共財政資源、制定公共政策、管理公共事務、滿足公共需求、改善公共福利外，幾乎窮盡在一國之內的功能。像黑格爾那樣期望由國家提供市民社會以道德規則和睿智領導，就是一種助長國家僭越的理念。一切由社會生活自行解決的事情，絕對不需要國家權力干預：諸如公民在市場領域合法地謀取財富的活動、公民在社會組織中完善自我提升道德水準的行動、公民在私人領域裏的私隱行為，都在國家權力的干預之外。其三，國家的有限性還是國家的權力自肥特質所註定。國家權力是一種需要公民高度警惕的社會存在。一切權力不受到嚴格的限制，就會陷入自肥的權錢勾結狀態，這是古今國家權力運作不可改變的定勢。國家權力之所以必然自肥，就是因為國家權力沒有受到限制，不會因自肥的情況而受到任何懲罰，因這受到普遍鼓舞。現代憲政民主國家不是什麼玄妙理論推論的產物，僅僅是着眼於有效限制權力的結果。因此，它堵住了國家權力自肥的各種通道，即使權力仍然存在自肥的空間，一旦被人們發現，其自肥的行徑就會受到嚴厲的處罰。其四，國家的有限性更是國家的暫時性、歷史性所內在規定的事情。國家從來就不是以某種固定型態、既定方式活動的政治存在。古往今來的各種國家型態，既包含國家型態的歷史性、民族性、地域性和特殊性涵義，也體現出國家的長久性、普世性、全球性及普遍性特徵。因此，沒有一種由黑格爾所論證的代表了絕對精神的至上國家存在過。就此而言，國家絕對沒有理由自證為不受限制的、擁有超然歷史之外的永恆性和超越性。國家必須接受現實所塑造的諸種限制，並在這種限定性中不斷矯正自己的存在形式和功能構成。這些不啻是英國人的工具性國家建構給世人最大的啟發，自然也就是給處於建構現代國家進程中的中國最大的教育。

## 三、社會的優先性

現代國家憲政民主制度的建構，是以國家與社會的二元分立與對應互動作為社會結構基礎的。相對於國家建構而言，社會的優越性是這種對應性結構的前提。

社會的優先性，是指它先於國家、高於國家的存在特質。社會之所以先於國家，是在國家產誕生前，人的處境所決定的狀態。不管人們將社會產生之前的自然狀態看作是霍布斯所說的，人對每一個人的戰爭狀態，還是看作洛克認定的，人與人的合作狀態，或是看作盧梭所指陳的，自然的自由狀態，總而言之，這種自然狀態的「社會」，即作為個體的人，是人們談論社會政治問題的起點。只有在人們意識到這種自然狀態對人的自我保存極為不利的情況下，人們才意識到相互之間達成社會契約的必要性與重要性。而形成這種社會契約，還不能自然構成社會的完整契約，一旦在社會契約達成之後，不進一步達成政府契約，政治社會即國家的權力不受規範，個人當初達成社會契約的目的就無從實現。因此，從社會的自然狀態轉變為社會契約保障的狀態，從社會契約保障着的社會狀態提升為政府契約規範着的國家狀態，契約精神是維護社會每一個成員的基本權利不受侵害的基本理念。

在德國，像黑格爾那樣的歷史主義者，尤其是像馬克思主義者那樣的階級鬥爭理論的闡釋者，對契約論提出了嚴厲的批評。由於黑格爾將一部人類歷史視為絕對精神漸次展開的一個重要環節，因此他不認為在絕對精神運行的哪個階段，存在自由的個人對個人的契約歷史。「盧梭和康得，主張激進自主性革命和自由的先驅，都把自由規定為人的自由，把意志規定為人的意志。黑格爾從另一方面以為自己已經證明，在把自身視為精神的手段的過程中，人獲得了他的基本同一性。假如意志的實體是思想或理性，假如只有當意志只聽從它自己的思想的時候意志才是自由的，那麼那種思想或理性便不只是人的思想或理性，而是設定了宇宙的宇宙精神的思想或理性。」因此，「人與之發生聯繫的那個社會被當做是他們居住於其中的一個更偉大的生命。換言之，按照這種理解，對自由的要求使我們超越了自由主義原子論形式。在原子論的形式下，個人及其目的具有至關重要性。而社會的使命在於，與其他人的目的一起，允許他們的目的得到實現。」[16] 黑格爾認為，由於個人自由被視為空洞的形式化自由，因此，社會契約觀念也就是一種虛妄的、必須超越的觀念。[17] 馬克思則認為，一種歷史決定論的觀念引導他把契約論的社會建構思路，看作是統治階級掩蓋其剝削被統治階級實質的欺騙行徑。由於馬克思主義者認定人類歷史就是一部由生產力和生產關係相互辯證運動所推動着的社會進程，因此，人一方面只能是歷史的產物；另一方面必須在一定歷史階段的生產力—生產關係條件的限定下展開主體性活動。因此，歷史上並不存在什麼自由個人之間的契約這種東西。「每一歷史時代主要的經濟生產方式與交換方式以及必然由此產生的社會結構，是該時代政治的和精神的歷史所賴以確立的基礎，並且只有從這一基礎出發，這一歷史才能得到說明；因此人類的全部歷史（從土地公有的原始氏族社會解體以來）都是階級鬥爭的歷史，即剝削階級和被剝削階級之間、統治階級和被壓迫階級之間鬥爭的歷史」。[18] 顯然，在這由階級鬥爭推動的五種社會型態的遞進性發展嚴格的規律中，社會契約是虛構的，因此對社會歷史的解釋力度也就蒼白乏力。

社會契約論是否具有解釋社會起源、政府起源的實際價值呢？回答是肯定的。社會契約論不是一種完全脫離歷史的純粹假設，而是一種旨在解釋社會歷史起源的邏輯必須。我們要試圖理解社會的性質，就必須借助於契約的理念；而要理解何謂契約，又必須借重社會的觀念。社會契約就是這麼相互依重，而得到雙方各自的規定性。「要理解什麼是契約，我們就必須擺脫自己強加的智識隔絕狀態，接受一些基本的事實。沒有社會創造的共同需求和愛好，契約是不可想像的；在完全孤立、追求功利最大化的個人之間的契約不是契約，而是戰爭；沒有語言契約是不可能的；沒有社會的結構和穩定，契約——僅從字面上看——也是不可思議的，就像遠離社會的人不可思議一樣。契約的基本根源，它的基礎，是社會。沒有社會，契約過去不會出現，將來也不會出現。把契約同特定的社會割裂開來，就無法理解它的功能。」[19] 這是就社會契約的社會性與契約性兩端的共存性，來申述的社會契約的必要性與重要性。而就社會契約論解釋社會的起源而言，盧梭的論述成為重要的思想淵源。他在《社會契約論》中指出，民主而非專制的社會，一個免除了主人與奴隸關係的社會，是必須假定至少有過一次全體一致的同意。這全體一致的同意，就是要解釋每一個天生自由的個人是如何結合成一個聯合體。這樣的社會公約，被盧梭簡單地表述為，「我們每個人都以其自身及其全部的力量共同置於公意的最高指導之下，並且在我們共同體中接納每一個成員作為全體之不可分割的一部分。」這結合的瞬間，「就產生了一個道德的、集體的共同體。」[20] 盧梭的社會契約論奠立了現代政治社會即國家建構的社會理論基礎。但是，人們也發現，盧梭的社會契約論具有兩個不容忽視的局限：一方面，他統合了最初的社會契約與最早的政府契約，令社會契約與國家（政府）契約的界限變得模糊。他在區分公意與眾意的時候，確實對兩者的差異有一種直覺：因為他拒絕承諾政府的建構等於公意，公意處於政府體制之上，即使政府覆亡，公意也依然是成立新的政府體制的道德基礎。[21] 但是，畢竟盧梭對公意之高於政府體制的運作機制語焉不詳，因此未能勾畫一套分權制衡的現代國家體系來保證公意的坐實。這就是後來洛克—孟德斯鳩的分權制衡的政府契約論所解決了的問題。另一方面，盧梭對達成最初的、全體一致同意的社會契約的內在機理論述不詳，因此留下了不少理論漏洞。而彌補這些漏洞的工作，直到約翰・羅爾斯一九七一年出版《正義論》才展開。羅爾斯自承盧梭社會契約論的傳統，但是，他對社會契約論的論證顯得詳盡得多。在《正義論》中，羅爾斯以社會契約的達成，旨在選擇和確立一種指導社會基本結構的根本道德原則即正義原則作為論述前提，論述了契約的訂立所必須的邏輯條件，一是原初狀態（original position），這是一種純粹假設的狀態，合理設計這一狀態，足以讓一個人在任何時候都能進入其中，模擬各方進行合理的推理並選擇正義原則。這些選擇，是在羅爾斯所謂「無知之幕」（the veil of ignorance）後進行的，原初狀態中相互冷淡的各方具有有關社會理論的一般常識，但不知道有關個人和所處社會的特殊資訊。於是，此時各方運用最大的最小值規則進行選擇，即選擇的最壞結果相比於其他選項來說是最好的結果。各方選擇的原則，基於詞典序列的優先原則即平等自由的原則，及緊隨其後的機會公平原則和差別原則。第一原則優於第二原則，第二原則的機會公平原則優於差別原則。兩個原則旨在平等地分配各種基本權利和義務、各種社會合作產生的利益和負擔。但各種職務和地位平等地向所有人開放，只允許那種能給最少受惠者帶來補償利益的不平等分配，任何人與任何團體，除非以一種有利於最少受惠者的方式謀利，否則就不能獲得一種比他人更好的生活。這是一種社會合作條件在原初狀態中、公平條件下一致同意的結果。[22] 羅爾斯將社會契約論與政府契約論結合並進行論述，將公平正義原則引導下的社會契約作為現代國家制度設計的根據。在此基礎上，他對作為公平的正義的社會政治後果進行論證，使改進的社會契約論足以解釋清楚現代國家—社會的關係，並促進現代國家—社會的向善性發展。

對社會契約論思想史進程的簡單勾畫，為要突顯社會優先性的理論論證進路及其成立的理性根據。將這樣的理論視角轉換到政治史的實踐視角來看，英國社會的發展，無論是從公民社會的興起、發展與成熟來看，還是從社會限定國家權力以免後者胡作非為來説，都成為英國得以建構起現代國家—社會的健全架構，具有密切關聯的前提條件。恰如論者所言，「與國家世俗化相比較，社會世俗化更重要。國家只能做到寬容，社會卻要求思想自由。寬容意味着有一個限度，思想自由才反映無限的創造。工業化的本質是無限的發展，因此它需要思想自由。思想自由要由社會世俗化來實現，這時，社會世俗化就成了關鍵。」[23] 正是社會領域出現的市場化經濟行為、市場貿易推動的理性運用、工業發展需要的科技創新、工商業組織推進的個人權益觀念、社會反抗神聖權力出現的世俗化浪潮、社會分工導致的合作重構、階級鬥爭引申而出的權力—權利競爭，促使英國人改進傳統的國家權力機制，社會的世俗化成為國家的世俗化的強大動力。相反，在德國，市民社會的發展歷史處於孱弱的狀態，即使是為法國大革命原則所強烈吸引的德國古典哲學家們，尤其是康得、黑格爾，總是謹小慎微地將現實政治即現代國家建構的實踐問題，轉換為玄妙無比的哲學論證。康得比黑格爾似乎更勇敢一些，但他在申述獨立於君權的學術權利的時候，也甘願臣服於皇帝意旨。黑格爾在複雜的絕對精神辯證演進的論證中，為代表人類最高精神狀態的國家進行絕對化論證的時候，也將君主放置到了最高權威的位置。儘管他審慎地將憲政作為國家權力運行機制的必要元素，但總體上作為社會中間力量的像黑格爾這樣的學者們，都屈從於國家權力。社會的孱弱註定了國家的強權，這是黑格爾論證邏輯中最後歸宿在國家主義的立場上的必然。

從國家－社會的契約論進路，及社會優先發展的歷史與理論承諾跳開，我們便可以對社會的優先性進行理論上的概括。一般而言，社會相對於國家的優先性，主要體現在幾個方面：其一，社會契約的建構，是一般社會契約先於政治社會的契約。無疑，社會的原初契約與國家的原初契約密不可分，它們都是要在成員全體一致同意的基礎上達成的契約。在社會契約論的論證中，絕對不存在完全獨立、先後分別出現的這兩種契約。但如果將兩種契約完全合一，又不足用以觀察一般意義上的社會與特定意義上的政治社會（國家）的差異。因此，在邏輯上將一般社會契約置於政治社會的特定契約，即將一般的社會合作契約置於特定的規範國家權力的契約之前、之上，不僅認可了社會的優先性原則，更足以為國家（政府）契約提供更高的道德規範。其二，社會的優先性是指它作為規範國家權力的既定性而言的。國家之所以必要，就是因為政治體的成員需要在區分權利和權力的前提條件下，保留私人性的權利，限制公共性的權力，並將國家公權限定為維護公民權利的建制，同時保證社會成為其成員自主、自律與自治的空間，就此形成社會對國家進行制約的剛性制度架構。相對而言，國家為社會提供法律法規、公共政策、資源供給、糾紛解決的工具，而社會成為國家權力理論設計、制度安排、運作機制與績效評價的主體。其三，社會的優先性是指，社會的組織化狀態在一定程度上是可以離開國家的干預而獨立自存的機制，相反國家卻不能離開社會。一般而言，社會的組織化狀態與國家權力結構狀態是對應性的結構，但社會組織的相互競爭會促成一個自我淨化與不斷進化的態勢，國家缺乏組織化社會（公民組織、公益組織、傳媒組織等等）的限制就會失去其規範力量。這正是無政府主義在某種程度上對社會完全自治進行辯護的依據。[24] 其四，社會的優先性還體現為，它為國家提供存在理由和道德基礎。先於國家而在的各種大大小小的社會共同體，塑造人們或自律、或他律的道德理念。這些道德理念，絕對不像黑格爾斷言的那樣僅僅着眼於市民社會的利益，它們常常具有超越性的力量，成為規範國家權力的道德根源。公民共和的理念、公民參與的行動，這些已經成為現代國家自我完善的動力。共和主義對之進行的有力辯護，[25] 足以讓人們承諾社會高於國家的主張，而非黑格爾的「國家高於社會」的偏見。

社會的優先性，要求將國家置於社會之下。所謂置於社會之下的基本涵義是，國家權力必須為社會的自治提供法律保護、政策支援與物質資源；而社會安於這些支持條件的維護，悠然地在自治的狀態中處置公民的私人事務或公民的社會共同事務。假如政府拒絕完成它為社會擔負的義務，它就喪失了存在的理由；假如公民自治不被國家承諾，相反國家致力於約束甚至控制公民自治，那麼國家也就出現了異化，而必定會在社會的顯形與隱形的挑戰中傾覆。

## 四、在國家與社會的互動中

顯然，人們會在國家的限定性與社會的優先性論述進路中，指出這種構造現代國家進路的理想性特質。不錯，這樣的建構是基於理想性的論述，而且僅僅是基於對英國建立在自生自發秩序基礎上的現代建國的理想性論述，但這一理想性論述，並不是空想性論述。一方面，這是因為已經存在英國這樣的歷史典範，並且具有高級複製的範例——英國的建國模式後來又成功地轉換到美國憲政民主政體的人為國家建構果實。因此，英國的建國模式具有面對自生自發秩序的自然進程，與面對擴展秩序（the extended order）的人為建國需要的雙重適應性。由此可以確信，不見得後發外生的現代國家一定只能行走在德國的建國道路上，長期陷在國家主義的泥淖之中不能自拔，及後要經歷重大挫折，才能重回國家建構的正軌。另一方面，只有英國這樣堪稱典範的現代國家建構，才能成就一個在國內真正保護公民權利，同時提升公民道德—政治生活品質，在國外克制地處理國際關係，不以國家強權為唯一取向的國家體系。誠然，人們有充分的理據指責英國對外侵略不光彩的歷史。這是歷史事實，必須承認，也應予譴責。但是，與純粹掠奪型的對外侵略相比，英國將現代國家建構的種子撒向其殖民地，從而對現代國家的擴展性歷程，發揮了積極作用。這是一種着眼於後發外生的現代國家建國之尋求典範的特定角度做出的論斷。另一方面，也只有英國的現代建國模式，源自社會的自然進程，減少了國家建構中過多的人為理性設計的狂妄成分，從而使國家運作在進化理性的軌道上，不至於陷入建構理想主義的泥淖，將國家建構視為人的理性作用恣意發揮的事宜。不過需要指出的是，所謂英國模式的現代國家建構進路之具有典範性的斷言，不是一種基於唯一性的國家建構模式的斷言。重點指出這一點，是要避免人們為此提出國家建構只有模仿英國，否則就不能成功的指責。英國現代建國的典範性，僅僅是在建國的大原則意義上成立的說辭，而不是在建國的具體舉措、階段劃分、結果呈現等方面完全同質的武斷設定。換言之，這是現代建國理論的規範化陳述，而不是現代建國的實際進程的刻畫。不過，只要建構現代國家，基於英國建國的典範性，它都會在各個國家建構現代國家的實際進程中，展現它對這一國家建構現代國家（政體）的經驗價值。至於德國，則為其他建構現代國家的人們展示更全面的建國的教訓作用。[26]

現代建國的英國成功範例與德國失敗典型，給關注中國建構現代國家的人們一個最重要的啟示，就是中國人在致力建構現代國家的過程中，必須將建國的最主要資源投向國家—社會的二元建制上。自然，從理論邏輯上分析，國家—社會二元結構的存在情形與運作狀態，具有很大差別。從現代國家的運行歷程來看，國家—社會關係至少可以概括為四種組合狀態：一是國家與社會處於疏離的狀態；二是國家吞噬社會；三是社會銷蝕國家；四是國家與社會的積極互動。前三者都是國家—社會關係的消極結構狀態，尤其是第二、第三兩種狀態，屬國家—社會發生互動時的扭曲情形。唯有第四種情形，才是值得期望的國家—社會關係結構。

以下來讓我們分開論述。第一種組合狀態：國家—社會的疏離狀態，乃是一種國家權威得不到社會回應，而社會生活的自主程度高到國家權力對之失去了影響力的狀態。這樣的情形又可區分為兩種：一種情形是國家與社會的疏離還算是維護着國家底線秩序的狀態，即國家權威不獲社會回應，但還能發揮一定的社會政治整合作用；社會不理睬國家權威的管控，但還能維持有序的社會自治運行機制。另一種情形是國家與社會的疏離已經脫離了社會政治秩序的軌道，即國家管制權威在這種疏離中喪失，而社會則成為向自然狀態明顯倒退的恐怖空間。顯然，這兩種情形都屬於國家建構近乎失敗的狀態。這是一種弱國家—弱社會的失敗組合。第二種組合狀態：國家吞噬社會的狀態，乃是一種國家權力大到可以控制一切領域、支配一切資源、行使一切權力、佔據一切空間、自定一切行動方略、自行決定行動績效的結果。國家吞噬社會，是後發外生的現代國家普遍會出現的情形。前述的德國，尤其是希特勒時期的德國，可謂典型例子。而蘇聯以及蘇聯式的國家，包括中國在內，也成為德國以外的另類標本。在這樣的國家中，國家被建構成一個具有高度權威的政黨組織治下的道德—政治控制體系。面對國家權力體系，社會成員處於一種似乎是平等的，但絕對不是自由的狀態。因此，國家的成員們事實上喪失了平等獲得成員資格的可能，其似乎是平等的生活模式，其實是一種受到國家強控的被動行為者的虛幻情形而已。國家吞噬社會後的國家狀態，因為積聚了國家支配一切的能力，一時會顯現出強大的國家面目。但是，由於這樣的國家並沒有解決成員的內心忠誠與政治認同問題，它的傾覆也就會因為內在矛盾的積累、外部對峙的強化，或遲或早地發生。第三種組合狀態：社會對國家的侵蝕，則是一種社會私權對國家公權明顯的銷蝕結果。社會領域是公民私權領域，公民在期間或從事個人謀利活動（市場行為），或從事公民間各種共同事務活動（社會活動或公益活動），都是公民合法自治的活動。但是，當公民們拒絕接受國家公權的約束，在法治之外、政策未能涵蓋的情況下，違反國家法規、政策引導和公德約束，恣意而為，喪失了自治的秩序狀態，社會便會陷入「人心不古、世風日下」的可悲情形。社會領域中公民德性的喪失，會相應造成國家權力的癱瘓，呈現出國家權力無能為力的軟弱、渙散狀態，進而瓦解人們對國家公權的信心。第四種組合狀態：國家與社會的積極互動狀態，是一種國家公權與社會自治之間各自發揮其固有功能，同時又積極影響着對方的狀態。要形成這樣的互動局面，首先需要將國家權力有效加以規範和控制，解決公民認同國家的前提條件——國家必須被建構成維護公民權益的權力運行機制，絕對不能被建構成某種組織意志的副產品。這樣，國家就具有促使所有成員認同的深厚基礎。與此同時，社會應當成為大大小小的共同體，既滿足其成員利益要求，又超越小共同體狹隘利益訴求，真正關注社會成員間團結、友愛、互助的機制。在此基礎上，國家為社會的健康機制供給相關制度條件，而社會為國家輸送秩序力量。國家權力與社會組織之間，形成富有成效的審議民主秩序，從而對國家和社會的有序運作提供雄厚的支援力量。

就國家—社會關係的健全結構而言，註定了它是一種相互之間對對方發揮積極影響力的互動結構。這結構預設了一個前提，即國家—社會的二元結構決定性地是一種無法脱鈎的互動結構。之所以説國家與社會是一種無法脱鈎的互動結構，甚至被視為是國家—社會關係的健全結構，是因為：第一，它是一種建構國家與建設社會的相互性動力機制。在國家與社會間均有均衡性力量的相互塑造過程中，國家權力獲得了社會的構造，成為社會需要的權力；而社會也在國家的構造中，獲得它所需要的法治化建設條件。沒有這種相互的、均衡性施加的影響，國家與社會各自就都缺乏建構或建設自身的動力。第二，國家與社會的健全互動機制，乃是國家與社會合理運行的相互性保障機制。這種相互性的保障作用，體現在國家的道德基礎深植於社會的土壤之中。缺乏社會積累的道德資源，國家就會喪失德性靈魂，變成一架瘋狂的權力機器；而社會的規範力量，除了自我累積的傳統力量外，國家的法律條規、政府的政策規制正正是社會自治的有力保證者，否則，社會就會陷入謀利的迷狂或戀權的偏執之中。現代國家的建構經驗表明，國家吞噬社會的虛假強大維持不了多久，而社會侵蝕國家的私密化狂歡也會走向夭折。唯有國家—社會的均衡性互動，才是國家與社會均處於正常狀態的標誌。第三，國家與社會的健全互動機制，也是一種相互性的完善機制。國家建構不能一蹴而就。國家必須在自身的運行的過程中逐漸完善。這樣的完善，顯現為主權與主權者關係的磨合、國家基本法律與部門法律的調適及政府政策的適當性程度的提升。而社會同樣展現出一幅漸進的成長景象。社會必須在自身的成長中逐步完善，這樣的完善，顯現為個人與群體關係的整合、個人自由與責任的聯接、社會組織之間的利益整合等。而不管是國家的完善還是社會的成長，都是它們在相互供給資源和互相塑造對方的過程中實現的。一個人民對國家極度疏遠的國度，肯定不會成為一個健全的國度；一個對人民懷着輕蔑態度的國家，同樣不會成為一個正常的國家。第四，國家與社會的健全互動機制，還是國家與社會相互糾錯的機制。國家的運作過程中，必定會出現各種失位、錯位和復位的問題。這是國家只能運行在試錯的軌道上的進化理性主義的寶貴認知。同樣的，社會也不可能保證絕對的正確性，公民個人和社會組織的行動，也總是行進在試錯的路途中。這是人的理性不及感性衝動所必然出現的現象。正因如此，國家與社會都存在糾錯的要求。國家與社會各自都存在啟動自身糾錯機制的能力。但是，在源自內部的糾錯動力有限的處境中，國家只能從社會領域獲取強有力的外部糾錯動力，而社會也只能從國家公權的依法治國中獲得糾錯的激勵。可見，國家—社會的積極互動乃是最值得期待的國家建構與社會建設的狀態。

促使國家—社會的積極互動，就必須將這兩種差別懸殊的狀態，經過國家的所有成員們的努力，調適為一種保證兩者穩定互動的合理情形：有效限制消極的互動，有力推進積極的互動。在這種積極互動的狀態中，社會的自主、自治、自律，成為它與國家積極互動的自身條件；而國家以「以法治國」成為它與社會積極互動的保障；國家決策具有社會介入機制，而社會自治中有國家法規和政策呵護，由此構成國家與社會積極互動的三種促進機制。社會的自主，乃是與國家權力分界而治、甚至分庭抗禮的自決權，並以此避免社會被國家吞噬；社會的自治，乃是社會組織起來，形成地域性、業緣性和趣緣型的自治建制，以避免社會的沙化狀態；社會的自律，既是公民個人的自律，也是社會組織的自律，這種毋需國家權力介入，已然成為良序社會（well-ordered society），公民德性就此構成憲政民主法治國家的深厚社會基礎，不僅避免社會的失序，而國家的以法治理，既體現為一切組織和個人在憲法之下的活動，也體現為政府的依法行政，更體現為國家對公民權利的絕對尊重，全心全意致力提升公民的福祉。國家決策的社會介入機制，則是公民參與國家公權具體運作的進程，以審議民主（deliberative democracy）的制度安排，參加到國家權力的決策制定之中；而社會自治中的國家法規和政策呵護，既是規範社會自治的制度條件，也是社會影響國家的重要管道，更是國家顯示其保護公民權利職能的必須。圍繞這三種積極互動機制，國家權力結構需要不斷調整，來保持合理運行，從而滿足社會的需求。而社會也必須不斷秩序化，來為憲政民主國家奠立更堅實的基礎，並借此提升公民的自治質素。

憲政中國的良性發展局面，只有在這種國家—社會積極互動的狀態中才能形成和維持。當今，中國正處於國家發展的關鍵時刻，執政黨能否作別革命黨定位，真正落定在執政黨的位置上，就看憲政機制建構是否能為之提供動力。而無限全能政府也正處在轉向有限有效政府的關鍵時刻：立法機構能不能更為有效地秉行人民主權原則，提供促使政府依法行政的良法，政府是不是能夠真正以公共財政進路汲取資源，成為法治型、節約型和服務型政府，及司法是不是可以完全按照法條而非政治意志進行司法裁決，都處於關鍵狀態。而在市場經濟推動下迅速成長的社會，也正在疾速中組織化、表達化和行動化。可以説，當代中國處在革命後社會完成現代建國任務的關鍵時刻。正是在這樣的時刻，國家—社會理論視野中的憲政中國圖景，才會呈現出引導中國現代建國的理論功效。

## 註釋

1 濱下武志在《古代中國的朝貢體系》中以「朝貢體系」作為分析主軸，指出了中國應接西方現代貿易體系挑戰時的中西雙方的反應機制差異。見【日】濱下武志著，朱蔭貴等譯：《近代中國的國際契機：朝貢貿易體系與近代亞洲經濟圈》，北京：中國社會科學出版社，1999，第5頁。

2 【法】佩雷菲特著，王國卿等譯：《停滯的帝國——兩個世界的撞擊》，北京：三聯書店，1993，第5頁。

3 耿雲志等著：《西方民主在近代中國》，北京：中國青年出版社，2003，第636頁。

4 舉其大端，坊間流行的關於中國現代憲政民主建國的專門著作就有殷嘯虎：《近代中國憲政史》，上海：上海人民出版社，1997；張學仁等：《二十世紀之中國憲政》，武漢：武漢大學出版社，2002；夏新華編：《近代中國憲政歷程：史料薈萃》，北京：中國政法大學出版社，2004；嚴泉：《失敗的遺產：中華首屆國會制憲1913–1923》，廣西：廣西師範大學出版社，2007；朱宗震：《真假共和——1913年中國憲政試驗的困境與挫折》，山西：山西人民出版社，2008，等專題性或斷代史著作數十種之多。

5 David Held (et al ed.): *States and Societies*, New York : New York University Press, 1983, p. ix. 也有論者以所謂三分的框架，即國家、社會與市場來看待「現代」基本結構的，如【美】湯瑪斯・雅諾斯基著，柯雄譯：《公民與文明社會：自由主義政體、傳統政體和社會民主政體下的權利與義務框架》，瀋陽：遼寧教育出版社，2002，第17頁。就將現代文明社會劃分為國家領域、公眾領域與市場領域，並以此與私人領域相對二分，構成現代文明社會的結構圖。但在前引赫爾德等編著的《國家與社會》一書中，作者則在二元框架下考察現代社會中國家與市場、社會的關係。參見該書“Part 3: Citizenship, Society and the State”,“Part 4: the State and the Economy”所收諸文。可以説，公民自治與市場謀利，構成了與國家權力相對及社會權利領域兩個介面。

6 約翰・基恩：〈市民社會與國家權力型態〉，載鄧正來等主編：《國家與市民社會：一種社會理論的研究路徑（增訂版）》，上海：上海人民出版社，2006，第111–113頁。

7 【美】保羅・甘迺迪著，陳景彪等譯：《大國的興衰》，北京：國際文化出版公司，2006，第37頁。

8 【英】詹姆斯・C・霍爾特著，畢競悦等譯：《大憲章》，北京：北京大學出版社，2010，第2頁。

9 政治思想史家喬治・薩托利指出了這一思想淵源關係。參見【美】薩托利著，劉山等譯：《政治學説史》，下卷，北京：商務印書館，1986，第587頁。

10 有論者指出，「斯密的同時代人在政治和哲學上的抱負似乎是建立天賦自由制度，他們的這種抱負是直接從對人性的研究中產生的——而且研究所得的證據似乎是與許多著名的無可懷疑的事實完全契合的。斯密的著作依然保持著它的不可抗拒的魅力。……整個十九世紀的經濟思想，可以説都已融化在他的著作中。不論是友是敵，都同樣以他為出發點。」【法】夏爾・季德等著，徐卓英等譯：《經濟學説史》，上冊，北京：商務印書館，1986，第115–119頁。

11 【德】埃利希・卡勒爾諸、黃正柏等譯：《德意志人》，北京：商務印書館，1999，第289–290頁。

12 【德】埃利希・卡勒爾諸、黃正柏等譯：《德意志人》，第282頁。

13 【美】薩托利著，劉山等譯：《政治學説史》，下卷，第730頁。

14 卡爾・洛維特曾經在「黑格爾：市民社會與絕對的國家」這一題目下，對黑格爾的市民社會與國家理論進行了切中要害的描述和分析。此處引文見【德】卡爾・洛維特著，李秋零譯：《從黑格爾到尼采：十九世紀思維中的革命性決裂》，北京：三聯書店，2006，第 326–332 頁。

15 【德】黑格爾在《法哲學原理，或，自然法和國家學綱要》中指出，「在國家中一切是固定的安全的這一事實，構成了反對任性和獨斷意見的堡壘。」見該書範揚等中譯本，北京：商務印書館，1961，第 282–283 頁。

16 【加】查理斯・泰勒著，張國清等譯：《黑格爾》，南京：譯林出版社，2001，第 570–571 頁。

17 猶如論者所指出的，「如下觀念顯然使我們超越了現代自然法的契約論，超越了以為社會是一般幸福之工具的功利主義社會觀：只有當我們作為共同體成員的時候，我們才能達到最高級、最完備的道德存在。因為這些社會不是獨立職責的宗旨，更不是施加於我們身上的被杜撰出來的最高斷言的宗旨。它們的存在只是給出了優先存在的道德職責——如遵守諾言、增進最大多數人的最大幸福的一個特殊樣式。把 Sittlichkeit（倫理）置於道德生活之巔的學說必須要有一個作為較廣大的共同體生活的社會觀念，如上所述，人作為一個成員參與其中。」【加】查理斯・泰勒：《黑格爾》，第 579 頁。這是一種明顯與契約論對立的社會觀。

18 中國歷史唯物主義研究會等編：《馬克思恩格斯列寧史達林毛澤東論歷史唯物主義》中卷，北京：北京師範大學出版社，1983，第 939–940 頁。

19 【美】麥克尼爾著，雷喜寧等譯：《新社會契約論》，北京：中國政法大學出版社，2004，第 1–2 頁。

20 【法】盧梭著，何兆武譯：《社會契約論》，北京：商務印書館，2003，第 20–21 頁。

21 參見何兆武譯：《社會契約論》，第 17 章〈論政府的創制〉、第 18 章〈防止政府篡權的方法〉，第 126 頁及以下。

22 參見【美】約翰・羅爾斯著，何懷宏等譯：《正義論》，〈第一編：理論〉，尤其是第 1 章〈作為公平的正義〉第 4 節「原初狀態和證明」；第 3 章〈原初狀態〉第 24 節「無知之幕」，北京：中國社會科學出版社，1988，本書引述主要引自譯者前言，第 6–7 頁。

23 錢乘旦：《第一個工業化社會》，成都：四川人民出版社，1988，第 127 頁。

24 在漢語政治學界，長期以來人們對無政府主義都採取一種一批了之的態度。其實，無政府主義不過是社會對政府高度警惕的極端理論思維的產物而已，它推動人們確立社會優於政府的立場。現代無政府主義的核心理論命題是政府政治權威與個人道德自律的關係，它是一種高度重視個人道德自律、不信從政府權威的現代政治理論。「無政府主義——照字義講，就是沒有政府的社會——與其說是一種政治哲學，不如說是一種氣質。無政府主義者一直是一些具有反抗精神的男男女女，他們企圖組織起來去破壞社會結構。無政府主義對其信徒來說，意味著一場反對邪惡的偉大鬥爭、一個反對貶低自己的非宗教改革運動，一場反對社會墮落的戰鬥，而國家似乎就代表了這種社會墮落的思想與現實。無政府主義反對政治，反對權力主義：是一種不斷造反的精神狀態。」【美】特里・M・珀林編、吳繼淦等譯：《當代無政府主義》，北京：商務印書館，1984，第 5 頁。

25 新近共和主義對於公民自治的辯護，引起了人們的廣泛關注。在自稱的強勢共和主義者【美】邁克爾・桑德爾所著的《民主的不滿——美國在尋求一種公共哲學》中，他指出，「共和主義傳統提醒我們，政治並非只關乎國家產品的規模和分配，它還需要將經濟力量引入民主的論述，並讓男男女女們都擁有與自治相適應的各種習慣和性情。」，見該書曾紀茂中譯本，南京：江蘇人民出版社，2008，第 436 頁。

26 德國是典型的人為建構國家失敗的例子。這不僅是一個經驗事實的描述（如它發動了兩次世界大戰），而且是一個基於德國建國理論的指陳。德國的國家主義乃是國家崇拜、絕對理性主義、軍國主義和強烈的世界霸權衝動的產物。梅尼克就希特勒德國的沉痛教訓指出，「希特勒的國家社會主義的實驗之所以是如此之不健康，是因為投進那個雜燴鍋裏的民族因素只不過是一種墮落的、恣睢暴戾的國家主義和種族狂的最惡劣的形態。於是，希特勒從另一方面所加進來的社會主義因素也就變了質，並被剝奪了它最美好的內容。因為今天要想成為社會的或社會主義的，並那樣子去行動的話，就不意味着別的而只能是追隨着一種普遍的人道理想，也就意味著以一種具體的方式把人道（Humanität）運用之於近代社會，——這種人道不僅是有益於本民族的社會，也普遍地有益於人類整體。」參見【德】梅尼克著，何兆武譯：《德國的浩劫》，北京：三聯書店，2002，第 166–167 頁。

# 第一章

## 重回現代共和軌道

### 中國的現代國家建構及其結構轉型

二〇一一年是辛亥革命百年紀念。有趣的是，身在台灣的國民黨認定自己繼承了辛亥革命的正統，在大陸的中國共產黨則認為自己才是辛亥革命精神的繼承者。事實上，辛亥革命的正脈，誰都沒有真正繼承下來。對國民黨而言，偏安一隅的共和之功，未竟建國大業。而對共產黨來說，則需要對國家結構作出重大調整，越過艱難險阻的政治體制改革關口，才能成就現代建國的業績，否則，中國只能繼續行走在國家建構的歧路上。[1]

分析中國現代百年建國史，突顯出來的核心問題，就是中國追求現代共和卻走上了政黨國家（party state）的道路。政黨國家與民族國家有什麼區別呢？這需要從知識史和政治史的不同視角考察，才能回答。辛亥革命以後，中國已經出現了兩個命名為共和的政體，但無論是中華民國（Republic of China），還是中華人民共和國（People's Republic of China），是不是都真正突顯了現代共和政體的特質，實在是一個需要深入分析的政治理論問題。起源於古羅馬的 *res publica*，是定位現代共和政體的古典理念。現代共和政體，則是限制國家權力、維護平民利益的立憲民主政制。中國國名中的 republic 究竟是實質上的定位國家，還是形式上的修飾，需要進一步探討。為此，有必要對現代國家的共和政體進行名實之辯，進而追究造成名實不符的原因，探究貴族共和成型的機制，指出從貴族共和轉變為平民共和，重建中國現代政體的必須，才有望完成中國的現代建國任務。

## 一、探尋真義：共和政體的名實之辯

縱觀現代國家的政體命名和實際狀態，人們可以發現，國名寓意的政體與實際政體之間，確實存在着一個名實之辯的必要。在現代國家建構的世界歷史進程中，共和政體成為大多數國家趨同的政體選擇形式。但是，在東西方不同的國家間進行比較，真正坐實共和政體的國家，並不佔多數。相反，以共和命名的國家雖多，行共和之實的國家甚少，尤其是其中一些在國名前冠有「民主」、「人民」字眼的共和國，存在與現代共和相去甚遠的驚人現實。[2] 因此，為了彌合共和之名與共和之實之間的鴻溝，就必須從政治思想史視角探尋共和真義，進而促使名義化的共和政體，坐實到實質上的共和政體平台上。這種辨析，可以從兩個視角切入：一是共和的古今之異，二是共和的真假之別——前者重在歷史辨析，看重的是政體的古今蘊含不同；後者指向政體真實，揭示共和在名義上與實質上的差異。

從政治史上說，共和政體具有古今之別。這是辨明共和名實關係的重要角度。因為，現代共和不是古典共和所可以代稱的，任何站在古典共和立場上認知的共和政體，都是一種有着明顯歷史局限的政體形式。嚴格地說，古典共和與現代共和是兩種不同的政體形式。但古典共和與現代共和，從詞源上並無差別，它們都是源自羅馬時代的 *res publica*。這是大家都知道的事實，毋需進行語源學的仔細考辯。但是，有人認為古典共和與現代共和，不僅在語源上一致，在基本結構上也沒有巨大的差異。立於共和主義的一般規定性，對這個詞彙的辭典定義，指出共和主義乃是一種與政府體制、人民代表機制、法治和自由公民緊密相連的政治與政治思想傳統。就政體特點而論，共和制與君主制相對而在。但也有論者認為共和制並不必然是君主制的對立面。[3]

古典共和與現代共和，之所有共同擁有共和這樣的主詞，就是因為它們都共用着一些基本理念和制度安排，而這些理念和制度是構成古今共和主義的核心價值。

> 共和主義的核心價值包含了自主性（autonomy）、政治自由（political liberty）、平等（equality）、公民身份（citizenship）、自治（self-government）、共善（common good）、政治作為所有成員參與審議（deliberation）的公共過程、愛國情操（patriotism）、公民德行（civic virtue）以及克服腐化（corruption）等。所謂的自主性乃指不被支配的自由狀態，這除了政治共同體對外不受強敵的奴役外，更意味着對內全體公民不受少數統治菁英的專斷支配，而能平等地在法治

架構中自由議決公共事務。共和主義思想家區分公私兩個領域，並將政治事務隸屬於公共領域且具有優越性；公民必須依照彼此能夠接受的共善觀念來審議政治事務，私人利益不應涉入公共事務的考慮。共和主義並強調政治活動的優越性，主張唯有在公民參與公共事務的議決時，才有可能透過溝通論辯而超越個人私利的範圍，並建立追求共善的德行。公民自治的政治制度，並非自然而致，而是在人性以及制度易趨腐化的傾向下，通過個人的德行典範或制度的運作加以克服，方有可能維繫公共生活的持續繁榮，並彰顯其存在價值。對共和主義思想家而言，能夠保障政治共同體全體公民獨立自主，並實施自治的政治制度，乃是最佳體制。而當公民認知到其個人福祉和自由與政治體制間的緊密關係時，愛國情操便油然而生，所以共和主義思想家重視愛國情操對於凝聚公民意識的重要性。[4]

這是論者對共和主義一般特徵的概括。但這樣的概括略有消除共和主義內部張力，理想化共和主義，並且將共和主義與自由主義的重大分歧模糊化的特徵。在繼承古典共和主義的人與秉持修正的共和主義立場的人之間，不見得毫無異議地共用上述政治理念。與此同時，上述理念中自由主義色彩鮮明，共和主義色彩較淡。如政治自由（political liberty）

本為自由主義所重視，而共和主義更重視的是公民自由（civic liberty）。[5]不過，上述對共和主義一般思想特徵的歸納和概括，還是準確的。只是說起來，共和主義與共和政體，還有作為政治觀念與政治實踐的差異。前者是對後者的理論提煉，這樣的提煉，是抽象化、理念化了共和主義。為了提純共和主義，不免就有了理想化共和主義的嫌疑。後者是前者的現實落定形式，是實際的政治操作狀態，難免帶有不符合人們對共和主義表示期待的種種不足或缺陷。不過，共和主義理念與共和主義政體，總的說來，也總括在上述觀念之中。

不論具體的差異，共和主義一般呈現三個共同的特徵。第一，共和主義高度重視政體選擇。在共和主義的思想譜系中，亞里斯多德乃處於最開端。他的《政治學》是共和主義的思想淵藪。共和主義主張的混合政體、公民美德、審慎行為、政治參與等，都在這部書中有所表述與闡釋。但其中最為重要的，還是他的政體分類對後起共和主義的影響。亞里斯多德按照正常政體和變態政體，區分出前者三種政體，即君主制、貴族制、共和制；後者三種政體，即僭主制、寡頭制、平民制。亞里斯多德的政體歸類有些理想化。在實際政治生活中，沒有任何政體是當中純粹的存在，而全是它們相互混合的產物。混合政體可以說是亞里斯多德在理想化的政體劃分之外，生出的實際政體類型。他所期許的混合政體，是寡頭政體與民主政體混合的共和政體。這樣的政體，可以讓窮人與富人、平民與貴族都參與城邦的政治生活。[6] 亞里斯多德對混合政體的論述，是此後共和主義的一般政體理念的基礎。古羅馬以「公共事務是人民的事務」為宗旨，實行一種將國王、貴族和平民都納入憲政體制的平衡體制，將古希臘的共和理念，真正坐實為一種行之有制的組織體制，給後起的共和政制以極其深遠的影響。即使是試圖超越古典共和主義的現代共和主義，也仍採用這種政體思路。

第二，共和主義高度重視公民美德。共和主義重視的公民美德，不是現代社會推崇的那種個人主義的美德，而是一種旨在張揚共同善（public good）、作為共同體成員的共同美德。共和主義重視的公民美德，首先與公民這一身份緊密聯繫在一起。「公民就是這樣一種社會，它具有一個超家庭、亞政治之聯合體的外表；這種形式的社會超越了家庭忠誠的狹隘界限，卻又並不嚴格地需要一個強制性國家的存在。要想國家能夠在人們的心目中佔有一席之地，要想國家的法律真的有效，這些法律就必須協同公民社會領域中確立的或者即將確立的規範一道發揮作用。」[7] 公民既然能夠將公共利益置於私人利益之上，也就自然為其祖國竭心盡力，防止極易發生的腐敗。人們以公共的方式對待榮譽與聲望，腐敗的發生與泛濫也就可遏制。這種被馬基雅維利張揚的共和主義美德，成為後起共和主義者共同捍衛的立場。在盧梭那裏，甚至成為共和國必須深植的根基。

第三，共和主義高度重視民主與法治。共和主義之重視民主與法治，是混合古希臘政治智慧和古羅馬政治經驗的結果。在亞里斯多德的混合政體論中，突顯的就是行政的精英寡頭取向與決策的民主大眾取向的結合意欲。而羅馬的憲政體制，突顯的則是國王、貴族與平民對法治的共同信守。西塞羅對共和國做出的基本規定，即是人民基於法律協定組成的集合體。

毫無疑問，法律的制訂是為了保障公民的幸福，國家的繁昌和人們安寧而幸福的生活：那些首先通過這類法規的人曾經向人民宣佈，他們將提議和制訂這樣的法規，只要它們被人民贊成和接受，人民便可生活在榮耀和幸福之中。顯然，他們便把這些制訂和通過的條規稱作法律。由此可以看出，當那些違背自己的諾言和聲名，而給人民制訂有害的、不公正的法規的人立法時，他們什麼都可以制訂，只不過這並不是法律。闡釋「法律」（*lex*）這一術語本身可以清楚地看出，它包含有公正、正確地進行選擇（*legere*）的意思。[8]

共和主義對法律的重視，顯然是對法律主治（the rule of law）的重視，而不是對靠法律統治（the rule by law）的推崇。這意味着，制定法必須是良法（good law），而不是惡法（bad law）。而法治的實施，是基於公民的內心臣服，而不是政治強制。在共和主義中，執政者需要依從法定程式，經由選舉產生。儘管在古羅馬早期的元老院並不經由這樣的程式誕生，而是世襲的，這與共和主義的政體宗旨相悖，但執政官、元老院與公民大會之間的平衡機制，還是保存了共和的政體特質。之後的共和政體設計，基本上都守持一種依循程式的法治原則。[9]

共和主義的這些特徵，是作為理想類型的政治意識形態而陳述的。歷史脈絡中的共和主義，是容有明顯的觀念與制度差異性的。一般而言，古典共和主義與現代共和主義之間的區別，足以體現共和主義之間所具有的重大差異。[10] 這種重大差異，體現在政治理念與政治實踐兩個方面。僅就前者而言，古典共和與現代共和的實質性差異，體現為由古代共和政制發展而來的古典共和主義和被自由主義規訓了的共和主義之別。古典共和主義是直接承繼古代共和政制實踐的一批思想家建構起來的，它具有明確的現代建國指引，卻鮮明表現出對古典共和政制熱切嚮往之情的思想特質。古典共和主義肇始於馬基雅維利，經由盧梭的改造，孟德斯鳩的發揮，聯邦黨人的重鑄，黑格爾的再造，終於塑造了一種現代意識形態的完整輪廓。這樣的共和主義形態，在當代遇上漢娜・阿倫特的批判性重建，劍橋學派思想史家如斯金納、波考克等人的重新闡釋，內部充滿張力。這樣的張力，可以說是當代未經自由主義規訓的共和主義、或是說不服自由主義規訓的共和主義思想家、思想史家，試圖反撥自由主義對共和主義的改造，從內部重新詮釋共和主義而突顯出來的觀念緊張。他們的詮釋，儘管主要是針對自由主義展開的，卻同時對自己力求繼承和超越的古典共和主義構成一種批判，甚至顛覆。

因此，審視古典共和與現代共和，有兩個路徑：一是在共和主義陣營內部，古代與近代早期的古典共和主義與當代共和主義的同源異趨，以至於人們不得不對兩者有所清理，才能明白共和主義的宗旨。二是力圖呈現獨立源流的共和主義思想與被自由主義規訓的共和主義思想之間，體現出的巨大差異。由此浮現旨在突顯共和主義原教旨的意欲，與旨在突顯吸納共和主義精粹彰顯出來的自由主義色彩鮮明的新共和主義，形成另一個爭奪共和主義資源的競爭性思想局面。

就前者論，古典共和主義有古代意義上的共和主義創制，及近代以後發揚光大的復蘇式共和主義兩種「古典」共和主義的含義。[11] 而當代共和主義，則主要用來指稱一批旨在抗拒自由主義獨領現代風騷、復甦古典共和主義精神的思想。就前一方面而言，古代的共和主義與近代早期的古典共和主義，擁有一些明顯相同的思想特徵：譬如強調共同體中人的內在德性的理念，重視混合政體的取向，高揚公民美德的意欲，推崇愛國主義的情懷，對立憲政體的高度看重。就後一方面論，當代被稱之為現代共和主義的思想，也具有自己的思想品格：他們脫離積極自由和消極自由這類區分共和主義與自由主義的設定，突顯了「第三種自由」（也就是免於支配的自由）的重要，強調直接民主和代議制民主形式之外的審議民主（deliberative democracy）創制，推崇一種立於共同善的公民美德。但兩者在政治實踐上不得不面對古代共和主義政體的缺失：既不重視個人自由，也不確立人權哲學，更不申述市場邏輯，過分信任政府權力。關鍵的是，共和主義還漠視精確的國家權力分割制衡，嚴格限定公民身份，全力宣揚集體主義的精神。另外，古典的或現代的共和主義，似乎都解決不了大規模政治體的治理，解決不了政治體的封閉與排他問題，解決不了共和政體的穩定性難題，解決不了權力對權利的壓迫及由此引發的普遍腐敗問題，至於古代共和國的對外擴張，也是值得人們留意的問題。[12] 總而言之，共和主義深入骨髓的重精英輕平民、高高在上指點社會的政治氣質，總有一種與現代平民社會格格不入的感覺。

正是由於共和主義所具有的內在缺失，因此，就後者論，不管當代共和主義如何努力與自由主義爭奪現代國家建構的理論正脈地位，它都無法否認，不確認近代以來自由主義對共和主義的規訓，就無法有力解釋現代國家的興起。正是由於自由主義對共和主義的規訓，才促成了現代共和政體。誠然，自由主義是在吸納共和主義的思想與制度資源的基礎上，建構自己的理論體系與制度機制的，但自由主義規訓共和主義而生成的「自由主義的共和主義」，才是真正體現現代共和主義真精神的國家哲學。這是因為，這種特殊的共和主義，對現代生活與國家構成，獲得了最成功的回應。

首先，自由主義懸置了亞里斯多德主義的前提，將目光由公共生活轉向私人生活。與此相應地是開始將參與政治的自由視為「古代人的自由」，這種自由雖然並不一定與「現代人的自由」亦即個人的消極自由相對立；但它在整個生活中的地位卻大大下降了，消極自由成為政治設計首要考慮的目標。其次，在政治架構上，自由主義者放棄了古代共和國的直接民主形式，主張通過現代分權和制衡機制、代議制、聯邦制等形式來建設「擴展的共和國」和「複合的共和國」，從而解決了共和國的規模問題和穩定性問題。一直困擾古代共和國的派系爭鬥被逐漸納入正常的政黨政治的軌道。再次，自由主義的平等主義原則和普遍主義原則，可以克服古典共和主義理論以公民德行（而不是所有人的人格平等）為中心帶來的局限和共和國的政治實踐中公民身份的狹隘性和封閉性。共和國由開始由貴族共和國走向民主共和國。最後，現代共和國的良好運行當然也需要公民美德這樣的潤滑劑，但自由主義更強調制度的作用，它為公民規定的政治義務非常寬鬆，它寧願把公民美德交給公民個人去處理。同時，自由主義對共同善或公共利益的看法也是非常稀薄，僅限於秩序、正義以及所謂「公共產品」等爭議較少的內容。[13]

顯然，規範古典共和主義的「自由主義的共和主義」，才是解決了共和主義內在的政治缺陷，支持現代國家運行在平民化的、立憲民主機制上的政治哲學。而當代中試圖爭奪自由主義共和主義這主導地位的、自命共和主義正脈的反自由主義共和主義，是無法滿足一個平民立憲民主政體的理論需求的。這就是這類共和主義思想家總是把自由主義當作假想敵，拒絕將思想的批判物件確定為更具危險性的國家主義、道德專制主義、極權主義，讓人悲歎的地方。正是在這裏，共和的名實之辨得出的結論，不言自明。

## 二、英雄建國與精英治國：中國的貴族共和制結構

中國的現代建國，在肇始階段，體現為從帝制到共和的轉進。一九一一年的辛亥革命，是一個關乎現代中國國家建構的決定性事件。這一事件，標誌着中國徹底從帝制的改良轉變為共和立國。在辛亥革命發生前，中國建構現代國家的嘗試，一直在改良和革命之間拉鋸。晚清已降的改良運動，是力圖維持帝制不變，讓國家走上君主立憲的軌道。但是，晚清政府總是以維護滿族的少數民族政權為一切改良的宗旨。結果，在一個必須建構現代國家政體以滿足各個民族分享國家權力的要求、必須滿足興起中的現代工商業機制對現代國家建制的需求，必須滿足覺醒的個人對權利的尊崇和制度保護的需要的時代，卻因為晚清政府一步三回頭的改良，中國終於錯失了在和平的軌道上走上現代建國之路的機緣。期後革命風起雲湧。晚清的革命運動，不僅是國家總體上激進化的必然產物，也是國家權勢集團拒絕分享權力，拼死維護皇權專制的結果。革命的風捲殘雲，證明帝制確實已經不再具備聚合國家建構資源，並引領現代國家建構進程的能力。

當下有所謂清算辛亥革命的主張，認為若不是孫中山這些革命黨人發動激進革命，晚清也可能走上漸進改良的正道，一點一滴集聚起現代國家的建設成就，緩慢步入現代國家

的軌道。這樣的設想，是反歷史的假設。其假設的虛擬性質自不待言，但關鍵的還是，在社會急遽演變的當口，需要執掌權力的國家權勢集團展示自己的政治決斷力的時候，權勢集團，也就是晚清政府，尤其是晚清仍然掌控國家權柄的滿族統治集團，卻未能把握國家劇烈變化的政治局勢。晚清政府推行戊戌維新失敗之後，便一步一步陷落於滿族控制國家權力的死穴，枝節性的改革不是沒有，甚至邁進得很快。但是，晚清面臨的不是對國家進行枝節性的調整，而是國家基本結構的重整。即使維護帝制，那也僅僅具有形式上的價值和意義。帝制也必然在這種重整中走向虛君共和的現代國家。當下一些論者認為，要不是革命黨推翻晚清政權，晚清就可以走向虛君共和的現代國家。這樣的結論，是沒有看清晚清政權絕對不願讓渡權力，拒絕共和建國的基本價值與制度安排的懸空之論。共和建國，哪怕是虛君共和的任何狹小通道，都被晚清政府所堵塞。

一九一一年的辛亥革命推翻了帝制，但這不見得是它最偉大的地方。它最偉大的地方，在於給國人開啟了追求共和建國的政治大門。對之，論者儘管可以虛構當時「改革與革命賽跑」的政治情景。但付諸歷史可見，晚清政府何曾表現出一種與革命賽跑的改革勁頭？史無事實支持，此種虛言，焉能成立？更為重要的是，這種假設，無法掩蓋晚清當權者堵塞改革大門，斷絕虛君共和前途的政治史實。對此，不需繁雜的歷史敍事，僅看「皇族內閣」的出台，便一目了然。「虛君共和被革命斷送」，這種對晚清政治史的偽敍述，常常會造成一種放縱權力，壓制權利的扭曲性建國話語模式。虛君共和的建國沒有成功，似乎就是因為革命者對革命的偏執。需要指出的是，辛亥革命後，中國走上了一條軍閥割據道路，結果以黨建國興起，最後將國家建構成完全缺乏公共性支撐的政黨國家。這樣的政治史演變，並不是辛亥革命的錯誤，而是後來致力以革命為個人和組織謀私者的錯誤。但辛亥確立起來的現代共和建國理想，卻是矯正這樣的建國誤區，一個最為有力的政治方案。

從帝制進入現代共和，中國需要邁過三個大坎。第一：中國千百年來形成的政治傳統，與共和政制、民主體系、自由價值，不論在政體上，還是在觀念上，都是疏離的。在政治觀念上，道家的「逍遙遊」，儒家的「說大人而藐之」，與自由理念庶幾可近。在政體理念上，董仲舒的「法天而治」與憲政趣意相同。但就中國古代的政制安排來說，與現代政制相去甚遠。不能不承認的是，對帝制進行權力限制的理念，不是中國古代政治思想的主流理念；對帝制進行權力制衡的安排，不是中國古代政制籌劃的主要着力點。相反，「學成文武藝，貨與帝王家」[14]是中國社會的共識，「普天之下，莫非王土；率土之濱，莫非王臣」[15]是中國政制的預設前提。這就是中國古代帝制的基本結構。這樣的政制實際結構，與限權的政治觀念結構之間，幾乎沒有一種刻意接通的管道。當帝制中國必須邁向共和中國的時候，人們不可能一下子作別長期浸潤其中的帝制政治傳統。而且，基於「貨與帝王家」的習文練武之社會慣性，人們也不可能一下子脫離這種心靈習性，驟然轉向現代共和理念與制度安排。因此，晚清作別帝制、走向共和之際，誓死捍衞帝制的觀念，與決絕維護儒家綱常的意欲，緊密結合起來，成為抵抗中國政制轉變的一大阻力。蘇輿等人的《翼教叢編》，代表了決絕維護儒教綱常名教的官僚們的立場。劉錫鴻等人受晚清派遣出使國外的保守大臣，對中國變革的抵抗，象徵着官宦集團對國家轉型的懵然無知。這些護教、衞國之舉，不僅讓官宦集團與現代共和建國疏遠，更造成中國社會與現代建國背道而馳的國家悲劇。

當然，晚清也有康有為、梁啟超、章太炎、孫中山的政治啟蒙。康、梁對現代政治制度的認識較為清楚，前者考察俄國、日本的現代建政，論述中國建立現代國家的必要與重要，並直接參與國家的重建工程，後者借助自己帶有強烈情感的雄健巨筆，傳播現代國家的基本理念與制度常識。但戊戌維新失敗以後，兩人便無緣介入國家重建的高層決斷。隨着他們將現代建國坐實在精神層面，便隨之喪失影響國家重建的政治能力。章太炎、孫中山是革命黨人。前者主要發揮的作用，是推動「排滿革命」，但革命後章太炎反對共和，主張專制。這表明他對中國的現代共和建國處境，不甚了了，與辛亥後康、梁的以尊孔讀經應對國家建構的狀態，調異質一，可見他們都未能把握住中國轉出帝制，建立共和的時代大勢。

孫中山為中國的現代建國確立了基調。但孫中山在尋求「以黨治國」失敗之後，確立起「以黨建國」的建國方案，儘管這一方案有一條從「軍政」、「訓政」到「憲政」的路線圖，期間也有三個建國階段轉變的粗略時間表。但相對於晚清時期，孫中山建國思路的轉變，不僅確定了建立政黨國家的國家形態，更重要的是確立了精英建國和精英治國的基本模式。這是一種建國思路與治國思路緊密結合起來的完備性立國理念。因此，相對於孫中山當初確立的「祛除韃虜、恢復中華」的排滿革命而言，這次的轉變，讓他的建國思想更為充實。進而，相對「建立民國」而確立「民有、民治、民享」的治國原則，這次的轉變，將尋求建立國家的單一目標推向了建國與治國綜觀考量的新境地。無疑，即使孫中山後來急於組織一個列寧主義式的強有力政黨，作為他以黨建國和以黨治國的依據，他也沒有放棄憲政建國的最高目標。他那種以「軍政」統一國家，以「訓政」教育民眾，最後坐實於憲政體制的建國路線圖，有些主觀隨意且不明究竟的意味。不過，這中間傳遞出一個關乎中國共和建國最明確的信息，就是共和國的建立，不可能依賴政治體的普通成員，而必須依賴「先知先覺」的政治精英。孫中山的建國思想，便出現一種奇怪的組合：國家的所有權或主權屬於人民，人民直接治理國家，人民享受自己治理國家的成果。但人民不經精英的教育，便會缺乏這種建國與治國的基本能力。因此，必須先由精英訓導人民，確立起人民主權意識，具備治國能力，然後才享受自己建國與治國的成果。這是一種明顯的政治悖反：民有、民治、民享的現代平民共和建國，受制於先知先覺的精英人物。

精英人物是革命建國的核心力量。但精英人物，也不見得就能自覺意識到革命建國和共和政體的確立，對中國建立現代國家的決定性意義。因此，精英人物一定要圍繞這一個致力建國的政治英雄，組成堅定革命的政黨，建立推動革命的軍隊，方有完成共和建國這一革命任務的可能。

> 從今天起，要把以前的革命精神恢復起來，把國民黨改組。這都是由於我們知道要改造國家，非有很大力量的政黨，是做不成功的。非有很正確的目標，不能夠改造得好的。我從前見得中國太紛亂，民智太幼稚，國民沒有正確的思想，所以便主張「以黨治國」。但到今天想想，我覺得這句話還是太早。此刻的國家還是大亂，社會還是退步，所以現在革命黨的責任還是要先建國。[16]

這段話頗能反映精英建國的政治思維特點：一是精英式的政黨組織，乃是中國得以完成現代共和建國任務的組織基礎。而這個政黨，是引導人民的強有力組織。黨組織的目標，要由政黨的領袖來提供。[17] 政黨因此處在建國的先在位置，以保證國家能夠建構起來；建國完畢，政黨的任務就是治國。可見，一個人加入政黨組織，就是全力投入建國與治國事務的人，有了成為國家精英的資格。二是一般民眾成了政治領袖和政黨組織成員的教育物件。所謂民智幼稚，就是他們對共和建國的事務、實現國家富強的治國事務茫然無知，因此必須接受政黨領袖和政黨成員的教育、訓導。「民有、民治、民享」依賴「黨有、黨治、黨享」。重要的不是政黨組織的領袖與成員自私地行使這種權力，相反，而是由於中國共和建國的處境使然。因此中國的共和建國事務就成為政黨領袖這類英雄籌劃的事務，成了政黨成員這類精英具體實施的事情。共和建國幾乎將共和國的平民成員完全排出在外，成了英雄建國與精英治國的事宜。說起來，政黨領袖與政黨成員都在革命運動中浮現，並無世襲的貴族身份。但是，這些在革命建國風潮中浮現出來的政治人物，儼然從政治新貴華麗轉身，成為代表共和國和平民成員行使國家權力的專門人群。需要人們重視的是，這些政治新貴，不是為了自己的利益而佔居國家高位的，而是為了國家的利益而不得不行使相關權力。這就既讓致力建國和治國的英雄與精英佔據了道德高位，同時又穩穩的佔據了政治實權和經濟利益。如果說中國國民黨這樣建立起來的「民國」，還維持着某種共和國的外部形式特徵，而不能將之歸於帝制政權的話，那麼，這樣的民國，實際上跟普通平民全然沒有關係，只是少數革命家和包辦建國與治國事務的全能政黨的黨員「共和」的國家。

自陳忠實繼承了孫中山民主共和建國衣缽的中國共產黨，在致力革命建國的過程中，一方面將從事建國的政黨組織目標，立定在一個更高的位置上，也就是最終消滅國家，實現共產主義的遠大目標。同時，在實現消滅國家的共產主義遠大目標之前，確立了奪取國家政權，將中國建立成真正實現人民民主的國家。這自然是一種現代共和建國的目標。先不說中國共產黨建國的願景，看看中國共產黨奪取全國政權，落實人民民主的政體建構的嘗試，就可以知道，與國民黨一樣，中國共產黨對自己政黨崇高使命的自認，是訴諸政黨的黨章而正式肯定下來的。中國共產黨成立之初，就在黨章中明確規定了引導無產階級革命的精英使命。

二、我們黨的綱領如下：（一）革命軍隊必須與無產階級一起推翻資本家階級的政權，必須援助工人階級，直到社會階級區分消除的時候；（二）直至

> 階級鬥爭結束為止，即直到社會的階級區分消滅為止，承認無產階級專政；（三）消滅資本家私有制，沒收機器、土地、廠房和半成品等生產資料；（四）聯合第三國際。三、我們黨承認蘇維埃管理制度，要把工人、農民和士兵組織起來，並以社會革命為自己政策的主要目的。中國共產黨徹底斷絕與資產階級的黃色知識分子及與其類似的其他黨派的任何聯繫。[18]

中國共產黨剛剛成立時確立的這些政黨原則，為後來的政黨領袖和組織機制繼承。這樣的政黨原則，除開誘人的政治願景，就是政黨佔據政治動員的高位。這種高位，一方面體現為相對於對立社會階級的成員的居高臨下，另一方面體現為自己對所代表階級的領導權。這也是一種精英思維的產物。隨着中國共產黨日益壯大，這樣的精英群體意識也就愈來愈明顯地呈現出來，而中國共產黨領袖人物的英雄情懷，也就愈來愈明顯地展示在公眾面前。前者體現為，中國共產黨代不乏人對全面行使國家領導權的自認。正是基於這樣的自認，中國共產黨對自己行使的全面領導權直言不諱，「黨的領導主要是政治、思想和組織的領導。」這樣的領導權體現在國家權力的運作過程中，顯示為在所有次級權力組織與形式的領導上面。「黨必須在憲法和法律的範圍內活動。黨必須保證國家的立法、司法、行政機關，經濟、文化組織和人民團體積極主動地、獨立負責地、協調一致地工作。黨必須加強對工會、共產主義青年團、婦女聯合會等群眾組織的領導，充分發揮它們的作用。黨必須適應形勢的發展和情況的變化，完善領導體制，改進領導方式，增強執政能力。共產黨員必須同黨外群眾親密合作，共同為建設中國特色社會主義而奮鬥。」同時，這樣的領導權對社會公眾而言，就是一種組織和動員「群眾」的率眾之責。

> 堅持全心全意為人民服務。黨除了工人階級和最廣大人民群眾的利益，沒有自己特殊的利益。黨在任何時候都把群眾利益放在第一位，同群眾同甘共苦，保持最密切的聯繫，堅持權為民所用、情為民所系、利為民所謀，不允許任何黨員脱離群眾，凌駕於群眾之上。黨在自己的工作中實行群眾路線，一切為了群眾，一切依靠群眾，從群眾中來，到群眾中去，把黨的正確主張變為群眾的自覺行動。我們黨的最大政治優勢是密切聯繫群眾，黨執政後的最大危險是脱離群眾。黨風問題、黨同人民群眾聯繫問題是關係黨生死存亡的問題。黨堅持標本兼治、綜合治理、懲防並舉、注重預防的方針，建立健全懲治和預防腐敗體系，堅持不懈地反對腐敗，加強黨風建設和廉政建設。[19]

從這段如何關心群眾、尊重群眾、愛護群眾、領導群眾的恭敬話語來看，有兩個需要人們特別留意的地方：一是政黨自身的組織特質，足以保證它代表人民群眾的利益與願望。因此，並不需要人民群眾直接行使國家權力。二是黨的主位與群眾的客位，乃是中國政治生活的既定結構，群眾置於被服務的位置上，政黨居於提供服務的主要位置。這中間蘊含的政黨精英意識毋庸多言。

後者，即政黨領袖的英雄情懷表現為，政黨領袖居於一小天下、登臨絕頂的政治氣勢。一九四五年重慶談判，毛澤東公開發佈的詩詞《沁園春・雪》，其下闋就蘊含這樣的意味。「江山如此多嬌，引無數英雄竟折腰。惜秦皇漢武，略輸文采。唐宗宋祖，稍遜風騷、一代天驕，成吉思汗，只識彎弓射大雕。俱往矣，數風流人物，還看今朝。」這首詞在一九四五年十一月發表後，引起極大反響。國民黨人士對之的帝王諷喻，自然是不明白毛澤東及其領導的政黨與國民黨具有同樣的政治領袖英雄情懷和政黨組織的精英意識。[20]這首詞將毛澤東的英雄情懷顯露無遺。這不僅是毛澤東個人英雄情懷的展現，更是對中國共產黨作為精英組織的進行的一種政治展示，與孫中山當年表露的國民黨就是為拯救國家和領導國家的情感，別無二致。

在中國的現代建國過程中，共和建國是兩個成功建立起統一國家權力體系的政黨及其領袖共同承諾的政治理念。儘管在政治願景上，國民黨僅僅想建立統一國家，實現中國強盛的目標，而中國共產黨不僅要奪取國家政權，最終更要實現「環球同此涼熱」的共產主義目標。但就當下的建國目標而言，兩黨都共同擁有共和建國的政治目標。而且，兩黨對現代建國的人民主權都做出了嚴肅承諾。經由前述，人們也會發現，兩黨都走上了英雄建國和精英治國的道路。顯然，英雄建國和精英治國，絕對不是現代共和建國的常規路徑。現代共和政體是一種平民共和的政體。建立在普遍人權基礎上，重視個人權利的國家哲學與分權制衡的立憲體制，結構成真正體現人民主權原則的現代政體。加之市場經濟與多元社會的周邊條件，確立國家權力的三分天下結構（國家、社會與市場分流運作的機制），國家就此成為平民受公共權力「守夜人」保護的建制，而在私人領域中自由活動的國家主人。顯然，「中華民國」和「中華人民共和國」的國家狀態，與這種平民國內共和的國家狀態有很大分別。

英雄建國與精英治國的中國共和體制，是一種類似羅馬的貴族共和政體。指認現代中國兩個共和政體是一種類似於羅馬的貴族共和制，自然只是在形式上進行的類型定位。羅馬的古典共和制，尤其是早期的政體形式，是明確排斥平民參與國家決策的貴族體制。到後來，由於羅馬平民與貴族的不懈鬥爭，保民官成為較為有力的權力形式，羅馬共和政體的貴族色彩才稍有降低，形成了貴族與平民融合而成的政體形式。

公元前五一〇年，即大約與雅典克里斯提尼改革同時，羅馬城發生了一起姦污案，犯案者為羅馬國王小塔克文的兒子。被侵犯的婦女憤而自殺，羅馬人群情激憤，在布魯圖等領導下推翻了王政，建立了共和國。雖然歷史的實情未必像李維記載的那麼簡單，但羅馬從此進入共和時代。最初的羅馬共和國實行的並非雅典式的民主政體，而是貴族獨攬大權，平民受到多種剝削和壓制。平民利用羅馬當時的形勢，以武裝撤離的方式與貴族展開了長達兩百多年的鬥爭，是為羅馬歷史上的等級衝突。衝突的結果是，羅馬平民爭取到一系列重要的政治和社會權利，平民和貴族融合成為新的羅馬公民團體，讓羅馬形成了波里比阿心目中理想的混合政體。[21]

即使因為貴族與平民的長期鬥爭，形成了貴族與平民共掌國家權柄的混合政體。但在國家權力的安排中，最為重要的元老院，還是由貴族所把持，使羅馬的混合式共和體制，被打上了貴族共和的印記。[22] 即使羅馬的共和政制在後期逐漸強化了它的民主色彩，但保民官是低級別的官員，並不能以常規的方式與元老院較量，因此羅馬的混合共和體制依然無法抹去貴族色彩。

中國現代建國出現的兩個政權，被視為類似於羅馬貴族共和的政體，當然是在形式一致性上做出的斷定。猶如前述，這兩個政黨國家，無論是政黨領袖，還是政黨組織成員，都沒有貴族身份。嚴格來説，並不能將之稱為貴族共和政體。但從形式一致性上看，兩個政黨國家之所以與羅馬貴族共和相似，則是由於它們在掌握國家權力的機制上，都由革命中新生的政治領袖決定國家重大事務，都由政黨組織控制國家一切權力。至於一般民眾，對國家權力的運作，幾乎都是被定位在為旁觀者的角色，或是定位在服務的角色。這也是中國建構現代國家的情勢所註定的事情：完全沒有參與共和建國高端事務的民眾，自然是缺乏介入國家治理事務的政治資源儲備，尤其是中國長期處在戰亂狀態，一個嚴密組織起來的政黨，借助武裝暴力奪取國家政權以後，普通民眾一下墜入無比感激、歡欣鼓舞的狀態，參與治國理政的願望也不會太過強烈。於是，建國的英雄、治國的精英，也就自告奮勇、責無旁貸的擔當起掌握國家權柄、決定治國要務的責任。這樣的國家運作機制，與羅馬貴族共和的政體形式相似。

## 三、手段如何成為目的：現代共和精神的形變

中國的共和建國所呈現的類似於貴族共和的特質，是需要具體分析才能確證的結論。現代中國實質上是政黨國家，形式上卻是共和政體的政治實體，之所以接近於羅馬貴族共和政體，可以從中國現代政治生活中一些具有象徵性的事件上體現出來。其一，中國對現代建國的宏大敍事進行的標準化陳述，呈現出貴族共和對英雄崇拜、精英崇敬的特點。中國現代建國的敍述模式，從時間段上説，區隔為兩段：二十世紀上半期是由國民黨書寫的，二十世紀下半葉則是由中國共產黨書寫的。兩黨書寫國家建構的模式，具有驚人的一致性，即都是由主宰兩黨的政治領袖引領整個建國進程。從建國標誌性人物的角度説，內地建國敍事的標準模式，一言以蔽之，「二十世紀中國史是三大偉人書寫而成的」。猶如論者指出，「人類告別二十世紀的時刻，每一個中國人都不能忘記過去世紀的三位偉人：孫中山、毛澤東、鄧小平。……這一百年的歷史，是風雲激蕩的歷史，是可歌可泣的歷史。在這一百年當中，億萬中國人用自己的血肉，同歷史的重負抗爭，同全世紀最邪惡的勢力抗爭，並且一步一步取得勝利；億萬中國人用自己的勞動和汗水，在祖國的大地上描繪最新最美的圖畫，創造着自己幸福的生活。在鬥爭當中，湧現了無數英雄人物。這三位偉人，

就是他們最傑出的代表。無論是擁護他們的人，或者反對他們的人，都不能不承認，本世紀中國的歷史是同這三位偉人的名字不可分割地聯繫在一起的。」[23]

如果設定二十世紀中國的歷史，就是走出帝制、建構共和的歷史，那麼，將三人視為書寫二十世紀中國歷史的偉大人物，實際上也就是將三人視為共和建國的標誌性人物。[24]以執掌政黨和國家權力的重要人物作為共和國的標誌性人物，是一種類似羅馬貴族共和的政治思維產物。這是一種在貴族與平民之間確定政體特質的歸類，而不是在貴族身份與政體聯繫的特定視角做出的評判。在這特定視角，當人們把孫中山視為開創中國共和建國的鼻祖，並將共和建國的基本理念（民有、民治與民享）作為中國建構現代國家的思想根基，也就將孫中山作為英雄建國與精英治國的貴族式共和體制的第一個代表。孫中山在世紀初年完成的現代共和建國，就是要完成貴族建國之篳路藍縷的草創任務，他是中國作別帝制、走向共和的創始人物。他提出的老三民主義與新三民主義成為國民黨的國家哲學，也成為中國共產黨對人民的承諾。但在中國共產黨的角度，蔣介石政權則被視為代表官僚買辦資產階級和大地主利益的政權，背叛了孫中山共和建國的精神。其實，中國共產黨的這一評價，從一個側面反映出國民黨建構的中華民國具有的貴族共和性質。

毛澤東領導的中國共產黨，自認繼承了孫中山共和建國，尤其是平民共和建國的真精神。毛澤東強調，「蔣介石背叛孫中山，拿了官僚資產階級和地主階級的專政作為壓迫中國平民的根據。這個反革命專政，實行了二十二年，到現在才為我們領導中國平民所推翻。」[25] 這一斷言，包含毛澤東極為重要的共和建國理念：一是名為「中華民國」的國民黨建立的政黨國家是代表社會上層階級的政權，因此其「共和」的名實不符。這就為人們分析共和建國的名實關係開啟了大門。二是中國的共和建國必須是「平民共和」。何謂平民共和，就是佔中國人口絕大數的底層階級的共和。「人民民主專政的基礎是工人階級、農民階級和城市小資產階級的聯盟，而主要是工人和農民的聯盟，因為這兩個階級佔了中國人口的百分之八十到九十。」[26] 在這裏，論說者所指的人口多少，不能只從數量上去認知，需要從影響國家結構的共和精神上去理解。正是這樣的斷論，讓人們可以領會代替國民黨的「中華民國」而起的另一個共和國，何以會命名為「人民共和國」（people's republic）。因為共和國本就有貴族共和與平民共和之分。中國共產黨確定的國名就是在特意強調，自己率領人民建立起來的共和國，不再是官僚買辦資產階級和大地主階級的貴族共和國，而是人民自己的共和國，也就是平民的共和國。

不過，中華人民共和國的平民共和政治定位，要坐實為具體的國家運作模式，還存在一些需要打通的政治—法律關隘。建國理念的確立，國家名稱的確定，僅僅反映建國者試圖建立成什麼樣國家的意圖型理念。這個國家究竟建成了什麼政體，還是一個需要結合國家運作實際加以辨析的問題。這其實也是一個共和國的名實之辨的問題。如同國民黨將自己建立的國家命名為「民國」（republic），也就是確認了自己建國的理念是平民共和國，但在中國共產黨眼裏，民國是其表，少數人專政是其裏，國家表裏不一，這樣的分析邏輯，反轉過來一樣適用於中華人民共和國。

由前述可知，中國共產黨在表白自己的建國理念時，對國家的定位，毫無疑問地是共和國，而且是平民共和國。但建國的「指導思想」其實是典型的英雄建國，而國家成功建立起來以後的治國，其實也是典型的精英治國。建國的英雄轉變為治國的精英，這兩者都是與平民共和相左的國家理念。平民共和的理念，在國民黨建國時得到確認。中國共產黨確認的建國理念，也是平民共和。但為什麼兩個政權的實際運作中，都演變成類似於羅馬貴族共和那樣的政體形式呢？這中間的轉換是如何發生的？轉換的機制又是怎樣的？本來，要建立平民共和的國家機制，就應當確立依靠平民參與政治決策和行政執行的機制。但是，由於中國走出帝制，走向共和之際，主要是在社會政治精英間展開博弈，而平民對於國家轉型，既缺少醒覺，也缺少介入的途徑。因此，英雄建國和精英治國的理念，成為中國共和建國的手段。自晚清以來，國民黨和中國共產黨的政治領袖和精英人物，都表達了自己對共和建國理念的高度認同，但也都表達了自己領導一個強有力政黨並率領人民起而建國的政治主張。這樣就將建構平民共和的建國目的，與借助英雄和精英建國為手段，錯位地配置在一起。當建國領袖與治國精英作為國家所倚重的對象時，所有建國論述都是一種進取性的論述。也就是對這些英雄和精英的作用，是一種強化性的、遞進性的論述。這些論述，缺少建國後的弱化性、退出性的考量。因此，從建國轉向治國時，作為建國手段的英雄與精英，也就順勢成為治理國家的依靠力量。建國時的英雄與精英，如何在共和建國任務完成之後，還權於民和還政於民，就溢出了人們的國家思考範圍。結果，共和建國不得不借助英雄、精英手段，演變成為治國過程中千方百計予以延續的目的性模式。

國民黨建立的中華民國，被視為大地主階級和買辦資產階級的政權，就是建國的臨時手段變成治國目的的模式的產物。這個由英雄建國轉換出來的治國方式，就是精英治國，甚至被稱為寡頭治國。這是指，中華民國由國民黨的領袖、黨化軍隊和意識形態支配整個國家，拒絕與其他政治組織和民眾分享國家權力。而且在國家治理過程中，也只有少數國民黨成員執掌國家權柄，平民完全淪為國民黨「訓政」的教導對象。國民黨從建立民國轉變為治民之國，中國共產黨因這對之猛烈的抨擊。但中國共產黨在完成建國任務之後，同樣陷入了建國的精英手段與治國的精英模式的倒錯，因而難以兑現建國時期所確立的平民共和目標，並且一直行走在激化社會上層與平民百姓矛盾的貴族共和道路上。眾所周知，在中國共產黨建政之際，黃炎培曾經對毛澤東表達一個疑慮，那就是中國共產黨如何走出歷朝歷代呈現出來的統治周期怪圈。毛澤東當時給極其自信地回答，説中國共產黨已經找到了擺脱統治周期怪圈的辦法。「我們已經找到新路，我們能跳出這周期率。這條新路，就是民主。只有讓人民來監督政府，政府才不敢鬆懈。只有人人起來負責，才不會人亡政息。」[27] 無疑，毛澤東所説的這條新路，就是平民共和之路。在這樣的國家中，國家權力屬於人民，國家治理由人民做主。作為國家主人的人民，自然就不會起來顛覆自己統治的政權，「其興也浡焉，其亡也忽焉」的歷史周期律，自然也就打破。

中國共產黨建立起中華人民共和國後，當初建立平民共和國的動機也許未變，但在確立國家治理的框架時，明顯呈現出不同於爭奪國家權力時期的建國思路，而高度壟斷國家權力。這種壟斷，一方面體現為對國家意識形態的強有力控制，即中國共產黨認定，只有自己政黨確定的馬克思—列寧主義，才能成為國家的指導思想。另一方面，也只有中國共產黨，才是中國革命和建設取得勝利的保障，因此中國共產黨必須全面行使國家的領導權。再一方面，中國共產黨的領導，必須既掌控一切政策制定的權力（「出主意」），還必須絕對控制幹部的使用權（「用幹部」）。[28] 這一系列重要的轉變，實現了中國共產黨自己建立國家即自己控制國家的目的。中國共產黨在對建國動機進行自我表白時，所承諾的平民共和國，便就此演變成革命家與技術專家構成的領導集團行使國家權力的體制。平民，則沒有多少機會和管道介入國家政治生活。這是一種典型的精英（貴族）治國定位。[29]

中華人民共和國的準貴族共和體制，其運行的機制，可以從精英治國模式上呈現出來。國家的治理，主要依賴於三大類型的精英集群。第一類自然是掌控政黨國家大權的政治精英。這些精英人物，在建國之初，主要是從事革命建國的英雄人物。政黨精英負責控制國家意識形態，軍事精英負責國家暴力機構，兩類精英派出人員控制國家各個領域的實際運作，使中華人民共和國體現出典型由政治類精英人物掌控國家命脈的政治化特點。革命建國與革命治國的長久纏繞，無法有效區隔，就是因為革命的精英群體佔據了國家的行政管理權力，故而國家只能在高度集權的政治指揮棒下運轉。中國共產黨長期無法從革命黨轉變為執政黨，也是因為信奉革命的政治精英集團奠立了國家統治的基調，使後繼者難以扭轉國家運轉的軌道。今天國人感歎中國很難「向上流動」，[30] 就是這樣的治國機制必然帶來的結果。政治精英治國的、類似於貴族共和的最鮮明標誌，就是在中國政治生活中出現頻率甚高的詞彙——「太子黨」。姑且不論真實的「太子黨」的真實性，僅僅看這個詞彙成為一個高頻出現的政治詞彙，人們就可以從中知曉關乎「人民共和國」國家治理的重要資訊。那就是在中國國家治理中，創建國家的政治精英向他們的晚輩直接傳遞國家統治權的機制。這就是一種較為明顯的貴族共和治國機制。[31] 除政治精英控制國家的重要權力外，另一類精英活躍於經濟領域。中華人民共和國的經濟大權，尤其是實行市場經濟後，主要被政治精英派出的經濟精英群體控制。眾所周知，中國最重要的經濟資源，都控制在國有壟斷企業的手中。而掌握國有壟斷企業的經濟精英群體，主要是兩種人，一是黨政機構的派出官員，他們身上有着鮮明的政治權威印記，因此也就有着代表建國政黨不容商議地控制經濟命脈的權力優勢。二是不思權柄而想發財的紅二代群體，他們構成更為典型的、貴族共和體制中的經濟權力世襲的標誌人群。[32] 在中國的經濟生活中，那些盈利不高，或技術含量太大，不足以用權力駕馭的經濟領域，在市場經濟中被推向社會，成為社會公眾可以支配的經濟資源。即使在這些領域，經濟領域的技術精英掌控的資源，也比草根的民間經濟人物要多得多。[33] 再一類精英，就是在社會領域發揮重大影響力的精英集群。當然，需要指出的是，這裏所謂的社會精英，是一個較為勉強的借用語。因為一九四九年後，中國共產黨總結自己奪取國家權力的勝利經驗，歸納國民黨失去國家權柄的失敗教訓，進而高度重視起對社會權力的政治控制。因此，政黨國家要努力捕獲社會，便成為國家治理的一大特徵。在這個特定的意義上，中國是不存在具有獨立領域意義的社會精英。但無論如何，政黨國家無法全方位吃掉社會。如果說社會包含兩重含義，一是自然意義上的社會，也就是有人群的地方就存在社會的話，國家是吃不掉的。二是與國家權力相對而在的組織化社會，也就是公民自治組織，與國家權力組織分流而治的人為社會，雖然是國家權力力求捕獲的物件。但在國家權力留空的時候，這樣的社會組織始終會出現，並發揮它在國家權力不及之地的秩序供給作用。這樣的社會，在一九四九年後，影響範圍極其狹小，作用極為有限，但還未完全消失。為了有效控制這樣的社會，並使其無法與政黨國家競爭資源，尤其是不讓其上升為影響政黨國家權力運作的不穩定因素，政黨國家採取了改變存在結構，重組運作機制的方式，將其嚴格約束在政黨國家體制內。人們所熟悉的群體組織（工、青、婦），及社會行業和興趣組織（如全國法學會、國家登山協會等），都納入國家體制之中，給予行政級別，撥付財政資源，讓其成為代國家控制社會的權力組成部分。[34] 而掌握這些組織的人群，成為國家權力群體的一部分。他們的社會精英身份，已經由他們的政治精英身份所設定。

中國的英雄建國與精英治國所塑造出來的準貴族共和體制，在中國現代建國史的理論複述中變成了一個關鍵問題。本來，中國的現代共和建國是一個實踐過程，在建國實踐過程中或建國任務落定後，人們才能對共和建國的實踐進行理論總結。古典共和政體的國家理論，就是這麼出台的。但現代共和建國，遠比古典共和國的建構複雜多了。英國是現代共和建國的典範。十三世紀以來，英國不斷積累其共和建國的點滴資源，終於在十七世紀中期臨盆生產。但一六四〇年起始的英國革命，並沒有實現催生英國現代共和體制的目的。國家一直動盪，到一六八八年，英國人從歐洲請回國王，以各方的政治妥協和適當安排完成了一場「光榮革命」，終於使現代共和體制在英國呱呱落地。現代共和政體，是一種建立在個人主義、權利哲學、立憲機制、市場經濟等要素上的複雜政體。非經英國數百年的摸索，無以浮現。現代共和政體一旦浮現，便能在建國實踐和國家理論上，確立一種相互促進、相得益彰的關聯式結構。僅就英國共和建國的理論與實踐關聯性而言，共和建國的理論與共和建國的實踐之間，沒有明顯的錯位或落差。[35]

中國的現代共和建國，也在孫中山、毛澤東的平民共和理論設計中呈現出理論輪廓。但由於國民黨和中國共產黨兩黨的共和建國，落定在政黨國家的準貴族共和體制上，因此，建國的主觀目的與建國的客觀後果之間，出現了明顯的錯位。無可否認的是，孫中山和毛澤東共用的現代共和建國理念，並沒有實際左右他們推動的建國進程。而且，在他們的建國實踐中，都把共和建國當作手段、技巧和工具。共和建國的落定，自然就不是共和政體，而是一種由政黨獨佔國家資源、類似於貴族共和的政體。雖然人們還沒有充分的根據斷言，共和建國在他們的意識中只是一種工具思維，但起碼可以斷定，他們疏離了共和建國的預期與建國政治實踐的關係。這是造成他們意欲平民共和，卻坐實為貴族共和的重要原因。本來，他們只不過是利用政黨動員方式來達到共和建國的目的，至少在孫中山那裏這一點是毫無疑義的。但是，當建國的政治動員方式訴諸政黨國家建構的方式後，建國實踐的流變，就似乎不受設計這種建國方略的政黨領袖個人意志的控制，演變為政黨領袖意志控制政黨組織、政黨組織控制國家建構，進而控制國家權力運作，將國家建構成貴族共和政體那樣的由政黨精英操控的特殊國家形態。

孫中山建國理論中強調的一個黨、一個主義、一個領袖，加上蔣介石後來添加的一個軍隊，將國民黨建國的政黨國家這個準貴族共和政體，完全扭曲為非共和，甚至是反共和的獨佔性政黨國家。共和建國所借重的政黨組織，反過來成為全面控制國家的自足性建制。因此，如古羅馬那種由執政官、元老院、保民官結構起來的共和機制，演變為寡頭控制的集權，甚至是極權國家——致力統一國家的軍政領袖不僅控制意識形態，更控制軍事暴力，政黨首長逐漸失去平衡軍政首長權力的能力，政體明顯向反對法治、實行人治的一端倒退。結果，共和建國的共和性質，哪怕是貴族共和政體的性質，都明顯退化。由此可見，意欲平民共和走向貴族共和的政體，不是從平民共和退到貴族共和就可以打住它的退步。既然共和變成了建構政黨國家的手段，而政黨國家未能安於共和建國的手段，政黨國家就很容易失去共和的政治目標，逕自成為拋開共和政體的獨立國家形態。國民黨是如此，後起政黨國家的建構者又豈能例外？尤其是穩定下來的政黨國家，演變成高度集權、個人專斷的體制時，共和精神就徹底喪失了。共和建國的手段性意義，也隨之徹底喪失。

## 四、從貴族共和到平民共和：重建中國的共和政體

中國現代共和建國精神的失落是既定的。儘管後來國民黨敗退台灣，經三十年左右的改革，終於走上現代平民共和的正軌。但是，中國內地的政局演變，離落定平民共和政體的距離尚遠。假定現代國家必須落定在平民共和的政體上，國家才能真正步入常態和正軌，並因而發現安邦之道的話，那麼，在二十世紀落定的中國之準貴族共和政體，就有必

要轉進到平民共和政體，全力避免中國政體轉進的兩個危險的極端走向：一是要避免從貴族共和政體滑向寡頭政治，進而滑向專制政體，二是要避免走向直接民主基礎上的平民共和，失去寡頭掌握治權和平民控制政權的平衡機能，導致國家秩序的喪失。

中國的共和建國，存在一個貴族共和向平民共和轉進的必要。而扼制住兩個極端走向的共和政體轉進，需要中國內外部供給複雜的條件。當然，首先清理中國共和建國的遺產，對中國轉進平民共和政體，有着不可忽視的意義。為此，需要對下述兩個問題有一定的認識。

第一，中國現代共和建國，還需要在名實之辨上下足功夫。這是因為，晚清以來，中國從帝制向共和的轉變，中經政黨國家的長期統治，人們對共和的基本精神與制度安排，早已經相當陌生。不經過共和的名實之辨，人們就很難明白政體選擇和平民共和建構，對中國現代建國所具有的決定性意義。只有借助共和的名實之辯，方能促使國人清楚明白地看出平民共和政體建構的來龍去脈、坐實狀態。從歷史的維度上來看，中國共和建國的國家命名與共和的實質結構之間，存在巨大的縫隙。這可以從兩個時段得到認知：一是從一九一一年建立中華民國到一九四九年喪失國家政權這個時期看出，名義上的民國時期，實際上卻是軍閥和國民黨實行強力專政的時期。國民黨的黨治體系，完全遮蔽了國家的共和體制，以至於本應成為國家主人的平民，反倒一直處在接受國民黨訓政的奴化地位上。行憲，對國民黨既是一種拋卻政黨國家準貴族共和體制的考驗，也是對國民黨拒絕步入分權體制，與國民分享權力，實質性地還權、還政於民的終結。

因此，在內外交困的情況下，國民黨原本由孫中山立定立的平民共和建國目標，完全溢出該黨及其領袖人物的政治視野。這種溢出，第一個標誌，就是蔣介石幻想現代共和建國是一場借助於儒家傳統政治理念決定「中國之命運」的變遷。[36] 蔣介石明確拒斥英美國產出的平民共和政體理念，認定那是一種帝國主義式的國家觀念，將古典帝國的精神觀念，與現代共和建國的國家理念、帝國主義的國際政治理念，混為一談。他拒斥蘇俄，又拒斥英美，盡力回歸傳統的建國進路。這樣的思路，在建國理念上雖不無道理，但在當時的建國實踐上，卻等於堵住了一個「錯誤」通道，同時堵住了另一個必須創造性模仿的正確通道，並沒有因此打開直接由傳統帝國通向現代共和的通道。中國的現代建國借重禮義廉恥的儒家觀念是可取的，但儒家不可能直接供給平民共和建國的理念與制度。因為儒家也是一種古典的精英理念，它無法在「學而優則仕」這樣試圖打通思想精英與政治精英通道的思維定勢中，走向平民建國與治國的現代狀態。第二個標誌，就是蔣介石眼光向外，尋找適合中國，使國家強盛的效仿對象。他最終選擇了納粹德國思想。納粹主義那種形似高尚的道德追求，對民眾奉獻犧牲精神的極度推崇，國家直接宣導熱情激昂的愛國主義，讓國民高度統一於國家意志，從而推動國家疾速強大起來的國家理念與治國方略，頗得蔣介石的好感。蔣介石因此在國民黨裏鼓勵青年軍官成立了藍衣社，試圖將納粹的國家理念引入中國的國家建構，[37] 走上了國家建構的歧途。這是國民黨貴族共和體制走向極權主義一端的標誌性事件。第三個標誌，便是蔣介石對共和的國家體制不甚了了，將國內不同組織力量和公眾組織完全排拒在共和建國的範圍之外，甚至將之視為絕對的敵對勢力。「攘外必先安內」口號的提出，反映蔣介石建國思維受敵友辨認的支配，而無法尋求國內各種政治力量協商建國的弱點。他絕對排斥國民黨以外所有政治力量，將現代建國的希望完全交由國民黨一力承擔，認定「中國之命運，完全寄託於中國國民黨」。[38] 這種國家理念顯然與現代共和致力團結國內一切政治力量的重和而斥分離的理念背道而馳。當然，對之進行的一個較為寬容的辯解是，當時中國內憂外患同至，早已經將共和建國的事務置諸國家權威之下了。

第二個時段，便是一九四九年以後的「人民共和國」時期。在這一時期，全國人民的歡呼雀躍，衷心擁護中國共產黨建立統一的中央政權。而中國共產黨也以這樣的建國成就，宣佈「中國人民從此站立起來了」。期後，中國共產黨制定憲法，承諾憲制，國家呈現出成功坐實共和建國的景象。但隨着肅反的疾風暴雨、私有制改造的大力推進、反對右派的擴大化、大躍進的風捲殘雲、「無產階級文化大革命」的全面動盪，共和建國不僅墮入了階級鬥爭的深淵，更為嚴重的是，政黨國家完全將國家置於名義上是「黨的一元化領導」，實質上是政黨領袖個人的獨斷獨行之下，一切對黨的領導稍有疑懼的觀念與行動，都成為反對政黨國家而必須嚴酷鎮壓的行徑。[39] 政黨國家的準貴族共和性質褪去，成為不加修飾的非共和政體。在這樣的政治體制中，國家權力似乎不再屬於全體人民，而是屬於獨佔性地執掌國家權力的超級政黨。有利於維護共和的政治權力分配、經濟利益共用、社會利益均沾的體制，完全被一黨獨佔所取代。國家的一切利益落在任何組織與個人身上，都成為獨佔性政黨的政治恩賜。更為緊要的是，這樣的政黨體制，並不是訴諸組織力量，而是訴諸政黨領袖的個人魅力。個人崇拜和個人專斷相輔相成，構成一種準君主制的國家體制。共和建國的精神就此幾乎消逝得一乾二淨。在此期間，國家的名稱並未有任何的更動，但國家實際上與共和國相差不止千里。

第二，政黨國家的運作形態，完全與共和建國的精神相反。國民黨統治時期的「一個黨、一個領袖、一個主義、一個軍隊」的國家體制，自然毋庸多言，就能讓人認識到它與共和國、尤其是平民共和機制之間的天淵之別。在中國共產黨的國家運作體制中，人們稍作分析，也可以發現，國家實質上是政黨的捕獲物。政黨對國家採取的是隨自己的政治意志任意支配的態度。在國家的實質結構呈現出非共和，甚至反共和特徵的情況下，國家的形式結構卻並未為此進行相應的調整。國家的名實結構，明顯錯位。姑且不論此時的「共和國」在當初建國定位上採取的平民共和方案，僅就國家運作的實際結構而言，已經出現兩次明顯的退步：一次退步是本欲建構的平民共和政體退到了政黨精英參與政治權力分配的黨內政治分肥機制。政黨的政黨寡頭掌握了國家權力，支配了整個社會，配置着所有資源。這是政黨國家建制性的準貴族共和政體的表現。對整個國家來説，首要的國家治理問題是，政黨精英是否吸納了國家幾乎所有的精英人物，只要精英人物幾乎被獨佔性政黨所吸納，他們就得以成功步入權力的中心，那麼政黨國家的準貴族共和政體，就可以順暢地運行起來。政黨國家的各級黨的委員會及其組成成員，就可以如願行使國家權力並獲得公眾作持。公眾被這些具有道德感的政黨官員「服務」，也就會有一種利益滿足感，而不太會反抗，更不用説組織化的反抗行動了。這就幾乎相當於羅馬貴族共和早期階段那種情形，由於進入元老院的貴族較為審慎地對待手中的權力，平民的反抗，在頻次、規模和激烈程度上，都還不會構成威脅貴族共和政體運行的顛覆作用。但另一波倒退出現的時候，情況就出現了重大變化。這次波倒退出現在領導貴族共和政體的政治領袖專斷獨行、日益昏聵之際。這樣的領導人對類似於貴族共和體制的貴族成員，日益陷入不信任，甚至發動大規模的組織迫害運動，將其不信任的準貴族逐出國家領導層，由此，既造成準貴族共和體制運行的機制性障礙，更由於政黨國家重要領導成員之間的嚴重分歧和內部不可妥協的政治鬥爭，而無法解決民生問題。結果，引發另一個關乎政體穩定的嚴重問題，那就是共和國內部的普通成員，由於在利益上得不到基本滿足，長期陷溺在高度緊張的政治漩渦之中，而產生了明顯的政治不滿。「文化大革命」晚期出現的「天安門廣場事件」，就是社會公眾對既定政體嚴重不滿的標誌性事件。[40] 只是由於政治高壓，這樣的不滿還沒有蓄積足夠的力量來表達不滿者的政治訴求。加之中國的準貴族共和政體缺少平民政治參與和政治表達的管道，因此尚無法浮現保民官的政治回應安排。因此，準貴族共和政體走向平民共和政體的動力明顯不足。不過政治控制一旦鬆動，貴族共和就一定會遭到平民共和的挑戰，從而催生新的政體形式。

政黨國家依靠政黨成員，尤其是政黨領袖治理國家，本就走在準貴族共和政體的歧路上。斷定這是一條歧路，是因為，其一，這與中國現代建國的原初定位並不吻合的。這是一種源頭和流變的錯位所呈現的歧路。由前所述可知，無論是國民黨還是中國共產黨，他們建立政黨國家之前的預期建國目標，是平民共和。但當國家被這兩個政黨建立成政黨國家的時候，真正突顯政黨捕獲國家的權威，就成為國家自我維持的頭等大事。結果，原本確定的平民共和基本坐實為準貴族共和政體。其二，這與民眾逐漸覺醒的國家意識背道而馳。在國家長期陷入四分五裂，缺乏中央權力的權威的情況下，加之外敵的入侵，人民所追求的首要政治目標，是國家獨立。國家獨立後，人民希望的發展結果是國家富強。而當國家變得富強後，人民的希望才是當家做主，自己行使國家權力，參與政策決策，分享國家發展利益。這種為現代國家發展所不斷驗證的公民政治參與遞進狀況，在中國也勢必體現出來。中國內地實行市場經濟三十五年來的公民參與演進，便再次驗證了平民共和必定與準貴族共和政體尖銳衝突。訴諸政治體制改革的政體轉換，事在必行。[41]

類似於羅馬貴族共和政體的政黨國家體制，國家的主權問題還是需要制度化安頓的問題。中國現代共和建國的重要領袖，都承諾平民共和的建國進路。因此，他們對現代建國的人民主權，也就做出了莊嚴的政治承諾。但在政黨國家式的準貴族共和政體中，國家主權的所有者即人民，與國家主權的行使者即政黨之間，出現了明顯的錯置：主權被主權者遮蔽，而主權者在一定條件下僭越為主權自身。在「文化大革命」時期，以政黨主權替代人民主權，成為中國國家結構的基本特徵。而政黨主權者僭越到人民主權的位置上時，「黨的一元化領導」事實上就將黨的利益置於人民利益之上，結果，平民共和的實現途徑完全被堵塞，勢必催生執掌國家權力的政黨與平民大眾脱離的政治局面，兩者處在一種隔膜狀態。一旦出現雙方可以借助權力或暴力約束對方的契機的時候，雙方都會毫不猶疑地進入一種全輸全贏的政治博弈局勢之中。因此，國家的協商政治局面，也就是人民與官方的合作機制，就很難浮現——權力可以控制公眾的時候，公眾受到嚴重壓抑；公眾有造反機會的時候，會以爆發性的方式，釋放他們對國家權力的極端不滿。「文化大革命」時期群眾造反運動的風起雲湧，就是有力證明；而改革開放後，民眾以群體暴力的方式維權，也從一個側面體現出貴族共和政體極其尖鋭的「貴族」與「平民」之間的矛盾。[42] 尤其是當中國的政黨國家這種準貴族共和政體，放鬆了對國家權力的獨佔性操控之後，並且將統治和治理國家的主要精力與資源投向經濟領域的時候，平民在釋放出的狹小抗爭政治空間中，會日趨激烈地表達自己的個人利益、階層訴求和政治願望。這是推動中國貴族共和政體轉變為平民共和政體最強有力的動力。

中國重建現代共和政體，必須完成從貴族共和向平民共和的轉變。這對政黨國家控制權力的諸準貴族群體來講説，既是一個兑現其政體創始人最初承諾的必須，否則就會失信於民，逐漸流失自己掌控國家權力的正當理由；也是一個他們在政黨國家控制權力日益緊張，必須以平民共和政體的重建來加以應對的重大事件。

中國的貴族共和與現代平民共和比較起來，有着形式上和實質上的不同張力。從嚴格的角度看，政黨國家不可能是共和國家。斷言中國的兩個政黨國家形態，屬於準貴族共和的國家，一方面是基於建國者（founding fathers）對其建國意圖的主觀陳述，最終坐實為以黨建國和以黨治國的相同機制。另一方面是由於國家權力的實際運作將平民排斥在外。正是由於國名稱謂上的「共和國」定位，中國現代政體運行的過程，就不可避免地遭遇各種緊張——從形式上說，國名上的共和隨時隨地在提醒人們，共和國的坐實，乃是國家建構與國家建設尚未完成的任務。因此，國名的名實相副，始終是中國國家運作中必須直面的問題。而從實質結構上看，人民共和國由政黨國家的黨政官員行使各種權力，總是會遭遇公眾權利的抵抗。即使在政黨國家的權力還能夠以革命建國的精神發揮「執政為民」的效果的情況下，國家權勢集團的主觀服務及由此提供的公共品，都未必符合公眾大為不同的客觀要求，因此「貴族」與平民之間已經存在罅隙。一旦「貴族」的主觀意圖從為公變成謀私，那麼，普遍的權錢勾結幾乎是絕對不可避免的社會現象。這個時候，平民的激憤情緒可想而知。近年呈幾何級數增長的平民維權事件，並且日趨暴力化的公共危機事件，體現出貴族共和不再能發揮整合人心與社會秩序的作用。平民們試圖自己直接行使國家權力，以求保護自己的權利不受侵害。而國家動員超過國防經費的龐大資源用以「維穩」，也典型地呈現出貴族共和政體自我維持的所需極其昂貴的成本。當這種成本的償付日顯艱難的時候，準貴族共和政體不主動轉軌，轉進到平民共和政體，國家就會陷入持續的動盪之中。

「圍繞着不可分割的權力和政策問題所爆發的嚴重衝突，先是導致各種對抗，然後或遲或早地總是導致這樣一種結局：勝者全勝，奪得全部權力，而敗者則全敗，決無分享決策之可能。這一基本模式並不排除勝者的一方會將敗者一方的領袖以個人身份吸納到勝者一方來，也不排除在通向最後決一死戰的途中會有某些策略性妥協和暫時的合作，以及局部的勝利或失敗，或一段相持不下的僵局。但是，到目前為止，在二十世紀中國的政治衝突中從沒有一次能夠產生出一種使中國人能夠理性解決衝突的制度性結構和社會心理期望，亦即用談判、討價還價，以及一系列無終止的妥協和相互調整去解決衝突，反過來又進一步加強這種解決衝突的制度性結構和社會心理期望。」[43]

這一段論述，是中國政治學者對既定政體結構中化解矛盾只能借助強力手段做出的最精彩的分析，表明這樣的政體運行及其結果，與共和精神完全相對的。國家權力吞噬社會，而不打算與社會妥協，卻想公民對國家獻出忠誠，表現出發自內心熾熱的愛國熱情的想法根本不可能；當公民在不能造反的時候就堅韌地忍耐，一旦發現造反機會，便決絕推翻現行政權的時候，國家治理便猶如行走在一條危險的道路上。因為這個時候的國內鬥爭，並不是圍繞憲政機制中權力分配的鬥爭，而是什麼人或集團能夠排斥性獨佔國家權力的奪權衝動。分享權力的共和政體，因此無法落地。其初生並走向成熟的成長歷程，根本就找不到堅實的起點。因此，政黨國家這種準貴族共和的政體，一般逃不掉向政黨專斷退化的宿命。除非獨佔性執掌國家權力的政黨，高度自覺到社會公眾的強大壓力，及這種壓力內含的瓦解政黨國家的巨大能量，它才會啓動貴族共和向平民共和和平轉軌的進程。

中國現代共和政體的演變史表明，中國今天已經走到一個重建平民共和的十字路口，國家轉軌的危機已現，但轉機也頻頻出現。如何把握時機，促進中國從準貴族共和和平轉向平民共和，化解日益瀰漫的社會戾氣，已經成為影響國家存續命運的關鍵問題。國家大力抑制、避免貴族共和政體中準世襲權力的驕狂，讓一些重要權力領域事實上的寡頭政治回歸貴族共和的公心政治，進而由平民直接行使相關權力，是解決社會階層與集團之間直接對立的出路。權力下移，讓社會有效監督權力的運行，杜絕權力的高度集中，抑制人們對權勢的崇拜，阻止權力由規範性權力變成非規範性權力，再由非規範性權力變成個人謀利性權力，阻止準貴族共和體制嚴重墮化為權勢集團的牟利工具，是中國從名義上的平民共和追求走向實質上的平民共和必須解決的決定性問題。每一位公民對國家公共事務的平等參與，國家對個人自由平等權力的有效保證，法律對黨國領導人的周全制約，每個公民對國家履行義不容辭的責任，公共美德不加矯飾地顯示於公共領域，是中國走出危機叢生的準貴族共和政體，走進平民共和體制的重要標誌。中國是不是能夠重回現代平民共和的軌道，勢將影響中國的國家走勢和未來命運。

## 註釋

1 從中國目前兩個政治體看，台灣的「中華民國」在上個世紀九十年代終於完成了共和政體的建構任務。本章所指的作為政黨國家的「中華民國」，主要是指一九四九年前國民黨在大陸建構的政治體。由於台灣的體量限定，在一般意義上所說的中國當代政體，主要是從說內地的角度論。這是一個不為多餘的分辨。

2 參見叢日雲：〈對一九四九年國號之爭的政治學分析〉，《炎黃春秋》，2012 年第 12 期。

3 Roger Scruton: *The Palgrave Macmillan Dictionary of Political Thought*, Basingstoke, New York: Palgrave Macmillan 2007, p. 594. 另可參見 Iain Mclean, Alistair Mcmillan ed., *The Concise Oxford Dictionary of Politics*, Oxford: Oxford University Press, 2009, p. 459. 這兩部辭典對共和主義的定義，當然是一個旨在突顯核心內涵的簡單定義，卻呈現了人們對共和主義的常識性認知。

4 蕭高彥：《西方共和主義思想史論》，台北：聯經出版事業股份有限公司，2013，第 3–4 頁。

5 參見【美】大衞・伍頓著，盛文沁等譯：《共和主義、自由與商業社會 1649–1776》，北京：人民出版社，2014，第 16–18 頁。

6 亞里斯多德指出，「在一個混合得很好的共和政體中，似乎應該同時具有平民政體和寡頭政體的特徵，或者乾脆都不具有；共和政體的維持無須借助外力，完全憑靠自身，就憑自身力量而言，也不能唯大多數人的意願是從——因為多數人的意願也可能支持一個邪惡的政體，而應當是總的說來城邦的諸分子或成員無一具有組建另一個政體的意願。」【古希臘】亞里斯多德著，顏一等譯：《政治學》，北京：中國人民大學出版社，2003，第 136–137 頁。

7 【澳洲】菲力浦・佩迪特著，劉訓練譯：《共和主義：一種關於自由與政府的理論》，南京：江蘇人民出版社，2006，第 316 頁。

8 【古羅馬】西塞羅：《法律篇》。轉引自蕭高彥書，第 90 頁。

9 參見施治生等編：《古代民主與共和》，第 5 章〈羅馬的貴族共和制和迦太基的寡頭共和制〉，北京：中國社會科學出版社，2002，第 179 頁及以下。

10 關於共和主義之間的差異表述，多種多樣，這裏採取的只是其中一種說法。恰如論者所指出的，「在名稱上，分化後的兩種共走和主義有『發展式共和主義/保護式共和主義』、『民主共和主義/憲政共和主義』、『民粹一民主主義的共和主義/自由一多元主義的共和主義』等多種對分。」劉訓練：《共和主義：從古典到當代》，北京：人民出版社，2013，第 34–35 頁。

11 在討論共和主義的著作中，還有論者直接將古典共和主義用來指認亞里斯多德的相關思想，因此古典共和主義直接就是古代共和主義，由馬基雅維利肇始的共和主義，則被稱為現代共和主義。參見蕭高彥：《西方共和主義思想史論》，〈導論：共和主義的系譜〉，第 5 頁及以下。但另一些論者則認為，古典共和主義就是指馬基雅維利以來、截止二十世紀以前的共和主義。當代旨在復甦共和主義的思想家，才被視為現代共和主義。參見劉訓練：《共和主義：從古典到當代》，第 2 章〈古典共和主義的理念與歷程〉，第 34 頁及以下。

12 參見劉訓練：《共和主義：從古典到當代》，第 2 章〈古典共和主義的理念與歷程〉，第 35–36 頁。

13 劉訓練：《共和主義：從古典到當代》，第 2 章〈古典共和主義的理念與歷程〉，第 37–38 頁。

14 此語出自元朝無名氏寫的雜劇《馬陵道》的開頭，即「楔子」裏的一段話。

15 《詩經・小雅・谷風之什・北山》。

16 廣東省社會科學院歷史研究所等編：《孫中山全集》第 9 卷，北京：中華書局，1986，第 96–97 頁。

17 孫中山對此的自白是，國民黨改組、以黨建國的方案，完全是由自己構思出來的。「革命黨三十年來為良心所驅使，不論成敗去革命，革命成功了，對於國家不知道用什麼方法去建設。至於現在，我們已經得到了辦法，……至於這些新方法的來源，是本總理把先進的革命國家和後進的革命國家，在革命為成功之前、已經成功之後所得的種種革命方法，用來參考比較，細心斟酌，才定出來的。」《孫中山全集》第 9 卷，第 97 頁。

18 中國革命博物館：《中國共產黨黨章彙編》，中國一大通過的第一部黨章，北京：人民出版社，1979，第 1–2 頁。

19 此處引用的、關於中國共產黨領導權的三段話語，均出自《中國共產黨黨章》（中國共產黨第十七次全國代表大會部分修改，2007 年 10 月 21 日通過）。http://news.xinhuanet.com/ziliao/2002-11/18/content_633225_1.htm（瀏覽日期：2014 年 7 月 12 日）。

20 參見胡國強：〈毛澤東《沁園春・雪》的創作經過及在重慶公開發表後引發的論爭——紀念《沁園春・雪》發表六十周年〉，《民辦高等教育研究》，2006年第1期。

21 晏紹祥：《古典民主與共和傳統：流變與再發現》，北京：北京大學出版社，2013，第25頁。

22 參見晏紹祥：《古典民主與共和傳統：流變與再發現》，第1章〈古典世界的政治與後人的解讀〉第2節「羅馬共和政治」，第25–33頁。

23 余心言：〈讓偉人風範長留人間——關於《中國二十世紀的三大偉人》〉，《中華讀書報》，2000年2月16日。

24 相對於孫中山、毛澤東，鄧小平在國家建構時期，只是政治上的跟隨性人物。在國家建構告一段落，治理國家的任務突顯出來以後，鄧小平對於政黨國家的重要性才顯現出來。因此，宜將鄧小平放在精英治國的情境中，分析他在貴族共和體制中的引領作用。

25 毛澤東：《毛澤東選集》第4卷，北京：人民出版社，1991，第1478頁。

26 毛澤東：《毛澤東選集》第4卷，第1478頁。

27 黃方毅：《黃炎培與毛澤東周期率對話——憶父文集》，北京：人民出版社，2012，第44頁。

28 「出主意、用幹部」是毛澤東概括的領導基本任務。其後，鄧小平也有類似的表述，就是「抓頭頭、抓方針」。這類概括，體現出中國共產黨領袖人物對掌握權柄的領導群體的高度看重。參見陳晉：〈「出主意，用幹部」〉，《北京日報》，2009年9月14日。

29 雖然毛澤東後來發動「文化大革命」，部分目的就是要打倒「當權派」，扶持「造反派」，帶有一種顛覆精英治國的貴族共和色彩。其實，在毛澤東掌權的晚近階段，進入國家領導群體的工人和農民人數，也是極其有限的，不過是職業化的政黨活動家與行政管理專家、技術專家構成的統治群體的點綴而已。一旦國家進入正軌，這些點綴性的平民代表（如工人代表吳桂賢、農民代表陳永貴），便會被清除出國家領導隊伍。其類似於貴族共和的國家特質，表現出遠比平民共和要強大的力量。

30 參見〈國人平等「向上」流動難，暴露階層固化痕跡〉，《瞭望新聞周刊》，2011 年 3 月 7 日。

31 「太子黨」是一個不見於中國官方文獻的術語，主要是民間用來指稱那些出身官宦世家，而又掌握國家重要資源的人群的一個特殊概念。中國共產黨一九八〇年代開始大規模培養紅色後代，促其迅速進入國家權力高層的事實，權可佐證。

32 有論者指出，「在文革中大量老幹部平反重新掌權後，他們對於無端受牽連的子女心有愧疚，想給予子女們補償，因此放鬆了對這些子女的管教。由此而產生了初步的官商結構，太子黨的名詞產生於哪個時代。上行下效，全民一起向『錢』看，也不顧什麼理想和原則了。」參見辛一山：〈中國腐敗緣由考略〉，www.china.com.cn/review/txt/2006-11/10/content_7341559.htm（瀏覽日期：2014 年 7 月 13 日）。這樣的歸納略顯片面，權作參考。

33 只要看看當今中國的 IT 業現狀，對此就會有一個鮮明的印象。

34 參見任劍濤：《社會的興起——社會管理創新的核心問題》，第 9 章〈催生社會：社會管理創新的基本前提〉，北京：新華出版社，2013，第 211 頁及以下。

35 參見【美】斯科特・戈登著，應奇等譯：《控制國家——從古代雅典到今天的憲政史》，第 7 章〈立憲政府的發展和十七世紀英格蘭的對抗理論〉，南京：江蘇人民出版社，2005，第 285 頁及以下。

36 參見金沖及：《二十世紀中國史綱》，第 11 章〈抗戰進入相持階段〉之「國民黨統治區危機的深化」，北京：社會科學文獻出版社，2009，第 503 頁。

37 參見馬振犢等：《蔣介石與希特勒——民國時期中德關係研究》，第 1 章〈希特勒的遠東崇拜者〉第 3 節「蔣介石對納粹的崇拜與效仿」，北京：九州出版社，2012，第 18 頁及以下。

38 蔣介石：〈中國之命運〉。轉引自丁守和主編：《二十世紀中國史綱》，鄭州：河南人民出版社，1994，第 508 頁。

39 參見金沖及：《二十世紀中國史綱》，第 22 章〈「文化大革命」的十年動亂（上）〉，第 989 頁及以下。

40 參見丁守和主編：《二十世紀中國史綱》，第 4 編〈新中國的歷程〉，第 3 章〈「文化大革命」動亂的年代〉第 7 節「人民的抗議運動和粉碎江青反革命集團的勝利」，第 726 頁及以下。

41 參見俞可平：〈公民參與民主政治的意義〉，載賈西津主編：《中國公民參與——案例與模式》，北京：社會科學文獻出版社，2008，第 1–7 頁。

42 參見於建嶸：《抗爭性政治：中國政治社會學基本問題》，第 2 章〈集體行動與維權抗爭〉、第 3 章〈群體行動與社會洩憤〉，就可以很明確地意識到平民對權勢（准貴族）的抗拒，北京：人民出版社，2010，第 51 頁及以下。

43 鄒讜：《二十世紀中國政治——從宏觀歷史與微觀行動角度看》，香港：牛津大學出版社，1994，第 135–136 頁。

# 第二章

# 歐洲憲政的擴展意義

## 美國、日本與中國的比較

現代憲政制度發源並成熟於歐洲。當歐洲正式建立起第一個成熟的現代憲政國家——英國後，憲政民主制度日益顯示出它規範國家權力、促使國家持續發展的政治效用。因此，在現代進程逐漸向歐洲以外地區蔓延的過程中，憲政制度成為歐洲以外地區國家基本制度選擇的趨同性選項。但是，在比較分析的視野中，歐洲憲政制度的擴展，具有相當不同的構成狀態。這種不同，從文化類型接近的直接移植到跨文化類型的間接再造，歐洲憲政對現代國家建構所具有的示範意義和引導情形，大為不同。將一般意義上的歐洲憲政作為座標，美國、日本與中國，在建構憲政制度的實踐選擇與可能走向上，展現出各具特點的憲政建構狀態。

## 一、歐洲憲政：古典發生與現代成熟

憲政（constitutional government）是一套極為複雜的國家基本制度體系。按照憲政理論家最簡明扼要的定義，所謂憲政就是「對政府的法律限制；是對專政的反對；它的反面是專斷，又恣意而非法律的統治」。[1] 但要對憲政有一個較為清晰的理解，必須對其主要結構因素進行勾畫。按照麥基文提示的線索，憲政的結構性因素主要有：私人產權、憲法、分權體制、國家—社會的二元機制。除了這些直接的構成因素，憲政自然還依賴很多背景性因素，諸如基督教的二元分立傳統、羅馬法和希臘理性精神，及發生於現代早期的宗教革命、科學革命、技術革命、工業革命等，乃至於社會政治革命。正是這些因素的綜合作用，促成歐洲的現代憲政制度。

歐洲憲政有着漫長的演化過程。在這一演進的歷程中，促使歐洲憲政制度的正式落定，明顯有兩重動力：一是歷史動力，二是現實動力。所謂歷史動力，就是指西方的古典時代為歐洲憲政奠立了歷史根基。希臘、羅馬和早期基督教分別從自己的精神理念與制度嘗試上，為歐洲開啟現代憲政體制提供了歷史範本。這些歷史動力，推動歐洲逐漸步入憲政的軌道。歷經兩千餘年的政治曲折，歐洲終於坐實了有力保護權利、有效限制權力、規範權力運作、保證權力績效的憲政民主體制。所謂現實動力，指的是歐洲自十三世紀以來的經濟、社會與政治變遷，促使一些歐洲國家因應相關變遷改善國家機制，從而在市場經濟、憲政民主與社會興起的背景條件下，逐漸落定在憲政的政治平台上。這些現實動力，推動十七世紀的歐洲，尤其是英國，正式作別古典帝國—基督教政教合一的政體建制，進入較為嚴格意義上的現代憲政國家的發展階段。

這是需要從兩個不同視角加以審視的問題。對歐洲憲政歷史動力的考察，是一種憲政的起源學—發生學追溯。確鑿無疑的是，現代憲政是首先出現並在歐洲成熟的政體形式。這是人們對歐洲憲政進行起源學—發生學追溯最重要的理由。但現代憲政在歐洲有一個源遠流長的古典發展期。根據歐洲憲政史研究的宏觀描述，古代雅典的民主制度，為歐洲現代憲政奠立了歷史基礎。由於希臘實行民主制度，這一制度推動希臘公民勇於發表不同意見，讓人們自己為公共事務做出決斷，並為之設計出一套程式化的城邦政治制度。正是這樣的古典民主制度，為現代憲政民主制度積累了寶貴的精神與制度資源。

我們可能會把以下要素作為現代立憲民主的「希臘化」（Hellenistic）特徵（無需確定什麼是繼承的，什麼是本土的）：一、一種世俗的、功利的政府觀：政府是一種對普遍利益做共同選擇的工具。二、一種牢固的憲政秩序的觀念雖然是政治組織的固有特徵，但它仍然是能夠被改變以適應新的環境的。三、公民廣泛參與法律的制定過程。四、「公共輿論」在其中起着持續作用的政治制度不會限制正式法規所明確規定的行為。五、法治有兩種含義：一是國家的法律適用於所有公民，一是國家的權力必須通過既定的正式程式列使。

六、一種單個的公民能在獨立的、有權做出具有約束力決定的法庭面前為案例辯護的審判制度。七、一種限制國家公務員擅自使用權力的制度結構。[2]

雅典的民主制距離今天複雜的民主程序，當然還有很大的距離。這不僅是從政治體的規模上而言，也是從政治程式安排的高度複雜性和精巧性做出的斷言，更是從國家治理後果上說的。但是，雅典民主制的憲政精神與基本制度，絕對是現代憲政民主的第一個範本。論者所謂現代憲政民主的希臘化特徵，就是在這一基點上得到支持的理由。希臘的憲政民主實踐經驗，在文藝復興、啟蒙運動和市場經濟的多重因素啟動中，構成現代憲政民主的強大歷史動力。

與此同時，在希臘之後興盛的羅馬政治實踐，也為現代憲政民主制度奠定了歷史條件。羅馬共和時期的政治制度及經過思想家提煉的政治觀念，對現代憲政制度的建構發揮了歷史先鋒的作用。無論這樣的作用是通過所謂混合政體取得的，還是通過公民共和主義成就的，兩者都足以證明羅馬的政治實踐所積累的寶貴的憲政政治經驗，對於現代憲政建構具有的不可缺少的歷史積澱價值。在羅馬的政治制度安排中，元老院、執政官、副執政官、財務官、保民官、公民大會這些相互牽制的制度機構和角色，促成了一種混合政體，延續了希臘政治中的憲政精神、法治原則和制衡機制。[3]

希臘羅馬之後，歐洲的憲政制度在政治實驗中消失了一千年之久。[4] 直到中世紀晚期，古典憲政經由現代社會綜合各種新因素的作用，才演變為現代民主制度。但在中世紀，上帝與愷撒之爭、教權與王權之爭，為歐洲現代憲政政體的興起積累了政治資本。

> 在中世紀盛期，神權——自上而下的政法理論佔據主導，這種法律和政治體系產生於一種觀念的無比強大的力量。這種觀念的作用是反對、甚至抵制經驗性的結論和認識的。有很多事情會使現代讀者感到吃驚，他們可能會很自然地問，為何這樣那樣的事情會這麼容易被接受。但我們不能因此而放棄對它們的研究，只要我們還想重新發現法治的原則。在中世紀，所有的政治意識形態都贊同這一原則；……另一方面，中世紀封建制度在對所謂的民主制政府形式的塑造中起到的作用，尚未被充分認識。封建制度、封建法和封建政府都是歷史進程中的一部分，卻被冷落到了一邊。封建式的政府不是教條式的東西，不是某種自以為是的原則和教條的結果，而具有基礎扎實的、人力造成

的、從不脫離實際情況的優點，因此顯示出了一種適應力、可塑性和靈活性。它可不是純粹的意識形態所能比擬的。這確實解釋了民主制政府形式所具有的穩定而漸進的性質。[5]

從歷史演進的視角看，歐洲憲政的現代成熟，絕對不是一夜建成的，而是經過漫長的歷史演進逐漸取得的成就。但這些歷史的積澱，本身並不對歐洲的現代憲政發揮直接的決定作用。如果說現代憲政是現代社會興起的必然結果的話，憲政的古典積澱，僅僅是啟發人們現代憲政設計與實踐的靈感與源泉，那麼要審視歐洲現代憲政的興起，更應當深入到現代早期（early modern）的歐洲歷史變遷進程之中，才能準確理解憲政制度何以成熟的動力機制。轉換視角，從現實動力的角度看歐洲憲政的興起，就此成為必須。從經濟—社會—政治的關聯視角看，現代歐洲憲政是十五世紀後市場經濟、分權政治與社會運動共同促成的結果。與人們高度看重的希臘、羅馬與基督教時代的精神因素與制度實踐對歐洲現代憲政的決定性作用不同，真正對歐洲現代憲政興起發揮撬動作用的杠杆，是不同於歐洲古典文化體系的現代社會結構。其中，市場經濟無疑是推動歐洲憲政興起的最強勁且直接的現實動力。「西方世界興起的原因就在於發展了一種有效率的經濟組織。」[6] 這一經濟組織的興起和壯大，經由西班牙、葡萄牙、荷蘭的實踐，在英格蘭成熟。這就是建立在私有產權基礎上的市場經濟機制。這一經濟組織以其強大的動能，推動歐洲走上了以保護私有產權、維護公民權利、嚴格限制政府權力、實行法律主治、保護公民社會的現代憲政道路。

到了一七〇〇年，英格蘭的制度結構為增長提供了適宜的環境。對工業控制的減少，行會權力的衰落，使勞動力可以流動．並使經濟活動的創新發生了；所有這些後來進一步為專利法——壟斷法令所推動。股份公司、金首飾商、咖啡館、以及英格蘭銀行，所有這一切降低了資本市場的交易費用，促進了資本的流動；此外，可能最重要的則是，議會的最高權威以及植基於普通法之中的財產所有權把政治權力交給那些急欲利用新的經濟機會的人，並且提供了一個司法制度的基本構架以保護和鼓勵生產性的經濟活動。

在越過險象叢生的最初的發展階段之後，英格蘭到一七〇〇年就開始了持續的經濟增長。它發展了以普通法為基礎的一套有效的財產所有權制度。它不僅排除了通過要素和產品市場配置資源的障礙，而且開始運用專利法對智慧財產權加以保護。這樣，就為工業革命設下了舞台。[7]

由此可見，興盛的市場經濟對於英格蘭的憲政制度落定具有多麼重要的推動作用。而與這種經濟形式及其配套的政治制度關聯着的重大變化，就是歐洲社會運動對於憲政的強有力推動。社會運動是近代歐洲急遽變化中興起的階級、階層與集團間鬥爭的普遍方式。愈是趨近於現代，歐洲的社會運動就愈是激烈。在各種形式的社會運動中，湧現出塑造歐洲現代社會的種種社會政治思潮、制度設計方案和社會改革嘗試。僅以憲政政體在一六八八年確立後的英國為例，風起雲湧的社會運動，對於憲政政體兑現它本質上於所有社會成員都有效的自由民主權利而言，就發揮了令人矚目的效用。

由於「工業革命」而產生了生產力和分配力的集中，新興的中間階級正在爭取政權、要求實行新商業政策，因而產生了騷動：「社團法」（一八二四至一八二五年）廢除以後，工人階級馬上站起來，組成了各種全國性的工會。中間階級和工人階級為反對「托雷黨」和贊成「第一次改革法案」（一八三〇至一八三二年）而組成了同盟。勞工的覺悟提高了，跟着就興起了革命的工會運動或「工團主義」（一八三三至一八三四年）。「憲章運動」和「社會主義者勞工黨」（一八三六至一八四八年）也發展起來了，最後又發生了「牛津運動」、「青年英國社」、「基督教社會主義」等等。[8]

到了十九世紀末和二十世紀初，英國的社會運動更要求將憲政的承諾向所有的政治體成員兑現。英國式的社會運動，不僅避免了社會運動演變成暴力革命，而且成功地將社會運動有效納入到國家體制的建構進程，後來政黨體系中出現的工黨，便是英國憲政制度回饋社會運動的制度產物。憲政原則就此完成了它在國家範圍內的普適化任務。

隨着憲政制度對所有國家成員的適用，憲政制度的精神理念與制度設計對於現代國家的效用也就得到了證明。在諸種現代制度的競爭性選優中，憲政制度也就全方位勝出，成為現代國家首選的政體形式。這種政體形式，以市場經濟、民主政治與公民社會相互支撐的現代形態，形成了自由、穩定、繁榮且有序的國家政治秩序。因此，像英國這樣第一個系統實行憲政制度的國家，便具備了令人豔羨的國家力量：國家內部大致實現了長治久安，完全可以將其主要精力用於國家間的競爭，並在這種競爭中脱穎而出。憲政，無可懷疑地成為現代國家的典範形式。

## 二、歐洲憲政的兩種擴展模式：美國與日本

英國首先建構成功的歐洲憲政制度，經由十八世紀的法國、德國等國家的先後嘗試，或先或後地成為歐洲，尤其是西歐國家的普遍政體形式。西歐國家對英國憲政制度的推行，儘管有着不同程度的抵抗，尤其是德國是在經歷了兩次世界大戰的波折之後，才最終完成了現代憲政制度的建構任務。但對於歐洲，尤其是西歐來說，憲政制度的國家間第一次推進，是一個未曾逆轉過的政治史變遷過程。這一擴展過程，對於西歐國家來說，由於區域的同質化程度較高，乃是一個容易被人們視為理所當然的政治進程。

歐洲憲政具有引導國家規範發展的擴展價值，需要在歐洲以外地區，才能得到普適性的驗證。在西歐以外地區的現代憲政擴展，以文化同質性的相異地區而言，美國模仿英國憲政制度的創新性建構，具有典型性；以文化異質地區而言，日本對歐洲憲政的模仿與創制，具有象徵性。總括而言，美國與日本的憲政建制，證明了發源於西歐的現代憲政制度，對所有試圖規範政體形式的國家而言，都具有結構上的適用性。

作為歐洲憲政擴展的第一個域外地區，美國革命後出現的憲政建構，體現了這一政體形式對同質性文化所有的政治適用性。從政治史淵源上說，北美殖民地時期的諸種制度與英國憲政制度之間的複雜對接，構成美國建構憲政制度的決定性源頭。

> 「無論孰因孰果，殖民政府的結構組織和殖民時代形成的政治理論之間的關係是特別重要的。從很大程度上講，它們兩者都起源於英國，但是如果不注意到支持採用英國的體制和原則、同時又與其保持很大不同的本土特徵，人們就不可能恰當地理解美國的立憲主義。」[9]

在殖民地時期，北美的殖民地權力結構形式各異、動力不同、運作方式相互區別。但是，對宗主國英國而言，殖民地的情感、語言、經濟關係緊緊地依附英國，這樣的政治關係狀態，既化解了英國對殖民地進行強力干預的緊張，也讓殖民地人民熟知英國的政體運作程式與現實狀況。結果，殖民地建構憲政政體的心智與能力相應成長。從英國的不成文憲法到美國的成文憲法，這一為憲政民主政體奠基的法條根基，就紮根在殖民地與英國的緊密相連之中。當殖民地人民決定脫離英國庇護，獨立自主地行使自己的權力之時，源於英國的憲政傳統已經成為殖民地人民的政治習性。另一方面，當殖民地人民以於英國產生的現代權利哲學支撐自己尋求獨立建國的政治理由時，美國便出現了適合於自身建構現代國家所需要的憲政哲學。

「由於人人現在都被認為是平等的自由公民，這也為激進地改變關於國家政權的概念做了鋪墊。美國革命幾乎是一舉擊毀了以前的關於政府如父母、子民的效忠以及統治者和被統治者之間相互的契約式義務的觀點。政府的家庭形象現在已經不再貼切，國家的概念在美國開始和先前的概念不同了。一夜之間公權力的現代觀念取代了舊的個人式的君主制政府的古老概念。政府不再被視為國王的私家權威或特權的集合體。統治者們突然失去了往日的個人的統治權力，作為國民義務的個人效忠也變得毫無意義了。」[10]

美國革命中的憲政民主制度創制，在經已形成並構成美國人心靈習性的共和傳統基礎上，將現代憲政的建構推向了相對於歐洲還更為成熟的高水準。[11] 曾經塑造過美國革命精神的法國政治理念，似乎都無法與其媲美。漢娜・阿倫對此特特別強調。英美兩國人民自己主導要構建的憲法與法國人被強加的成文憲法，及英美兩國革命勝利成果的憲法與法國作為革命失敗產物的憲法，與三個國家政治生活的成敗緊密聯繫在一起。法國後來就如德國般，歷經曲折，才在第五共和國真正走上規範的憲政軌道。而美國在革命後，迅速地確立起憲政原則。差別就在於，法國人依賴政府惠賜自由，而英美兩國人民對國家懷有刻骨銘心的不信任，因此自由、自主與自治便成為致力於憲政建構的、人民的共同信條。這正是美國人民足以展示新的「開端」的理由。[12]

> 美國革命在這一方面都是獨一無二的，它在很大程度上不僅是一個新政治體的建立，而且是一部個別民族史的開端。不管殖民地的經驗和前殖民地歷史如何決定性地影響了美國革命的進程和該國公共制度的形成，它作為獨立實體的故事，僅僅始於美國革命和共和國建立之際。……
>
> 美國革命的進程講述了一個刻骨銘心的故事，正好給人們上了獨特的一課。因為，這場革命不是突然爆發的，而是人們經過共同協商，依靠相互誓願的力量而締造的。奠基不是靠建築師一人之力，而是靠多數人之合力。在那些生死攸關的立國歲月中逐漸露出廬山真面目的原則，就是相互承諾和共同協商的互聯原則。事件本身其實就決定了，正如漢密爾頓堅持的那樣，人們「確實能夠……經過反思和選擇而成立一個好政府」，「他們的政治憲法」不再「永遠註定要依賴於機緣巧合和強制力量」。[13]

美國革命所創制的現代憲政體制，在其政治創制過程中不乏創新，但基本精神絕對源自歐洲憲政、源自最古老的歐洲限權精神與制度安排。只是美國在展現歐洲憲政的擴展意義時，體現了憲政精神與政治時宜的高超結合。這就既給人們提示了歐洲憲政的普適價值，也給人們辯白了移植性憲政的因地制宜的重要性。前者關係到憲政基本精神的貫通，後者則牽扯出憲政制度移植的跨地區開創性。

到十九世紀，歐洲憲政開始向亞洲地區擴展。這是歐洲憲政的跨文化擴展過程。日本成為歐洲憲政向亞洲擴展的最重要的國家標本。明治維新是日本成為現代國家的一場變革運動。在明治維新以前，日本已經長期流行荷蘭學。[14] 但初期的荷蘭學不過是日本人羨慕荷蘭人的現代知識——技術成就，促成的日本文化轉變產物。真正促使日本國家結構轉變的是明治維新。明治維新以前，日本人的精神世界基本上被忠義美德和儒家思想所主導。這樣的民族精神狀態，自然與現代憲政的民權思想、分權制衡和法治政治疏離。這樣的文化——心理結構，與歐洲的文化傳統更是相去千里有餘。而在政治生活模式上，明治維新前的日本主導權力運行模式是封建藩主割據，德川幕府則發揮着中央政府的作用。但就整個日本來看，當國家處在要麼被英國擴張勢力威脅以至於亡國，要麼改革以求國家生成發展的境地，日本模仿歐洲的現代國家制度，就成為國家轉型必須適應的態勢。日本政治上發生的兩件大事，促使國家從封建制度轉向現代國家。第一件事件是所謂王政復古，另一件事件則是維新運動。前者解決的國家難題是封建強藩對中央權力的侵蝕問題，以德川將軍世襲統治的終結，重新賦予天皇統治國家的直接責任；後者則以一系列重要的變革構成。

> 封建割據讓位於中央集權；社會秩序得以重構；徵兵制的軍隊取代家族武士，成為政權最終可以訴諸的工具；工廠得以開設，貿易得到獎勵；西式教育經過國立學校系統的建立而得以推廣。結果，日本僅僅在一代人的時間裏，就能在世界文明強國中佔有一席之地。「富國強兵」、「文明開化」這兩個口號概括了那個時代的特徵。[15]

明治維新的一系列措施，將日本迅速推向現代國家的境地。但關乎國家建構的重大事宜，就因應歐洲國家，尤其是威脅日本國家生存的英國之所以強大的諸種舉措，適時地制定體現國家現代品質的憲法。相對於上段引文中提到的那些技術性舉措，制定憲法成為日本建構現代國家的重大政治舉措。不過與美國經過革命而創制美利堅合眾國憲法的規範化憲政建構不同，日本引入歐洲憲政的限制性預設，其中更充滿文化差異註定的憲政選擇之迥異性因素。

憲法起草業務系以伊藤博文為中心，在對國民守秘的情況下進行的，因為採用了普魯士式憲法，依然無法消除絕對主義專制與立憲制的矛盾。在審議憲法草案的過程中，包含有下列意志與制約的對立：在意志上，欲使議會完全從屬於行政權；在制約上，則需移入歐美憲法最低限度的立憲制，因而影響了日本憲法的作用。同時還包含有統治階層內部欲借議會以抑制專制的反藩閥潮流。經過種種妥協、折衷、調和的步驟，明治憲法誕生了。大日本帝國憲法並不否定從前公佈的各種法令，僅按原型或略加修改予以承繼。這憲法雖然和此前的統治體制有其共同性，但也加進了一些新的異質要素（國會之開設及其他近代的法治主義），並以統一這兩者的矛盾而成立，它是絕對君主制與近代革命原理妥協、混合的產物。這憲法既然是在絕對君主制勝利後才成立，當然難免在現實國家權力上附以絕對主義之特色，縱然憲法條文上有立憲君主制的規定。[16]

這種以犧牲現代憲法的原則，突顯憲法對各方政治勢力、各種政治傳統的妥協特質，顯然無法真正發揮規範國家權力的作用。天皇制度與立憲制度並沒有在英國意義上的虛君共和基點上落定，相反埋下了天皇顛覆立憲制度的伏筆。

大日本帝國憲法，最大的特徵是天皇大權的擴大及議會許可權與人權規定的微弱。憲法制定時的現實國家機關。主要有憲法條文全面規定的帝國議會（貴族院、眾議院）、裁判所，和部分規定的樞密院、內閣，以及憲法條文未規定的元老院、軍事參議院、參謀本部、海軍軍令部、內大臣等。這些機構都應該在各自的領域裏輔弼天皇行使大權，而且可以互相牽制對立，以適應時代的變化。薩長政府以超然內閣為理想，但憲法並不拒絕政黨內閣的出現。就憲法制定者的意圖而言，三權應由天皇總攬，三權分立只是贊翼天皇統治的分業體制，這樣方有其主要意義。但，憲法並不否認行使三權的事實會增強三權分立的近代意識。[17]

日本實行歐洲憲政體制，顯然不如英國—美國的乾淨俐落。而且日本引進的憲政體制，不是主導立憲的伊藤博文所留學的英國憲制，而是軍國主義色彩明顯的普魯士憲制。加上日本將傳統的政治文化作為立憲的基礎，因此無法真正將國家權力，尤其是天皇權力限制在憲法之下。天皇的特殊地位，隨時有可能顛覆憲法至上權威的危險。事實上，二戰時期天皇的作用，就是這一危險的直接表現。直到第二次世界大戰以後，在美國佔領軍的高壓之下，日本的憲政建構才真正進入規範的軌道。[18]

歐洲憲政的擴展效應體現在美國和日本兩個國家的現代建國上，產生了兩種憲政擴展模式。美國模式的特點是直接移植，日本模式的特點間接援用。兩者的共同點是，因應於本國的政治情勢，對歐洲憲政制度進行了再造。兩者不同的是，對憲政制度基本原則的認同程度，出現重大區別。美國與日本在展現歐洲現代憲政的擴展意義的時候，出現這樣的情形，原因留待後面分析。但歐洲憲政的美日擴展模式給人們的一個共同啟發是，在現代世界範圍內的所有國家，一旦試圖建構穩定有序的國內政治秩序，支持經濟—政治—社會的持續發展，就無法拒絕歐洲的憲政模式。

## 三、發生學觀察：歐洲憲政擴展方式的差異性

從美國憲政建構的移植性與原創性兩個視角來看，歐洲現代憲政的擴展方式具有內生性和橫移性的特點。人們認為，基於歐洲（西歐，尤其是英國）與美國的文化傳統高度吻合，美國展現歐洲現代憲政的擴展意義，遠不足以用來證明歐洲現代憲政模式的普適性。相反，歐美文化的高度同質性，反倒證明了歐洲現代憲政在美國得以坐實所具有的制度限度。美國對歐洲現代憲政的制度接引，不過是發生條件一致性的自然產物而已。

在歐洲現代憲政制度是否對歐洲以外地區具有普遍意義的處置上，美國的個案就此不被認定為歐洲現代憲政制度普適性的例證。這是一種對歐洲現代憲政的發生學審查必然會得出的結論。話分兩頭。一是歐洲憲政的發生學考察，為何會得出美國憲政建構不能用來證明歐洲憲政的普適意義？二是發生學意義上的歐洲憲政與美國憲政，是不是具有高度的重合，因此兩者之間只是簡單的移植，而缺乏現代國家基本制度建構的原創性？

發生學，亦稱譜系學（phylogenetics），是從自然科學移植到人文社會科學領域的研究方法。在自然科學中，它着重探討那些源頭和功能相同或類似的動物及其肢體的關聯，藉此證明物種間的親緣關係。當人文社會科學接引發生學方法並將之作為一種研究進路時，

強調的是研究社會歷史事件之間的同樣起源與同樣功用關係，着重在比較研究的基礎上，突顯某種人類行為模式的特殊性及其普遍性涵義。這樣的研究方法，拒斥經驗主義與實證主義的立場，申述一種主客觀因素促使而成的認識結構。因此，發生學研究不同於起源學研究，它注重的是透過歷史時間隧道揭示一種認識結構。[19] 從歐洲憲政據以形成的發生學考察來説，這一考察必然着眼於憲政制度得以出現的各種剛性條件。毫無疑問，對歐洲現代憲政制度出現的發生學考察，突顯的是歐洲的特殊歷史條件為現代憲政提供的各種特殊動力。這是一種起源學基礎上的發生學考察結論。從歐洲憲政的模式上説，希臘理性、羅馬民法與基督教的信仰，構成了它的精神結構；從歐洲憲政的歷史推進過程上説，文藝復興運動、啟蒙運動、科學革命和工業革命，成為最終塑造憲政的現實動力；從歐洲憲政的社會結構要素看，市場經濟、民主政治與公民社會的互動機制構成它的有機結構；從歐洲憲政的直接動力機制上説，連綿不斷的戰爭對於社會政治機制的形成發揮了重大的影響。從歐洲憲政的政治實踐狀態來講，它是經由多個國家在政治、經濟與社會不同領域的差異性嘗試，逐漸累積而成的一個現代體制。正是這些因素綜合起來，促成了歐洲憲政這一現代獨特類型的政體結構。

全面展現歐洲現代憲政的歷史情景，是一篇文章所不可能完成的任務。但原歐洲憲政的發生學範型，則可以從觀念與行動兩個角度加以概觀。從觀念視角看，歐洲憲政的精神結構確實是它的歷史積澱塑造而成的。希臘的理性精神，這一體現在雅典民主政治生活中的制度佈局、法治程式和公共秩序，構成了歐洲憲政的寶貴資源。尤其是希臘人透過神話、道德、習俗思考「政治」的習性，對於晚近歐洲人專門化地處置「政治問題」，進行了有效的規訓。「希臘城邦出現的時候，它就做出了規劃，力圖體現國家能夠而且應該所是的理論；力求客觀化、理性化、普遍化的政治科學在希臘誕生了。」[20] 憲政就是一種絕對不信任權力而致力規範權力的政治思維的產物。希臘人對歐洲人的「政治」規訓，一直是引導歐洲人建構憲政制度的精神指南。與此同時，羅馬人從法律的角度夯實了希臘人的政治創制。羅馬人沒有希臘人那麼專注於哲理的思考，但是他們拓展了希臘人的政治世界，展示更為精確的法治化政治藍圖。

希臘人創建了城邦這一通過法律管理的共同體，講求人人平等的法律乃由人創造，人們在公共場地（*agora*）內理性地對之加以討論，這使得個體自由成了可能。可是，儘管他們發掘出了法律的此種形式，但他們卻並未更進一步對它的內涵進行詳細闡述。正是羅馬人最終深化了法律的內涵，賦予了包含在法律觀念中的潛在的個體自由以現實性。只要人們想杜絕社會關係中的暴力和專斷行為，那麼法律的功用就是做出指導，指出什麼該做，什麼不該做。因為法律的作用就是能為每個人正當行為的領域劃定明確、可靠的邊界。然而，這些邊界強調的是「我的財產」和「你的財產」，即每個人自己的財產，這些正是羅馬的法學家勾畫出的邊界。[21]

羅馬人在希臘人的「人」的概念基礎上，將「人」真正安頓在人文主義的精神世界中，塑造了憲政政體的「以人為本」理念，並將私人財產作為一切政治體建構，尤其是憲政政體建構的首要前提，從而將財產與自由、財產與法治、財產與憲政緊緊地綁在一起。整個歐洲任何國家，只要試圖建立規範的憲政政體，就必須在羅馬法中汲取這些政治智慧。

基督教為歐洲憲政奠立的精神基礎，值得人們高度重視。誠如論者指出，「由於有了古希臘文化和羅馬文化，猶太—基督教文明便成了西方政治傳統中的第三個建構性因素。它為政治及法律思想帶來了煥然一新的啟發，與希臘—羅馬世界的精神宇宙迥異：新的道德意義——排斥惡之正常化——暗示着對時間（*Temps*）的感知將有徹底的變化，而日益完善的歷史觀，屬靈權力以其神性超越塵世權力及投身於惡的『巴比倫』註定會墮落，故而國家應該受到控制且不應去建構人類生命最後邊際的觀念都將產生。『西方』誕生於中世紀，更確切地說是始自十一至十三世紀，自此以後經過數世紀的接觸，來自『耶路撒冷』的新的道德因素與來自『雅典』和『羅馬』的公民遺產終於真正融合在一起。於是，歐洲致力於科學及社會進步的現代性才有可能取得長足進步，並以自由民主制為典範組織起來，國家的權力機構受到了限定與限制。」[22]

希臘、羅馬與基督教的精神遺產，由於其交互的作用結構成為一個整全的文化機制，構成歐洲憲政的特殊精神結構。而歐洲歷史運行的軌跡，提供給歐洲現代憲政制度興起的社會契機。希臘羅馬歷史終結後，隨之而起的基督教政教合一體制，在思維方式上局部承接希臘思考方式，並延續了羅馬人法治的傳統。當教會的改革與歐洲的世俗化進程相攜出場，文藝復興運動激發起歐洲的精神活力，從而將人文主義基點上的憲政的精神傳播到整個歐洲。與文藝復興運動前後攜手出場的宗教革命、科學革命、社會革命，將人文主義深植於歐洲的日常生活之中，構成歐洲憲政深厚的社會土壤。當古典人文主義被轉換創造成為現代人文主義後，歐洲人的現代態度或價值觀便宣告成立。[23] 在隨後的啟蒙運動中，自由、平等、博愛的現代價值觀，乘理性主義蕩滌宗教神學極端主義的東風，一躍成為主導歐洲人精神觀念的現代性理念。工業革命的興起，更為現代歐洲夯實憲政制度提供了物質資源，並且在其中有機綜合了科學革命、技術革命與管理革命的成果，促成了一個新歐洲的誕生。在這種全方位的社會變遷中，歐洲具備了支援憲政政體的各種條件。而這樣的條件，是當時歐洲以外的其他所有地區完全無法齊備的。對此，歐洲人有明確的自我認知，儘管這樣的認知後來成為非歐洲地區長期詬病的「歐洲中心論」。[24]

美國憲政制度興起與發展的歷史，常常激勵人們以憲政的歷史發生條件，論說在歐洲之後建構憲政制度的諸前提條件。誠如前述，美國憲政政體的發源，無論是就觀念形成還是制度建構來說，都與歐洲，尤其是英國緊密地聯繫在一起。一方面，美國的文化傳統就是歐洲文化傳統的橫移，雖然美國人承接歐洲文化（即源自希臘、羅馬及基督教傳統並在近代重造的歐洲現代文明）不無創新，但兩者的文化同構是眾所公認的。另一方面，就美國現代憲政的創制而言，研究美國政治思想史的學者明確指出，「開國先輩們在思想上繼承了十七世紀英國的共和主義者，反對專橫統治，信仰人民主權論。」[25] 這是美國人自己對政體選擇的自白。與此同時，歐洲人也認定，世界範圍內唯一能夠與歐洲具有同源、同功親緣關係的就是美國。「美國是歐洲以外唯一被歐洲人視為可以相提並論的社會。歐洲和其他不同文明進行比較的過程中，其比較的地理重心也有相當的轉移，逐漸快速工業化和現代化的美國成為歐洲人注意的焦點。歐洲人早期拓展與其他文明相比較的視野，以及形成自己是較為先進而優越的看法，這兩者正是歐洲人歐洲大陸論述的兩個基本歷史轉變。」[26] 現代社會科學論述中流行的「歐美」語式，其實正是這種同源、同功的社會政治結構的簡潔表述形式。

但歐洲憲政向美國的直接擴展，並不被人看作是歐洲憲政具有普遍擴展效用的體現。基於歐美文化上的高度同質性，人們甚至由此得出一個結論：歐洲憲政體制僅僅適應與其社會文化環境相同的國家需要。美國與歐洲文化完全可以放置到發生學的視野中審視：它們之間的同源、同功性質，明顯區別於與其他文化體系相比的異源、異功特徵。在相同文化體系中的不同政治社會推展開來的國家基本制度，實在不能用來證明這一制度的普世擴展價值。歐洲憲政向美國的擴展，不過是同源、同功文化體系內部認取憲政制度的地區範圍的擴大而已。這樣的擴展，不具有地域範圍之外、文化—政治結構上面的實質性突破意義。因此，對歐洲憲政的美國拓展，反倒生成了一種將歐洲憲政局限在地方性知識範圍的認知進路。這也是對歐洲憲政普適性意義的明確限定。

根據歐洲憲政的發生學考察，引申出兩種剛性約束的結論：其一，一個國家想走上歐洲憲政的道路，實現立憲建國的目標，就必須具備與歐洲憲政出現諸條件完全符合的各種硬性條件。正是在這樣的理念引導之下，歐洲之外的一些國家的學者提出自己國家建構現代憲政政體的方案時，認定要將自己國家的傳統哲學進行希臘化重構、對其傳統法律體系進行羅馬化再造、對自己國家的德性教化進行基督教式改造。其二，一個國家試圖建構憲政制度，若缺乏歐洲憲政據以發生的諸條件，並無法具備歐洲建構現代憲政制度的條件，那麼，這個國家就絕對無法仿效歐洲建構起憲政體制。正是在這樣的思路指引下，一些國家的學者提出，由於自己國家的精神結構、制度安排與生活方式完全不同於歐洲，因此無法、進而也沒有必要接引歐洲憲政制度。要完成國家的現代轉型，需要獨闢蹊徑，進行徹底的、絕無依傍的制度創新。這是沿循發生學思路必然得出的結論。因為發生學思考既促成同源、同功的事物獲得一致性辨認，也促成異源、異功的事物獲得差異性定位。至於由發生學思維引導出的歐洲憲政是不是具有歐美文化之外的適應性問題的兩個剛性結論，則是需要進一步探討的問題。這裏暫時按下不表。

對歐洲憲政制度的發生學考察，有其必要性。這一必要性從歷史的溯源及重要性上可以得到證明。這樣的考察，對人們清楚認識現代憲政制度的歷史根基與現實動力，具有重要的幫助，進而對人們清楚辨析憲政制度的邊際界限，提供了明確的指標選項。但對歐洲憲政制度發生學的考察，也有明顯的局限。這一局限主要體現為，它從歷史溯源限制了人們發現某些歷史大事件之超越歷史條件的普遍意義，而現代憲政的發生學卻恰恰解釋不了非歐美地區為何能出現成功地接引現代憲政而建構國家基本制度的案例。

## 四、類型學分析：歐洲憲政擴展方式的趨同性

與發生學不同，類型學（typology）的分析方法注重的不是認知上的同源、同功特徵，而是要指出某些事物之間所具有的共同特徵。與發生學相似的是，類型學也是自然科學的一種研究方法。這種研究方法的宗旨，是對不同研究物件之間所具有的分類性共同特徵進行歸類，將這方法引入社會科學領域，成為研究者致力確定某一概念的準確所指，並在這一概念下將某些具有共同性特質的事物進行歸類。類型學的方法因社會學家馬克斯・韋伯而著名。他在類型學方法上提出的「理想類型」（ideal type）概念，成為分析現代社會現象一個具有重要方法論意義的概念。理想類型不涉及價值判斷，旨在用某些現實要素構成一個邏輯上的精確概念。[27] 譬如，他將統治的合法類型區分為三種，一是魅力型統治，二是傳統型統治，三是法理型統治。這三個概念之成為理想類型概念，因為它們僅僅是分析

統治類型的理想性概念：一方面，在現實的政治世界中，各種統治類型確實存在這三種統治形式，故作為理想類型的三種統治模式，的確有現實依據。另一方面，在現實的政治統治實踐中，三種統治類型總是交錯着應用，而絕對不存在僅僅歸屬於其中一種類型的現實統治形式，但三種統治的理想類型概念，對於分析統治的實際構成狀況具有極大的幫助作用。理想類型的概念是類型學方法中最強勢的概念，理想類型的方法是類型學方法中最剛性的方法。這方法要求從研究物件的諸多構成要素中，抽取最能顯示物件特質的結構性要素，用以確認它的結構特質並區分它與其他理想類型的界限。

對於歐洲現代憲政來說，運用理想類型的概念對之進行濃縮性歸納，可以說是一種宣揚個人自由、限制國家權力的政體形式。不同於發生學的考察，類型學的考察不重視歐洲現代憲政在認知意義上的同源、同功辨認，重視的是作為一種政體形式的實質性結構特徵。換言之，凡是那些致力肯定個人價值並用以限制國家權力的政體形式，就可以歸入現代憲政的類型。這是對歐洲現代憲政體制擴展開來後，對相類政體形式進行辨認的最核心、最精準的結構特點。無疑，從現代憲政的理想類型來看，歐洲現代憲政與美國的憲政體制，是最符合憲政理想類型的憲政形式。正如前述分析，如果將現代憲政理想類型的構成要素確定為市場經濟（確立個人產權與自由）、民主政治（確立分權制衡的制度機制）、公民社會（確立公民的自主活動空間）交互作用體系的話，顯然，歐洲現代憲政與美國的憲政體制是高度同構的。兩者完全可直接呈現為現代憲政的理想範型。

不過，類型學研究分別有強勢與弱勢兩種進路。強勢的類型學如「理想類型」視野，對追隨類型有初始典範的嚴格限定。弱勢的類型學其實是一種家族類似（family resemblance）視角的產物，追隨類型不受初始類型的嚴格約束，僅受初始類型的相似性辨認限制。家族類似是哲學家維特根斯坦的用語，以反對本質主義為宗旨，強調語言、命題、思想等都是「一些用法的家族，它們是若干用法組成的家族。家族會擴大，也會繁衍，它們可以沒有確定的邊界，也可以是一個模糊的家族——為什麼一張不那麼清楚的照片就不是照片呢？這些家族沒有本質，也沒有一個普遍的特徵。倘若你出於特定的目的去劃定一個家族，那就劃定好了。然而，這本身就是一種特定的用法，或許會得到普遍的認同，或許不會。」[28] 家族類似指向的是形式性或心理學的概念，而不是實質性的概念；這概念引導人們對物件進行特徵定義，而不對物件進行本質定義。只要根據範例進行家族類似的辨認，凡是那些具有共同性質的物件，就可以被認作是家族類似。這就為人們比較那些具有共同性質和不具有共同性質的若干東西提供了方法指引。

循此思路，可以説，在「家族類似」的類型學視野中，歐洲憲政的普適性成為分析歐洲憲政擴展情形的導向性結論。因為，超越歐美現代憲政的理想類型，以歐洲現代憲政模式為初始類型，進行家族類似的求同存異審查，能夠納入現代憲政範疇的非歐美國家的政體類型不在少數。凡是那些旨在保護個人權利、限制國家權力的政體形式，都可以在較弱的意義上構成歐洲現代憲政的擴展類型。在這個角度來説，一個國家完全不必具備希臘、羅馬與早期基督教的文化積澱，也不必經過文藝復興、啟蒙運動、工業革命、科學革命、宗教革命等社會變遷過程，都能進入憲政的現代政體行列。這對人們理解歐洲現代憲政的擴展狀態，具有很大的辨明作用。就此而言，家族類似是憲政的類型學分析在方法上的最後歸宿。作為現代憲政的一種較弱意義上的類型區分方式，它足以讓人辨認出接引歐洲現代憲政政體的國家是否在底線意義上，真正走在憲政軌道上。

前述日本建構憲政體制的歷史經驗表明，一個後發外生的現代國家建構憲政制度，並不一定需要先行具備歐洲原生憲政制度的諸條件。在歷史文化轉型的過程中，只要滿足底線的憲政制度建構要素，也可以建成國家的憲政制度。這就足以讓人跳開歐洲建構憲政制度嚴格的初始條件，以一種有利於推動歐洲以外國家建構憲政制度的類型學視野，來觀察歐洲憲政制度的普適性。

毫無疑問，日本不具備歐洲支持憲政的傳統文化積澱。日本的古典文化傳統是中國儒家文化的移植與再造產物。在近代邊緣的日本，排斥西學和堅守儒學價值立場，拒斥與西方國家的交流和堅持鎖國、攘夷的政策，成為日本朝野當時的選擇。但是，日本在歐美的經濟政治威逼之下，已經充分感受到國家轉型的壓力。與此同時，歐洲現代憲政制度的知識傳入日本，在日本流行開來。在民權運動的社會浪潮推動下，在國家統一以抵禦外國侵略的威脅中，日本終於選擇確立且制定憲法、依憲治國的現代憲政原則。[29] 日本的憲政轉軌，與現代憲政的歐洲初始典範相比較，自然是不符合理想類型意義上的憲政政體模式。這種不符合，正如本章第二節所陳述的，不僅從日本憲法對天皇權力的特殊規定上呈現出來；而且説憲政的人權底線而言，日本憲法也沒有給予國民周全保護；加之日本是在絕對君權統一國家的基礎上引入歐美憲法機制，限定國家權力，尤其是天皇權力的制度安排，必然出現缺陷。而且，在日本的現代歷史演進中，國家主義的立國理念一直影響甚至左右着日本的政治走向，軍國主義甚至將日本推向發動戰爭的角色。[30] 這些因素的存在，令日本難以被視為一個規範意義上的現代憲政國家。即使在第二次世界大戰後，日本迫於佔領軍的政治意志，真正坐實了虛君共和政體，制定了和平憲法，但軍國主義的立國理念依然對日本的政策發揮着重大影響，也使人們完全無法將日本視為理想類型意義上的現代憲政國家。

誠如前述，日本並不符合理想類型意義上的現代憲政國家標準。但是，從家族類似的角度看，日本絕對是一個憲政體制的國家。這不僅從日本的早期憲法到二戰後的和平憲法中保護人權的基本規定上得到印證，也可以從日本實行的分權制衡政府體制上體現，更是從日本市場經濟—民主政治—公民社會的互動結構上獲得證明。這些印證，都是在相對較弱的意義上成立的。它們都無法在歐洲現代憲政結構的初始範例嚴格標準之下令人信服。日本憲法的局限性，與國家體制的軍國主義痕跡，在顯示了日本之作為憲政國家的低標準性質。即使是在國家構成要素的三個方面，都無法在作為範例的歐美國家結構要素的平台加以衡量：市場經濟嚴重受制於傳統家族勢力的作用，未能達到法治經濟的水準；民主政治總是在嚴重的右翼勢力左右下運作，而時常偏向軍國主義的非正常軌道；公民社會甚為發達，但黑社會勢力的影響之大，令人匪夷所思。然而，家族類似的觀察視角呈現出來的現代日本政體，卻完全符合國家保護基本人權、法律有效限制國家權力的底線化現代憲政標準。這不僅是日本國內政治顯示出來的國家結構狀態，也是西方憲政國家認可日本進入現代國家行列（如作為「西方七國集團」成員的日本）直接顯現出來的情形。

在較弱意義上的家族類似歸類，完全賦予了日本接引歐洲現代憲政，並使其成為日本內生的國家基本制度的國家品性。就此而言，日本這個案例，足以回答從發生學視角審視歐洲現代憲政的擴展可能所提出的兩個挑戰：其一便是一個缺少如歐洲般不斷積澱文化的後發國家，完全有資格接引歐洲的憲政政體。一個試圖接應歐洲現代憲政的國家如日本，沒有任何必要全盤改造自己的傳統文化，使之符合希臘—羅馬—早期基督教結構起來的歐洲古典精神與制度體系的樣式。日本那種在儒家文化圈內經過中西文化交流、互動與創制的傳統文化，可以成為憲政政體建構的文化底盤。與此同時，日本也沒有在現代憲政政體建構的時候，滿足文藝復興—啟蒙運動—工業革命等要素結構起來的現代社會變遷要求，它是在參差不齊的富強衝動、觀念演變和經濟轉型中坐實憲政體制的。儘管這一憲政體制舊習未除、新弊叢生，但起碼符合憲政體制標準。這是因為，首先，日本這一後發現代國家自覺自願地依照歐洲現代憲政制度進行模仿性的國家構造所致。其次是因為，國家的現代轉軌只能在市場經濟、民主政治與公民社會的互動結構上或嚴格或寬鬆地進行再造，因此別無二徑。

其二是後發國家試圖接引歐洲現代憲政制度，完全不必氣餒，以為自己國家不具備歐洲國家那種開創現代憲政的諸剛性條件，因此轉而主張一種依託自身傳統、獨自創新的國家轉型模式。對於任何後發國家而言，國家從帝國、原始形態轉向憲政制度，是一個國家實現政治現代化的必經之路。拋開歐洲現代憲政制度不予引介和創造轉化，捨近求遠，去尋求所謂全盤的現代制度創新，是絕對無法實現滿心期待的政治烏托邦的。因為，絕無依傍的現代制度完全是子虛烏有的。發源於歐洲的現代憲政制度，並不是專屬於歐洲的特殊制度。從歐洲現代憲政向美國、日本的擴展上可以看出，源自歐洲的現代憲政制度，絕對是起自地方但必然向全球擴展的普適制度。這制度之所以是普適的，就是因為它解決了人類千百年來一再試圖解決的、有效限制國家權力的政治難題。同時，後發的現代國家已經行走在歐洲現代憲政的道路上，現代轉型的路徑依賴經已呈現出來。這些國家完全無法回到現代轉型的起始點上，重新佈局一個沒有任何現代負累的國家轉型局面。那種試圖對接自身傳統、抵抗現代憲政制度的嘗試，既無法解釋傳統的停滯及自身轉變動力缺損沒能開出的歷史，也無法解釋如何回到現代起點的當下出路問題。

歐洲現代憲政的擴展，在美國和日本呈現了兩種不同的形式。這兩種不同的呈現，分別從兩個視角印證了這一憲政制度設計所具有的普適性：它既對同質文化基礎上的不同國家建構憲政制度有效，也對異質文化基礎上的不同國家建構憲政制度有效。這種雙重有效性證明，歐洲現代憲政制度是解決現代發展的全球性政治問題的首選。差別只是，歐洲現代憲政的基本義理是相同的，但推進做法上則千差萬別。從家族類似一直延伸到理想類型，歐洲現代憲政呈現了從底線模式到上限模式的不同表現形式，而這正是人們辨認一個國家是否進入現代國家行列的最重要標準。

## 五、歐洲憲政的中國承接：弱於美國和強於日本的定位

在與歐洲現代憲政制度發生關聯的時間軸上，中國並不算是晚起的國家，但確實是一個晚進的國家。「不是晚起的國家」是指中國接觸歐洲現代憲政的時間尚早，與日本不分先後。所謂「晚進」是指中國到今天為止，還沒成為現代憲政國家，仍然艱難地行走在限制權力而不得、保護權利而不力的崎嶇政治道路上。

自晚清以來，中國經歷從古典帝國向現代國家轉型的艱難歷程。這一轉型歷程，在經歷了「中體西用」的早期抗拒階段後，於晚清時期落定在「全變則存、小變仍亡」的全方位改革謀劃上。經歷中華民國、中華人民共和國兩個階段的政黨國家建構，人們終於發現，除了引入源自歐洲的憲政民主體制外，根本沒有辦法讓現代中國落定在一個穩定有序

的政治平台上。晚清以來中國政治的長期顛簸，是這樣的政治共識得以形成的歷史動力。而晚近中國社會的改革開放，則構成了中國走向憲政政體的直接動力。

從近現代歷史的視角看，中國的國家轉型認知與國家結構更新，經歷了複雜的轉變過程。這需要分別從三個歷史階段審視。晚清在國家轉型認知與國家結構更新的兩條線索上，分別呈現了不同的狀態。到最後，憲政的政治認知顯然遠遠拋離了憲政的政治建構，憲政建構在國家權力主宰者那裏遭到頑強的抵抗。晚清政權終於壽終正寢。但在這樣的努力之中，卻為中國的現代國家建構打下現代憲政的底子。論及晚清憲政改革的學者，對此進行了較為周全的概括。

首先，從形式的意義來看，立憲運動所追求的要在改變國家既有的政治制度，如設國會、立內閣、及建法院等等。而從實質的意義來看，它所代表的，卻是要改變我國傳統政治形態的基本精神，要以近代西方的民主政體，把國家從古老的專制政體桎梏中解救出來。……就整個國家之政治前途言，其意義應該是相當深長的。

其次，自海防、洋務、變法，以至立憲，所有整個應變歷程的一切努力，從另一個角度看，也可名之曰近代化運動。這一運動的背景，當然是由於清政腐敗，及列強的侵逼，而推動此一運動的，除海防及洋務系出諸少數廷臣疆吏的努力外，其後的變法及立憲，率皆發自社會上一班在野的士夫。……它所需要的那種普遍良好的社會條件，不易具備。

復次，……世之論者，每以之視為清廷缺乏立憲誠意，但以敷衍為事。這種批評，從專制政體下統治者維護權力的動機來觀察，當然有其相當理由。但是從另一個觀點來看，由專制到民主，乃是一種文化的蛻變，生活方式的調整。此二者間之矛盾與其距離，在制度上雖可調和於旦夕，而究其實則有賴於漸次之成長。如何兼顧名實，切中時用，這是一個政治眼光與方法的問題。……清季立憲運動之經過及其結果，不但對一般社會人民是一項良好的政治教育，其於執政謀國者，尤具有鑒往知來，足資為戒的意義。[31]

民國時期的憲政認知與國家結構更新，相對於晚清而言進了一步。但民國時期的內憂外患，使憲政共識無法落實為憲政進程。國民黨壟斷了國家權力，欲將自己安置在一個國家權力的特殊位置上，搖身將自己的主權行使者地位一變而成主權自身。因此，孫中山設計的從軍政、訓政到憲政的線性發展的憲政遞進圖，不曾成為國民黨政府努力實踐的政治路線圖。民間的憲政共識與政治熱情，逐漸離棄國民黨的黨國體制，轉向發願實現憲政的中國共產黨。但從國民黨統治時期來看，中國推行的歐式現代憲政改革，取得了令人矚目的兩大進展：一是作別清代衰朽腐敗帝制的政治任務徹底完成了。袁世凱的帝制復辟逆中國政治情勢而動，其失敗是情理之中的事情。而國民黨雖然一再延緩行憲的時間，總是以訓政目標尚未達到為由拖延行憲日程，但是，制定憲法的官方進程與民間努力，一直持續，最後促使國民黨不得不頒佈憲法，聲稱行憲。二是中國進一步積累了現代憲法與憲政的政治知識，在與國民黨的黨國體制進行憲政博弈的過程中，中國政界、學界與社會精英對於憲政的認同程度明顯提高。那些準備奪取國家權力的政治組織，也不得不以行憲的理由來為自己聚集政治資源。三是留下了寶貴的中國現代憲法文本。這些官方與民間草擬的憲法文本，進入了中國現代政治史和思想史的領域，成為隨時喚醒中國人現代憲政意識與推進行憲行動的強大思想源泉。32

中華人民共和國成立的前夜，憲政似乎是朝野的共識。在建國的緊張謀劃中，民主黨與共產黨商量未來由共產黨主導的建國大計時，不同黨派的領袖似乎都表現了對建構憲政民主國家的共識。張東蓀與毛澤東會商建國大計的時候，後者就曾經使前者認定，他夢寐以求的憲政目標可由中國共產黨來落實，前者也認定自己提倡的「新型民主」與毛澤東的《新民主主義論》不謀而合。這正是中國共產黨能夠取代國民黨奪取國家權力的最重要原因之一。在中國建構現代國家的艱難困苦之中，各方終於達成了實行憲政制度以求國家長治久安的政治共識。即使是即將丟掉國家權力掌控權的國民黨，也在權力風雨飄搖之際，意識到行憲的必要性和重要性。不過國民大會的召開太晚，其確立的行憲政治議程推進太慢，以至於無法挽救它衰敗的命運。中國共產黨在當時的政局下，準確地抓住了國人尋求行憲的政治共識，捕獲政治人心，因而成功地奪取全國政權。[33] 但基於中國共產黨的列寧主義政黨定位，要真正落定在行憲的執政黨位置上，尚具有組織結構上的困難，以至於在一九四九年後，中國還未能坐實現代憲政制度。

在中國實行歐洲現代憲政的艱難曲折，並不證明這一政體形式自身不適合中國的現代政治轉軌需要。恰恰相反，從中國人的現代政治、尤其是現代政體的認知上看，中國人在政治理性程度具有保證的情況下，不分族群、黨派和政治處境，都是認同憲政政體的。一個相反的觀察是，中國沒能走上憲政道路，自晚清起至今，都未能實現國家長治久安的政體選擇目標，而總是邁進在穩定與失序的惡性循環道路上。這兩點正好構成中國之必須選擇現代憲政的一正一反雙重動力。

從前者看，晚清中國政治受到族群關係的嚴重影響，作為少數族群的滿族統治中國，缺少數量上的優勢感，因此對憲政民主的所謂「數人頭」政治自然感到畏懼，着力壓制人數眾多的漢族政治精英，從而在憲政轉軌上自誤前程。但晚清統治者在理性認知國家轉型的基礎上，從來不排斥憲政不說，更主動派出大臣到西洋、日本等地考察憲政，主動佈局實施憲政的諸種舉措。這證明，在政治理性上晚清的統治者自覺意識到實行憲政，才是解決國家體制困境的出路。民國時期的黨國體制，使國民黨難以理順統治國家的政治秩序，加之國民黨內的黨派力量、軍事力量、地方派系之間的明爭暗鬥，國共兩黨的黨爭，來自外國勢力的侵略，都令國民黨未能實現從軍政、訓政到憲政的順暢遞進目標。然而，國民黨統治時期中國人對憲政的認識和政治推進，是最為實在的：一方面，在憲政的政治理論闡釋上，這一時期達到與西方一樣的理論高度。像胡適、張君勱、張東蓀、蕭公權、儲安平等一大批政界與學界中人，對於現代憲政制度，具有極為深刻的理論認知和實踐詮釋。另一方面，即使是佔據黨國領導地位的國民黨，也從來不敢否認孫中山所設計的憲政發展方案，儘管一再停留在訓政階段不願前行，但行憲的建國目的從未拋棄。這一時期的建國進程，正圍繞現代憲政的規範狀態與國民黨的非規範施政展開複雜的政治博弈。在中華人民共和國建國時期，儘管憲政籲求長期處在潛蟄狀態，尤其是在階級鬥爭甚囂塵上的時候，國家政體選擇問題似乎成為完全懸置起來的多餘問題。但是，中國共產黨在一九四八至一九四九年取代國民黨統治對憲政的嚴肅承諾，總是在有識之士的耳邊響起。而中華人民共和國的國名本身就是要提醒人們，這個國家是人民共和的國度，而不是黨派權力遊戲的場所。在經歷一波又一波的政治動盪後，以政治體制改革命名的國家建構，再次將人民共和的制度選擇問題，擺到國家領導人和普通公民的面前。「改革不可廢，承諾不可棄」之作為一個政治命題，[34] 促使人們要求執政黨兑現它獲取全國政權時所承諾過的政體形式，使國家真正成為人民自由、自主與自治的政治社會。無疑，這一要求的普遍性足以顯示，在當今中國，憲政已經成為國家建構的目標性共識。

從後者看，自晚清至今，中國之所以經歷三個政治實體而未能成功建構起穩定有序的政治秩序，其失敗原因就是因為權力掌控者的自私，以至出現全輸全贏的政治僵局。[35] 晚清的少數族群統治者青睞憲政，以為憲政改革是維持自己獨佔統治權力的工具，不願意不分族群，公平地分享國家權力。結果，憲政改革成為壟斷國家權力的遮羞布。憲政的理性認知未能促成憲政的國家建構。終於，席捲而來的革命怒潮，將自私的國家權力獨佔者迅即推翻。國民黨統治時期，以「一個黨、一個領袖、一個主義」作為國家治理的政治前提，完全將分享國家權力置諸腦後。儘管國民黨在以黨建國的過程中，創黨領袖和建國之父孫中山就明確提出了憲政的建國任務，但黨國體制必然將國民黨推上一個以黨治國、獨佔國家權力的自私位置上。政黨自我預設的先進性，及統治國家權威性，並不為人民所公認。結果，國家權力與社會欲求之間出現難以跨越的巨大鴻溝。國民黨完全無法建立起維持自己統治地位的政治體制。而政黨國家權力的不受限制及由此必然引發的普遍權力腐敗，在一個以憲政追求目的政黨進擊之下，命運可想而知。中華人民共和國時期的國家權力執掌者，長期信奉的是獨佔權力的「打天下者坐天下」政治邏輯。國家既不致力保護公民的個人權利，而在權力不受制約情況下的政治分肥難題也一直得不到解決。一旦國家權力試圖以開放的姿態汲取政治統治資源的時候，社會動盪就勢所難免。因此，三個政權到最後都不得不承諾憲政原則。只不過晚清是在頒佈清帝遜位詔書時才徹底認同憲政體制，為時已晚；民國是敗走台灣後，經歷政治波折，才確立憲政制度；而中華人民共和國一再拒斥憲政體制，但終究還得承諾「權為民所賦」的建國原則，作別那種政權獨掌、治權獨佔、利益恩賜的統治邏輯。

晚近中國三十年，由於改革開放不斷推進，從經濟領域啟程的改革，逐漸推向政治領域，政治體制改革嚴重影響經濟體制改革的成效。從國家整體情況來看，中國政治體制的改革，不是某些政治舉措的枝節改變就可以奏效的。從總體上而言的國家建構問題，因而再次浮現。這使人們有理由轉入現實動力來看中國當下走向憲政的動力問題。此前中國的改革開放，嚴格限定在經濟領域中，以引入市場經濟為最大成就，在政治上則維持中央高度集權的體制，黨國體制因而未能得到絲毫的改善。在市場經濟向縱深發展的情況下，政治體制問題已經成為市場體制成長的最大障礙。因此，實行市場經濟的初期，在微觀領域可以遊刃有餘地啟動價格機制，但涉及到產權問題和用人制度的時候，原有國家體制就無法實施任何有效的改革措施，改革的停滯就此出現。更為嚴重的是，人們逐漸習慣性地以市場經濟啟動微觀價格領域的收效，自證紋絲未動的政治體制之正當與合理。到晚近階段，人們才緊張地發現，政治體制嚴重阻礙經濟的持續增長和社會穩定，從而激發人們對憲政產生的新穎判斷。[36] 無可懷疑的是，人們日益普遍地認為憲政就是解決目前中國政治困境的首選出路。

觀察原生的歐洲現代憲政，首波擴展的北美情形，及次波擴展的日本狀態，可以知道，現代國家的政體選擇，只有落定在憲政平台上，才能成為規範意義上的現代國家。因此，對中國而言，沒有拒斥還是接受憲政的選擇權，只有如何推動憲政建構的唯一選項。現代中國一波三折的政治發展歷程經已表明，實行憲政才是為國家建構的唯一出路。問題在於，中國如何可以有效推行憲政？

為此必須回答三個具有極大挑戰性的問題。第一，坐不坐實憲政是不是中國國情限定的問題？回答是否定的。就推行憲政而言，中國的國情並不比日本特殊。中日都是具有悠久文化傳統的國度，在古典時代的國家治理上，都具有豐富的政治─行政經驗積累。在現代轉變的早期，兩國都對源自西方的憲政採取抵抗姿態。但是日本推行憲政的經驗表明，國情並不對歐洲現代憲政的推行構成障礙。因為保護個人權利、規範國家權力，一直都是成功建構龐大政治社會的國家致力實現的政治目標。差別在於，在古典時代，西方走上了以法治方式實現這一目標的道路，而東方國家則走上了以道德力量馴化國家權力的道路。當法治方式呈現出馴服國家權力的實際功用之後，東方國家便轉而以法治方式且輔以道義力量有效限制和規範國家，實現自己原初建構政治社會目的的方式。東方國家的國情，不是它們從來不致力於保護個人權利、限制國家權力，而只是沒有發現或發明實現這一目的的政治─法律手段。當東方國家放下自設的政治心理障礙，成功接引現代憲政體制就完全是意料之中的事情。

第二，坐不坐實憲政進程，關鍵在執掌國家權力的領袖、組織與集團願不願意選擇憲政的政體形式。回答依然是否定的。從理上看，對於一個正常且健全的國家來說，絕對不能將國家命運交付給極少數政治家和某一政治組織。同時，在國家建構必須啟動憲政進程的時候，更不能以國家領袖與政治權勢集團是否願意實行憲政為推動或緩行憲政的理由。國家是所有成員生活於其中，且屬於所有成員共用利益的共同體（commonwealth），[37]而國家絕對不是掌權者玩弄於股掌之間的玩物。從事上說，一個國家需要進行憲政改革的時候，其本身就是一項無可逆轉的社會變遷過程。現代國家的憲政轉軌，只有或遲或早、或主動或被動、或成功或失敗的差別。沒有一個國家領袖可以完全因應自己的政治價值決斷，就可以長期決定國家的反憲政命運。一個國家只要尚未坐實現代憲政制度，推行憲政的國家建構時刻就會一再呈現出來；[38]一旦國家需要落實在憲政平台之上，任何強權人物與權勢組織，都無力因私抵抗。對於一個政治家和超級政治組織而言，選擇只是要麼成為華盛頓，要麼成為希特勒；要麼效仿聯邦黨，要麼模仿黨衛軍而已。

第三，坐不坐實憲政制度，主要是在於中國統治集團和社會公眾理論——心理上準備的不足，而不是畏懼。回答同樣是否定的。實行憲政制度，乃是基於公眾的公共利益、國家的長治久安、社會的安定有序。隨時隨地變化着的社會心理，只是一時的政治晴雨錶。實行憲政，不能取決於一時的社會心理準備；而要取決於一個國家會否保護公民權利、限制國家權力的理性政治定位。只要一個國家的公眾，尤其是國家的掌權者未能絕然而然地選擇憲政政體，那就是因為他們心存畏懼——公眾畏懼選擇的自由，而樂意逃避自由；掌權者患得患失，試圖長期獨佔手中權力，以上行為都構成了阻止實施憲政的社會政治心理基礎。事實上，從晚清一直到當下，中國人的憲政認知早就達到了熟稔於心的地步。至於憲政實踐，也並不是什麼高妙的政治智慧才能實行的政治體制，它只需要介入憲政的公眾樂意進行基於自由的政治決斷，政治家及其組織願意付諸良法並與人分享國家權力。在推行憲政過程中的試錯，是促使憲政逐漸走向成熟的直接動力。幻想一個國家一夜之間坐實成熟的憲政制度，這樣的理論準備，就是今天完全成熟的憲政國家。無論是當初為人類貢獻憲政母體的歐洲國家，還是推行憲政的後起國家如美國、日本，都根本沒有將理論與憲政實踐分開處理。

拒斥各種阻止行憲的理由後，中國實行憲政的問題就是，其具體的憲政模式如何定位。無疑，後發的中國行憲，沒有美國的條件優越。由於美國與歐洲文化的同構性、憲政經驗積累的順暢性、國家轉軌的有序性、政治人物的無私性，使美國足以在較短的時間內，坐實到憲政的政治平台上，並且創制了勝於歐洲憲政原初典範的分權架構和社會體制，從而為國家確立起穩定的憲政秩序，促使國家迅速取得國家間競爭的明顯優勢。但中國行憲，並不比日本困難。民治維新時期的日本，內憂外患，困擾國人與政治家。一時之間，軍國主義的國家政體選項，勝於憲政政體的選項。而且日本的文化結構與歐洲相去甚遠，從發生學視角看，日本根本沒有資格談論實行歐式憲政的國家。但是，日本在兼容傳統與現代、統合長遠與當下、融合積極與消極因素中間，成功開闢東方國家的行憲之路。

對今天的中國來說，國家的傳統酵素依然在發酵，從文化上抵抗歐式憲政的因素依然存在。國家還處在非常時期的革命氛圍之中，掌權者還在以「打天下者坐天下」的邏輯應對憲政國家建構的實際需要。但是，國家已經免除了被他國侵略與奴役的危險，經濟的發展則將憲政建構的建國問題呈現給理性的人們。國家行憲，大致已經成為國人的共識。此時在中國實行憲政，具備了優於日本行憲、弱於美國立憲的條件。而就中國實行憲政的前景來看，正好由此呈現出中國擴展歐洲現代憲政的可能性：達不到美國的規範憲政水準，但完全可以超越日本的非規範憲政狀態。

## 註釋

1 麥基文（C. H. McIlwain）著，翟小波譯：《憲政古今》（*Constitutionalism: Ancient and Modern*），貴陽：貴州人民出版社，1996，第 16 頁。

2 斯科特・戈登（Scott Gordon）著，應奇等譯：《控制國家——從古代雅典到今天的憲政史》（*Controlling the State: Constitutionalism from Ancient Athens to Today*），南京：江蘇人民出版社，2005，第 80 頁。

3 參見斯科特・戈登：《控制國家》，第 121–140 頁。

4 斯科特・戈登：《控制國家》，第 140 頁。

5 沃爾特・厄爾曼（Walter Ullmann）著，夏洞奇譯：《中世紀政治思想史》（*A History of Political Thought: The Middle Ages*），南京：譯林出版社，2011，第 228–229 頁。

6 道格拉斯・諾斯（Douglass C. North）等著，張炳九譯：《西方世界的興起》（*The Rise of The Western World: A New Economic History*），北京：學苑出版社，1988，第 1 頁。

7 道格拉斯・諾斯等著：《西方世界的興起》，第 213 頁。

8 馬克斯・比爾（Max Beer）著，何新舜譯：《英國社會主義史》（*A History of British Socialism*），上卷，北京：商務印書館，1959，第 13–14 頁。

9 斯科特・戈登：《控制國家》，第 364 頁。

10 戈登・S・伍德（Gordon S. Wood）著，傅國英譯：《美國革命的激進主義》（*The Radicalism of The American Revolution*），北京：商務印書館，2011，第 203 頁。

11 有論者對人們忽略美國憲政的原創性意義表示不滿，指出美國憲政建構的極端重要地位應該被人們充分認識。參見斯科特・戈登：《控制國家》，第 363 頁。

12 參見漢娜阿特（Hannah Arendt）著、陳周旺譯：《論革命》（*On Revolution*），第 4 章〈立國（一）構建自由〉，南京：譯林出版社，2007，第 124–139 頁。

13 漢娜・阿倫特：《論革命》，第198–200頁。

14 參見依田熹家著，卞立強譯：《日本的近代化——與中國的比較》，第3章〈學術、思想方面的前提〉第1節「西學的成立」之「荷蘭學的繁榮」、「江戶時代荷蘭學的局限」，北京：中國國際廣播出版社，1991，第36–38頁。

15 威廉・G・比斯利（William G. Beasley）著，楊光等譯：《明治維新》（*The Meiji Restoration*），南京：江蘇人民出版社，2012，第2頁。

16 原口清著，李永熾譯：《日本近代國家之形成》，台北：水牛圖書出版事業有限公司，1986，第257頁。

17 原口清著：《日本近代國家之形成》，第257–258頁。

18 參見升味准之輔著，董果良譯：《日本政治史》第4冊〈佔領下的改革，自民黨的統治〉，第1章〈佔領統治，民主改革〉第1節「佔領初期，修改憲法」，北京：商務印書館，1997，第853–890頁。恰如作者指出的，「以使日本非軍事化和民主化為目的的佔領統治，其豐碑是使日本制定了規定天皇為象徵和放棄戰爭的日本國憲法。」見該書第839頁。

19 參見百度百科「發生學」詞條。http://baike.baidu.com/view/568907.htm（瀏覽日期：2012年11月7日）。

20 菲力浦・內莫（P. Nemo）著，張竝譯：《民主與城邦的衰落——古希臘政治思想史講稿》，上海：華東師範大學出版社，2011，第35頁。

21 參見菲力浦・內莫（P. Nemo）著，張竝譯：《羅馬法與帝國的遺產——古羅馬政治思想史講稿》，上海：華東師範大學出版社，2011，第1頁。

22 參見菲力浦・內莫（P. Nemo）著，張竝譯：《教會法與神聖帝國的興衰——中世紀政治思想史講稿》，上海：華東師範大學出版社，2011，第 1 頁。

23 參見彼得・伯克（Peter Burke）著，劉耀春譯：《歐洲文藝復興：中心與邊緣》（*The European Renaissance: Centres and Peripheries*），北京：東方出版社，2007，第 2–14 頁。

24 參見哈爾特穆特・凱爾伯樂著（Hartmut Kaelble）、柯燕珠譯：《歐洲人談歐洲——十九與二十世紀歐洲自我認識的形成》，新店：左岸文化，2005，第 11–20 頁。

25 理查・霍夫施塔特（Richard Hofstadter）著，崔永祿等譯：《美國政治傳統及其締造者》（*The American Political Tradition and The Men Who made It*），北京：商務印書館，1994，第 9 頁。

26 哈爾特穆特・凱爾伯樂著：《歐洲人談歐洲——十九與二十世紀歐洲自我認識的形成》，第 10 頁。

27 參見馬克斯・韋伯（Max Weber）著，閻克文譯：《馬克斯・韋伯社會學文集》（*From Max Weber: Essays in Sociology*），北京：人民出版社，2010，第 61 頁。

28 此處對維特根斯坦「家族類似」的引文與概述，引自和參見李紅：〈對維特根斯坦「家族類似」概念的澄清〉，《哲學研究》，2004 年第 3 期。

29 參見依田熹家著：《日本的近代化——與中國的比較》，第 6 章〈爭取近代國家的實現〉，尤其是第 3 節「近代國家的成立」，第 97–100 頁。

30 參見堀幸雄著，熊達雲譯：《戰前日本國家主義運動史》，序言，北京：社會科學文獻出版社，2010，第 1–8 頁。

31 荊知仁著：《中國立憲史》，台北：聯經出版事業公司，1984，第 168–171 頁。

32 參見荊知仁著：《中國立憲史》，第2編〈民初北京政府時期立憲運動之演變〉，第3編〈國民政府時期立憲大業之發展〉，對於民國時期立憲大事件的記述。以及「附錄」所收的晚清以來的各種憲法檔。

33 參見荊知仁著：《中國立憲史》，第16章〈制憲大業之完成〉，第447–461頁。及郝在今著：《協商共和：1948–1949中國黨派政治日誌》，第6章〈第三道路〉，北京：中國華僑出版社，2007，第135–160頁。

34 參見胡德平：〈改革不可廢，承諾不可棄〉，《經濟觀察報》，2012年11月3日。

35 參見鄒讜：〈中國革命的價值觀〉，《中國革命再闡釋》，香港：牛津大學出版社，2002，第151–163頁。

36 憲政在當代中國還是一個研究受限的話題。人們不能直接以現代憲政談論中國政治體制改革的理想模式。但是，冠以社會主義明目的憲政研究，則引起人們相當廣泛的興趣。儘管這種讓步式的憲政言論令人生疑，但憲政話題的政治抑制之無效，由此可見一斑。參見華炳嘯著：《超越自由主義——憲政社會主義的思想言説》，導論〈開創民主理論新路向——終結話語中的超越與建構〉，西安：西北大學出版社，2010，第26–29頁。

37 參見 Roger Scruton:, "Commonwealth," *The Palgrave Macmillan Dictionary of Political Thought*, Basingstoke, New York: Palgrave Macmillan 2007, p. 117。

38 參見任劍濤：〈建國的三個時刻：馬基雅維里、霍布斯與洛克的遞進展現〉，刊於《社會科學戰線》，2013年第2期。

第三章

# 全球化、民族性與自由主義的普適性

一九八〇年代末，國際社會格局的變化，使現代性問題成為東西方社會不得不正視的現實理論問題。而自由主義的現代性社會理論言說，由此也成為讚賞與批評的理論焦點。究竟自由主義的言說普適性由此獲得了證明，從而終結了歷史？還是說它僅僅取得暫時的「勝利」，非自由主義和反自由主義的社會理論仍然保有進入社會實踐領域的可能性？這促使國際社會向科學界索求解答。一九九〇年代中期，曾經在此前失敗的西方左翼政黨的重新登台，為後一疑問提供了某種根據。於是，自由主義社會理論言說的理論有效性與實踐普適性問題，再次以尖銳的形式提了出來。在跨世紀之後，全球化浪潮驚濤拍岸，而拯救民族性的呼籲不絕於耳，更是強化了這種質疑的理論緊迫性。在這種背景條件下，自由主義在理論上能否回答自己必須面對的普適性質疑，就決定性地影響着自由主義的理論前景以及實踐必要。

## 一、老主義面臨新問題

從自由主義的理論論證與實踐推行的已然歷史來看，在西方社會運行的範圍內來講，它是不必回答自己的全球普適性問題的。只是在自由主義脫離西方文化的語境，進入非西方社會之後，它的理論論證與實踐可能才成為一個「問題」。前者，是自由主義之作為與數百年的現代社會運動相伴而生的老主義，與西方社會所有的老問題協和一致註定的。後者，則是自由主義作為老主義面對非西方社會接受或拒斥的新問題存在衝突所顯現的。

簡而言之，老主義面臨的新問題是：普適性價值的斷論與地方性知識的指認這兩種論說的對峙。這種對峙，從兩個維度上講，具有必須正視的問題：其一，假如說這一問題只是局限於西方社會的學者們言說的話題範圍，那麼，它就只是一個西方學術界在論說自己社會理論的普遍有效性所必須解決的問題。那麼，它就不構成非西方學術界所要面對的問題。但是，就西方和非西方學術界來看，卻都在爭論。其二，假如說有關這問題的爭論只停留在理論層面上，而不涉及現實社會運動的話，那麼它就只是一個在國際社會的學術界內部進行智力操練的問題，不至於引起西方和非西方社會各界的關注。但是，從一九九〇年代的社會理論爭論之直接關係到不同國度的國策設計或國策諮詢問題上看，它顯然與現實的國際社會運動方向和全球社會運行的實際籌劃緊密聯繫在一起。於是，從西方和非西方理論界關於自由主義普適性問題討論的動向，以及西方和非國家的領導者對於自己國家選擇的社會道路的論述上，可以較為清晰地透視自由主義這一老主義面臨的新問題。

首先，從西方和非西方社會科學理論界關於自由主義普適性問題的爭論來看問題。一九九〇年代伊始，西方學術界執政治哲學與社會理論牛耳的理論家、哈佛大學哲學系的羅爾斯教授，發表了標誌其學術轉向的新著——《政治自由主義》（*Political Liberalism*）以及《萬民法》（*The Law of Peoples*）。其後，加拿大麥吉爾大學的哲學教授查爾斯·泰勒刊出了批評性的文章〈承認的政治〉。（"The Politics of Recognition"），而遠在歐洲的哈貝瑪斯也發表了旨在批評的文章〈民主法治國家的承認鬥爭〉[1]。按照時下的說法，西方學術界關於自由主義普適性問題的「爭論浮出水面」。話分兩頭，先看看羅爾斯自己學術關注點轉移的內在意蘊。然後再分析羅爾斯與泰勒分歧的實質。

羅爾斯以其一九七〇年發表的《正義論》，將自由主義的政治哲學再次推向了西方社會理論舞台的中心。在這部著作中，羅爾斯將正義問題視為一個道德哲學與政治哲學合一的問題。首先，他將近代西方以降的政治哲學話題從舊的社會契約論中拯救出來，建構了顯示邏輯自足性、足以解釋自由—平等（作為公平的正義，justice as fairness）何以是重要的和必須的問題的理論架構，在其論證中「原初狀態」、「無知之幕」的命題最具原創性。其次，羅爾斯頗具理論力度地論證（而不只是提出或籲求）自由主義的倫理原則：作為秩序優先的個人自由原則，以及作為社會公平保障的差異原則。並在此基礎上建立、證明瞭新的合理性社會政治憲法和操作性制度，作為實現社會正義的保證。為此，他從倫理學方法與道德心理學的視角，提供了系統論證。[2] 羅爾斯的正義論，由於其新穎性和原創性，發表之後受到了來自不同立場的學者的讚揚和批評。就批評而言，自由至上論者（如諾齊克）對羅爾斯論說可能因社會正義籲求傷害個人天賦權利的指責，和社群主義者（如桑德爾、沃爾澤、麥金太爾、泰勒）則對羅爾斯傾向個人權利可能傷害社會認同的矯正，引人注目。在回應種種批評並回省自己將道德哲學與政治哲學合一後論述正義問題的得失，羅爾斯收縮戰線，不將自己對於正義問題的論證局限於「一種全整性（comprehensive）的宗教學說、哲學學說和道德學說」，而轉向一種超越全整性的政治論說。在羅爾斯的論說裏，作為政治哲學的自由主義，一不訴諸任何形而上學或特殊價值觀念，二不以全整性論說為理論基礎，論說只是基於一種「公共理性」（public reason）。而要回答的問題也只是「一個由自由而平等之公民——他們因各種儘管互不相同卻合乎理性的宗教學說、哲學學說和道德學說而產生了深刻的分化——所組成的穩定而正義的社會怎樣才能長治久安？易言之，儘管合乎理性但卻深刻對峙的諸全整性學說怎樣才能共同生存並一致認肯一立憲政體的政治觀念？一種能夠獲得這種重疊共識支持的政治觀念的結構和內容是什麼？」[3]從而「為多元論的合乎理性學說——這永遠是自由民主政體的文化特點——可以認可的立憲民主政體制定出一種政治的正義觀念。」基於此，羅爾斯以「重疊共識」作為論說的基礎理念，以權利優先理念和善理念的政治學限制為論說的中介，以「公共理性」為論說的觀念支撐持，將多元的、自由民主社會的、超越全整性論說的政治憲制架構可能性突顯出來。

羅爾斯在《政治自由主義》中的論說，將自己的理論關注點安放在政治哲學層面，希望由此解決非形而上學的政治正義問題。假如說他的這一論說，將一個自由民主社會的政治正義問題納入了有效的理論思考範圍，姑且不論其確證程度如何的話，理論上還要求羅爾斯順應其邏輯地回答一個更為複雜的問題：在一個自由民主的公民社會裏，政治正義是怎樣達成的？轉換一下提問方式，這一問題也可以這樣提問：在一個非自由民主的或等級社會裏，社會正義又是如何可能的呢？要求羅爾斯必須回答這一可以轉換提出的問題的原因在於，假如只是在一個多元自由民主社會內部形成了政治正義，羅爾斯的政治正義理念的普適性問題並沒有得到完整的回答。因為，一個限於整合自由民主社會內部的正義問題的理念，它是無法將試圖融合進入這個社會的、來自相異的全整性宗教、哲學、道德論說傳統的「人心秩序」加以有效的安頓的。這不單純是因為這些人士會受到屬於「自己的」全整性論說傳統的、消解自由民主理念的消極性影響，而且也是因為局限於西方社會內部的自由民主、社會正義理念就不足以成為一個面向全球的普適性理念。為此，羅爾斯是有敏鋭意識的。他在自己的〈萬民法〉一文中，[4]對此作出了回答。羅爾斯在〈萬民法〉中為自己確立的理論任務是，建立「一個秩序良好的非自由社會和一個秩序良好的自由社會都得接受的同樣的萬民法」。[5]而羅爾斯將兩種不同的社會形態界定為自由社會與等級社會。他認為在一種建構主義的正義理念基礎上，取一種非普遍主義的立場，則通過合理程序建構起來、超越各種全整性論說與社會階層意圖的社會正義，就是可能的。羅爾斯將這種「不依賴於西方的特定傳統的萬民法」，依託在民主社會的國內制度和應用於國際社會自身及各民族之間的政治關係基礎上。在延伸邏輯上，它可以在諸自由社會裏和等級社會裏得到共同的實行。如果説就諸自由社會而言的社會正義，在羅爾斯這裏被安置到國內各民族合理安頓，各派別從民主社會的基本利益考慮問題，以及各派在無知籠罩之下確認自由平等的價值三個基點上。那麼，屬於萬民法的特定而熟知的七項原則[6]就可以得到公認的。當一個組織良好的等級社會具有和平、法治、尊重基本人權的相關條件，並且理性接受民族間正當的原始狀態，他們就會接受萬民法。就萬民法狀態下人權的軸心作用而言，羅爾斯特別強調人權的政治中立性，以及人權之作為政治合法性、排除外力干擾、對多元論設定道德限制的作用。就萬民法本身的處境而言，羅爾斯強調對於兩種不利狀況的分析——一是拒不承認萬民法的法外政體以及難於獲得秩序良好的政體情形，對此應當基於萬民法加以批評，且不能將之「視為自由的或西方的而輕鬆打發掉」。[7] 二是缺乏使秩序良好的社會成為可能的政治與文化傳統、人力資本與技能、資源、物質與技術。對此應當將其提升為秩序良好的社會。而且不能簡單地以分配正義來處理這一不利狀態。倒是需要對強制性政府、腐敗權貴以及宗教屈從加以校正。[8] 如此，作為「秩序良好的民族政治社會的相同觀念的延伸」、並且「不是立足於某一完備性宗教學說、政治學說、道德學說之上」的萬民法，就期望被自由社會與等級社會所共同認可。「萬民法」的論說，顯然以更強勢的狀態顯示出羅爾斯對於自由主義基本價值的普適性論證意圖。

儘管羅爾斯的正義論論證逐漸沿普適性方向展開，而且愈來愈有實現可能。但是，在查爾斯．泰勒，以及哈貝瑪斯等人看來，羅爾斯的論證仍然很有問題。以泰勒的《承認的政治》而言，便以自由社會內部的民族間關係為論說軸心，提出了挑戰羅爾斯政治自由主義和萬民法論述的思路。泰勒認為，在政治上的民族主義，有着「得不到他人承認」和「扭曲的承認」兩種驅動力。在籲求「正當的承認」的前提條件下，泰勒強調人人都享有尊嚴的「本真性（authenticity）理想」，以及這一理想在現代自由民主社會的極端重要性。[9]而這種本真性理想與「忠實於我自己的獨特性」聯繫在一起。我自己的獨特性既適用於與眾不同的個人，也適用於與眾不同的負載着某種文化的民族。這立場，構成泰勒引申平等承認政治的觀念前提。「平等的承認」，泰勒將其劃分為兩類：一是基於普遍主義政治（politics of universalism）的承認。它強調所有公民享有平等的尊嚴，其內容是權利和資格的平等化。另一則是基於差異政治（politics of difference）的承認。它強調需要承認的對象——不論是個體還是群體，所存在的獨特的認同。就兩者關係而言，正是普遍平等的原則支撐起特殊性的承認。因此，在泰勒看來，不管我們怎樣迴避平等尊嚴政治的形而上學背景，人之為人應當獲得尊重恰恰是其不容否認的基礎。於是矛盾就此發生：平等尊嚴的政治理念體現為政治結構形式，要麼是忽視人與人之間的差異的一種結構，要麼是承認甚至是鼓勵特殊性的一種結構。前者所謂的中立性原則，其實具有文化霸權的特點。它違背人性並且是高度歧視性的。它只是某種特殊文化的反應。因此，它是「一種冒充普遍主義的特殊主義」。「事實上，關於平等權利的這種形式的自由主義，按照其支持者的理解，只能給獨特的文化認同以非常有限的承認。」這就把批評的矛頭直接指向羅爾斯。泰勒以加拿大的魁北克省獨特性的要求為例來申述這一立場。一項憲法修正案建議承認魁北克為特殊社會，使魁北克規定了法語的強制性官方地位。這樣就造成了自由主義憲制的矛盾狀況：按照自由主義的憲制方案，個人權利必須優先於集體目標，但是魁北克的獨特性問題是一個集體性問題。對於魁北克政府而言，保存和發展法語文化是一件不證自明的好事，因為在程序正義社會裏，是可以保存獨特性的。而對於魁北克的英語居民來講，這就妨礙了他們的個人權利。憲章優先，魁北克人會認為自由民主社會與他們格格不入；「特殊社會」得到承認，又犧牲了魁北克人的集體目標。就此泰勒斷言，權利自由主義之被視為適用於不同的文化語境的說法是難於成立的。自由主義不僅不能為所有的文化提供可能的交往基礎，它作為某一種文化的政治表述，與其他文化是完全不相容的，它不可能中立，它只能是一個戰鬥的信條。就此來說，對於西方人而言，必須承認和尊重其他文化；對於爭取承認的獨特個體或群體而言，他（們）則必須以鬥爭來改變自我形象。承認要的是「真正的尊重」而不是「屈尊俯就」。否則，差異政治勢必走向同質化境地。

在相同的旨趣上，裴文睿（Randall Peerenboom）與羅蒂之間的爭論，在一個較為通俗易懂的層面上，展現了羅爾斯與泰勒爭論的相同題旨。羅蒂以其實用主義的立場來對待自由主義的普適性問題。在其所著的《隨機性、反諷和協同性》（*Contingency, Irony, and Solidarity*）一書中，[10] 羅蒂指出，雖然啟蒙理性主義的話語對於當初建立自由民主制度起了極其重要的作用，但是現在已經成為社會進步的障礙。為民主社會尋找哲學的基礎，仍然是思維局限於啟蒙理性主義的表現。他認為「自由是對於隨機性的認可」，因此，自由主義的文化乃是一種可以被詩化的文化，而非理性化或科學化的文化。只有對於語言的隨機性、自我的隨機性、團體的隨機性有深切的體會的人才能成為自由社會的理想公民。他們以一種自由而反諷的姿態面對自己的事業和身份。因此他主張一種反諷的自由主義（ironic liberalism），即一種撇開了西方傳統自由主義論說的形而上學基礎的自由主義。這種自由主義維護了一般意義上的自由主義的人權底線。但是將西方的自由主義論說付諸隨機性，因此他對於相異文化並不具有任何道德是的優越性和優先性。這樣，自由主義或許可以獲得普適性的承諾。裴文睿對此不以為然。在〈反諷的限度：羅蒂與中國的挑戰〉（"The Limits of Irony: Rorty and China Challenge"）一文中，[11] 裴文睿批評了羅蒂以隨機性自我論說的基礎，卻又堅持自由民主的普適性的矛盾。他認為，假如我們承認不同國家或文化傳統的形而上學基礎不同，相應也就要承認他們的政治—經濟—文化狀況的不同。也就不能期望像中國這樣的國家接受自由民主的社會理論與實踐方案。其實幾乎在同一意義上，桑德爾也批評了羅蒂的論說，指出羅蒂將自由降為一個相對有效的信念之後，等於消解了自由主義的有效性。[12]

從這些爭論來看，斷言自由主義的普適性問題，已經成為一個撥動西方哲學、政治學、社會理論各界學術神經的焦點問題，是不為過的。這對於一個曾經對自己的社會—政治論說有效性信誓旦旦的西方學界來講，無疑是一個使他們頗感困窘的難題。即使我們把非西方理論界人士和西方、非西方政界人士關於自由主義普適性問題的論說，姑且放到關涉全球化與民族性問題部分再加以分析。暫且存而不論的話，在此也可以看出自由主義這老主義確實面臨證明其普適性的新問題。

## 二、地方性知識及其突破

人們之所以說自由主義老主義面臨新問題，是因為自由主義在自己原生的文化語境中，其理論與實踐的處境，可以說是一個逐漸顯現自身理論與實踐雙重有效性的順境。只是當自由主義延伸到非原生文化語境中的時候，它才遭遇到理論的尷尬與實踐的困境，使自由主義在理論上和實踐上都處於逆境。這樣，它就不得不重新證明自己的普適性問題。

這促使我們將眼光投向歷史，以求證明自由主義「老」主義與西方社會「老」背景的一致性。從這一視角審視，自由主義之處於順境，是在自由主義之作為西方的地方性知識體系這個前提條件下而言的。這種地方性知識，[13]確實有其獨特的歷史結構背景與獨特的理論理路。就前者而言，概略意義上的西方社會源自希臘的理性主義、希伯萊的宗教傳統和羅馬的法律傳統。這為自由主義的歷史建構與理論建構，提供了堅實的背景條件。而起自十五、十六世紀的、工商業資本主義的發展方式，則直接為自由主義的興起提供了社會支持條件。

先略為敍述一下自由主義興起的獨特的歷史文化背景。就希臘理性哲學來看，它對於自由主義的普遍主義、理性主義發生了深刻的影響。在古典希臘，雖然在今天的闡釋者眼裏（如麥金太爾）是一個重視共同體的時代。但是，古典希臘卻是一個極其重視理性作用的時代。恰如羅素指出的，「希臘人在文學藝術上的成就是大家熟知的，但是他們在純粹知識的領域上所做的貢獻還要更加不平凡。他們首創了數學、科學和哲學；他們最先寫出了有別於純粹編年表的歷史書；他們自由地思考着世界的性質與生活的目的，而不為任何因襲的正統觀念所束縛。」[14]而希臘人的這些貢獻，卻正好是當時也比較發達的其他文明所沒有做出的。在前蘇格拉底時期，希臘人表現了熱情的、宗教的、神秘的、出世的與歡愉的、經驗的、理性的對於知識感到濃厚興趣的兩種趣味。這使得人們在保有原始情感的基礎上，對世界進行深入的知識探求。在蘇格拉底時代，沿循師生三代（蘇格拉底、柏拉圖、亞里士多德）的「美德即知識」，將希臘人的求知慾推向高峰。以主客體二分的方式研究對象世界的思維進路，為現代西方人劃界的社會政治致思理路，奠定了基礎。對於「什麼是正義」的追問，則直接奠定了西方人社會政治問題求解的思維路向。這些，恰好是其他地方性知識體系（如埃及和美索不達米亞、中國、印度等）所匱缺的。

而就羅馬的法律傳統來講，羅馬的民法傳統，對於西方人後來處理工商社會的民事關係，奠定了法律基礎。對此，民法史家指出，「羅馬法流傳下來的法規人愈多，《民法大全》愈被當做框架工具來使用，法律學術觀點上升的地位就愈高，法律學術觀點是法律的真正註釋者，任憑它們怎麼不一致。同理，愈羅馬法化，就愈世界化。」[15] 羅馬法成為近代民法的歷史淵源。而在其他地方性文明體系中，民法法律關係的調整規則是欠完整的。

再就希伯來的宗教傳統來看，它通過兩種途徑對於西方人的現代知識建構起了重大的作用。一是通過後來蔚為大觀的基督教對於西方文明發生了全面而深刻的影響。二是希伯來宗教自身的觀念對於形成中的西方文明發生了深刻影響。羅素認為，其中六個值得重視的方面：一是「一部聖史，從上帝創造萬物起一直敍述到未來的結局，並向人類顯明上帝的作為都是正義的。」二是人之作為上帝的特選子民。三是關於公義的新觀念，如施捨以及由此形成的慈善觀念。四是摩西十誡基礎上形成的律法觀念，這帶給西方人一種正確的信仰與道德的行為同等重要的觀念。五是彌賽亞的觀念，即相信彌賽亞給人們帶來現世的繁榮並幫助它們戰勝敵人，而彌賽亞必定出現在未來。六是天國觀念。在天國中揚善抑惡並由永恆世界提點現實世界。[16]這些觀念在希臘人那裏有局部的表現，但是在希伯來人這裏則顯得有系統。這也是其他地方性文明所欠缺的。

兩希一羅的地方性知識，構成為西方現代文明或自由主義文化的歷史性觀念背景。而直接促成這些歷史因素統合地顯現於一個現實的社會運動過程的，則是在西方興起的現代工商業運動、或稱資本主義運動之中。早在十三世紀就已經興起的資本主義生產方式，為地中海沿岸的城市國家帶來了繁榮的商業、金融中心，投資集中在商業和工業方面。以致於怎樣和新興的商人分享權力變成為一個社會問題。[17]後來，尼德蘭資本主義的發展，以及英國資本主義的發展，提出了重建權力格局的要求。一方面，西歐從此擺脫了自給性經濟，經濟持續增長。而舊的傳統與世界探險、價格革命、輪種等新興事物相融合，終於產生了商業資本主義。[18]另一方面，市民階層權力階層與上層為了個體適應的社會割據需要，不得不面對重構權力格局的要求。於是民族—國家出現了。啟蒙主義思想對於國家與社會的關係有深入思考。在十七、十八兩個世紀中，人類自由的思想終於成為新興的工商社會的普遍性社會政治理念。其中以工商業最為發達的英國人作出了巨大貢獻。[19]而這種地方性的社會變遷，雖然從某種因素上講，也出現於世界其他區域，但是，比較西方國家（尤其是西歐國家）來講，則其他地方的資本主義只能夠說是一些「永恆的萌芽」而已。因此，與資本主義發展相一致的自由主義觀念，是不可能出現在非西歐地區的。（希臘的）理性地、（羅馬的）合法地、（希伯萊的）強調個人主義的動機的資本主義與權力分割的、憲政制度的、職業倫理的諸種要求系統地協調起來。[20]就此而言，拉斯基以工商社會的哲學來看待自由主義，乃是很準確的歷史觀察的結果。[21]

正是由於自由主義扎根於西方社會的歷史來源、社會的現實運動之中，因此，儘管它、以及提供給它以社會養料的資本主義，自始就受到批評甚至拒斥，但是，它卻是以不可遏止之力在全西歐以及後來在北美等地，獲得了普遍勝利。來自於保守主義的拒斥，與來自於激進主義的譴責，都由於沒有能力提供一個可以與西方社會運動更和諧一致作用的社會政治哲學，均只能成為自由主義的輔助性思想或批判性思路。而且，即使我們可以說作為特定的地方性知識體系，典型意義上的自由主義的地域限制更為局限在英國和美國，而不能以地域性模糊的、無特定界說的「西方」來論道。但是，在現代社會的基本價值與制度安排方面講，歐洲大陸上幾乎所有國家，當下都毫無例外地接受了自由主義的基本理念和制度安排。在這個意義上講，斷言有一個「西方」意義上的自由主義「地方性知識」結構是完全成立的。

因此，問題出在自由主義作為地方性知識，向非西方國家進行突破時的遭遇上面。自由主義是連帶在它所依附的資本主義文明後面，向非西方國家進行突破的。於是，這種突破的獨特背景、條件以及方式，對於自由主義的突破，尤其是對於非西方國家接受自由主義的價值理念和制度安排，產生了不利的影響。以致於非西方國家的政治家和思想家們要固執自由主義的地方性，以為自己的抗拒提供理由。自由主義這一獨特的背景、條件以及方式，概括起來講就是，它是在西方國家向外部暴力突破即整合世界的時候，為非西方國家所體認的。據此，人們完全有理由從資本主義發生時期的「血」與「骯髒」、以及它向非西方國家突破上的窮兵黷武傾向，拒絕享用自由主義這個現代思想果實。資本主義經濟發展方式的成功擴展與自由主義傳播的文化障礙，相形而顯地構成為二十世紀的社會圖景。就此而言，自由主義對於自己地方性的突破，是處於逆境的。

對此可以從兩個角度加以認知：一是非西方國家的知識分子在思想價值理念上對自由主義的地方性強調，對其普適性的非議，對其實踐有效性的猜疑；二是非西方國家的政治家在實際的政治操作過程中，對於自由主義價值理念的拒絕，對於非自由主義或反自由主義的所謂「東方（亞洲）價值」的提倡。前者，顯示出一種基於差異性的社會政治認知立場，顯示出以獨特知識體系的地方性體認，拒絕承認這種知識可能含有的普適性、全球性要素的思維傾向。東方國家學人努力站在自己傳統的立場上，對於自由主義的抗拒，對於傳統資源解決自己國家發展問題的自信論證，就體現了前一路向的、對自己民族地方性知識的自信心。後者，顯示出政治家以政治統治需要，而自證其非自由民主或反自由民主的政治取向正當性的意欲，顯示出政治家以國家的組織化力量拒斥對自己不利的知識體系的專制取向。新加坡政府前資政李光耀、馬來西亞前總理馬哈蒂爾對於西方自由民主的堅決拒絕，就體現了後一傾向的「力量」。

分析起來，自由主義之作為地方性知識的突破，理論上應當具有兩層含義。一是從突破者角度講的，另一則是從被突破者角度講的。前者指的是西方自由主義社會理論之作為地方性知識突破到非西方社會的問題。就此而言，自由主義者必須直接面對自己在發生學意義上的地方性限制，以及在突破這種地方性結構的早期留給非西方國家的創傷記憶。而力求在發生學以外的文化類型間尋找到自由主義的存在普遍性，以及現代國家接受自由主義的必要性與重要性。前述羅爾斯、甚至羅蒂的論說，就是試圖在這樣的方向上展開自己的論說。後者是指非西方社會本身的地方性知識被克制，突破了自身的慣性作用，以至於需要接受自由主義的地方性知識，而對於自由主義的普適性有一個證明機會。這需要非西方國家放棄簡單的抗拒西方的態度，也需要非西方國家放棄對於自己文化傳統的頑強自戀。雙方的開放心態，是得以回答自由主義究竟能否在其形成時期的地方性限制之外，在其發展時期證明其普適性可能的前提條件。就此來說，對於後者的解釋，構成為支持或是瓦解前一立論的深度問題。這使一個非西方國家的人士願否接受羅爾斯與羅蒂論說，只構成一個言述空間的問題。假如將這兩個問題綜合起來以便先期確證問題的合法性的話，那就需要首先回答一個問題：超地方性知識或普適性知識是否必要和可能？對此，吉爾茲指出，「我們最終需要某種更超過地方性知識的東西。我們需要一種使多樣化變成註解的方式，並且一一對應，用一方面去照亮另一方面。」[22] 這說法表明，特別強調知識體系的地方性特點的人類學家，也感覺到普適性知識的某種必要性。既然人類有此需要，那麼着手對具有普適性的知識問題進行探討的必要性，就是不言而喻的。

吉爾茲的《地方性知識》一書啟發我們：地方性知識在比較中肯定是要突破的。這種突破，在狀態上可能是相互的，在具體表現上可能限於一種異同的比較。但是，突破的主客體關係則是基本的關系結構。因為即使從後一意義上講，站在西方立場的文化比較或站在東方立場上的文化比較，總有一個比較者尋找一個被比較者，從而「用一方面照亮另一方面」。否則，比較本身就是無法進行的。相應一切對於東西方言述的辯護或者批評，就是無法自證其理論正當性的。就此而言，羅爾斯與羅蒂是具有某種人類學視野的。只是他們對於泰勒提出的地方性知識與地方性群體的獨特性之間的關係的理解，對於裴文睿提出的地方性知識——政治體制的對話溝通困難，還需要有更充分的考慮。由此，羅爾斯《萬民法》遭遇的承認難題，與羅蒂反諷的自由主義對於自由主義普適性的隨機性論證遭遇的公婆之說、各有其理的矛盾，才有希望克服。

## 三、在全球化與民族性之間

不論是從羅爾斯等人關於自由主義普適性的理論論證上講，還是從地方性知識的突破之作為實際的社會問題上看，問題的提出，在社會的背景因素上分析，都是因為全球化的事實狀態，催促我們建構一個適應這種社會格局的、新的社會政治價值與制度安排體系。全球化過程，在今天已經是一個我們談論社會政治問題所必須面對的背景條件。

全球化，在各種論說中，各有其特定視角概觀的定義。無疑，從經濟全球化的角度審視全球化進程的思路，最容易為人接受。[23] 而這一視角審視的一般結論，則是全球經濟的資本主義化。市場資本主義的全球化，在一些理論家眼裏，也就是自十八世紀以來佈局的不平等經濟—政治國際關係格局的最終確立。對於人類社會而言，全球化意味着「全球化的壟斷結構」。它使人們從歷史的記憶中找到現實判斷的靈感：「殖民主義時代的第三世界國家是被迫實踐『貿易自由』原則的典範，而實行貿易保護主義的恰恰是殖民者本身。當代世界的政治形式是民族國家體系，這一體系以分立的國家形式成為全球體系的政治形式，但它仍然是分立的。在這個意義上，如果還要繼續使用全球化概念來概述當代歷史進程的話，那麼，我們就必須注意全球化過程中的支配與被支配的關係。」轉換視角，「就中國的情形而言，由於日益深入地加入到生產和貿易的全球化過程之中，國際資本與民族國家內部的資本控制者（對於包括中國在內的第三世界國家來說，資本控制者也就是政治權力的控制者）相互滲透又相互衝突，一方面使得國內經濟關係更加複雜，另一方面也不可避免地導致了體制性的腐敗」，並由此構成社會不公，且妨礙經濟發展。[24]

顯然，這是令人恐懼的全球化圖景。與這社會政治經濟圖景相伴隨的思想景觀，在論者那裏則被勾畫為歐洲中心主義基礎上的、啟蒙理性主義征服全球的意識形態景象。它的具象可分別顯現為：從社會運作層面來講的技術統治，從社會理論層面而言的科學主義，在哲學思維上所定位的二元論。[25] 於是，對於全球化的審視，就只能以所謂社會批判理論來通觀和抵制，而不能以建設性的態度來贊同或引導。

接受還是拒絕這樣的結論，涉及到兩個層面：一是全球化的事實描述。二是全球化的理論內蘊分析。就前者而言，全球化是否如論者所講的那樣，是一種實質上體現為支配和被支配關係的不平等結構，乃需要深入分析。無疑，從絕對平等的傳統思維定勢看問題，在一種已然存在的相對不平等基礎上展開的全球化運動，存在着無法抹去的國家—民族之間地位與作用的不均等。對於後起的現代國家而言，他們要在短時間內，與處於發達資本主義的西方國家，在拉齊發展水平的基礎上，展開全球化的政治經濟遊戲，其難度可想而知。在成熟的跨國資本經營面前，後起現代國家確實處於競爭的不利地位。在一定程度上，這加劇了國際社會在經濟—政治資源分配上的不公正危機。但是，如果我們對於國家間的關係不只是抱着理想主義的念頭，還存有一種現實主義的視野，那麼對於全球化進程中的後起現代國家的處境，就可以有更為健全的理解。一方面，後起現代國家是需要發展的，不管這種發展來自於內部的壓力，還是來自於外部的脅迫，總而言之，不發展就絕對沒有出路。在這樣的情勢下，後起現代國家是否要在一種已得到絕對平等的前提下，在成功重建所謂新的國際政治經濟新秩序和規則之後，再謀求發展呢？還是在參與發展的過程中尋求不平等現狀的改進途徑與手段呢？顯然，坐等的平等是不存在的。另一方面，後起現代國家在跨國資本進入本國經營的情況下，是可以獲得它急需的資金與技術的。這種獲得，當然需要引進資金與技術的後起現代國家儘快以法治化來配套，另外也需要認識到它只能獲得與自己現有的落後技術相對而言的先進技術。只要是由此達到一種相對的進步或發展，這種由全球化進程引導的經濟一體化遊戲就是有必要參與的。這是一種值得期許的現代相對主義的平等觀，也是國家間唯一達到相對平等的格局。

在全球化的現實進程中，各個民族國家確實有着不同處境。如果從後起現代國家的視角看，由於他們發展的後起性，實在是沒有理由不懷有一種壓迫感。這不僅是對全球化進行政治抵抗的動力，也是對全球化進行文化抵抗的動力。但是，具體情形則需要具體分析。不同處境下有不同的抵抗情況：或思想的，或行動的；或官方的，或民間的；或自主的，或經刻意煽動的；或民族意識驅動的，或利益推進的。起碼有兩種狀況需要我們保持警惕：一是獨裁政權建立在愚民意圖基礎上對全球化的拒斥；二是民眾有代價的受益而催生的認同全球化。就前者而言，獨裁政權拒斥全球化，總是以一種「剝削—反剝削」、「壓迫—反壓迫」的國際政治經濟學預設為前提的。但是，這種剝削和壓迫的對象，並不是針對相對落後的國家，而是針對掌握這些國家政權的統治者的。因此，他們反對發達國家主導的全球化，不過是反對發達國家對於他們掌握的獨裁政權的威脅，而不是反對發達國家提供的物質增長契機。落後國家掌握政權的獨裁者，總是試圖既獲得全球化的物質增長好處，同時有效拒絕全球化帶來的民主化效應。這種對全球化的獨裁化拒斥，絕對不符合全球化浪潮中落後國家的人民心願。就後者而論，全球化確實讓先發國家的民眾獲得與其國家統治者一樣的物質佔有優勢，在一種「挑戰—反應」的全球化機制中，後發國家的民眾獲得的物質好處，常常要經受雙重盤剝才能落到自己手中：一是發達國家獲得全球化的優先物質佔有機會和份額；二是落後國家的掌權者甚至獨裁家族獲得留給落後國家參與全球化獲得的、國內物質的大比例份額。之後，落後國家的民眾才能分得剩餘的部分。從全球化的物質增長最後的分配比例上衡量，落後國家的民眾似乎有理由拒斥全球化。但在欠發展（underdeveloped）、發展中（developing）與發達（developed）的三種發展狀態之間決斷，落後國家的民眾如果不主動選擇全球化，並適應和創制屬於自己民族的全球化機制，就必然受到全球化更為強大的衝擊。因此，拘守所謂民族性的政治經濟機制，僅僅對執掌國家權力的統治集團有力，而對普通民眾則絕對不利。因為落後國家的統治集團，一直以來都會運用手中的權力在民眾普遍的貧困中毫不留情地掠奪他自己需要的財富。[26] 只有在發展中做大財富總量，民眾才能分得相對較多的份額，並在進一步的政治經濟機制改革中，實現自己所應當享有的經濟－政治－社會權利。

轉換視角看，就後者即全球化的價值認證而言，需要在複雜性的基礎上確認全球化的基本價值立場。自由主義之作為正面引導全球化的價值－知識體系，其中所受到的讚揚與抨擊，一直是交疊地呈現在人們面前的事實。對此可以從正反兩個視角加以審視。首先從反面的角度看，即使是創制全球化的西方人，對於自己是否有能力提供一個對全世界而言的、普適的價值理念與制度安排，其自身也是猶疑的。這從西方和非西方國家的領導者關於自由主義普適性問題的表態，可以觀察到老主義在一個全球化時代面對新問題時的尷尬。自由主義的原生地——英國，此前其左派首相布萊爾對於自由主義的政治姿態，就堪稱欲迎還拒。布萊爾以及英國工黨長期以來對社會主義的偏愛，眾人皆知。全球化在英國就此成為自由主義－社會主義，公有制經濟與市場經濟相互角力的矛盾方案。[27] 因此，全球化並不像一般反全球化的闡釋者所說的那樣，僅僅是市場經濟與自由主義催生而出的世界體系。正是這種複雜的全球化價值機制，使創制全球化的西方人自己常常在全球化的、各種各樣的國家方案中遲疑徘徊。而另一個足以說明這種處境的典型案例就是自由主義的現代衍生地——美國，其「左翼」總統克林頓對於所謂第三條道路的熱情，也顯示出近乎英國人一樣的處境。在二〇〇八年金融危機之後登上總統位置的巴拉克・奧巴馬，則幾乎是迷信着西式社會主義色彩的政府調節，以至於中國網民給他起了個「毛巴馬」（Maobama）的稱號，這稱號倒顯示出美國人認為他治理金融危機的獨特思路，接近中國人熟悉的政府主導的基本樣式。[28]當然，在西方人自己創制的全球化總體體系面前，由法國人標示出來的「自由、平等、博愛」，絕對是他們推動全球化的主流價值動力。

如果說西方政界、學術界對於自由主義普適性問題的主張，只是關注他們自己文化的普適性問題的話，那麼來自非西方學術界的人士對於自由主義普適性問題的分歧，就是一個真正意義上涉及自由主義普適性成立與否的問題。因為，只有在非西方社會生活的人士，最有資格就他們的社會—文化傳統與現實需要是不需要自由主義，做出關於自由主義是否普適的有效回答。在此，阿瑪塔亞・森關於自由民主普適性的主張，以及漢語思想界近期的爭論，具有特殊的意義。因為，作為一個實行自由民主憲政政治五十年之久的國家——印度的理論代言人，森為印度經驗做出了政治經濟學意義的闡釋。而中國歷經二十年的改革開放，也已經走到一個接受還是拒斥自由主義現代性方案的地步。就前者來講，森的《作為自由的發展》（*Development as Freedom*）一書，[29]就將自由既作為現代社會的基本價值，又將自由視為促進經濟富足、政治民主、社會平等的手段。而且自由的價值具有獨立性，它不需要依附於其他價值來證明自己。就政治權利而言，政治參與、不受審查的言論自由、構成為發展的一部分。就經濟權利而言，自由交換物品、勞務，就像人們在交談中自由交換詞句，是人的基本權利。缺少這些基本內容，就不能談發展問題。法治意義下的自由是普適價值的基本組成部分，是數百年人類進步的一面旗子。他們構成為一個健全社會公共決策的基礎。為此，森批評了所謂「亞洲價值」。他對所謂「李光耀命題」，即自由民主妨礙經濟發展，進行了批駁。對所謂窮人只關心經濟利益，不在意民主的說法，根據印度經驗加以了反駁。對所謂亞洲傳統文化倫理重視服從而非自由，強調忠誠而非個人權利，依據儒家論說加以了拒斥。從而將政治自由、經濟機會、社會機會、透明性保證和保護性保障視為自由發揮作用的五種基本形式。在森看來，在權利與自由的基點上，才能擴展出基於此的民族自主與民族利益。只有在讓自由成為社會的承諾的前提條件下，發展才可能。

於是，兩個似乎相悖的結論同時展現：一個結論是，從西方國家在全球化過程中對於自己創制的自由主義式的全球化的自我修正，以及西方以外的某些國家對於全球化的拒斥來看，全球化並不存在、是子虛烏有的，或者就是發達國家用以支配落後國家的意識形態建構；另一個結論是，從西方國家堅持的全球化基本價值，以及阿瑪塔亞・森強調的、作為促進經濟富足、政治民主、社會平等的手段的自由基本價值而言，西方式的全球化已經成為勢不可擋的全球潮流。價值之爭必須與事實澄清相連。從事實的角度看，在全球化的過程中間，確實存在一個全球化問題。從對其的理論規劃來講，現代各種意識形態的建構，無疑顯現出種種自詡適用於全球的、一攬子的社會發展方案。他們之間的相互衝突、彼此攻訐，早已經為人熟知。在林林種種的方案中，自由主義的方案是因應於西方社會的現代發展最早出現、也最為成熟的方案。約翰・洛克的《政府論》下編，為這一方案提供了基本政體設計的大思路，亞當・斯密的《國富論》為這一方案提供了經濟運行的基本機制。[30] 這中間蘊含的價值主張，無疑是全球化主流的自由、民主價值。但在其後的兩個多世紀裏，保守主義、激進主義（社會主義）等等流派，對於這一方案提出了或溫和、或激亢的批評，為之提出了不少的替代性方案。其中，德國人基於激烈的民族主義情緒對自由主義的全球化方案的國家主義反抗，從黑格爾的理論建構走向希特勒的國家社會主義運動，沿循一條從理論到實踐坐實的路徑下行，發揮了極具顛覆力量的作用。與此同時，德國出身的思想家馬克思採取全球化的、國際主義的同樣思路，闡釋的一套國際共產主義實踐方案，在十九、二十世紀也發揮了難以估量的政治功用。在二十世紀五十至七十年代，全球化的主流方案一時風雨飄搖。

但二十世紀後半期以來的、晚近三十年的歷史證明，自由主義社會理論關於全球化的規範方案，乃是不可替代的選擇。這不僅是由於自由主義的社會理論對於全球化有一種其他社會理論沒有的系統反應能力，而且也是由於自由主義的社會理論對於全球化的理論籌劃最為敏感。每當那些烏托邦的幻想家們以某種社會不公為由，憤而怒斥相應的制度建構時，總是自由主義的理論家和實踐家們在潛心建構顯得更為健全的改進性方案。在全球化已經成為潮流的當下，這種理論格局，並沒有任何改變。儘管這樣的理論局面還不能以「歷史的終結」來看待，但確實可以以自由主義全球化方案的基本領先來對待。在市場經濟—民主政治—多元文化結構起來的全球化方案中，各種民族性的現代轉變機制，總是圍繞着基本不變的三個要素構成的圓心。這使得現代轉變突顯出的全球化局勢，體現出一定的同質性特點。人們大多以對抗這樣的同質性，作為自己堅持某種反全球化的、非主流甚至至反主流的現代性方案的理由。[31] 其實，這裏需要區分同質性與異構性兩個不同的概念，並用之解釋全球化的結構同質性與功能多樣性問題，以及強調全球化絕對不可能帶出一個絕對同一的、平面化社會的結論。所謂同質性（homogeneity），並不是指兩個或以上的事物絕對的同一化，而是指它們之間具有的某種結構類似性，甚至是指它們之間在形式上的相似性。在全球化的進程中，首先完成現代轉變的英國，構成了其他國家效仿的現代化典範。後起的西方現代國家，大多具有某種「英國模樣」。但這不等於説它們就是英國化的結果，也不是磨滅自己民族—國家特質的產物。法國正是在接受和拒斥英國的過程中完成其現代國家建構的。[32]德國的這種衝突特性，就更為明顯。但今天被人們通稱為「西方」的國家，絕對不會被人們視為一個國家。因為它們之間只是具有同質性，是被它們各自的不同配置要素所區隔開來的不同主權國家。這就是所謂形式上同質的現代國家，在具體結構上的異質性（heterogeneity）、即社會具體結構的差異性與形式上的組成方式區別的體現。那種認定全球化的結果，將使所有完成現代轉變的國家成為一個模樣的擔憂，不過是對現代國家結構的多樣性事實認知不足，卻又對現代國家一模一樣的結局緊張過頭的結果而已。

沿着兩個方向進行深入分析，可以提出兩個關鍵的問題：一是對於非西方國家與民族來説，在他們接受或拒絕自由主義的西方理論家的證明或西方政治家的推銷（以人權外交的形式）之間，心情矛盾。其中所存在的關鍵問題，不是他們對西方現代模式進入自己國家的疑懼，因為這種疑懼是相異文化碰撞的時候必然出現的現象。關鍵的問題只能是，那些面對自由主義現代性社會理論的非西方國家或民族，是否願意接受這種理論與實踐方案。無疑，落後國家「向西方尋找先進真理」，[33]不是因為西方國家以現代性方案的普適性強加給非西方國家這些方案，而是因為落後國家自認為西方的現代性方案對於解決自己國家或民族的現代出路具有實質性效果。這就不是西方理論家可以解決的純粹理論問題，而是一個非西方國家與民族的實踐選擇問題；這也不是西方政治家憑藉實力強制推行西方現代化的操作問題，而是非西方國家自己需要這些方案來解決其統治困局的問題。因此，民族性出路的重要性，遠遠蓋過了全球性推廣的必要性。二是對於現代的社會生活方式來講，各個民族國家在沿循自己「固有的」歷史軌道或文化傳統思想和行動，與西方已經顯出行之有效的市場經濟與民主政治之間，所包含的同樣關鍵的問題是，非西方國家如何具有一種抵禦西方現代社會運作形式的不同方案？以十九、二十兩個世紀的歷史來看，全球幾乎所有的民族國家，都在西方人提供的各種現代性方案中渦旋。西方人並非處在現代性的一往無前的高歌猛進之中，而非西方國家也並非處在現代性與傳統性、民族性與全球性的泥淖之中。後者，是一個拒斥還是接納自由主義的新主體的自覺選擇問題。前者，則是一個拒斥還是接納自由主義的老客體的自我發散的問題。對於這兩個問題，發現了現代社會的經濟形式構成秘密的理論鼻祖——馬克思，就在其寫作的《共產黨宣言》一書裏，有明確的闡釋。「資產階級，由於一切生產工具的迅速改進，由於交通的極其便利，把一切民族甚至最野蠻的民族都捲進到文明中來了。」[34]——需要注意，這還是馬克思在原始資本主義基礎上所做的預測。假如他能觀察當代資本主義的現實的話，也許這種預測的強度還要更加剛性一些。這説明區域化生存的時代已經被全球化發展的時代所代替。民族性就此開始必須在全球化之中得到辨認。現代歷史之門開啟之前，那種民族性在民族內部就得到有效規定的局面，已經被徹底打破。

這裏需要對全球化過程中出現的殖民主義、種族主義心態提供解釋。無疑，全球化過程具有壓迫性。一個先發的現代國家，意味着處在引領全球化的優先位置上，獲得了對其他國家而言的、優越性顯現的先在契機。在市場經濟先行啟動的情況下，這一國家先行統一了國內市場，跟着需要國際市場。而其他國家這時仍然處於統一國內市場的階段，於是國際市場的構造，就成為先行國家獲得高額利潤回報的場所。獲得市場高額回報的國家，也就相應地將其文化強勢地帶入其他相對落後的國家，成為那些國家參與構造國際市場的文化理念和仿效舉措。在這樣的、國際市場的自然演進過程中，先行國家的文化價值優越感與後發國家的文化價值現代變遷的緊迫感，並不構成殖民主義和種族主義的歧視性理念。只有那些無視市場演進邏輯的眼光短淺之輩，才會將市場的先行者地位與後發者狀況做定位不易的處置，以為這樣就足以證明先發者的永遠領先位置。其實，在國際市場的演進過程中，這一地位的演變是勢所必然的。從西班牙、葡萄牙到荷蘭，再從荷蘭到英國，進而從英國推進到法國、德國、俄羅斯、日本，坐實為二十世紀的霸主美國，國家霸權的演進情形，早已經證明沒有定位不易的殖民—被殖民、優等民族—劣等民族的不變狀態。[35] 因此，如果一個相對落後的民族把全部心思落在計較落後時遭遇的歧視上，而不是落在改變這種處境的努力上，那麼被歧視的處境就永遠不能改變。那倒是反過來印證了某種被歧視的「正確性」。

## 四、現代性「巨無霸」：自由主義何以是普適的

在全球化的社會運作過程與自由主義的理論重建努力的雙重維度做一個通觀：全球化乃是一個人類無法拒絕、「現代性」的結果。任何民族—國家，不論自願或不自願地面對現代性，支持這一現代性方案的系統理論建構——自由主義，就會以自己的現代性「巨無霸」特點，楔入不同民族－國家的社會現代進程和不同文化背景或地方性的知識體系之中。

自由主義為何能夠成為現代性的巨無霸？原因有三：其一，關於現代性的論證，沒有其他理論體系能夠超過自由主義的理論健全性的。其二，在現代社會的實踐建構中，沒有任何其他理論體系能夠勝過自由主義的實踐有效性的。其三，在與社會的現實進程保持

一致性並修正自己的理論方向與理論論證方式方面，沒有任何其他理論能夠高超過自由主義。這三點都需要進一步的說明。

從第一方面來看，自由主義的全球化理論方案，乃是切中這一全球演化過程建構的理論體系。因此它具有非自由主義現代性方案所難以持續顯示的經驗性品格。無疑，早期自由主義理論在為財產權利辯護的時候，採取的是基於自然法的信念論立場。洛克的經驗主義哲學與他的自然法信念之間，並沒有一以貫之的理論邏輯。在休謨的攻擊中，價值信念與事實認知之間的鴻溝，突顯在人們面前。歐洲大陸的思想家們，把休謨原則演繹為拒斥普遍主義、申述民族主義的另類現代信念，並將之作為推進國家現代演變的基本思路。只不過人們忽視了一個基本事實，那就是在完整的、現代性方案的原生地英國，人們並沒有陷入要麼支持普世主義的現代性方案、要麼堅持民族化的現代化理念的悖謬狀況。在哈耶克所謂的自生自發秩序中，英國人始終行走在現代性的正道上：市場經濟沒有與傳統的經濟形式突兀地對抗，而是「自然」地逐漸興盛，並一步一步解決了財富生產與財富分配的緊張；民主政治不是革命性的政治後果，而是「光榮革命」的產物，權力的交替與權力的制衡，在習慣法的基礎上得到坐實；社會生活中沒有出現傳統與現代的對峙性情形，一方面傳統的生活慣性在延續（這是英國人足以將保守主義系統化、理論化的重大理由），另一方面令人眼花繚亂的時尚不斷更迭，兩者似乎共存於日常生活世界之中。只是在繼起的法國、德國等歐洲國家中，自由主義的現代性方案開始展現出在英國之外的國家進行推展的困境。但是，法國也好、德國也罷，在本國的自由主義傳統形成過程中，在其與自身國家的歷史傳統衝突中，逐漸形成了適合於本國的自由主義理論體系。法國啟蒙運動時期思想家對於源自英國的完備現代方案，與法國固有的絕對主義國家的衝突的處置，引伸出了孟德斯鳩的相對健全的、順應英國式變遷的方案。德國經由康德、洪堡等思想家的努力，一再經受住了國家主義的歷史性衝擊，終於建構起了德國的現代自由民主國家體系。日本、俄羅斯所走的彎路更長，但也經過本國思想家、政治家的努力，扭轉了國家發展長期處於曲折迷離的局面，最終確立了適應本國需要、同時顯現現代基本品格的政經形式。現代主要國家因應國家實際情形，應接英國完備化了的自由主義現代性方案，是一個逐漸顯示自由主義現代性方案普遍可行性的歷史演進過程。對自由主義式的、全球化方案的國別化推進而言，有兩個方面值得關注：一是這一方案在推進的複雜過程中顯示出從乾癟走向豐滿的過程性特徵。因此，自由主義的全球化方案並不是同質化的國別推展過程。而是精彩紛呈的、適應不同國家情形的多樣化演進。二是這一推展過程具有先發國家試圖進入後發國家市場的動力因素，但主要的推進動力，則來自各個國家內部發展的需求。因此，這內緣動力促使自由主義理論顯現出千姿百態的經驗性格，不過多元狀態始終還是突顯出清晰可辨的現代性方案的輪廓，那就是市場經濟、民主政治與多元文化的匹配模式。這就是論者所謂「多元全球化」的涵義。[36] 由此可見，自由主義的現代性全球化方案，乃是關照了現代結構要素、各個國家實際情況交疊起來的複雜狀態，形成的一整套價值觀念與行動進路。

就第二方面分析，自由主義的現代性、全球化方案，乃是實踐上最為可行的方案。這一可行性，既是基於它的經驗化、現實性品格，也是根據它貼近現代生活塑造理論觀念的進路，更是建立在它區分基本價值理念（basic values）和次生價值觀念（secondary values）的相容性，基本制度安排（basic institution）和次生的各種運行制度（secondary institution）的互補性基礎上的。從自由主義的價值立場來看，自由主義是現代性諸方案中唯一拒斥理想主義的烏托邦理念、同時又拒斥傳統主義的烏托邦理念的觀念體系。它就此既不同於僅僅面向未來的各種激進主義，也不同於僅僅面向過去的各種保守主義。它是面向當下、而又尋求超越的現實性觀念系統。因此，現實的理由是它建構機制理念和尋求行動方略的基本理據。它的建設性根柢，是奠基於它的所有理論嘗試之中的。就此它劃分出了與單純批判性作為理論導向的諸現代性理論體系之間的界限。從自由主義的現代性、全球化建制上看，它既不尋求徹底重建一套嶄新的制度機制，因此對發揚傳統制度的優點保有優勢；同時，它也採取與時俱進的改良主義立場，因此會矯正過時的政策。在制度選擇上的這種合理折衷主義，是自由主義的現代性、全球化方案最接近現實需要的精神路向。從自由主義的制度運行機制來看，它對基本價值諸如自由、平等、博愛等等的強調，以及對基本制度諸如民主、憲政與法治的重視，是其顯示特質的地方，至於這些價值與制度與一個具有其歷史文化傳統的民族—國家的融匯，則是它所歡迎的事情。在具體的制度安排上，自由主義強調制度的中位性，既不走極端地顛覆一切制度的偏鋒，也不走極端地捍衞舊有的制度安排的歧路，而沿循調適現有制度效能的進路，小心翼翼地守護制度秩序。對於現代國家建構的基本結構型態而言，它在利維坦與無政府之間，建構切實有效的調和性國家權力體系。加之這權力體系的多方位制衡安排，保證了制度能行之有效。

就第三方面討論，自由主義具有明確的理論空間讓渡自覺和靈活的制度調適餘地。古典自由主義時期，由於基於自然法之類的信念，建構其保護生命、財產和自由的基本制度理念，塑造分權制衡的國家權力體系，因此具有某種理論上的剛性特點。這就是後來約翰・羅爾斯在《政治自由主義》中明確拒斥的完備性宗教、道德和哲學立場。自由主義發展到約翰・斯圖爾特・密爾階段，它對於相鄰的意識形態建構如自由保守主義，相反的意識形態建構如社會主義，努力汲取其合理的思想成分和制度設計，從而使自由主義在西方諸現代性、全球化方案中擇善而從。自由主義以這種「內部的」理論空間讓渡，獲得了剛性的激進主義和保守主義所不具備的理論彈性。這使其在現代性的縱深演進中，顯現出吸納諸家之長的巨無霸特性。羅爾斯建立的「重疊共識論」，就是在「政治地」思考現代性問題基礎上的理論彈性的體現。在諸完備的宗教、道德與哲學體系之間，惟獨政治自由主義可以突顯「正當優先於善」的「公共理性」，從而真正「政治地」對待政治問題，最終達成重疊共識，維護憲政民主政體的政治效用。與此同時，自由主義在其現代性方案的全球化推展過程中，率先觸及並深入化解不同文化體系之間的現代性政經制度安排的衝撞問題。因此，它不同於致力正當化革命的激進主義那樣，對文化問題視而不見；也不同於致力於捍衛傳統的極端保守主義那樣，對現代演進力加拒斥。在尊重文化傳統的基礎上，它看重政治塑造現代社會政治機制的動力作用。[37] 因此，自由主義具備了與各種文化傳統建立現代制度機制的協調性能力。這是自由主義現代性－全球化方案具有實踐讓渡空間能力的鮮明體現。自由主義在理論上和實踐上的雙重讓渡空間的存在，為其靈活的現代適應性奠立了堅實的基礎。這是激進主義和保守主義兩類意識形態所難以具備的讓渡能力。自由主義之吸納各種現代性方案的理論優勢，同時在實踐上融匯各種現實制度優點的操作長處，使自由主義具備了眾所不及的理論吞吐能力：從理論上充分吸取各家營養，到實踐上產出類型各異的行動進路，這起碼在目前還是激進主義和保守主義所難以達成的理論目標。

自由主義的現代性—全球化方案就此具有超越其他類似建構的「巨無霸品質」。所謂「巨無霸品質」，既是指這方案在理論容納量上的無可比擬、理論解釋力上的超然卓絕、理論建構上的結構要素的完備無缺、理論綿延上的承前啟後；也是指這一方案在實踐指向上的明確無誤、實踐體系上的健全理性、實踐操作上的切實可行、實踐融通上的縱橫捭闔。從其作為實際運行的政治體系來看，這「巨無霸品質」，一方面體現為只要力圖融入現代洪流的各個國家對於這一方案的普遍接受上，另一方面則體現為拒斥這一方案的國家必然走上國家發展的歧路，一旦回歸這方案，國家即走上健康發展軌道。這是現代世界史不斷印證着的事實。假如任何一個試圖融入現代、而又拒斥這方案的國家，必定走入現代國家建構的歧途，甚至給人類帶來無法撫平的創痛與災難。德國發動的第一次和第二次世界大戰就是明證。日本在第二次世界大戰時期的表現，也證實此言不虛。蘇聯試圖建構一個反對這一方案、但實現超越這一方案目標的現代體制，結果仍然是以悲劇收場。但這僅僅是對自由主義現代性—全球化方案巨無霸品質的必要歷史證據而已。更為重要的是，自由主義的現代性—全球化方案的巨無霸品質，是在現代性諸方案的長期競爭性對峙中獲得證明的。激進主義與保守主義都自成體系。但激進主義傾向於顛覆的品格、保守主義傾向於捍衛既定（文化和政治）傳統的特質，都是可以被自由主義納入自身的理論與行動方式。自由主義可以為革命辯護，但注重的是政治革命。從而將激進主義籲求的政治－社會全盤革命的毒素消除了；自由主義也可以為保守進行辯護，但它保守的是人類的自由、捍衛的是具有正當性保障的制度安排，就此它將文化保守主義的因循守舊文化品格加以改造並使之合理化了，將政治保守主義單純着眼於為權勢者辯護的勢利性給解毒了。相反，激進主義和保守主義則不具備這樣的理論消化能力——激進主義在自己倡導的全盤革命成功以後，幾乎解決不了後革命時代的自我終結問題，解決這一問題必須依賴自由主義的方案；[38] 保守主義着眼於為現存文化秩序與政治秩序辯護，但它無力分辨諸制度何者需要演進、何者需要捍衛，因此它必須建立在捍衛自由主義基本價值理念和基本制度安排的基礎上，保守主義保守什麼的問題才能夠解決。[39] 在這個特定的意義上講，自由主義的現代性－全球化方案是相對自足的方案，而激進主義和保守主義的相關方案則對自由主義的方案具有相當程度的依賴性。更為重要的是，自由主義的現代性－全球化方案，是一個逐漸與不同意識形態主導的政權能夠在政體選擇上融通的方案。在古典自由主義階段，自由主義大致與新生的中產階級自由民主政體相互適應。舊勢力為君主專制政體辯護，激進主義為全盤革命竭力呼籲。只有自由主義在兩者之間，提供出了替代已經無法供給穩定政治秩序的君主政體，又無法提供後革命社會政治穩定感的動盪狀態的憲政秩序。在十九世紀風起雲湧的工人運動和社會主義風潮中，自由主義逐漸超越了中產階級專屬政體的局限，成為社會主義的激進主義和保守主義共同認可的政體形式：就前者而言，第二國際適時的修正主義路線，將社會主義的理想價值追求，與自由主義的憲政民主政體結合起來；[40] 就後者而論，當英國保守主義與自由主義的聯姻，和歐洲大陸保守主義與君主政體的聯姻這種分立之局，逐漸演變為整個歐洲的保守主義與憲政民主的自由主義政體聯姻的統一之局，[41] 便證明瞭自由主義是唯一的、完備化的現代性—全球化方案。當自由主義的政體理論與實踐在完成了曾經與它絕對對立的兩種現代性（反現代性）方案聯姻的歷史轉變之後，現代政體的建構，就變成了如何完成憲政民主政體建構的問題了。就此而言，所有非自由主義和反自由主義的意識形態體系與實踐方案，都只有借助批判方式修正和完善自由主義方案的存在價值，而只有自由主義方案才具有接受批判、逐漸完善的自足性品質。

自由主義的現代性—全球化方案的巨無霸特性，是一個理論上毋需反復論證就已經顯現的事實。但這樣的理論事實不等於在政治上具有同樣的效用。從一般的全球化事實上看，自由主義的方案之在全球範圍內推進的過程，並不是詩意浪漫方案之內涵的適當展開。全球化過程中出現的種種艱難困苦以至於重重災難，為人們在實踐上拒斥這一方案提供了種種強而有力的理由。這就要求支持全球化的自由主義方案的人士，必須為人們提供堅實的辯護，以求緩解或者冰釋人們心中的疑懼：自由主義的全球化方案究竟是建立在強權推進的基礎上，還是建立在各個民族國家自願認同的基礎上？解決這類問題，需要同時從理論和實踐上着手。從實踐上講，憲政民主的現代國家確實曾經以國際社會的無政府主義對待其他後發現代國家，因此經濟剝奪和政治侵略給非西方國家留下了不可磨滅的創痛。這是全球化初期階段的遺憾。也是區域化發展被迫進入全球化狀態必經的痛苦歷程。但是，後發現代國家需要在世界歷史的現代演進中吸取經驗和教訓，尤其坐實在自己國家發展需要的客觀基礎上，總結、面對和展望自己國家的發展前景。因此，與其一味陷在譴責歷史的不公中，不如正視現代轉變的必然性，從尋找到自己國家現代轉變的適當進路。怨恨就此被理性所取代，發展就此將停滯來打破。於是，全球化的進程就不會成為仇恨的宣泄，而成為合作機制創制的過程。[42] 從理論上講，自由主義必須因應於全球化進程的演變，在理論上不斷地重建創新性的、順應時勢的新型理論型態。這就要求自由主義者既能夠解釋質疑者對於自由主義社會理論在創新問題上的擔憂或批評：這一理論創新應不應當是一種滿足純粹智力操練的遊戲？在實踐的嚴峻課題面前，理論家能否以自己的智性要求來漠視社會運作的當下設計、甚至用之限制已經發生着的社會運動？回答當然是否定的。自由主義絕對不是單純的理論娛智遊戲。那種將自由主義的現代性—全球化方案處理為理論邏輯的自洽圓足的事務，本身就是對這一方案基本精神的褻瀆。至於強行將全球化過程塞進既定的自由主義方案之中而拒絕任何調適的努力，就更是嚴重偏離了自由主義的價值定位與實踐引導的方向。

無疑，處於當下的、全球化深度過程之中的各個國家，也總是一如既往地處在此起彼伏的不均衡發展狀態之中。發展機遇日益趨近於平等化，並不等於發展結果的日趨均等化。全球化並不是保障各個國家分享聖誕大餐的過程。因此，總是有些國家在這一過程中通過尋求到適合與本國狀態的制度創新，力拔頭籌、取得先機；也總是有國家在制度創新上不如人意，或者生吞活剝別國的制度，或者恣意創新而脱離本國狀況，因此總是落於人後、陷入危機。各個國家在全球化過程中呈現的制度創新渴望，與它們各自在實際的國際競爭中遭遇到的困難，總是糾纏在一起。制度創新是一個實踐着的國家成員共同遭遇的問題，而不是一個由理論家的趣味支配着的制度拼盤遊戲。因此，面對全球化挑戰的各個國家，究竟能否處於國家競爭的優勢地位，就需要國家領袖與普通成員齊心協力，致力解決國家發展中的諸種問題，從而以保障國家成員的公平正義待遇，保證國家發展的競爭優勢。國家發展差異的自由主義導因，就此呈現而出。但這不是一個理論趣味不同導出的差異，而是理論選擇與實踐決斷共同協調的結果。當代西方國家在全球化處境中保持的自由主義理論張力，從某種意義上顯現出它們力圖保持國家間競爭優勢的意圖。本章第一部分縷述的西方重量級思想家之間的爭執，也可以視作民族國家間競爭的優劣狀態的某種顯現。引領全球化，乃是一個國家在理論上和實踐共同表現出高度張力的結果。

在面對全球化時，一個民族國家究竟在接受與抗拒之間選擇順應和積極應對之方，還是選擇對抗和逆行之策，是驅使這一國家的人們深入思考還是拒絕思索國家發展的國內問題和國際問題的主觀意圖的體現。無數事實顯示出，那些拒絕承認全球化過程中自由主義普適性的政治領導人與思想界人士，其實並不是對於全球化的全盤拒絕。就政治家而言，在有利於發展自己國家的經濟和穩定自己的政治統治局面的情形下，他們是衷心歡迎全球化的。因此，穩定手中權柄是它們歡迎或是拒斥全球化的基本判准；就思想家而言，在有利於他們獲得文化霸權的前提條件下，他們對全球化也總是秉持較為溫和的歡迎態度的。除非觸及了他們捍衞文化傳統與政治傳統的敏感神經，他們才會選擇抵抗現代性、全球化的立場。由此可見，拒斥還是歡迎自由主義的現代性－全球化方案，在權勢者那裏經常是功利計較的結果。如果說這樣的世界歷史進程早已不可逆轉的話，政治家與思想家的某種拒斥姿態，就更是一種謀求權勢的策略罷了。他們內心讚許的「向西方尋找先進真理」，早就顯示出現代性、全球化方案的價值認同與事實認可了。

只不過需要指出的是，在經濟全球化中或多或少得到好處的各個國家，[43] 接受全球化經濟「聖誕大餐」的喜悅，卻難於在文化的餐桌上享用。因為文化作為一種「心靈的習性」（the habits of heart），不同於受實用邏輯支配的經濟、乃至政治抉擇，文化習性是難以改變的。這就可能形成一種面對全球化的畸形組合：全球化的經濟政治進程可以有限度地接受，但是，一定要以文化的民族性來撕裂具有某種整體性的全球化圖景。與此同時，接受文化上的兼容性過程，有時候也難於在政治上實現同樣的兼容。無疑，自由主義的現代性—全球化方案，總是充滿着張力。這就促使人們長期堅持不懈地致力保障理論解釋的邏輯可靠性問題與實踐推行的現實契機。對於自由主義的現代性—全球化方案而言，國家內部的承認政治、社群團結、共同體建構諸問題，總是困擾着人們；國家間的主權差異、相互尊重與雙贏努力，也總是存在着難以化解的矛盾，讓人們倍感迷惑。不斷尋求解釋問題和解決問題的努力，保證了自由主義思想家不斷地展現思想活力、自由主義的政體不斷地實現自我矯正。這也許是全球化不斷得到完善的必然處境。

## 註釋

1 參見【美】約翰・羅爾斯著，萬俊人譯：《政治自由主義》，北京：譯林出版社，2000。以及汪輝等編：《文化與公共性》內收入的查爾斯・泰勒、尤根・哈貝瑪斯等的文章，北京：三聯書店，1998。

2 對此，何懷宏的《契約倫理與社會正義》，北京：中國人民大學出版社，1993；以及萬俊人所著《現代西方倫理學史》（下卷），北京：北京大學出版社，1992；有關《政治自由主義的現代建構》一書的評介文章、載萬氏譯本，均有較好的闡釋，可資參考。

3 引自萬俊人譯《政治自由主義》，第572頁。其中comprehensive譯為「全整性」，以為更為達意一些。「完備性」的翻譯，儘管也較為達意，但是存在對譯perfect的理解可能，因此不如「全整性」僅僅指其無所不包的那種中立涵義。

4 〈萬民法普〉一文後來經擴展成為一部著作，由哈佛大學出版社於1999年出版。

5 羅爾斯：〈萬民法〉，引自《文化與公共性》，第377頁。

6 這七項原則是「（一）各民族（由他們的政府所組成）都是自由且獨立的，並且他們的自由獨立得到其他民族的尊重。（二）各民族是平等的，是達成他們自身的一致的各派別。（三）各民族都有自衛權而無戰爭權。（四）各民族負有互不干涉的義務。（五）各民族必須遵守協議和約定。（六）在戰爭中（假定是為了自衛），各民族必須遵守特別指明的對戰爭行為的限制。（七）各民族都要尊重人權。」引自《文化與公共性》，第388頁。

7 《文化與公共性》，第404頁。

8 《文化與公共性》，第405–406頁。

9 泰勒：〈承認的政治〉，載《文化與公共性》，第290–337頁。本部分討論泰勒關於自由民主普適性問題的論說，均據此文。

10 參見張國清：《無根基時代的精神狀況——羅蒂哲學思想研究》，第13章〈真理的反面〉。上海：三聯書店，1999。

11 該文載於夏威夷大學出版的《東西文化與哲學》，2000年第1期。

12 參見【美】羅蒂著，黃勇譯：《後哲學文化》，上海：上海譯文出版社，1992，第45頁。

13 參見【美】吉爾茲著，王海龍譯：《地方性知識》第8章。北京：中央編譯出版社，2000。吉爾茲特別強調地方性知識之作為這種知識與其得以產生的特定環境的緊密關聯。他以法律體系的產生與運作為例，對此有詳盡的考察。

14 【英】羅素著，何兆武譯：《西方哲學史》（上卷），北京：商務印書館，1963，第24頁。

15 引自【美】艾倫·沃森著，李靜冰等譯：《民法法系的演變及形成》，北京：中國政法大學出版社，1992，第219頁。

16 參見羅素：《西方哲學史》上卷，第383–384頁。

17 參見【美】馬文·佩里主編，胡萬里等譯：《西方文明史》第三編，北京，商務印書館，1993。

18 馬文·佩里主編：《西方文明史》，第469頁。

19 馬文·佩里主編：《西方文明史》，第511–512頁。

20 參見【德】馬克斯·韋伯著，于曉等譯：《新教倫理與資本主義精神》第5章，北京：三聯書店，1987。

21 參見 Harold Joseph Lask, *The Rise of Liberalism: The Philosophy of Business Civilization*, New York, London: Harper & Brother Publishers, 1936。

22 【美】吉爾茲著，王海龍譯：《地方性知識》，第 294 頁。

23 參見羅蘭・羅伯森著，梁光嚴譯：《全球化：社會理論和全球文化》，中文版序言，上海：上海人民出版社，2000。

24 參見汪暉：《死火重溫》，北京：人民文學出版社，2000。第 21–26 頁，以及第 79–85 頁。

25 參見汪暉：《死火重溫》，第 95–189 頁。

26 僅僅舉證眾所周知的、掌控埃及政權四十年的穆巴拉克家族、掌控利比亞政權數十年的卡扎菲家族，在所謂國家利益的名義下對國家財富的肆意掠奪，就可以知曉落後國家拒斥全球化的統治者心存的、惡劣地掠奪國家財富的一般事實。

27 參見托尼・布萊爾著，曹振寰等譯：《新英國：我對一個年輕國家的展望》，第 21 節「變革時代的安全：左翼的新政治」，以及第 22 節「新社區，新個人主義」，北京：世界知識出版社，1998，第 238 頁及以下。

28 參閱百度百科詞條「毛巴馬」http://baike.baidu.com/view/2985171.htm（瀏覽日期：2011 年 9 月 20 日）。又參見王小萱：〈美國人不領情，奧巴馬有點煩〉http://world.people.com.cn/GB/9503346.html（瀏覽日期：2011 年 9 月 20 日）。

29 參見任隨：〈讓個人自由成為社會的承諾〉，載《開放時代》，2000 年第 4 期。

30 參見閻照祥：《英國政治思想史》，第 3 章〈國家政體的抉擇（十七世紀）〉，第 9 節「洛克的政治思想」，第 116–122 頁。以及第 4 章〈多元思想的醞釀〉，第 4 節「斯密：『看不見的手』的發現者」，第 178–183 頁。人民出版社 2010 年版。

31 前引汪輝及其中國同道，以及汪輝所依託的西方、非西方反主流思想家，前者如社群主義者、後者如阿明等等，都採取的是這樣的理論姿態。

32 法國啟蒙運動可以被視為接受還是拒斥英國現代方案的產物。而伏爾泰與盧梭的分道揚鑣，則可以被視為法國面對英國方案的強大張力的體現。而德國國家主義的高揚、浪漫主義哲學的流行，更可以被視為德國反抗現代化，卻又不得不融入現代轉變洪流的尷尬的表現。參見【美】富蘭克林・L・鮑默著，李日章譯：《西方近代思想史》，第 3 部〈十八世紀〉，第 257 頁及以下。以及第 4 部〈十九世紀〉，第 338 頁及以下。台北：聯經出版事業公司，1988。

33 毛澤東：〈論人民民主專政〉，載《毛澤東選集》第 4 卷，北京：人民出版社，1991。

34 參見馬克思、恩格斯：〈共產黨宣言〉，第 1 節「資產者和無產者」。載《馬克思恩格斯選集》第 1 卷，北京：人民出版社，1972，第 255 頁。

35 參見【美】Daniel Chirot 著，蔡伸章譯：《近代的社會變遷》，結論〈時代與循環：社會變遷的型態〉，台北：巨流圖書公司，1991，第 515 頁及以下。

36 參見【德】奧特弗利德・赫費著，龐學銓等譯：《全球化時代的民主》，上海：上海世紀出版集團，2007。作者指出「在一種全球化壓力的緩和形式中，也有助於標準民主制度的形成：獨裁政權有的從內部有的從外部受到限制，違反人權的行為雖然還不能受到世界範圍的圍剿，但會受到世界範圍的抗議。」見該書第 5 頁。

37 參見【美】勞倫斯・E・哈里森：《自由主義的核心真理——政治如何能改變文化並使之獲得拯救》，長春：吉林出版集團有限責任公司，2010。作者指出，「世界上相對滯後的一些地區，如要加快進步的過程，就必須脱離傳統的、阻礙進步的價值觀，並接受與現代化相聯繫的價值觀。」見該書第 151 頁。

38 參見【英】拉斯基著，朱曾汶譯：《論當代革命》，第 2 章〈俄國革命〉，北京：商務印書館，1965，第 42 頁及以下。

39 參見【美】杰里・馬勒編著，劉曙輝等譯：《保守主義：從休謨到當前的社會政治思想文集》，導論〈什麼是保守主義社會政治思想？〉，尤其是其中一節「定義保守主義主義的困難」，南京：譯林出版社，2010，第 27 頁及以下。

40 參見【法】雅克・德羅茲著，時波譯：《民主社會主義 1864–1960 年》，第 7 章〈社會主義世界和 1889–1914 年的第二國際〉，上海：上海譯文出版社，1985，第 147 頁及以下。

41 參見參見杰里・馬勒編著，劉曙輝等譯：《保守主義：從休謨到當前的社會政治思想文集》，導論。

42 參見【英】馬丁・沃爾夫著，余江譯：《全球化為什麼可行》，第 14 章〈今天的威脅，明天的挑戰〉中的一節「全球性的挑戰」。作者闡述了優化全球化狀況的「全球化的十誡」，很好地總結了全球化如何值得期待的條件。北京：中信出版社，2008，第 264–265 頁。

43 在國家經濟發展中日益呈現出的趨勢，即從一國的單邊自由主義演進到國家間的國際自由主義，全球市場經濟的態勢已經體現出經濟共治、成果互享的狀態。參見馬丁・沃爾夫著，余江譯：《全球化為什麼可行》，第 75–77 頁。

# 第四章

# 在兩種憲政設計之間

## 自由主義與中國憲政改革

中國的社會改革已進行二十年之久。改革的策略化取向已經將中國的改革推向一個尷尬的境地：要麼打破這種人們已經習慣的策略化思路，而從戰略性高度對中國改革進行整體籌劃，要麼在策略化的進路中繼續盤桓，維持消防式的被動改革局面。從前者說，要對中國的社會政治改革進行整體籌劃，就需要從政治體制的改革上着手。就後者講論，中國社會各個方面就必須忍受不間斷的改革陣痛，並在循環式的改革中時時醫治改革滯脹症。這顯然不是中國人所願意的。因此，從前一種思路出發，找尋一條以政治體制改革突破改革僵局的思路，就成為改革的必然路徑，並將人們的思路引向憲政的建設問題上。現代政治史表明，憲政是現代國家正常的政治活動的基本保障和基本形式。而憲政的根據，則有實踐與理論的雙重理由：一方面，憲政在實踐上不是源自於政治家的個人愛好或偶然取捨，它與大型複雜的現代社會中展開的現代政治所必然具有的規範化要求聯繫在一起。另一方面，憲政是現代政治運動思想主流的必然政治制度要求。自由主義的思想主張作為一種制度兑現，只能以憲政的方式落定。從這種視角考察中國當今的社會政治改革，自由主義與中國社會政治改革的憲政取向的緊密關聯性，就更為明顯：首先，必須承認傳統的社會主義「憲政」已經歸於失敗，在兩種憲政文化的較量中，立於規範基石上的西方現代憲政與源於批判的社會主義憲政，具有一個向規範憲政回歸的必要。其次，在勾畫自由主義與憲政政治的緊密關聯基礎上，確立中國憲政改革的基本座標和基礎結構。本章擬在這種思路中，對自由主義與中國憲政改革的關係作出規範政治學的陳述。

## 一、兩種「憲政」

從聲稱「憲政」並具有典型的現代性特徵的角度來看，現代社會存在過兩種憲政設計模式：一是自由主義憲政設計模式，二是社會主義憲政設計模式。[1] 這兩種憲政設計模式有明顯的對峙性質。這種對峙性質，不僅僅在歷史上可見，如第二次世界大戰後的資本主義世界與社會主義世界長達近五十年的「冷戰」，[2] 更通過社會政治理論的系統闡述加以自覺的對峙性敍述印證。[3]

儘管自由主義的憲政設計與傳統社會主義的憲政設計是兩種對峙的憲政體系，但是首先需要確認的是，既然兩者都認同「憲政」的現代政治理念，那它們還是具有某些可以辨認的一致性。這種一致性起碼體現在三個方面：一方面，它們都共同承諾了憲政的法理基石，即將憲法作為現代政治行為主體——國家的根本大法，並且將兩者的關係表述為「憲法是憲政的表現和依據，憲政是憲法的內容和實施」。[4] 另一方面，它們都具有憲法的律法條文一致性，如都規範地表述公民的權利與義務，設計國家的基本政治制度，對國家機構進行規劃等。[5] 再一方面，它們都將實施憲法的政治原則視為實際社會政治生活的基本原則，從而將憲法與憲政連繫起來作為社會政治秩序的保障條件。[6]

但是，這些一致性僅僅是表面意義。所謂表面意義，一方面是指它們的一致性經常只是停留在憲法文獻的層面上，當其落實到實際政治生活後就會大為不同，尤其是傳統社會主義憲政，通常只是文獻意義上的憲政。除了一部憲法可以作為辨認它承諾憲政外，實際的政治運行與憲法都沒有切實的關聯。另一方面，則是指它們的一致性經常只是表現在憲法的政治務虛問題上面，在憲法務實的層面上，兩者的差異性大於一致性。譬如兩者都聲稱建立在人民主權的原則基礎上，但是，人民主權對於實際政治生活的制約則相當不同，以至於顯示為兩種幾乎完全不同的現代社會政治體系。比較這種一致性而言，兩種憲政設計的差異性、對峙性，更為深層，也更為根本。這種深層與根本，一方面是基於兩者在社會政治意識形態上的全面對立而言的。另一方面則是基於兩者在實際的社會政治生活中的全面對峙而言的。差異性與對峙性既顯示在政治觀念上，也顯示在政治生活中。換言之，它們之間的差異性與對峙性是結構性的，一致性則僅僅具有功能性意義。歸納起來，這種差異性與對峙性可以從下述幾個方面認知：

第一，兩種憲政設計在現代意識形態上的表述是針鋒相對的。這種對立表述就是為我們所熟悉的「自由主義（民主）憲政」與傳統「社會主義憲政」兩種憲政理論體系。意識形態是現代政治體系自我正當化的觀念體系。依託於什麼樣的意識形態，也就最足以顯示那．政治體系的特質。自由主義的憲政與意識形態體系緊密聯繫在一起。它將人的天性自由與平等作為不可褫奪的基本人權來對待，將生命、財產、（政治）自由作為人們生存與發展的起碼支點，從而將觀念形態的自由與制度形態的自由連接起來。依據這樣的意識形態理念，它強調以權利制約權力和以權力制約權力的雙向的限制權力的憲政原則，從而將政治體系「設計」為權利與權力交互作用的結構，將國家與社會「設計」為可以相互制約的二元體系，將權力設計為可以相互制衡的政治存在——這三個方面分別為現代社會的人們解決限制權力的千古難題提供了思路：從第一方面來看，古來限制權力依靠的是掌權者的道德自覺，只是在自由主義的憲政思路裏，才有了權利與權力的對局結構，使權力被有效限制起來，而不至於將掌權者的個人道德水準作為權力被制約的基礎。從第二個方面來看，國家作為權力體系與社會作為自治體系之間，有一種限制國家先與鼓勵社會組織起來的對治思路，[7]從而使國家被限制在憲法之下活動，而社會就可以成為公民自主的空間。就此而言，憲法是作為制約國家、保護公民的法律，而不是限制公民、坐大國家的律法。這樣就從社會的一端防止了無政府的危險，從國家的一端限制了它成為巨無霸。從第三個方面來看，自由主義憲政將權力分割為三個相互制約的形態——立法權、行政權、司法權，並使這三種權力相互制衡，從而避免權力獨大的可能性，因此它看由主義對於權力的警惕性在歷史上是空前的。

社會主義憲政的意識形態建構幾乎與自由主義完全相反。它認為自由主義憲政的基本思路是建立在財產權利的基礎，整個憲政的基礎是有產階級對無產階級在政治、經濟、社會生活上的全面剝削與專政。因此，自由主義憲政思路不僅完全不能保護人民的權利與自由，更顯得十分虛偽。社會主義憲政思路就此建立在一種徹底批判自由主義憲政思路的基礎上。它拒絕自由主義憲政的任何基本假設、制度安排及政治生活方式。由此建立起「人民群眾真正當家作主」的「真實的憲政民主」政治意識形態論說。這種憲政論說，以人民主權為基本依據，以共產黨的當政為絕對支柱，以共同富裕為基本追求目標。因此，關乎「人民」的論說，成為傳統社會主義憲政意識形態論說的基石。關乎共產黨的領導地位的論說成為社會主義憲政的關鍵問題。作為社會主義憲政論說理論基礎的馬克思主義成為了國家意識形態。為馬克思主義者所掌握的國家政權也就被論證為自覺地為人民服務的道德高尚者的政權，而圍繞權力所闡發的分權制衡的自由主義憲政意識形態論說自然就顯得低俗。社會主義憲政論說所顯示的自我期許，顯然比自由主義憲政論說要高得多。也正因為社會主義憲政論說對執政者自身用權充滿自信，因此，制度化的思路就在被拒絕之列。以社會主義者或共產主義者的道德高尚作為支持的社會主義憲政意識形態就此成為社會主義憲政的理論支柱。

第二，兩種憲政在社會政治制度運作的整體結構上是呈對峙狀態的。這種對峙既體現在兩種憲政設計在社會政治目標上的巨大區別——良序社會與全能國家，也體現在兩種憲政設計合法性依據的根本差異——公民之作為選民的實際選舉與人民之作為政治運作的抽象原理，還體現於兩種憲政在處理權力問題上的本質區別——限制權力與權力支配。另外，兩種憲政在社會政治控制手段上也完全不同——法治與黨治，而在社會政治價值觀上也處於對立狀態——多元主義與一元主義。在國家與社會的運作結局上，兩種憲政所追求的治理狀態上相應也就具有不同的界限——遏制創新與促進創造。兩種憲政在社會發展態勢上的對應局面也就必然不同——短期騰飛與持續發展。

從兩種憲政設計的社會政治目標上看，自由主義憲政追求的是良序社會（good order society）。它對社會政治秩序的設計不是來源自於政治領袖的個人願望和某個政黨的黨化意志，而是源於社會長期發展的「自然」積澱與政治共同體成員的自願。這種自願，是因為他們的生命、財產、自由受到尊重、受到法律保護而具有的。這種秩序是一種制度化秩序，一種穩定的發展社會所具有的為公民自覺自願遵守的秩序。國家與社會的劃界而治，權利與權力的雙向制衡，法治與法制的雙重保障，豐裕與安定的相互促進，為社會的優良秩序提供了可靠根基。傳統的社會主義憲政追求的則是一種全能國家（totalism state）形態。[8]它對於社會政治秩序的設計源於政治領袖的願望和執政黨的意志。它訴諸浩大的社會工程，依靠群眾運動來實現飛躍發展。由政黨主導的國家在這種工程與飛躍中發揮全面的制約作用。國家的權力不受限制，國家發揮其作用的方式也經常不受限制。而人民群眾的社會政治角色則不被承認，社會沒有公民組織，只有依附國家的行業組織。社會政治秩序來自於國家有形無形的政治高壓。顯然，這與兩種憲政對於它的活動主體的定位是密切聯繫在一起的。自由主義憲政將人民主權的政治理念逐漸下落到實際政治生活中的公民定位上，並進一步坐實為像選舉這樣的實際政治活動中的選民角色。於是，人民主權被社會主義憲政視為虛懸的、抽象的政治集合概念，而在自由主義憲政那裏則作為實際的政治活動主體來對待。[9] 這就決定了人民作為權利主體的地位與作用在兩種憲政體系中的巨大差異：在自由主義憲政中，人民可以通過劃分行業與區分地域等因素組成公民組織，他們倚靠組織力量來制約與限制國家權力，他們對於自己權利的保護有實際法理依據，不至於處於一種欠缺自我保護能力的狀態之中。公民組織借助被稱為「無冕之王」的新聞傳媒，及於各種組織起來的合法公民團體力量，聯合起來形成公民組織力量來對抗國家力量，從而對結構最為完備的國家權力進行有力的限制和制約。[10] 在社會主義憲政中，這樣的事情是匪夷所思的。基於社會主義憲政假定了權力主體與權利主體是完全合一的，權力主體完全可以代表權利主體，因此就完全不存在以權利限制權力的必要。權力主體因為自覺到權力是用來為人民服務，其道德性問題毋容置疑。國家與社會的界限不明晰，權利與權力的對峙並不必要，法治建設的重要性也沒有必要顯現，個人與群體的關聯式結構也就沒有必要對峙。國家借助政黨的合法性論說將自身完全正當化。在實際的政治生活中，權力事實上完全支配權利。[11] 因為，兩種憲政的國家治理結構，也就劃分了根本界限：在自由主義憲政中，基於國家與社會的張力關係，權利與權力的對局結構，使大型複雜的現代社會的治理只能訴諸於法治的治理形態。法律的良法定位，法律的形式化作用方式，法律面前人人平等的實際治理狀態，使社會得以法治化。而社會主義憲政建立在執政黨的道德正當化基礎上，執政黨既是國家得以統治社會的政治動員組織，又是國家治理中實際操縱政治權力的組織，黨化國家也變得順理成章。前者依託民族國家的國家形態，後者依託黨化國家的國家形態。獨大的政黨成為社會主義憲政得以發揮政治功用的前提，政黨分肥的競爭制度則成為自由主義憲政的必須。因此，法治與黨治必然依據完全不同的政治價值理念。自由主義憲政依據的是多元主義價值觀。基於自由主義憲政建立在肯定公民權利的基礎上，它對各有歷史淵源的國家內部族群關係的處理，必須依據自由平等的原則，將作為公平的正義理解為各種價值系統之間協理關係的基本原則，因此它認定各種價值體系之間具有平等的存在理由，而拒斥本質主義的一元論價值理念。相反，社會主義憲政建立在體現其正當性的政黨意識形態基礎上，社會主義憲政在處理各種不同的價值體系間的關係時，便具有一種獨佔真理的價值一元論傾向。前者具有的價值開放性，對於社會的創新理念具有一種自然而然的動力作用；後者具有的價值封閉性，對於社會的創新理念具有一種必然的扼殺作用。一個鼓勵創新的社會，其發展可以是持續的——西方發達國家的自由主義憲政實踐提供了上佳的證據。一個促成封閉的社會，也有其發展的可能性——在獨佔真理的政黨足以獨佔獲得社會認同的時限內，可以使社會迅速變化。但是當它喪失這種認同基礎的時候，社會便會迅速陷入停頓、倒退，甚至崩潰的狀態。原蘇聯的社會主義憲政實施情形，就是最好的例證。[12]

## 二、確立座標

兩種憲政的理念與實施狀態的巨大差異，既是自覺的政治意識形態論證所顯示出來的，也是兩種社會政治制度運行的實際情形所表現的。為什麼兩種憲政顯示出來的實際政治情形具有如此巨大的差異呢？這就需要對兩種憲政的內在差異性加以分析。簡單而言，自由主義憲政的各個環節具有內在的吻合特性，而社會主義憲政的各個環節具有內在的衝突。這是兩種憲政歷史命運具有本質差異性的根本理由所在。

首先來看社會主義憲政各個環節所具有的內在衝突。社會主義憲政的內在衝突從兩個層面上表現出來：憲政理念上的衝突與憲政實踐上的衝突。這也體現為兩個難題：顯在的難題與潛在的難題。憲政理念上的衝突可以說是潛在的難題；憲政實踐上的衝突可以說是顯在的難題。

從憲政理念上看，社會主義憲政具有內在的衝突。對於這種衝突，我們只需要分析一下社會主義憲政的基石——憲法文獻的內在衝突，就能瞭解。從憲法是憲政的法律體現這一常識的角度出發，在現代國家政治生活中，它具有高於一切個人與政治組織的地位，具有高於具體法律檔案的實際政治功用。憲法的制定，絕對應當超越任何個體與組織之上；憲法的條文，絕對應當針對國家政治生活的一般情形，而不是針對特殊的政治理念和政治行為方式。所以其他次一級的法律規範，如法律規則、行政決議及各種條例，均淵源於此。當各種其他法律規範不符合憲法的時候，就會被司法機構宣佈為違憲而變得無效。[13] 但是，解讀社會主義憲法文獻，就可以輕而易舉地發現，憲法的法律地位，並不是一種被承諾的法律基本原則。根據一九八二年制定並實施的現行中華人民共和國憲法，憲法之上存在着一個組織，它成為憲法制定與實施的依據。這部憲法在規定國體、政體，及公民的基本權利與義務前，以一種歷史陳述的方式，規定了一個地位獨特的政黨組織對於國家政治生活所具有的特殊地位與權力，憲法高於一切政治組織，而公民個人的地位則喪失了。[14] 與憲法喪失國家政治生活最高原則與最高制度相伴隨，憲法一般規定國家政治生活方式的特性亦隨之喪失掉。憲法不是規定國家如何保護她的成員的權利不受侵犯的律法，保證國家之作為政治共同體有效地運轉，而是規定國家政治組織的方式：在政黨制度上規定了某個政黨超越憲法之上的地位與作用，在基本政治制度上規定了社會主義制度的不可挑戰性，在國家意識形態上規定了某些個體思想的不可替代性，在制約與規範公民行為時注入了特殊政治組織而可能不會被它的成員們所共同認可的觀念與行為進路。顯然，中華人民共和國憲法的憲法特性是不足夠的。在某種意義上説，它具有反規範意義上的憲法的取向。這種反憲法性質，從兩個方面可以加以證明。一個方面是，當憲法規定了一個特殊的政黨、一個特殊的政體、一個特殊的個體在憲法中的地位與作用的時候，憲法就必然喪失它的一般針對性，從而墮化為被憲法規定為具有特殊地位與作用的組織、個人和特殊政體的法律工具。另一方面是，當憲法被規定為一個特殊組織之下的法律檔案時，它也就必然喪失維護基本法律公正的功能，既無法司法化，也無法具有為它治下的公民所認同的憲法權威，使特殊的政黨組織的權力遠遠高於不允許組織起來的公民個人的權利，進而使代表這個組織的政黨領袖具有高於所有公民甚至政黨組織本身的權威性，後者尤其具有顛覆憲法的危險性。憲法的工具化處境，與憲法實際上的處境被顛覆相映成趣。無疑，這必然使憲法無從落實它的最基本的原則——人民主權。僅僅從憲法文獻上解讀，它確實規定了人民主權原則。但是當人民主權被特殊的政黨組織，乃至政黨領袖非自願地代表後，人民主權消失於無形了。憲法制約權力的功能也就無從發揮，權力凌駕於權利之上成為這類憲法的一個奇特取向。

從憲政實踐上看，社會主義憲政也具有內在的衝突。長期以來，中國之有憲法而無憲政，已經是一個無可否認的事實。這是由憲法在中國僅僅具有法律文獻學意義決定了的。現代政治學告訴我們，有憲法不等於有憲政。因為憲法僅僅只是法律文獻的時候，憲政政治就勢必被懸擱起來。前者是憲政的理念表達，它不是必然向實際政治生活領域延伸的，只是一種制度化政治生活的法律表達，後者是憲法的實踐狀態，並不是憲法條文的簡單鋪排，實際運行着的制度化的社會政治生活方式。從憲法到憲政，還需要一些仲介環節。譬如憲法自身的可行性，保障憲法實施的立憲政體，及維護憲法權威的憲法法院，多元民主的社會政治生活習性等。與這些規範意義上的憲政要求相比較，中國的社會主義憲政在實踐中嚴重缺乏起碼的憲政實踐條件。一方面，中國之所以難以從憲法推向憲政，是因為中國憲法自身的可行性問題沒有得到解決。憲法自身作為一個矛盾的政治理念集合體，對於特殊的政黨組織權力、政體形式及意識形態的規定，都與現代憲法的基本精神相違背。另一方面，在中國沒有立憲政體。憲法已經從法律文獻的制定上根本限制憲政政體坐實的可能性。加上在實際的社會政治生活中，與國家權力體系全合一的政黨，從來就不在憲法之下活動，其持續違憲的行為成為國家政治生活中人們習以為常的現象，憲法規定的公民基本自由不受尊重，因此將政黨完全徹底主導的政府限制在憲法之下基本上是沒有可能的。政府既持續違憲，而公民的政治參與權和基本權利又沒有得到尊重且受到持續的損害，從憲法到憲政的通路就完全被堵塞。再一方面，在中國憲法究竟有沒有被遵守，從來就沒有一個機構可以作為權威的裁斷機構。憲法的非司法化定位，既將憲法懸置起來，也將憲法作為國家政治生活的指標融解，就此成為特殊的政黨組織為自己的特殊政治取向甚至政治專權辯護的工具。相對於憲法正當化特殊政黨組織意識形態的工具化而言，這可以說是憲法工具化的再次表現。加之從中國歷史看問題，自古至今中國就缺乏憲政傳統，憲法理念未曾深入人心不説，憲政體制簡直就更是人們難以實踐的政治制度。因此，憲法成為「刻印在木匾或銅額上」的文字就不是什麼稀奇的事。一部沒有深入人心的憲法，無法導向憲政也在情理之中。在這個意義上，社會主義憲政必須加上引號。

其次，來看自由主義憲政各個環節具有的內在一致性。這其實也是換一個視角審視社會主義憲政存在的困境。與社會主義憲政同時存在的自由主義憲政，是顯示社會主義憲政困境的一個強有力的參照座標。這一方面是基於自由主義憲政各個環節所具有的內在吻合關係，另一方面則是因為自由主義憲政國家的政治穩定與社會持續發展這種外在效應，非憲政國家政治動盪與社會發展的中斷這種歷史記錄。

從前者來看，自由主義憲政建立在政治生活的實際需要基礎上，它與現代社會的變遷具有內在的一致性。長期的現代變遷進程，為自由主義式的憲法制定提供了順暢的思路，也為憲法深入實際的政治生活而「轉換」為憲政提供了制度與人心基礎。自由主義憲政在承諾人民主權原則的基礎上，將個人自由作為憲政運思的邏輯起點，以限制權力作為制定憲法的基本思路，以對公民個人的基本權利加以保護為法治精髓，以程式民主作為從憲法到憲政轉換的制度基礎，從而將憲政建構需要的基本要件理順為邏輯上一致的關聯式結構。這使憲法成為「保障性」的法律，而不致流於工具化的成文檔。這一憲政思想為憲法的制定奠立了雙重功能的基調：憲法既是現代規範政治的宣言，又是權力結構的形式規劃；既對現代政治「賦予形式」，又實際地「制約政府」。這樣就避免了憲法成為名義性或修飾性的憲法（冒牌憲法），從而成為真正的憲法（保障性的憲法）。[15]

就後者即自由主義憲政的歷史狀況來看，從簡單明瞭的《美利堅合眾國憲法》來看，它沒有將特殊的意識形態、政黨組織、政治領袖、政治制度安置在憲法中，只是簡單地規定了國家政體，限制了構成國家權力體系的各方面。因此，三權分立的政體建立具有可靠的法理依據，保證憲法本身的內在一致性、導向實際政治生活實踐之後的有效性。同時，聯邦法院作為憲法法院的職能，保證了憲法對國家實際的政治生活的制約與影響，而憲法局部修改的取徑則保證了憲法基本原則的持續性和適應歷史變遷的共同要求。加之憲法的制定、修正與美國的政治經濟生活緊密地聯繫在一起，而具有了實際推行的現實基礎。[16]因此，美國憲法既為美國現代的持續發展與繁榮提供了動力，也為憲法與憲政的統一提供了獨創性的制度化進路——其憲政原則與憲政機制為歐洲乃至於整個人類社會的現代政治組織提供了基本範式。

就現代政治運行的歷史來分析，建立在真正憲法基礎上的憲政是唯一具有形成大型複雜社會秩序並穩定社會政治秩序的政治體制。這一結論驅使我們必須在兩種憲法（與憲政）之間做出抉擇。假若中國人想走出長期以來無法切實解決現代發展所需要的社會政治秩序困局的話，就需要確立一個憲政改革的基本座標。換言之，我們必須在自由民主的憲政與社會主義的憲政之間做出抉擇，由此說明這個問題仍然需要從兩個層面展開。

其一，我們之所以必須在兩種憲政之間抉擇，是因為這兩種憲政的安排雖然有相近的政治取向，卻會導致完全不同的結果。社會主義憲政實際上是不能被稱為憲政的。社會主義憲政在某程度上僅僅是具有名義性乃至修飾性的憲法。它在憲法與憲政之間安置的制度化意識形態與獨大的政黨機制，妨礙了憲法通向憲政。持續性的違憲是傳統社會主義制度中執政黨的內在必須，這使社會主義的憲政在實踐上必然陷入失敗的境地。中國的轉軌與原蘇聯、東歐的崩潰證明了這一點。自由主義憲政是為現代政治實踐所證明了的唯一切實有效的憲政形式。它從憲法通向憲政的順暢性已經為歷史所證實，亦對現代社會發展為豐裕社會提供了社會政治制度條件。

其二，是基於兩種憲政具有不同的政治行動邏輯。社會主義憲政提供的憲法，是想實行憲政。但是，它的意識形態邏輯與政黨行為方式，都堵塞了憲政的通路。自由主義憲政的理論推展邏輯，使它限制權力的思路能夠向實際的社會政治生活延伸，從而令自由主義憲政與實際的政治生活關聯起來。就憲法的技術思路來說，社會主義憲法是奠立在革命原則基礎上的顛覆性思路，是無法維持憲法的長期穩定性的，所以中華人民共和國僅僅建國五十餘年，就有了五部憲法檔案。而由於自由主義憲法奠立在秩序追求的基礎上，它能努力維護憲法的基本原則，在技術修正上以具體條文的修正為改善憲法的方式。

從這種簡略的比較分析中，可以得出一個基本結論：中國要想實行真正的憲政，就必須以自由主義憲政為根基。

## 三、自由主義與憲政：觀念聯繫與制度抉擇

當然，我們必須指出的是，自由主義與憲政並不是自然合一的。因為儘管它有自己的政治制度訴求，自由主義主要是作為一種意識形態而存在。同時，憲政儘管有自己的政治理念根據，主要也是作為一種制度來發揮作用的。與自由主義一樣出現在現代社會的其他意識形態，也與憲政或多或少的產生聯繫，也對憲政的形成有着或積極或消極的作用。但是，自由主義與現代意義上的憲政的聯繫具有某種特殊性。這種特殊性體現在只有自由主義這種意識形態體系與憲政的制度安排具有內在一致的吻合關係。這樣，在申述自由主義憲政與社會主義憲政的分界，與確立中國憲政建設的基本座標的基礎上，就有必要專門考察自由主義與憲政的關係。自由主義與憲政的聯結，是在兩個意義上實現的：一是自由主義作為憲政的思想底蘊，二是自由主義作為憲政的制度設計理念。

從前者來看，自由主義作為憲政的思想底蘊，為憲政提供了制定憲法與實施憲政的基本觀念，這些觀念對於「真正的憲法」的成功制定來說是不可替代的，對於憲政的成功實踐具有不可小覷的指引意義，這使自由主義與憲政之間有了深刻的觀念關聯。

其一，人民主權。人民主權原則在自由主義中不是被視為一個虛懸的政治理念的。就現代政治思想來說，人民主權原則事實上導向了兩種完全不同的政治制度與政治狀態。人民主權原則作為高調民主的基本政治理念，它的實際政治意義就會被虛化了，人民被視為一個抽象的政治集合概念。人民被分解為具體社會政治團體和集群的實際行為主體，對於現實政治沒有任何實質影響力。這個時候政黨的理念以代表人們的道德理想主義形態出現，形成居高臨下態勢，但事實上，這種人民理念異化是為了協助人民實現專制統治的理念。在政治上人民完全處於乏力的狀態。只有當人民主權原則作為憲法中的公民角色存在時，人民才獲得他們的實質性政治意義。而且只有在憲政的實際政治運行中公民作為行為主體介入現實政治生活，並得以使用憲法作為保護性工具，為自己合法享有的政治權利辯護時，公民才不至於成為文獻性的政治概念。這既防止國家成為獨大、自主的政治實體，也防止公民在沒有正常的組織化空間的情況下缺乏政治力量的危險。而且，當公民真實成為政治抉擇的主體——選民的時候，他們對自己政治意志的表達，就有了具體的政治主體形式，從而杜絕權威主義、國家主義、極權主義和個人獨裁的誘惑。[17] 由此，「民有、民治、民享」的民主政治體制才具有實在的政治主體支撐者。歸納起來，只有當人民從抽象的集合性政治概念下落為個體化的政治行為主體的時候，人民主權原則才不至流於政治宣言。就此而言，只有自由主義憲政體系中，一種低調的民主制度才能妥善地安頓了人民主權，而在社會主義憲政體制中，人民主權卻是沒有妥善安頓的現實政治空間的。

其二，權利導向。誠如前述，自由主義憲政以保障性的權利導向作為它的法律檔案基本精神和實際政治制度安排的基本要領。它既高度重視權利，又能妥善處置。除了早期自由主義憲政思想中權利的內涵具有強烈的革命內涵外，在自由主義憲政落實為主流的政治體制後，權利的籲求既成為人們普遍慎重對待的問題，也成為憲法和憲法之下的具體法律基本精神。專門規範政府行為的行政法，及專門保護公民權利的民法，都體現出保障性的權利導向。這種導向既是因為對於權力自我膨脹的高度警惕，也是因為對於權利的政治性含義的慎重對待。一方面就此防止權利的濫用，而將之規範在良法的範圍內；另一方面防止權利的流失，而將權利的憲法性規定放置到不可隨意褫奪的位置上。這時，權利導向對於社會政治結構的建設性作用與社會發展的穩定性功能就得以漸次顯現出來。在此，權利導向體現出的三個面向——保護公民的財產、生命與自由，就相互關聯起來，而不能被隨意切割。洛克原則在現代自由主義憲政中具有的普適意義是毋庸諱言的。當權利哲學僅僅成為造反哲學的時候，它就喪失了支撐憲政的可能性。因為人們以權利為依據不斷地為自己權利的被尊重而起來革命、造反的時候，他們的權利在革命的歷史洪流中並沒有坐實的政治建設性空間。相反，造反、革命的權利在坐實的過程中的破壞，則阻礙了人們權利的落實。[18] 這種個人權利先於和優於政黨及國家權力的定位，在社會主義憲政中是無法得到準確理解的。它只能被理解為人民群眾革命的權利，因此它只能被定位為造反哲學，而不可能成為建設性的政治哲學。

其三，法治主張。自由主義憲政中的權利哲學，將憲政安置在人民與國家訂立契約的基石。這樣，國家依照先定的契約行動，就是當然。但國家如何按照權利契約行動呢？法治的問題就此提出。只有在將具有變成巨無霸傾向的國家權力限制在權利契約的範圍內的時候，國家才沒有吞噬個人權利的可能。假如在契約外放任一個所謂維護契約有效性的特權者（不論這一維護者是某一實力個體還是實力組織）的存在，那就意味着人民與國家的契約將會受到徹底的顛覆。法律主治，既排除了任何政治領袖對於權力的濫用，也排除了任何組織對於權力的濫用。自由主義憲政認定，除了法治，沒有比捍衛人民主權更好的政治制度安排。在自由主義憲政制度的安排下，法治一方面在某些基本的生活條件方面，為個人創設並維持一種安全範圍；另一方面因為法治合理地分配權力、限制權力，它也為人類建設有序與和平的國家組織發揮着積極的作用；再一方面，法治調整並調和種種相互衝突的個人利益與社會利益，使社會能夠維持在正義的狀態。[19] 社會主義憲政是不可能尋找到與它相互適應的法制體系的。當社會主義國家將執政黨甚至其領袖放置到政黨之上和法律之外的時候，它就喪失了建立起具有普遍適應性的法律制度的可能性。可以說，在社會主義的範圍內談論法治是沒有意義的舉動。

其四，制度優先。這是法治精神落實到實際運行的政治制度和現實的政治生活中後，必然具備的特點。制度的優先性起碼有兩個含義：一是制度作為社會的結構成分，通過它組織起社會的活動，具有持久的特點。二是制度具有遵循慣例的特點，而使慣例、習性等形式可以促使社會生活主要領域獲得整合、秩序和穩定的社會承諾，並為社會關係和利益的明確化提供人們所認可的程式與形式。[20] 自由主義憲政思路中強調的基本人權、重視的法治主張，都是制度優先的表現。它認為基本人權的不可褫奪性與憲政制度安排的穩定性、分權制衡原則的重要性和以權利制約權力的首要性，都具有制度取向。它絕對不將捍衛基本人權和保障公民政治權利的「責任」希望寄託在某些組織和個人身上。對於自由主義憲政來說，心靈習性中所具有的個人主義傾向對憲政制度的重要性，是一個必須強調的東西。[21] 它拒斥完全人為的制度設計思路，因為那樣就勢必借助英明的政治領袖們對社會政治制度的天才預見和規劃能力。而這對於自由主義憲政所傾力維護的個人自由將是極其有害的。自由主義憲政所主張的制度優先，也就此顯現為程式優先的形式，顯現為依循既有規制處理社會政治事務的政治行為方式。

歸納起來說，自由主義與憲政的觀念聯繫顯示出，憲法作為其靈魂所在：就權力的合理定位來說，確認以權利制約權力的思路；就權力的運行來看，建立起以權力制約權力的制度；就權力的有效限制而言，建構起以社會制約權力的機制。憲政作為其精髓所在：就它將權力限制於憲法範圍而論，它建立了限制權力的制度格局；就它設計的權力分割與制衡機制而言，建立了限制權力的有效制度；就它保障權利的基本取向而言，建立了普遍人權基礎上的共同體成員平等生活的政治體系。從它的基本精神上説，就有兩點：其一，以權力的分割與制衡安頓權力；其二，以程式民主對權利加以根本保障。

從後者即自由主義與憲政的制度抉擇來説，自由主義為現代憲政提供的制度理念與制度佈局之作為現代政治制度的靈魂，深刻地影響了現代政治制度抉擇的基本路向和籌劃方式。這種影響從三個層面上可有全面的領會：第一個層面就是自由主義與作為現代憲政的法理依據的憲法制定與解釋，第二個層面則是憲政制度的分權制衡設計，第三個層面是這種制度設計的基本結構與效果要求。

第一，憲法制定與憲法解釋。自由主義為憲法的制定所提供的基本思想基礎，已如前述。無疑，一部現代憲法如果不是建立在自由主義的思想基點上，它能否被稱為憲法，實在令人懷疑。僅就具有典範性的美國憲法來看，它的制定就是在自由主義的思想基礎上才可能進行並完成的。考察美國憲法制定與修改問題的論者，及考察美國憲法的基本精神宗旨的論者，正是在自由主義的目的與憲政的問題之間具有對應關係上來考察美國憲法的制定與修改的。[22] 如貝拉那樣的社會學家及其研究群體儘管對於個人主義頗多微詞，但是他們敏鋭地看到了美國憲法及政治生活中的個人主義（自由主義）根基，所以他們不同意托克維爾斷定美國的政治生活方式是建立在平等的心靈習性之上的判斷。[23] 除了深深紮根於美國人日常生活中的自由主義根性與憲法的聯繫外，憲法的制定與自由主義的聯繫，更是在聯邦黨人的論述中具有了自覺的理性選擇關聯性。從當初像漢密爾頓、傑伊、麥迪森那樣主張聯邦主義的政治家，到今天重建其理論的奧斯特羅姆，對於立憲政治體制中的自由主義思想底色，都是直言不諱的。從個人出發考慮政治制度設計問題，強調人既能學習也能犯錯的原則，主張政治制約原則等，都是自由主義思想對立憲直接影響的顯現。[24] 正因為憲法的制定體現着人民的意志與願望，憲法要保護作為個體真實存在的人民利益，因此憲法的修改也就不能被視為是一個技術性的法律問題。修憲與立憲一樣，都得經過人民的認可，所以像美國憲法的修正既需要合乎代表人民的議會兩院的同意，又需要合乎憲法程式的規定（由聯邦法院裁定）。

第二，三權分立與權力制衡。自由主義對於權力的高度警惕不僅對憲法的制定與執行有深刻的影響，還會直接深入到憲法精神和憲政制度的內部。憲法作為人民意志的體現，作為捍衛與保障公民權利的根本大法，它的基本規範要突顯的就是限制權力的宗旨。規範憲法是在確認公民基本權利的基礎上對立法、行政、司法權力的限定和設計。立法權直接或間接反映了人民主權的原則，行政權代表了執行人民主權的政府履行職能，司法權則發揮監督權力正當運作的功用。其中尤其以司法獨立為憲政的一個軸心問題。假如司法權不獨立，或由立法者來充任，或由政府人員來擔當，都會造成一個既做當事人又做法官、既做球員又做裁判的混亂局面。而權力的三種形態必須處於相互制衡的局面之中，三者不能是一種單向的制約關係。三者權力的內部也需要有進一步的權力分解，以形成縱向的權力劃分。縱橫兩個方向上的權力分割與制衡，自私的權力被有效地約束起來。

第三，有限政府與有效政府。自由主義的憲政設計中，對於政府的定位就是有限政府。但是這裏所指的「有限」，需要加以合理的解釋。人們通常習慣從限定政府規模的角度理解政府的「有限」，實際上，「有限」應當從兩個視角來進行規定：一是規模上的有限，二是權能上的有限。前者強調的是政府不能無限地擴大規模，以至於吞噬社會自治的空間，後者強調的是政府權力的有限，使政府不能無限地行使權力，以至於侵入權利的領域。至於對有效政府的理解，人們也通常只是從政府的工作效率上着眼，尤其是當代管理科學興盛後，人們習慣於以企業管理的效率要求來衡量政府的工作績效，以市場模式來重建政府模式，[25]因此有所謂從有限政府到有效政府的提法。其實對於「有效」也應當從兩個層面理解：一是國家（政府）有效地保障它的公民權利不受非法侵害。二是國家（政府）高效地做大社會財富，為它的公民提供富裕生活的財富基礎。前者是從政府的基本定位與職能角度而論，後者則是從政府發揮的實際功能上而言，兩者並不矛盾。

## 四、實踐之路

從上述規範的陳述中可以看出，此前中國是沒有嚴格意義上的現代憲政。一九四九年以來中國共產黨主導的社會主義憲政實際上並不是憲政，只是將憲法進行文獻化的政治修飾處理的高調民主政治。這種政治制度形式，事實上經常跌入集權、專權乃至極權的歧途。就此而言，中國的憲政實踐之路，不是一個已經由歷史勾畫出來的事實問題，而是一個面向未來如何成功開闢出來的問題。於是，面向成熟的憲政實踐索取經驗，及面向中國憲政的歷史實踐總結教訓，就非常必要與重要。前者是一個推進中國憲政實踐的必要外部觀察，後者是一個推進中國憲政實踐的內在動力尋求。

從外部觀察，我們可以深入到現代憲政實踐較為成功的西方國家的政治生活中分析問題。借助這視角，我們可以得到兩種觀察結果：其一，原生現代國家的憲政情形，這就是前述的英國—美國憲政的基本情形；其二，後起現代國家的憲政情形，一如歐洲大陸國家的憲政實踐情形。

就前者而言，英美國家憲政的原發內生性質，使他們的憲政實踐最為順暢、最少緊張感。現代市場經濟的興起，為他們的憲政實踐奠定了堅實的經濟基礎。中產階級的興起和政治自覺，為他們的憲政實踐奠定了堅實的社會基礎。權利哲學的興起，為他們的憲政實踐奠定了堅實的政治理念基礎。分權學說的興起，為他們的憲政實踐奠定了堅實的權力佈局方案。啟蒙文化的發展，為他們的憲政實踐奠定了堅實的社會心理基礎。科學技術的發展，為他們的憲政實踐奠定了堅實的經驗取向思路。[26] 這些英、美憲政實踐的經濟、政治、文化根源，是其他後起的憲政實踐國家所不具備的。儘管在英國的憲政實踐進程中發生了一六四〇年的革命，但是成就英國革命的卻是幾十年後的「光榮革命」。保障性的憲政原則與妥協性的憲政制度協調起來後，英國就將憲政制度建立起來了。儘管美國的憲政實踐進程中也插入了一場革命，但是革命不是對源自英國的憲政理念與制度的推翻，而是對制約美國邁向現代憲政的因素的革除。北美十三州的代表在革命後坐到一起商談建國事宜的時候，一起制定美利堅合眾國憲法，也同樣遵循堅持捍衛和保障個人權利原則的基礎上規範權力的憲政思路。英美的革命具有溫和的特點。革命不是宣泄暴力，也不是完全依靠暴力來徹底顛覆「舊」世界的秩序，重新建立一個「嶄新」的世界秩序的群眾運動，而是成就憲政的方式與手段。

就後者言，德、法等國的憲政實踐所突顯的緊張感，已經使人們發現後發外生型憲政國家處於憲政實踐的劣勢狀況。相對於英、美而言，德、法的憲政實踐不論是在觀念上，還是在制度上，都依賴英、美的既有憲政經驗。這種憲政實踐的外源性質，使德、法的憲政實踐從一開始就陷入了必須首先處理自己國家的政治遺產，然後才能建構憲政體制的緊張狀態之中。新舊政治理念與制度的衝突，不是在漸進的社會發展進程中可以化解的，而是必須借助一場聲勢浩大的社會革命才有期望達到（如法國），或是內化為一種思辨哲學的複雜建構來對接（如德國）。這樣，像法國般從人性改造到社會政治工程的系統重建，不僅難以為憲政實踐奠定像英、美般堅實的經濟、政治、文化基礎，也無法像英、美國家那樣為憲政實踐奠定堅實的社會心理基礎。而且當他們以浪漫主義處理自由、平等、博愛後，緊貼現實政治生活的經驗性政治理念與簡單可行的政治制度建構，就變得更加不可能。所以當德國在魏瑪時期制定就憲法文獻來說是完美的憲法時，它也就無法促使憲法對國家的實際政治生活發揮積極的作用，而令德國陷入了法西斯主義的泥潭之中。

至於原蘇聯的憲政實踐，是一個特例。缺乏市場經濟的低度發展國家，像俄國般，試圖將解決國家的貧困與解決國家的憲政連接起來一鍋煮的情形，事實上只會形成一個雙損的局面——經濟得不到長期持續的發展不說，政治上的憲政制度也無法坐實。俄國人在接引馬克思主義思想的基礎上，實踐所謂社會主義憲政時，既無法建立起真正的憲政制度，也無法真正走出貧困狀態。像德、法、俄這類後起的國家意欲實踐憲政，而走向了專制極權境地的教訓，證明了現代憲政實踐的極端複雜性。

從內部觀察中國的憲政實踐，實際上就是一個歷史回顧。首先，這種觀察顯現的是中國憲政失敗的歷史軌跡：中國的憲政實踐已經有了三個歷史階段的失敗記憶。其一，晚清的憲政實踐是中國人初步接觸憲政理念後採取的政治變革對應措施。但是，晚清的憲政變革對於清朝當局而言，僅僅着眼於挽救其當政危機，對社會而言則僅僅着眼於富國強兵的功利目的，它的失敗因此成了必然。[27] 其二，民國時期憲政的欲求與現實的衝突：黨化國家與全能政府的基本政治定位構成了憲政實踐的根本障礙。民國初年孫中山對國家政治發展從軍政、訓政到憲政的設想，已經扼制住中國憲政健康發展的咽喉。而國民黨正式建立起來的黨化國家形態與全能政府格局，則從根本上堵塞了中國通向憲政的道路。加之思想家們對於憲政的引介不僅沒有帶給中國人健全的現代憲政理念，反而經常將憲政的經濟、政治、文化相互關聯的條件割裂開來處理，使憲政墮化為工具化的政治理念。加上中國傳統政治文化的專制定局，國民黨時期的憲政建設是乏善可陳的。[28] 其三，改革開放的政治轉型要求與抵制政治轉型的衝突。當代中國的改革開放是策略性的社會變革。在經濟發展的層面上，改革圍繞穩固現行執掌政權者既得利益的軸心展開。每當改革發展到政治體制改革的邊沿的時候，改革就陷入了停頓狀態。面對憲政轉軌的政治任務，執政黨的政治領袖採取的是熟視無睹的態度。「穩定是壓倒一切的政治任務」的提法，「不爭論」的提法，都顯示出他們對於憲政建構的回避姿態。[29] 而當他們以策略化的姿態宣稱自己要致力推動憲政法治的時候，事實上他們也無意推行嚴格意義上的現代憲政與法治。因為憲政與法治始終被限定在黨治之下。[30] 顯然，中國憲政實踐的歷史記憶是一種挫敗的記憶。

就憲政實踐的外部經驗觀察來看，英美的憲政實踐績效誠然是令人羨慕的。但是，英美的經驗不可模仿。德法俄的憲政實踐誠然是不太成功的。但是，他們的憲政實踐處境恰好與我們中國的處境類似。這是我們無法簡單讚揚英美進路而貶低德法方式的理由。可以說，英美經驗為我們中國人將要展開的憲政實踐提供了理想範型，而德法經驗則為我們中國人提供了憲政實踐的切實處境。前者的重要性自然是不可懷疑的，後者的切近性更值得我們重視。就憲政實踐的內部審查來看，解決黨化國家的定位與全能政府的佈局，已經成為我們中國人進行憲政實踐所面對的根本問題。而如何在市場經濟的推進中培育需求憲政的中產階級，並使他們的政治意識處於日漸自覺的狀態，從而為具有積累效應的憲政實踐提供現實社會基礎，則是我們中國人憲政實踐從社會主義憲政轉向自由主義憲政的關鍵。

當代中國要想從傳統、失敗的社會主義憲政轉向現代、成功的自由主義憲政，既需要對兩種憲政的比較優勢進行理性的確認，也需要對兩種憲政的歷史選擇結果加以理智的認知，從而確信不疑地將自己的憲政座標定位在自由主義憲政框架中。於是，在當代中國的改革開放進程中提出的憲政轉型問題，就促使我們為推進憲政轉型而反思改革開放的基本思路。這樣，我們的改革開放既需要從壓力型變革推進到誘導型變革，又需要從外部制約型變革發展到內部動力型變革。前者強調的是中國的改革主動性問題，後者強調的是中國改革的內源性問題。前者注重的是順應歷史需要而漸進引導歷史演變路向的問題，後者注重的是當政者意識到秩序建構對於自己執政的極端重要性問題。前者是着眼於現代憲政與中國市場經濟成長中逐漸壯大，有利於憲政發展的諸因素的自覺培育問題，後者着眼的是中國社會各種組織力量和公民個人對於憲政發展的諸主體擔當者的認取問題。總之，從壓力型、外部制約型的變革演進到誘導型、內部動力型變革，就是要走出近代以來中國憲政變革急促的境地，使中國的政治行為主體意識到憲政建設的真正目標與現實道路是什麼的問題的正確答案。確立中國憲政建設的基本座標是自由主義憲政，可以説是中國改革開放可以從經濟領域繼續推進到政治領域而不至於中斷的唯一進路。

當我們對於成熟的憲政國家的經驗與中國憲政實踐失敗教訓有了一個簡單的通觀後，當代中國憲政具有積累效應和建設功能的實踐輪廓就有希望突顯出來。一方面，中國當代憲政實踐的戰略目標是需要首先加以確立的。這一戰略目標，簡單地説，就是要達成四大平衡：

其一，權利與權力之間的平衡。這平衡的基點是尊重權利且限制權力。這是為憲政提供最為深層和基礎的支點所必須堅持的首要原則。其二，自由與秩序之間的平衡。這平衡的着眼點是高揚自由基礎上的秩序而反對單純的秩序訴求。這是為憲政提供秩序設計思路的自由底線所必須確定的原則。其三，國家與社會之間的平衡。這平衡強調的是社會具有脫開國家全面制約而具有自主空間的路向。這是為憲政提供所必須賴以支援對局性社會關係結構的二元社會結構的要求。其四，穩定與創新之間的平衡。這平衡的關鍵是促使中國社會在創新的氛圍中走上穩定發展的憲政軌道。這是為現代憲政提供社會發展後果證明所必須重視的基本。

另一方面，就當代中國憲政改革的策略進路來講，必須解決四個問題：

第一，「抓住一個關鍵」，即獨佔權力的特殊利益集團的退場。這是憲政足以體現其保障性功能的前提條件所決定的。第二，「解決一個問題」，即為什麼我們國家必須要走上自由民主憲政之路。這是憲政的歷史經驗和教訓所註定的。第三，「確立一個思路」，即憲政理論普及與憲政政治實踐雙線並進的思路。這是憲政發展的緩慢性所要求的。憲政只能在社會的漸進發展中逐漸成型，不可能一蹴而就。第四，「尋求一個突破」，即找到一個實際地限制權力或保護權利的支點，或在黨權的改善上，或在基本的人權上，或在現行憲法具體條文的實施上，實際的政治情景會提供突破的靈感。這實際上就是國家與社會在憲政實踐的哪一點上能夠達到一致的問題。這是為憲政尋求一個現實希望所要求的。假如憲政實踐上沒有一個點上的突破，就不足以證明憲政在現實是有效的，就喪失了它引導中國當代的憲政改革的先導性。

在戰略佈局與策略進路之間，需要達成良性互動的建設性關係。戰略定位是確定不移的。策略進路則是可以情景化處理的。但是前者不能動搖，後者不能本位化。要處理好這種關係，將是萬分艱難。因此，中國的憲政實踐前景，未可預知。

## 註釋

1 需要強調的是，這裏使用的「設計」一詞具有的不同內涵。由於自由主義憲政的先在性和歷史內在性，它依賴的是自生自發的秩序。而社會主義憲政作為後起的與替代性的憲政，依賴的則是人為設計的秩序。前者的設計不具有整體的性質，只是「零星的」社會工程的產物；後者則是整體的社會工程產物。參見汪丁丁：〈哈耶克「擴展秩序」思想初論〉，載《公共論叢：市場社會與公共秩序》，北京：三聯書店，1996。

2 參見張小明：《冷戰及其遺產》，第1章〈冷戰的根源〉之「國家因素」。上海：上海人民出版社，1998。以及周琪：《美國人權外交政策》，前言，上海：上海人民出版社，2001。

3 參見龔祥瑞：《比較憲法與行政法》，導言，北京：法律出版社，1985。張慶福主編：《憲法學基本理論》，第1編〈基本理論〉，北京：社會科學文獻出版社，1999。及喬・薩托利著：《民主新論》第2卷〈古典問題〉之「另一種民主」，北京：東方出版社，1998。斯科特・戈登著：《控制國家——西方憲政的歷史》，導論，南京：江蘇人民出版社，2001。

4 參見張慶福著：《憲法學基本理論》，第61–64頁。

5 參見董雲虎等編著《世界人權約法總覽》所收入的各國憲法文獻，成都：四川人民出版社，1991。

6 西方國家的憲政情形之與憲法的關係，及憲政與社會政治生活的關係，參見斯科特・戈登書。像中國這樣的「社會主義」國家憲法與實際政治生活、政治秩序的關係，參見張慶福著：《憲法學基本理論》第1編第2章第3節「實施憲法，建設有中國特色的社會主義憲政」。

7 參見董炯：《國家、公民與行政法——一個國家—社會的角度》，第2章〈國家與公民關係的理論沿革〉，北京：北京大學出版社，2001。

8 參見任劍濤著：《社會的萎縮與重建——轉型中國國家與社會互動狀況的分析》，2002年7月北京中國人民大學、中山大學等共同主辦「轉型中的中國政治與政治學發展國際學術研討會」會議論文。待刊。

9 參見任劍濤著：《從人民、公民到選民——現代政治活動主體定位與社會政治格局的關聯性》，2001年4月北京中國社會科學院主辦「政治哲學國際學術研討會」會議論文。待刊。

10 參見邁克爾・埃默里等著：《美國新聞史——大眾傳播媒介解釋史》，第4章、第5章、第17章等，北京：新華出版社，2001。以及沃爾特・李普曼：《公眾輿論》，第5部分〈公意的形成〉。上海：上海人民出版社，2002。

11 參見《鄧小平文選 1975–1982年》所收的〈黨和國家領導制度的改革〉一文，北京：人民出版社，1983。

12 參見周尚文等著：《蘇聯興亡史》，前言，上海：上海人民出版社，1993。

13 參見大衞・米勒等編：《布萊克維爾政治學百科全書》「憲法・憲政」、「憲法」、「憲法法院」等條目，北京：中國政法大學，1992。

14 參見《中華人民共和國憲法》（1982年12月4日中華人民共和國第五屆全國人民代表大會第五次會議通過）。載前引董雲虎編著書：《世界人權約法總覽》。

15 參見G・薩托利：〈「憲政」疏議〉，載《公共論叢・市場邏輯與國家觀念》，北京：三聯書店，1995。

16 參見王希著：《原則與妥協：美國憲法的精神與實踐》，第1章、第3章，北京北京大學出版社，2000。及查理斯・A・比爾德：《美國憲法的經濟觀》，第10章、第11章，北京：商務印書館，1989。

17 參見G・薩托利著：《民主新論》，第1卷〈當代的爭論〉之「民主不是什麼」，北京：東方出版社，1998。

18 參見L・亨金著：《權利的時代》，第3部分〈自由主義的權利觀與社會主義的權利觀〉，北京：知識出版社，1997。

19 參見E・博登海默著：《法理學——法哲學及其方法》，第2部分〈法律的性質與作用〉第14章〈法治的利弊〉，北京：華夏出版社，1987。

20 參見亞當・庫珀等主編：《社會科學百科全書》，「制度」詞條，上海：上海譯文出版社，1989。

21 參見羅伯特・貝拉著：《心靈的習性——個人主義與美國人生活中的承諾》，第9章〈個人主義〉，北京：社會科學文獻出版社，1992。

22 Rogers M. Smith, "Introduction," *Liberalism and American Constitutional Law*. Cambridge: Harvard University Press, 1985. 以及前引王希著：《原則與妥協：美國憲法的精神與實踐》，前言。

23 參見何兆武譯：《社會契約論》，前言。

24 參見漢密爾頓等著：《聯邦黨人文集》，北京：商務印書館，1980。文森特・奧斯特羅姆著：《複合共和制的政治理論》，第 2 章〈出發點、基本假設以及重要原則〉，上海：上海三聯書店，1999。

25 參見 B・蓋伊・彼得斯著：《政府未來的治理模式》，第 2 章〈市場式政府〉。北京：中國人民大學出版社，2001。

26 參見前引龔祥瑞著：《比較憲法與行政法》，第 1 章第 2 節「憲法的起源」，對於英美憲法憲政起源與發展的分析。

27 參見鄭君華等著：《中國改革史》，第 22 章，北京：華夏出版社，1991。

28 參見韓大元著：《亞洲立憲主義研究》，第 2 章〈立憲主義的移植與亞洲國家制憲過程分析〉，北京：中國人民公安大學出版社，1996。

29 參見何清漣著：《現代化的陷阱 —— 當代中國的經濟社會問題》，結語〈公平和正義：評判社會制度的阿基米德點〉，北京：今日中國出版社，1998。及吳國光：〈改革的終結與歷史的接續〉，《二十一世紀》，2002 年 6 月號。

30 參閱近期中國執政黨領導人關於執政黨與憲政法治關係的論述，就可見這斷定所言非虛。

# 第五章

# 重申人民主權

## 國家權力的結構改革

在建構現代國家的過程中，中華人民共和國確立了人民主權的基本原則。但是，目前的政體安排，還難以坐實人民主權原則。在國家基本制度的安排上，即人民代表大會制度與人民政協制度，前者在實施中依託間接選舉，後者逐漸喪失了政治協商功能，因此都無法真正落實人民主權。而執政的超級政黨對國家權力的掌控，政黨自身高度的行政化定位，又決定性地影響了國家權力的具體運行，進一步將人民主權演變為政黨主權。因此，必須區隔黨權與國權，進而從目前政府改革意義上所說的還政於民，走向國家建構和政體選擇雙重意義上的還權於民，真正坐實人民主權原則，從而保證中國真正成為「民有、民治、民享」的現代國家。

## 一、人民主權與政體選擇

從政治理論的視角看，現代國家建構依託於主權理論。現代主權理論存在多種建構進路，因此有必要先行分梳主權論的主要進路，以便為分析現代國家建構的權力歸宿問題提供理論基礎。論者將現代主權論大致分為兩種類型：一是君主主權論，一是人民主權論。[1] 前者的代表人物是博丹、霍布斯，後者的代表人物是洛克和盧梭。

就前者言，博丹主張「主權屬於人民」，但當人民自願地將主權轉移給一個人或某些人，他就具有主權者的地位。正如他所指出，「如果有人從人民那裏獲得一項絕對的權力，並可終生行使，我們將作何評述呢？這裏我們必須區分清楚。如果賦予他的是純粹的、單一的絕對權力，而不是像選任官或者專員那樣，也不是需經他人同意授權（percaire）才能行使，在這種情況下，他當然有權稱自己是一位具有主權地位的君主。因為人民已放棄和被剝離了自己的主權性權力，為使他擁有主權，才將主權授予他。強權、權威、特權和其他主權性權力均轉讓給了他，並讓他保有，正如有人放棄了一項屬於自己的財產，也就意味着放棄了凝結在財產中的原屬於他的所有權利一樣。」[2] 博丹就此將主權歸向君主或國王。論者認為，博丹完全是因為當時法國的國家處境而被迫將主權歸於君主。如果是不處於法國那個時代，博丹完全是一個人民主權論的主張者。[3] 在具體處理主權形態的時候，博丹將主權區分為神聖主權和世俗主權，前者由上帝法則保障，後者經由人民的授予。主權具有絕對性、永久性、不可轉讓、代表及不可分的特性。「君主的首要的主權性特徵就是立法權和發佈命令權，不論這種法律是適用於全體民眾，還是適用於某些具體的個人。

這種權力不能與他的臣民共同分享」。[4] 從博丹的論述中可見，君主主權論實際上是一種權宜性的理論。因為在拒斥了神聖主權論的基礎上，博丹開闢的現代主權論進路，實際上行走在世俗的道路上。只不過為了法國十六世紀絕對主義國家建構的現實需要，博丹不得不在人民主權和君主主權之間，展開一種基於永久授權而生成的君主主權理論。這樣的理論思路，後來為霍布斯所系統闡發，從而達到了君主主權論的頂峰。在霍布斯的論證中，政治社會得以建立的基礎是自然狀態，在自然狀態中，人類處於一個人對每個人的戰爭之中，因此有必要建立一個共同權力來結束這種戰爭狀態，並且使人們對這共同權力敬畏臣服，由這權力引導人們實現公共福利。而建立這共同權力的路徑有兩個：一是依靠暴力，二是依靠約定。前者始於強迫，後者依賴自願。但兩者突顯的共同權力都具有讓人恐懼的力量。就此而言，最高主權者都處在其他人或臣民之上的位置，它與其他人或臣民之間都沒有契約。最高主權者的權力因此成為一種絕對化的權力。「主權者的權力，不得其允許不得轉讓給他人，他的主權不能被剝奪，任何臣民都不能控訴他進行侵害，臣民不能懲罰他，和平所必需的事務由他審定，學說由他審定，他是唯一的立法者，也是爭執的最高裁判者，也是和戰問題的時間與時機的最高審定者，地方長官、參議人員、將帥以及其他一切官員與大臣都由他甄選，榮銜、勳級與賞罰等也由他決定，」[5] 這種主權者權力，在霍布斯那裏可以掌握在一個人、全體成員會議和少數人手中，從而顯現為君主制、民主制和貴族制三種國家。[6] 霍布斯強烈地主張主權應當在一個人手中，正是因為如此論者才將他視為君主專制的辯護者。[7]

就後者論，洛克與盧梭的人民主權論，成為與君主主權論不同的另一種主權言說。洛克同意霍布斯關於人類建構政治社會之前處於自然狀態。但是這一自然狀態不是一個人對每一個人的戰爭狀態，而是一種完備無缺的狀態。人們在自然法的範圍內，按照自己適宜的方法決定自己的行動和處理自己的財產，毋需聽命於任何人。[8] 為了謀求彼此間的舒適、安全和和平的生活，以便安穩地享受他們的財產並且以更大的保障放置共同體以外任何人的侵略，他們以多數人同意的原則，放棄其自然自由並受制於公民社會。於是政治社會即國家的誕生狀態就是人民同意的結果。正如洛克指出的，「人類天生是自由的，歷史的實例又證明世界上凡是在和平中創建的政府，都以上述基礎為開端，並基於人民的同意而建立的。因此，對於最初建立政府的權利在什麼地方，或者當時人類的意見或實踐是什麼，都很少有懷疑的餘地。」[9] 這是對人民主權原則最為明確的表述。而盧梭在《社會契約論》一書中對人民主權論的表述，則更有系統和完整。[10] 盧梭是從自然狀態出發建構國家理論。他認為自然狀態既不是戰爭狀態，也不是沒有公共權力的狀態，而是人人平等和滿意的狀態。但當這種狀態不再能夠維持的時候，人們就必須尋找一種新的生存方式。於是，聚合起來的全部力量用來維護並保障每個成員的人身安全和財富，一種既使每個與全體相關的成員不過仍然是在服從自己，而且保存了人們以往的自由。這種政治社會的建構，自然對於他們的生存而言是值得期待的。「因而，如果我們撇開社會公約中一切非本質的東西，我們就會發現社會公約可以簡化為如下的詞句：我們每個人都將其自身及自身全部的力量共同置於公意（general will）的最高指導之下，並且我們在共同體中接納每一個成員作為全體之不可分割的一部分。只是一瞬間，這一結合行為就產生了一個道德的與集體的共同體，以代替每個訂約者的個人；組成共同體的成員數目就等於大會中所有的票數，而共同體就以這同一個行為獲得了它的統一性、它的公共的大我，它的生命和它的意志。這一由全體個人的結合所形成的公共人格，以前叫『城市』，現在叫『共和國』或『政治體』，就其被動意義來講，他的成員稱之為『國家』，就其主動意義來講，其成員稱之為『主權者』，而跟其他與之類似的組織相區別的時候，就稱之為『政權』。」[11] 公意即主權，而主權是不可轉讓的、不能分割的、永遠以公共利益為目的的，並且是絕對的、不能被代表的。

但盧梭在面對社會公約與國家制定法律與進行治理的兩種公意的時候，他還是將公意的意涵進行了區分：前者必須遵守全體一致同意的原則，才足以顯現公意；後者只需要遵循多數同意原則，就可以被視為顯現了公意——就前者言，盧梭強調「唯有一種法律，就其本性而言，必須要有全體一致的同意，那就是社會公約。政治的結合乃是全世界上最自願的行為；每一個人既然生來是自由的，並且是自己的主人，所以不能在任何可能的藉口之下，都不經本人的允許就役使他。」因此，只有全體一致的同意，才能夠形成社會契約。例外的情況只能是，拒絕同意的人成為公民中的外邦人，不過只要繼續居留在這一政治體的領土之內，也得服從主權。[12] 至於社會契約達成後，制定法律和行使政策，即除去前述社會公約外，「投票的大多數是永遠可以約束其他一切人的；這是契約本身的結果。但是，人們會問：為什麼既然一個人是自由的，卻又要被迫遵守那些並非自己的意志呢？反對者怎麼能夠既是自由的，而又要服從他們不贊同的那些法律呢？我要回答說，這些問題的提法是錯誤的。公民是同意了一切法律的，即使是那些違反他們意願的法律，即使是那些他們若膽敢有絲毫違反都要受到懲罰的法律也不例外。國家全體成員的普遍意志就是公意；正因為如此，他們才是公民並且是自由的。當人民代表大會提議制定一項法律時，他們向人民所提問的，精確地說，並不是人民究竟是贊成這個提議還是反對這個提議，而是它是不是符合公意；而這個公意也就是他們自己的意志。每個人在投票時都說出了自己對這個問題的意見，於是從票數的計算裏就可以得出公意的宣告。因此，與我相反的意見若是佔了上風，那並不證明別的，只是證明我錯了，只是證明我所估計的並不是公意。假如我的個別意見居然壓制了公意，那麼我就是做了另一樁並非我原來所想要做的事；而在這個時候，我就不是自由的了。」[13] 在盧梭這樣的思路中，一切掌握議會權力和政府權力的人，都不是支配共同體成員的權力，而只能是一種服務的權力。對前者即議會（人民代表大會）成員來說，取決於公意不能被代表，因此，「人民的議員不是、也不可能是人民的代表，他們只不過是人民的辦事員罷了；他們並不能做出任何有效力的決定。凡是不曾為人民所親自批准的法律，都是無效的；那根本就不是法律。」[14] 對後者即政府成員而言，「在一切真正的民主制之下，行政職位並不是一種便宜，而是一種沉重的負擔。」[15] 因為創制政府並不是一項契約，而是一項法律，因此，只要人民願意，就可以委任他，一旦人民對其不滿，也可以撤換他。對於這些官員來說，不是什麼訂約的問題，而只是服從的問題；在他們承擔國家賦予的職務的時候，他們只是在履行公民的義務，而沒有以任何方式來爭論條件的權利。[16]

將君主主權論與人民主權論相比較，可以發現，人民主權乃是兩種主權論的同心圓。因為不論是博丹還是霍布斯，都對人民主權有所論述。博丹的基點是人民主權，君主主權不過是人民轉讓的結果；而霍布斯傾向於君主主權，主要是因為君主主權的建國績效，但他認為君主國、民主國與貴族國不過是取決於代表人數的單一與多寡而已，這幾種主權形式各有利弊，因此並未明確否決人民主權。而且，從審查君主主權論可以看出，君主主權應該更為準確地稱之為關於君主主權者的論述。就此而言，與神授主權相比較而言，人授主權最後似乎都會歸於人民主權。差別僅僅在於，究竟是以什麼方式闡述人民主權與主權者之間的關係。換言之，在國家建構與國家法律、政策制定之間，人民主權如何打通兩者之間的關係，才是國家建構的關鍵問題。換言之，這就是一個國家建構與政體選擇兩者，如何可以在人民主權原則的基點上統一起來的問題。

但這並不等於說盧梭系統闡述的人民主權，就奠立了主權、主權者與行使主權方式（政體選擇、法律制定與政策決策）的整個政治生活的完備論述。事實上，同樣是基於盧梭的人民主權原則，尤其是基於盧梭的公意即主權的原則所建立起來的現代政體，發生了具有類型學意義的分化。流行於現代社會的兩種主要政體，在其建國的理論源頭上，都是盧梭的人民主權論，但最後建構起來的兩類國家，卻產生了截然不同的政治品性。

從現代政治史的角度看，盧梭的人民主權學說，構成了兩種重要政體——憲政民主政體與人民民主專政政體的主權論基礎。憲政民主政體是一種代議制民主的政體形式，但其政體的根柢是人民主權。不論是英國的不成文憲法，還是美國、法國的成文憲法，這些奠立憲政民主政體的根本法，都是基於人民主權原則制定出來的。在這樣的政體設計中，人民授權給立法者、選擇官員和司法人員行使主權，但人民保有自己手中的生命、財產與自由權利。政體的運行，建立在以權力制約權力、以權利制約權力、以社會制約國家權力的基礎上。更準確地說，這是一種洛克式的人民主權下落的政體安排，但是也在盧梭的主張範圍內可以預見。人民民主專政是一種基於人們直接當家作主（掌握國家權力）的政體形式。這一政體形式與憲政民主政體具有極大差異。其差異體現在後者重在作為個人的公民對國家的制約及國家對公民權利的保護，而前者強調的是作為集體的人民對國家的忠誠、國家對人民權利的一攬子抽象承諾。在這一政體運行的事實構成上，人民其實是一種對現實政治、法律制定與政策決策不發生具體影響的、虛玄的正當性說辭。在盧梭的論證理路中，這樣的政體事實上無法處理社會公約與法律制定兩種不同情況下，人民主權即公意顯現的不同態勢及其合理貫通。但是，這樣的狀態也是盧梭人民主權理論的題中蘊含之意。盧梭的人民主權論是如何匯出兩種存在根本差異的政體形式的呢？這提問催生了三個需要進一步辨析的問題：一是盧梭的人民主權原則的一般理解是否存在歧義？二是人民主權原則是否內涵含不同的政體選擇可能？三是人民主權原則之下兩種政體是否具有高下優劣的不同？

從第一個方面分析，如前所述在現代政治思想史上，人民主權原則為盧梭所系統闡釋。[17] 但人民主權的理解方式，存在嚴重歧義。這些歧義體現在：其一，人民主權在公意意義上的集群歸屬，與立約之前作為平等個人的歸屬，可能引導出兩種建立社會公約的進路。盧梭在闡述人民主權原則的時候，預設了兩個前提，一是平等個人的自由權利，二是高度集中的統一意志。前者是得以形成公意的前提條件，因為缺乏個人作為前提的公意，就是絕對抽象的政治統一意志，盧梭的論述勢必無法自圓其說；後者是必須成形的政治後果，因為不達成這樣的政治意志，國家建構就缺乏高級法與人定法的層級結構，人民主權就構不成國家建構的根本原則。因此其二，正是這兩端的相互依存，造成在國家建構的政治實踐過程中，人們究竟將個人主義的原則貫穿到底，還是將個人主義的出發點歸於集體主義的歸宿點的矛盾。前者引導出自由主義的國家建構進路，並且將國家作為工具的存在來對待；後者牽扯出國家主義的國家建構進路，並且將國家視為目的性的存在來崇拜。

從第二個方面，即人民主權原則內涵的不同政體選擇而言，則是一個從主權理論建構下落為政體選擇實踐的中間環節。一方面，盧梭確實對他申述的人民主權原則與民主政體的聯繫進行了闡述，但這種闡述是作為國家建構的道德原則，也就是作為國家根本法的憲法之高級法背景被闡述的。盧梭缺乏從政治制度，尤其是法律制定和政策決策這些相對具體的國家建構問題介面考慮問題的興趣。因此人民主權之通向何種民主政體，不在盧梭的具體考慮範圍內。但是，另一方面，盧梭本人也並沒有明確區分直接民主與間接民主，尤其是沒有將之作為兩種對峙的政體形式加以處理，公意（general will）與眾意（will of majority）確實可以將人民主權原則導向不同的政體形式。前者內含直接民主的總體制度理念，公意既然是社會契約達成的基礎，那麼按照其政治行動進路，就不能違逆公意，這一總體意志勢必貫穿整個政治過程；但後者即在法律制定、政策決策中，多數決往往是現實公意的可靠方式，因此下落為多數決並保護少數的憲政民主制度就是必要的。雖然盧梭對後一種政體安排持有輕蔑態度，但它其實也蘊含在自己的論說邏輯中。再一方面，從盧梭人民主權原則出發，理論上的歧義與實踐上的不同，確實內涵在其中並突兀地共存。尤其是他之後的人民主權原則的實踐性借用，顯然是各取一端、各謀其事。這是就利用盧梭人民主權理論來建構國家政體形式的人們而言的。這與盧梭的論說沒有必然聯繫，但盧梭間接為之進行了論證，甚至作為不同政體建構者正當化自己的政治行動的理論根據。於是，以人民主權的名義建構起國家主義的政體，這種悖反的政治情境，盧梭還是要承擔間接責任。從法國大革命、蘇聯及蘇聯式的政體建構實踐來看，[18] 盧梭的名義性責任是推脫不掉的。

從第三個方面進行比較，同樣在人民主權原則下建構起來的兩種現代政體，即憲政民主政體與人民民主專政政體形式，在理論上的優劣與實踐上的長短，是需要經過深入分析才能顯現出來的差異。從理論上看，由於人民主權需要顯示其道德論說即作為憲法的高級法背景，下貫到一切國家制度安排之中，從而維持它的邏輯一貫性。因此，蘇聯及蘇聯式政體似乎更為符合盧梭人民主權理論的政治邏輯要求。相反，自由主義的憲政民主政體設計在理路上似乎存在盧梭意義上的邏輯中斷。因為公意坐實為政治—法律制度的安排，自由主義遵循了一條從個人權利出發、經由人們一致的同意，落實為一套制約權力的國家制度安排，最後回到個人權利的保護上面。公意似乎沒有一貫到底地成為國家運作的邏輯，而僅僅成為建構保護個人權利的仲介和橋樑。其實，從理論邏輯上看，盧梭自己的邏輯就是中斷的結果：在公意的總體政治意志突顯後，作為盧梭出發點的個人，便隱而不彰。倒是憲政民主政體維持了邏輯上的一貫性。從政治實踐上看，盧梭所啟發的蘇聯式政體，由於率先肯定了人民主權原則與人民政權之間的完全一致性，因此，這樣的政體不存在限制國家權力的必要。其實，在盧梭的論證中已經蘊含着這樣的許諾：公意是國家建構的道德根據、高級法背景，因此一切掌握國家實際權力的，無論是議會的議員，還是政府的官員，只是服務於人民的權力執行者。因此，限制他們的權力純粹屬於多餘——他們根本就沒有什麼權力，他們的權力屬於人民。就此盧梭對具體的制度安排不屑一顧。而恰恰在這裏，盧梭的原則成為國家及掌握國家權力的人們，從主權者僭越為主權的理由。可見，人民主權是需要具體審查的政治哲學理論，一切以人民主權原則建構起來的國家，必須經由制度實踐的具體檢驗，才能判斷它是否真正實行人民主權原則的政體安排。

## 二、重思人大——政協制度

無疑，中國人建構自己的現代國家，也是從盧梭人民主權原則出發的。正是在這原則的指引下，中國選擇的政體無疑是一種力圖體現人民主權原則的「人民民主專政」的政體。中華人民共和國是一個由中華民族（中國人民）建構起來的現代主權國家。作為民族國家的特定形態，一方面，國家根本法即《中華人民共和國憲法》明確規定「中華人民共和國一切權力屬於人民」，[19]確立國家權力的最後歸屬是中國人民。這是完全符合現代國家建構的人民主權原則的國家根本法基本理念。但另一方面，因為國家建構是在一個先於國家成立，卻又是以國家建構為目的的政黨基礎上得以完成的，於是中華民族（中國人民）這一建國主體和國家主人，轉變為由中國共產黨帶領中華民族（中國人民）建立屬於自己的國家（nation state）。因此，本應作為民族—國家形態出現的現代中國，就此成功建構了政黨—國家（party state）的形態。《中華人民共和國憲法》對此進行了明確的表述，「一九四九年，以毛澤東主席為領袖的中國共產黨領導中國各族人民，在經歷了長期的艱難曲折的武裝鬥爭和其他形式的鬥爭以後，終於推翻了帝國主義、封建主義和官僚資本主義的統治，取得了新民主主義革命的偉大勝利，建立了中華人民共和國。從此，中國人民掌握了國家的權力，成為國家的主人。」[20]顯然，這是一個與現代民族國家建構大不一樣的國家建構結果。而且與盧梭設計的人民主權原則申述的公意之形成進路，也不一致。更為關鍵的是，在國家主權的主體承載與行使機制上，人民、民族、政黨與國家的交織關係，都會在國家基本制度的設計中反映出來，使國家具體法律制度與政策制定與執行，顯示出與憲政民主政體不同且獨具特色的政體特徵。

問題可以劃分為兩個層次。這兩個層次正是盧梭劃分出來的：一是達成社會契約公意的完全一致性及高度自足性，二是制定法律與政府進行政策決策體現公意方式的多數決。前者通過全體人民的一致同意得以形成。假如不同意這一共同意志的人，則成為「城中的外邦人」（即現代國際法意義上的外國人），不過只要他仍然居住在中華人民共和國，他也就必須臣服於中華人民共和國的主權——需要注意的是，這種臣服於並不包括中華人民共和國的主權者。這一層次自然是國家建構的第一層次的問題。後者借助選舉中的多數決原則而達致，但也體現了公意的原則，只不過體現公意不再需要全體成員的一致同意，只需要相對多數成員的贊成即可。

對之進行進一步的分析，可以知曉其中包含的複雜涵義。在第一層次上，中華人民共和國作為人民主權原則基礎上建構的現代國家，建立國家並足以使其正當化的公意即人民主權，作為國家建構的首要前提被承諾。但這一被承諾的國家建構前提，具有獲得充分理解的相關條件。而對這些相關條件的理解，成為完整準確地把握中華人民共和國建國所秉持的人民主權原則的邊際條件。無疑，在《中華人民共和國憲法》序言中，有關國家建構的政治狀態的陳述，可以發現國家承諾人民主權原則的政治預設，乃是前置在國家建構之上的政黨先行原則。這就是「中國各族人民」在「中國共產黨」的領導下，進行以人民主權為首要原則的國家建構活動。這是一個對中華人民共和國建國的政治狀況非常準確的描述。[21] 正是在這樣的表述中，透露出中華人民共和國的人民主權原則的實際存在形態，是由中國共產黨主權者代行人民主權的國家理念「秘密」。這是由階級、政黨到國家的建國聯接決定了的國家建構狀態，而不是由人、人民到公民的建國聯接所決定的國家建構狀態。取決於前一建構的主體定位，循其註定的政黨及其領袖是無產階級代表的「人民」的領導者的定勢，人們就不難理解，為什麼一部憲法會明確規定在人民主權之上，還存在着一個引導人民的政黨與領袖，也就在這裏顯示出《中華人民共和國憲法》第一條與第三條，對憲法第二條的夾擊作用：憲法第一條明確規定「中華人民共和國是工人階級領導的、以工農聯盟為基礎人民民主專政國家。社會主義制度是中華人民共和國的根本制度。禁止任何組織或者個人破壞社會主義制度。」[22] 這一條款實際上是高於第二條款的政治原則。換言之，在國家基本制度的建構上，中華人民共和國的階級性遠遠重要過人性與人民性，而由法律制定確立的公民身份，自然也就在人的階級身份之下。正是取決於這樣的規定，人民民主專政的社會主義政體形式才被斷然確立起來。因為只有這樣的政體形式，才能與建立在階級性基礎上的國家順利對接，而其他政體形式，尤其是憲政民主政體形式實在是無法與之對接的政體安排。而憲法第三條的原則性規定是「中華人民共和國的國家機構實行民主集中制的原則」。我們知道，這一原則其實是中國共產黨的政黨組織原則。中國共產黨的這一組織原則的運行規定就是「黨員個人服從黨的組織，少數服從多數，下級組織服從上級組織，全黨各個組織和全體黨員服從黨的全國代表大會和中央委員會。」[23]按照這一組織要求，中央實行的民主集中制實際上就使中國共產黨的中央領導人保有最後與最高決定權的體制。這等於進一步強化了憲法第一條所規定的由中國共產黨所保證的社會主義國家體制。而憲法序言中明確申述的「以毛澤東主席為領袖的」中國共產黨領導中國各族人民的建國政治原則，無疑是對此準確無誤的證實。因此，對於中華人民共和國來說，建國的原則遵循着一條中國共產黨、中國各族人民到中華人民共和國的下落路線。政黨—國家根本法的精神，就此獲得通透的呈現，由此可以進一步理解國家基本制度安排上的一系列機構設置與功能確定。

這正是在第二層次上即多數決原則支配下確立的國家基本政治制度所要解決的問題。中華人民共和國的主權屬於人民，足以顯示人民主權原則的國家基本制度精神。儘管這樣的建國原則存在着中國共產黨及其領袖領導的前提條件，但是這樣的前提條件發揮作用的機制卻是，中國共產黨在國家權力的背後發揮實際引導作用。而在國家制度運行的前台，不存在政黨作為的空間，註定中國共產黨反而是一個隱匿的主體，在國家制度設計的舞台背後發揮作用。這個時候，「人民主權原則」再次被推向前台，國家權力機構成為人民行使權力的政治建制。憲法由此給出了國家基本政治制度的原則性規定，從而由此預設了這些制度運行的基本準則。因此，從憲法這一國家的根本法來說，理解中華人民共和國的基本制度供給，可以從憲法文本的條款規定，及這些條款規定之下的制度的實際運行這一個問題的兩個介面加以審視。就前一介面看，《中華人民共和國憲法》明確規定，「人民行使國家權力的機關是全國人民代表大會和地方各級人民代表大會。人民依照法律規定，通過各種途徑和形式，管理國家事務，管理經濟和文化事業，管理社會事務。」[24] 這一規定是對「中國人民共和國的一切權力屬於人民」的原則性規定的展開式確認。因為國家屬於人民，還得通過確立人民行使國家權力的制度安排，才足以顯示其現實性品格。在確立全國人民代表大會作為人民的代表機關後，勢必產生代表資格的確定問題。因此憲法第三條跟也明確規定，「全國人民代表大會和地方各級人民代表大會都由民主選舉產生，對人民負責，受人民監督。」[25] 這些規定，在政黨隱匿到國家制度背後的前提條件下，促使人民主權原則回到國家基本制度制定與運行的政治現場。期間明顯刻畫出了一條「人民主權—政黨主權—人民主權」的循環路線。但由於在憲法序言中政黨主權出場後並沒有進入實質性的憲法條款，因此並不對人民主權原則構成即時衝擊。對人民主權原則構成衝擊的制度安排，是在憲法確立的基本制度之下制定的各種部門法律。

我們需要進入另一個介面來進一步審視人民主權的政制行使機制，才能揭示政黨主權與人民主權之間複雜的替代關係與運作機制。審視這一機制，一方面，與代表制度有關；另一方面，與全國人民代表大會的運行方式有關。前者是一個代表資格的合法產生問題，後者是一個代表權力的實際行使問題。就前者言，憲法規定，全國人大及地方各級人大的代表，必須通過選舉產生。然而，這是一個原則性很強的規定而已。必須參照《中華人民共和國全國人民代表大會和地方各級人民代表大會選舉法》才足以清楚把握和理解代表的產生機理。在這部規定代表產生機制的選舉法中，明確規定，「全國人民代表大會的代表，省、自治區、直轄市、設區的市、自治州的人民代表大會的代表，由下一級人民代表大會選舉。不設區的市、市轄區、縣、鄉、民族鄉、鎮的人民代表大會，由選民直接選舉。」[26] 這樣的規定，通常被解讀成為基層人大代表經由直接選舉產生，而中高層（國家）人大代表則由間接選舉產生的複合型選舉制度。[27] 因此，這種選舉安排，是具有政治制度設計的深層用心的。基於控制許可權的差異，基層人大代表的作用受到限制，而直接由選民選舉產生，也不會導致什麼政治風險。但在中高層尤其是全國人大的層次，由於許可權的明顯增長，控制性選舉將催生一個風險可控的國家權力機制。而間接選舉所產生的中高層人大代表，不僅會因為人民的選舉意志表達受限而影響人民主權的落實，由人民直接選舉出來的基層代表再間接選舉中層（省級人大）代表，繼而經由這些代表選舉高層（全國人大）代表，其間基於人民主權原則的普遍選舉權利，事實上已經收縮為少數代表的權力。這不僅削弱了人民行使國家權力的能力，[28] 應當由全體人民作為國家意志行使者的這一平民共和體制，由此就走向了貴族共和體制。後者即全國人大的運行機制設計，也是具有政治深意的一種制度安排。《中華人民共和國憲法》明確規定，全國人民代表大會是國家的最高權力機關。但能行使這一機關的立法權的人，不僅是只背全國人大，更包括它的常設機構全國人大常務委員會。[29] 這實際上就將人民代表（儘管是通過間接選舉獲取的代表資格）部分的立法權，未經人民及人民代表同意，轉讓給了少部分人民代表。加之人大系統所設立的執政黨黨組機構、國家確立的執政黨領導人大工作及配備人大幹部的制度安排，人大作為國家最高權力機關的制度設計，事實上就演變為人大只能作為執政黨政黨意志的合法化機構而已。人民代表大會的人民主權這一首要組織原則與這一機構的運作機制之間，存在着突兀而又必須正視的矛盾。

轉而分析中華人民共和國人民政治協商會議的國家制度定位與社會政治功能，也可以知曉其中所包含的憲制意義。一方面，中國人民政治協商會議不是法制規程之中的國家權力建構，但卻是作為國家政治力量整合的重要體制安排。政協的政治功能定位是「中國人民在長期的革命和建設進程中，結成了由中國共產黨領導的，有各民主黨派、無黨派人士、人民團體、少數民族人士和各界愛國人士參加的，由全體社會主義勞動者、社會主義事業的建設者、擁護社會主義的愛國者和擁護祖國統一的愛國者組成的，包括香港特別行政區同胞、澳門特別行政區同胞、台灣同胞和海外僑胞在內的最廣泛的愛國統一戰線。」[30] 這一定位，確實與憲法中對政協的定位是完全吻合，其中尤為引人注目的是政協的領導權與政黨主權原則的一致性。與此同時，政協注重積聚各種政治力量的機構功能，顯示出它獨特的政治地位。這樣的定位，是經歷了一個重大轉變之後確立起來的。人所共知，第一屆政協是作為國家權力機構設置並發揮作用的。新政協的召開，就是為了建國時期各種政治力量間的協商談判。當中國共產黨執掌國家權力後，尤其是一九五四年正式建立全國人民代表大會後，政協的這一國家權力機構定位便被人大所取代。這個時候，政治協商會議就成為是人民主權原則之下、國家權力機構之外，[31] 解決中國實際存在的政治勢力即在各種事實上及國家需要而人為設置的政治力量間分享國家權力的機制，政協因此成為一種「政治分肥」機制。[32] 就此而言，政治協商會議的機構設置與組織運作，便無法涉足人民主權。在這樣的處境中，中國人民政治協商會議事實上就將「人民」排除在外，而且在解決了建國時刻難以解決的政治分肥後，它本身的政治功能也隨之喪失。這正是今天中國人民政治協商會議既無「人民性」，也無「政治性」的國家權力特性的深層原因。

政協的功能定位，在文本規定上似乎是明確的。「中國人民政治協商會議全國委員會和地方會的主要職能是政治協商、民主監督、參政議政。政治協商是對國家和地方的大政方針以及政治、經濟、文化和社會生活中的重要問題在決策之前進行協商和就決策執行過程中的重要問題進行協商。中國人民政治協商會議全國委員會和地方委員會可根據中國共產黨、人民代表大會常務委員會、人民政府、民主黨派、人民團體的提議，舉行有各黨派、團體的負責人和各族各界人士的代表參加的會議，進行協商，亦可建議上列單位將有關重要問題提交協商。民主監督是對國家憲法、法律和法規的實施，重大方針政策的貫徹執行、國家機關及其工作人員的工作，通過建議和批評進行監督。參政議政是對政治、經濟、文化和社會生活中的重要問題以及人民群眾普遍關心的問題，開展調查研究，反映社情民意，進行協商討論。通過調研報告、提案、建議案或其他形式，向中國共產黨和國家機關提出意見和建議。」[33] 但實際上今天的政協會議，大多在會議上討論的各種事務問題，諸如某個經濟項目如何上馬的問題、馬路噪音的控制問題，及各式各樣繁雜瑣屑的民生事務。設置於全國各個行政層次如此龐大的政治協商會議，實際上成為被指定的政協委員的清談俱樂部。政協的三項基本功能，就此成為下行的功能——政治協商方面，對國家重大事務僅僅具有議論之功，而無決策之效；而對人事任用的建議，都要經過中國共產黨的統戰部與組織部的程式，因此也就沒有實質意義。民主監督方面，在人大已經確立對一府（政府）兩院（法院、檢察院）的監督職能後，政協的監督實際上無法發揮監督實效。參政議政方面，政協也僅僅只具有清談議政、調查功用、建議職能，而無實質性介入或干預施政的能力。因此，政協在某種意義上除開作為執政黨的統戰機構外，完全沒有國家政治生活上確定無疑的制度功效。

## 三、在黨權與國權之間

重新清理中國的人民代表大會與政治協商會議兩個重要政治機構的職能及其限制後，我們就可以進一步分析中國國家權力結構的現狀，並較為有系統地思考這一權力結構在各種權力和準權力機制之間，如何形成國家權力運作的正式體制的。

首先從人民代表大會的視角來切入問題。從前面對《中華人民共和國憲法》的分析中可以看出，中國的政黨權力與國家權力的安頓，是這一國家根本大法處理的核心關係。憲法序言確定了中國共產黨在國家之外及國家之上的的特殊位置。一個政黨能夠處於這樣的位置，實際上就是將自己安置到了主權的位置上面。理解中國的政黨主權形態，必須將《中國人民共和國憲法》與《中國共產黨章程》進行對堪，人們才可以察覺到今天的中國是以政黨主權定位的國家主權形式。憲法將中國各族人民置於中國共產黨及其領袖毛澤東之後，這一表述的先後順序，實際上就是對國家權力重要性的高低之分。這一表述之所以不可能倒轉為「中國人民自中國共產黨及其領袖毛澤東主席的領導下」建國，而只能被表述為現行憲法的「中國共產黨及其領袖毛澤東主席領導中國各族人民」建國，反映制憲者心中非常清楚這一表述所具有的深層政治涵義，那就是中國建立的是一個黨主國家，而不是一個民主國家。這是兩種完全不同類型的國家形態。黨主國家的主權歸屬於政黨，民主國家的主權屬於人民。前者是執政黨控制一切國家權力的政黨—國家（party state）形態；後者是人民及其代議機構控制國家權力，並實行權力分割制衡的民主政體——民族國家（nation state）形態。政黨國家與民族國家最大的不同，在於前者將政黨意志置於國家意志之上，成為國家制定根本法律，也就是憲法的最高與最後依據。因此國家的安危繫於政黨的安危，而不繫於全民族成員即人民的意志：政黨的最高目標——實現共產主義理想，成為國家所有成員的理想；政黨的組織形態，塑造着國家的組織形態；政黨的軍事化處境及其行動進路，決定了國家的準軍事化管理（這就是人們所熟悉的「舉國體制」）；政黨具有任意調動國家資源的權力，而國家資源的調度與使用，必須服從政黨的資源需要；政黨管理國家的政務、政策、人事任免，並成為所有組織中保證這些組織服從執政黨的超級組織；在政黨之下可以有屈從性的社會、為之吸納資源的市場，但這些社會結構形態絕對不可能與執政黨處於平等的政治地位，也不可能與執政黨發揮不同的社會功能；更為關鍵的是，政黨的興衰存亡，決定國家的興衰存亡。對此，《中國共產黨章程》的總綱所明確表述的基本原則，就可以視為對憲法確立的「中國共產黨及其領袖毛澤東主席領導中國各族人民」建國原則的一個政治說明。《中國共產黨章程》在總綱部分明確表述了一種政黨在國家之上的政黨主權理念，這一表述可以區分為兩個層面，一個是對政黨引導國家的自身特質加以確認，二是對這一領導權行使的方式進行的明確規定。就前者言，章程確認「中國共產黨是中國工人階級的先鋒隊，同時是中國人民和中華民族的先鋒隊，是中國特色社會主義事業的領導核心，代表中國先進生產力的發展要求，代表中國先進文化的前進方向，代表中國最廣大人民的根本利益。黨的最高理想和最終目標是實現共產主義。」[34]這一段話對中國共產黨政治性質的定位，實際上確立起政黨處於國家之上，提供國家價值、引導國家走向、決定國家狀態的宗旨。這是對憲法序言的政黨主權在組織章程中的明確表述，對於人們理解憲法序言關於中國各族人民在中國共產黨領導下，有一個極佳的詮釋作用。一個代表了國家的先進生產方式、先進文化及人民根本利益的政黨組織，處於國家之上並引導國家發展方向，因此作為國家法律意志的根據，就是順理成章的事情。在這種政黨與國家的關聯式結構中，政黨顯然處於憲法之高級法供給者的位置，政黨價值因此註定成為國家價值的來源，政黨意志顯然代表了人民意志而高於國家意志。循此路徑可知，中國共產黨全面行使國家權力也就在情理之中：政黨宗旨成為國家根基（「堅持社會主義道路、堅持人民民主專政、堅持中國共產黨的領導、堅持馬克思列寧主義毛澤東思想這四項基本原則，是我們的立國之本。」）、[35]政黨控制國家經濟資源（「中國共產黨領導人民發展社會主義市場經濟。」）、政黨掌握國家政治權力（「中國共產黨領導人民發展社會主義民主政治。」）、政黨主導文化價值理念（「中國共產黨領導人民發展社會主義先進文化。」）、政黨行使社會控制權（「中國共產黨領導人民構建社會主義和諧社會」）、政黨掌握國家武裝力量（「中國共產黨堅持對人民解放軍和其他人民武裝力量的領導」）。可見，中國共產黨對自己領導地位的自陳，乃是一種全方位掌握國家控制權力的自我表白。

至於具體行使這種全方位控制國家權力的方式，章程也有明確表述，「黨的領導主要是政治、思想和組織的領導。黨要適應改革開放和社會主義現代化建設的要求，堅持科學執政、民主執政、依法執政，加強和改善黨的領導。黨必須按照總覽全域、協調各方的原則，在同級各種組織中發揮領導核心作用。黨必須集中精力領導經濟建設，組織、協調各方面的力量，同心協力，圍繞經濟建設開展工作，促進經濟社會全面發展。黨必須實行民主的科學的決策，制定和執行正確的路線、方針、政策，做好黨的組織工作和宣傳教育工作，發揮全體黨員的先鋒模範作用。黨必須在憲法和法律的範圍內活動。黨必須保證國家的立法、司法、行政機關，經濟、文化組織和人民團體積極主動地、獨立負責地、協調一致地工作。黨必須加強對工會、共產主義青年團、婦女聯合會等群眾組織的領導，充分發揮它們的作用。黨必須適應形勢的發展和情況的變化，完善領導體制，改進領導方式，增強執政能力。共產黨員必須同黨外群眾親密合作，共同為建設中國特色社會主義而奮鬥。」[36] 這是一段值得深入分析、關於政黨主權行使方式的系統表達。首先，中國共產黨對國家的領導權是政治、思想與組織的領導，這就意味着政黨致力發揮領導效力的，不是針對政府的具體行政權力，而是針對國家權力（政治）、國家理念（思想）和國家結構（組織）實施的權力形態。其次，政黨行使其主權的方式是科學執政，但這裏的科學不是一般意義上的現代科學，而是體現了政黨有效控制國家的「政治化」科學；民主執政，不是一般意義上所說的現代憲政民主制度，而是中國共產黨領導的人民民主專政的執政；依法執政，不是一般意義上的法律主治（the rule of law），而是依照政黨立憲（黨憲而非國憲）之法進行執政。再者，政黨對國家權力的控制，是全方位的控制，即對國家權力領域的立法、行政與司法的掌控，對市場領域的資源配置權的掌握，對社會領域各種組織形態（文化組織、人民團體、公益組織）的控制。實際上在這種控制模式中，國家公權、市場資源和社會組織均失去了獨立自存的意義與價值，因為它們都不過是政黨權力形態的擴展形式而已，而不是各種與政黨權力分庭抗禮的獨立權力形態。當人們解讀「黨必須在憲法和法律的範圍內活動」這樣的句子時，常常會從民族國家的憲政民主政體視角看待中國執政黨的活動方式。其實，這種「一黨立憲」之「憲」，已經不再具有促使全體國民建構共和國的憲政意涵，這一憲法乃是體現政黨主權的根本法，而不是體現國家每一個成員共同意志的憲法。因此，黨在憲法之下活動，保證的是政黨國家活動的必要秩序，那是一種以黨建國成功後，必須要求的以黨治國秩序，而不是一種法律主治的秩序。

在政黨主權之下的政黨國家形態所建構的人民民主專政政體，必須處理政黨、人民與法律的關係，這樣才能將政黨主權落實為一種似乎是合乎現代政治秩序的法制化狀態。對於這種三邊關係，《中國共產黨章程》的處理是，「堅持黨的領導、人民當家作主、依法治國有機統一」，[37]這是作為執掌中國國家權力的執政黨處置人民主權、政黨掌權和法制手段之間關係的一個具體的政治原則。政黨主權論理所當然要在國家治理諸要素的排位上，將黨置於優先的位置。這種優先位置是其黨主國家的國家形態所必須的，否則黨主國家就缺乏先在條件。而這一位置的確立，在理論上的論證進路是，由於現代國家運行的基礎只能是人民主權，因此必須將政黨主權與人民主權內在地統一起來，用政黨主權的前述諸內涵（三個代表）充實人民主權——政黨主權即人民主權，因為政黨除開代表人民利益外，絕對沒有自身的利益。[38]在這樣的論證中，政黨主權原則就被確立起來，而堅持政黨對國家的全面領導權，也就獲得了現代政治理論的根據。而且相應地將政黨與人民的主權及兩者對國家權力的控制完全疊合起來，變成一個東西。至於依法治國，乃政黨意志即人民意志的體現，因此依法治國不過是政黨領導權與人民權力的順應性表現而已。三者之間便由此天衣無縫地統一起來，這種天衣無縫的統一，就是「有機」統一的涵義。可見，理解三者統一的治國原則，不能在民族國家形態下、憲政原則基礎上、法律主治的狀態中展開。那樣就無法抓住政黨國家的政黨主權、黨憲創制與部門法制定的關鍵之所在。

再從政協對於國家權力的分享上來看，政協的功能被明確規定為政治協商。這一協商，是在執政黨與參政政黨之間、執政黨與人民團體、社會組織之間展開的，民主監督和參政議政的功能是服從於這一需要而得到確認的派生性功能。而體現政協政治協商功能的前提條件是，對國家範圍內各種政治力量的均衡性承認，並以此為原則委派政協委員。政協章程明確規定，「每屆中國人民政治協商會議全國委員會的參加單位、委員名額和人選及界別設置，經上屆全國委會主席會議審議同意後，由常務委員會協商決定。」[39] 這是一種基於政治精英理論的委任制。關鍵的當然還不是受到委任的各路精英，獲得政協委員身份的結果問題。足以從國家理論的角度對之進行探究的問題是，獲得政協委員身份委任的前提條件，是對政黨—國家的國家形態的承諾，即對政黨主權的先在性認同。「中國人民政治協商會議全國委員會委員和地方委員會委員應熱愛祖國，擁護中國共產黨的領導和社會主義事業，維護民族團結和國家統一，遵守國家的憲法和法律，在本界別中有代表性，有社會影響和參政議政能力。中國人民政治協商會議全國委員會委員和地方委員會委員要密切聯繫群眾，了解和反映他們的願望和要求，參加本會組織的會議和活動。」[40] 在這樣的組織責任表述中，政協委員承諾政黨主權的政治忠誠原則，似乎已經成為他們協商政治的首要前提，尤其是人們注意到在中國的政治術語中，祖國（motherland）這一關乎故土情結、認祖歸宗、文化歸宿意義上的概念與國家（state）這一人為政治建構物的概念，似乎是有意混用，而在沒有得到有效區分的情況下，前述首要原則就更加突顯在人們的面前。其中隱含着的政治協商成員資格獲得的條件，在此就可以獲得深刻的理解。尤其是當這樣的協商真正落實在國家政治權力的分配上，諸如某個「民主黨派」、「人民團體」與「無黨派民主人士」經由這一途徑或委任全國人大代表，尤其是全國人大常務委員會的副委員長、專門委員會副主任職位或人大常務委員的時候，被確定為非國家權力機構的政協，就具有了通向執掌國家權力之路的通道。就此人們可以確信，在政黨主權的理念與制度安排中，一切試圖在執政黨組織之外介入國家政治生活的人士，必須首先承諾這一主權原則，否則就不可能獲得參與國家政治生活的權力，當然更無望獲得參與國家基本法律和部門法規的制定權力。

通過對中國的國家建構發揮決定性作用的三部重要文件——《中華人民共和國憲法》、《中國共產黨章程》與《中國人民政治協商會議章程》的比較分析，人們可以清楚認識，憲法作為國家的根本法、黨章之作為政黨組織的最高規則、政協章程之作為政治分肥的規章，三者之間存在着關乎國家權力歸屬的、重要的共同點：就是黨權為國權確立規範，黨權高於國權，黨權約束、控制和支配國權。只有在黨權的制約之下，國權和其他權力形態才能得到它們的規定性；倘若黨權不及，那麼其他權力形態就失去了自己的規定性。這是一種特徵非常明顯的政黨主權論。

從政治理論上分析，政黨主權是人民主權和君主主權的一種混合形態。就第一節對兩種主權觀的描述和分析可以知道，在人民主權論的視角看，政黨主權是以人民主權為理論依託的，因此當然不歸屬於人民主權。在人民革命推翻既定主權的時候，政黨主權充分利用了人民主權申述的諸原則，尤其是人民主權的公共性特質，來為政黨主權的出場及發動旨在主權替代的政治革命提供理由。缺乏人民主權的支持，政黨主權就失去了出場的理由和契機。因為只有人民主權的至高性，才足以剝奪既定主權形態——在中國就是國民黨的政黨主權形態繼續存在並發揮效力的理由。人民主權為革命提供了充分的理論支持：這一方面是指人民主權對所有其他主權形式，無論是君主主權或政黨主權，都構成了強大的道德瓦解力量，因為只有人民主權原則將政治體的所有個體成員的自由作為他們建構政治社會，即國家的唯一前提條件。這是一種關乎建國的道德制高點，是此前一切其他主權理論所不曾佔據過的道德高地。[41] 把人作為目的而不是作為手段，這是一切人民主權原則的闡釋之具有最高道德保障的倫理學根據。這由康得所明確申述的盧梭原則，成為現代主流政體最深厚的德性根基。[42] 另一方面則是指人民主權原則之下建構的國家體制，對權力做出了最周詳的安排，即通過人民的共同意志規範國家權力來源，又通過憲制安排限制囂張的國家權力，還借助與國家抗衡的市場與社會的成長，捍衛了公民私權領域的不受侵犯。這種公私分流各有畛域，但國家公權對私權提供保證的同時，公權自身受到嚴格規範的政治狀態，是此前所不曾出現過的政治良性情形。再一方面則是指，人民主權是矯正政治不正當與制度不合理的最終依據，凡是那些缺乏正當性支持的國家政治基本制度，就喪失了存在的理由。而人民主權原則即時啓動，成為轉移國家權力的、革命運動的正義原則。這正是盧梭的人民主權思想引導法國大革命的評論獲得人們普遍同意的原因。「以人民的名義」，是現代幾次規模浩大的革命——從美國革命、法國革命到俄國革命、中國革命——得以發生和受到有力推動的最終根據。[43] 正是人民主權原則奠立了一切現代國家的運行的基本準則。因此，即使已經將之轉變為政黨主權的特殊國家，也不得不做出形式上的承諾。

從君主主權的角度看，君主代表了國家最高意志，所有政治社會即國家的成員，都是服從君主意志的臣民，在博丹與霍布斯的論述中，君主主權體現為君主對立法權和發佈命令權的完全控制，對國家所有資源的支配，關鍵的問題是臣民對之不能有任何的挑戰，無論這種挑戰顯現為對君權的侵害，還是對君主失當舉措的懲罰，或是對君主權力的剝奪，都是不被容許的。這樣的主權規定性，保證了國家主權的穩定性、秩序性和強控性。這是君主主權成為早期現代社會一個長時段的主流論斷最重要的原因。中華人民共和國的政黨主權論，在形式上遵循了人民主權論的進路，在實質上則沿循君主主權論的基調。因此中華人民共和國的政黨主權可以被表述為：以人民主權的名義建構政黨主權的實體。這樣的表述，既反映中華人民共和國確定政治藍圖的基本法規（憲法）與重要政治文件（中共黨章及政協章程）的基本精神，也反映了以黨建國和以黨治國的國家定位的基本事實，更反映了中國近六十年國家權力運作的現實結構。如果需要對之進行政治事實的驗證，那麼中國政治修辭術中普遍使用的「黨和人民」、「黨和國家」、「黨和政府」，就是一個人所共知的政黨主權的修辭方式，而在國家權力體系的次序安排上，政黨首腦位高權重，超過其他權力握有者，且總是排列在國家領導和政府首長之前的制度規則，也顯示出政黨主權的制度既定性。至於在外交途徑，由國家重要領導人表達的國家利益，也是將執政黨的執政權益及其所主張的社會主義基本制度，作為最為重要的國家利益向外宣誓。[44]

## 四、從還政於民到還權於民

衡諸中國國家主權歸屬，政黨主權經已獲得較為明確而充分的認識。但是，政黨主權得以成功延續的前提是，必須與承載這一主權的政黨定位和社會狀態高度吻合。一個高度集中政黨成員意志的黨派組織，必須是一個革命黨，才能杜絕政黨成員的多元思維，並且以軍事化的組織結構將高度統一的政治意志貫徹到每一個成員的行動之中。只有在這樣的政黨組織狀態中，革命黨在革命中和革命後的主權結構狀態才能得以維持：在革命中，由於革命黨致力於革命，或是說致力於爭取從國家反對派角色轉變為國家權力執掌者角色的鬥爭，構成革命黨及其成員圍繞以黨建國目標，而成功凝聚的政黨主權意志。在革命成功後，只要革命黨自身沒有發生結構性變化，而促使革命黨發生這種變化的外部條件尚不具備時，革命黨也可以以「以黨治國」的路徑繼承其革命中的政黨定位，繼續維護其政黨定位不變，進而有效維持政黨主權並不受任何挑戰。無疑，中共建政三十年期間，由於政黨領袖毛澤東闡述的「無產階級專政下的繼續革命理論」，艱難地維持了革命黨的定位，從而頑強地維持了政黨主權。至於革命黨得以在三十年間維持其政黨主權的外部條件，一方面取決於政黨對中國執掌國家權力的現實社會狀態的順從，而沒有主動改變不適於政黨主權運行的外部社會機理。另一方面還因為它建構了有利於維持政黨主權的社會機制——諸如工業化只是在有限的城市範圍內進行，並沒有觸動廣大的農村地區；[45] 戶籍制度固化城鄉二元制度，造成公民權力的城鄉二度空間結構；[46] 口號治國的模式維持了革命的氛圍，讓人處在貧困但卻亢奮的國家認同情境之中；[47] 對於國家意識形態的強力維持遠遠勝於對國家經濟發展的追求，也杜絕了利益多元化機制的出現；由於中國處在農業社會高度統一的政治機制中，因此並未出現替代政黨主權的理論觀念和政治訴求。「黨的一元化領導」模式，就此成功吸納了一切國家統治資源，將政黨主權延伸到國家的每一個層次、每一個領域。這樣的社會處境，極其有利於執政黨維持其政黨主權的努力。

但是，中華人民共和國的主權安頓問題，並未得到根本解決。政黨主權在運行中，逐漸受到來自兩個方向的不同挑戰：一種挑戰來自主權理論上的反思，另一種挑戰則出現在政治運行的實踐過程之中。就前者而言，儘管差不多在六十餘年的國家建構歷程中，政黨主權理論已經累積了較為豐厚的理論資源，並且不乏政治理論上的論證，因此最終坐實在「黨的領導、人民當家作主與依法治國有機統一」的原則上，為政黨主權支撐起三個相互支援的鐵三角結構：政黨領導權不是基於政黨利益，而是基於人民意志；人民意志必定在政黨意志的主導下實行依法治國，以保障政黨—國家的井然秩序。在這樣的闡釋中，闡釋者試圖將政黨主權理論作為融匯所有關乎主權的理論論說，進而建立起政黨主權的周全論證。這樣的論證，如果面對的是一些在政治理論邏輯上要求不高，又不主張對作為混合主權形式的政黨主權進行邏輯上的自洽性檢驗的人士，那麼政黨主權的自我論證，確實已經具有很高的理論自足性和圓滿性。然而，一旦遭遇那些不肯在混合思維中含糊面對國家主權闡述，而且一定要對政黨主權進行政治理論邏輯上的自洽性與徹底性檢驗的人士，政黨主權的論證也就面臨政治理論上的自亂之局。如前所述，政黨主權乃是一種混合了現代主流主權理論的產物，而且是一種主觀地將主權者提升為主權的僭越性論述的產物。這樣的混合型主權論述，不可能遵循一以貫之的政治理論邏輯。按照政黨主權的邏輯往下貫穿，政黨就應該是一個擴展了的君主主權形態，毫不遲疑地佔據國家主權，並且拒絕與任何政治力量進行妥協，也絕不讓渡任何主權予任何個人與群體，但是作為執政黨的中國共產黨卻從來沒有在這樣的邏輯上貫穿到底，因此政黨主權僅僅被表述為人民主權的一種特殊形式而已。當人們試圖按照政黨主權邏輯弄清楚政黨究竟以一種什麼形態成立、維持與長期延續，且以相應方式全能地控制國家權力的時候，人們熟知的人民主權卻在這個時候插入，成為解釋執政黨絕對沒有自己私利，而僅僅是帶領人民建設國家的超級政黨而已。[48] 於是，人民主權在政黨主權的自我論證中出現了，但這個時候出現的人民主權論肯定是邏輯上欠缺完整的論說。因為人民是被黨領導着的物件化存在，其自由狀態的個人化存在形式，及如何高度凝聚為統一的集體而顯現公意的存在，這些在盧梭人民主權論證進路裏十分重要的線索，在中國的政黨主權論借用人民主權的理論資源時，都被省略掉。與此同時，在人民意志高於國家意志的地方，換成了政黨意志高於國家意志，反映國家建立根本法的過程並不是一個人民意志制約下的立法過程，而是一個政黨意志絕對主宰的過程。因此，政黨主導的立法，自然是受到政黨意志控制的法律創制過程。既然法律創制受制於政黨意志，那麼法律的地位就絕對在政黨的地位之下。這不僅是一種政治的基本規定性，由執政黨的政法委員會建制亦對之做出了制度保障。最後，依法治國不過是以黨治國的形式性表現而已。人民主權邏輯中出現的法律主治，在邏輯上也就不可能始終如一，而必須臣服於政黨及由政黨代表的人民意志。法律主治（the rule of law）就此演變為依法而治（the rule by law）。

就後者即中華人民共和國的政治實踐來看，人民主權的憲法承諾與人民主權的實際轉讓，構成中華人民共和國一切社會政治問題得到有效處理時必須面對的基本政治錯位。這是目前中國國家建構中的基本政治錯位，原因在於，在實際政治運行中，政黨權力、國家權力、政府權力、司法權力等權力形態交織在一起，並受到了政黨主權的絕對制約與控制，因此權力的分化程度低下不說，更關鍵的是權力的分立與制衡就建立不起來。國家各種權力的規定都變得非常含混，由此註定權力運行績效的低下。首先，政黨主權必定塑造一個全能型的政黨。但就全能型的政黨而言，它在戰爭年代裏的存在必要性甚至重要性，是一個在和平的掌權時代裏無法複製的存在形式。因為在戰爭年代，這樣的政黨能掌握的資源十分有限，尤其是複雜的經濟—社會資源及其配置權，因此它能夠較為從容地維持其全能政黨的定位和政黨組織功能。然而，在執掌國家權力的和平時代，政黨主權令黨能掌握所有國家資源，從國家權力，到法律創制，再到政策制定，坐實到政策實施和糾紛裁決，這些事務繁雜，縱然是一個規模龐大的政黨組織都無法應付。因此政黨主權不再是政黨的優勢，而恰恰是執掌國家權力的全能型政黨顧此失彼的拙劣日漸暴露出來的導因。面對這樣的處境，執掌國家權力的全能型政黨不得不收縮陣線，逐漸放棄一部分握在手中的國家權力，所謂「黨要管黨、從嚴治黨」命題的提出，就是這種收縮的明顯標誌。以全能為標誌的政黨主權，處於全能型向有限型政黨蛻化的狀態，體現出政黨主權的自我後退。隨着全能型政黨演變為有限性政黨，政黨主權對國家權力全面主導的權力定位，相應地演變為對部分權力的主導。這種權力欲的蛻化及對國家權力控制力度的弱化，便催生了一個不為政黨主權所消化的新興空間，如退出市場微觀管理領域而讓渡出經濟資源的國家配置權力，就意味着政黨主權可以被分解、轉讓；而全能型政黨在面對一個因市場推動形成的多元化社會的時候，政黨國家又不得不騰出一個社會自治的空間，使政黨主權無法在社會空間自由伸展。更為重要的是，市場經濟的興起及其資源配置的績效，使人發現政黨主權主導下公有制經濟的低績效定勢，因此由政黨絕對領導的計劃經濟所具有的資源配置權威性開始喪失，由市場配置資源，以個人為市場活動單位的資源配置方式取而代之。那種以政黨主權為根柢的集體主義思維逐漸被打破，個人主義思維逐漸成為一種沒有國家權威承諾，但卻成為實際的社會行為主體秉行的行動哲學。這樣，維護政黨主權內部條件的結構性變化，複加捍衛政黨主權的周邊條件的重大改變，推動政黨主權轉進到與新的社會變遷局面相一致的人民主權。國家的基本結構由此面臨重大調整。

與此同時，政黨主權前提條件下的一系列具體制度安排在實際運行時候面臨的矛盾，也逐漸為人們認識。由於政黨主權註定了政黨必須成為國家權力的絕對掌控者，因此政黨派往各種權力機構的人員及這些人員對政黨主權的認知與貫徹，就成為政黨主權在國家權力行使過程中落實的條件。但是，在政黨主權從革命追求坐實為執政現實的情況下，黨員並不見得對政黨主權的意識形態自辯，具有理論上的把握能力與實踐上的貫徹能力。這兩種能力的限制，造成執政黨處於一個革命化的全能政黨與執掌國家權力的有限政黨的錯位而難以歸位：正因為它難以歸位到革命黨，保障了政黨主權的超級黨派定位，由此保證政黨主權的社會政治接受度；同時也難以歸位到執政黨，從而以國家權力的以法掌控、競爭政治與政黨輪替，保證政黨僅僅是一個國家之下尋求掌握國家權力而不與國家權力混同的政治組織。處於前者即革命黨的定位，政黨不得不將黨派利益與人民利益、國家利益混合在一起，並且由此確立行使國家領導權的諸種方略。但這樣卻無法理順政黨運作、國家權力運行與政府施政之間的差異，因此事事都不得不使出舉國體制的殺手鐗，造成國家統治—治理資源的驚人浪費，提升國家治理績效的成本與效益嚴重不成比例。處於後者即執政黨的定位，政黨不得不切割黨派、國權與政權的不同運作邏輯，但這樣必定影響政黨主權的運行和維持。於是，政黨主權者只好在革命黨與執政黨之間緊張地尋找策略性的調整手段，並且以此應付統治局面的需要。但超級政黨的左支右絀，明顯降低了政黨的統治威信，統治權威的逐漸衰變，刻畫出這一政黨執掌國家權力的明顯下滑曲線。[49]

由於政黨主權造就一個政黨可全方位控制和使用國家一切資源的局面，尤其是在國家（包括政府）的人事任免上由政黨包辦，因此直接站在前台的政黨力量勢必將人民力量推到後台。一切擔任國家（政府）乃至於社會團體領導職位的人事，因為必須表達對政黨主權的政治忠誠獲得出任這些職位的條件，代表人民的兩點之間的關係，便轉換成受黨委託代表人民的三個支點關係。相應地，人民對國家權力的監督，也變成政黨代替人民來監督。這樣的監督，從一個社會機制轉變為組織內部的整肅機制。[50] 在這樣的權力運作機制中，不管是掌握政黨權力的人事，還是出任議會組織和政府機構的領導職位的人事，都處於一個忠誠於黨的政治原則還是忠實履行人民委託責任的矛盾之中。在政黨主權者以分配國家利益的方式驅動他們為黨派效力的時候，貪污腐敗頻頻發生，似乎就是意料之中的事情。[51] 至於前述盧梭表述的代議機構和政府機構的性質，也就出現了必然的異化：人民代表大會和政府官員的代表性質與服務性質，在他們獲得了代表或服務的資格後，作為權力委託者的人民便退居幕後，操權者反而以代理人身份充任主人角色，對人民表示不滿。[52] 主權的公意性質，在此完全隱而不彰了。正是由於國家權力結構發生的這種變化，導致公民自治空間的驟然逼仄、市場秩序的紊亂，造就政府無比恢弘的施政氣勢。人民主權在被政黨主權代換後，人民手中保留的「法治之下的自由」權利也就不被尊重，政府為了實現其宏大的規劃，不惜侵害人民的利益，[53] 以求證實政黨主權下的全能國家，及「為人民服務」的道德優勢地位和促進發展的作用。但很明顯，現代國家正格的人民主權所註定的國家權力與人民主權之間的關聯式結構，在此就完全被倒轉：民有（of the people）、民治（by the people）、民享（for the people）三個由人民主權註定的國家權力──治理定勢，轉換成為黨有（of the party）、黨治（by the party）、官享（for the leaders）。[54] 對此，即使是政黨主權的主權者也憂心如焚，從毛澤東對政黨變修的擔憂，到鄧小平對黨員質素的疑慮，再到江澤民三個代表的提出、胡錦濤對四個危險的憂懼，體現了政黨主權對現代中國發揮並必予矯正的負面作用。

正是取決於政黨主權存在的這些危機，圍繞國家權力及其運用中必然出現的種種問題，政黨主權的重構問題逐漸浮出水面。政黨主權的重構，首先從政黨國家在其日常權力運作中不可避免地出現的失當舉措及其矯正上顯現而出。政黨國家的施政之所以必然出現種種無法避免的失當，一方面是因為這樣的國家體制受制於政黨領導人全方位改造國家的宏偉目標，要實現這一目標，勢必需要從國家的精神生活、制度建構、政策制定與民生狀態，事事由國家包辦、樣樣由國家負責、處處以領導表率、時時體現政黨恩惠。這樣的決策與實施機制，即是全能政黨，也必定是全能政府所臣服的制度規定性。但是，政黨國家不可能佔據所有資源，更不可能滿足民眾日益增長的各種需要。換言之，在民眾複雜且增長迅速的需要面前，政黨國家的政府運作，是絕對不可行的，因為這中間存在着政府主觀確定的滿足需要模式，與民眾自身需要的滿足模式之間，難以彌合的鴻溝。加之政府以為可以滿足民眾的某種需要，其實是政府自己確立的需要目標，這種認知差異，更造成政府與民眾之間的誤解與不信任。其次，政黨主權國家，乃是由政黨意志所絕對領導的國家，因此國家權力必須服從政黨意志。而政黨意志受到組織宏大目標的決定，對具體事務的處置必定流於粗疏。這樣就引導出政黨國家始終處於統治狀態，而難以進入治理結構的難題。國家發展的事務，就此被限定為政黨的事務、國家的事務，而非社會的事務、市場的配置。因此，國家發展所需要的資源，僅僅只有國家權力能進行配置。即使是在微觀領域引入不同於國家權力機制的其他機制（如市場機制），它也必須完全從屬於國家意志的意欲。[55] 再者，政黨國家乃是一種基於革命時代的精神觀念與行動模式建構起來的特殊國家形態。因此，在革命時代那種建立在戰爭需要基點上的種種行動方略，便成為和平時代難以轉變的行動進路。所謂舉國體制的恢巨集動員模式、疾風暴雨式的群眾運動模式、計算政治賬而不計其餘的思維習性，便將國家統治的成本——效益計算拋諸腦後。當這樣的國家統治狀態成為一種與市場力量逐漸顯現、社會開始趨向多元化格局、鼎立為三的轉型國家現狀時，國家便成為人們發泄不滿的對象，政府的威信明顯下降不説，政黨的統治權威也受到嚴重影響。於是，還政於民的民間呼聲，在此就與官方自願放權有了結合的契機。

還政於民便成為政黨主權回歸人民主權的起點。還政於民，不是因為政黨主權者的善良願望推動的結果，而是政黨國家施政體制出現種種難以解決的問題的必然走勢。還政於民浮現的必然性及解決這一問題的艱難度是相互牽引着的。就其必然性而言，可以從正負兩個方面加以獲得理解的緣由。從正面來說，因為只有將政府、社會與市場三方面的積極因素調動起來，才能夠將公共事務處置得既合乎理性，又具有效率；負面來看，則是因為政府試圖將一切事務大包大攬起來，必定落得個吃力不討好的結果。從現代政府運作的經驗與教訓的視角看問題，只有人民積極參與的施政狀態，才是政府取信於民，同時取得較高行政績效的進路。就其艱難性而言，如果政府包辦一切公共事務，必然註定政府只能以自己的主觀意圖作為施政的根據和動力，而彌合不了自己的主觀意圖與民眾的複雜需求之間的鴻溝，造成主觀施政的單方面動力與客觀結果的多方面後果之間的巨大差異。要解決這樣的施政尷尬，就要還政於民。還政於民，就是在施政之前，虛心聽從民眾意見，尊崇民眾意願確立政府的施政意向；在制定政策過程中，由民眾直接參與，將制定政策作為民眾與政府互動的有效舉措；進而在實施政策的過程中，服從民眾意願、及時調整政策上有違民眾意願的規條，促使政策完全符合民眾的根本利益；最後在政策落實的結果上，不由政府單方面評估施政的績效，而由公眾合理評估施政的績效高低。還政於民，就此成為改變剛性的政黨主權一個便利的起點。這是從不改變現行中國主權形態，即不改變現行中國基本政體的起點出發，對運作中的中國政府體制進行的改良。而在具體做法上，人大的立法聽證、政府的政策制定聽證，已經為還政於民奠立可靠的基礎。至於政府預算中的民眾參與、政府施政過程中的民眾介入、政府績效評估中的民眾滿意指數，都是還政於民的有效做法。還政於民，意味着整個政府施政的民眾參與、評估甚至決策介入。但是，還政於民的次級性、從屬性意義，是人們必須正視的。所謂還政於民的次級性、從屬性意義，指的是還政於民處於不改革國家權力屬性的前提條件下，對行政權具體運用的改良。因此，這樣的改良還只是先於國家權力的日常資源配置領域，還未曾觸動權力的結構性問題。而從現代政治學的角度看，這還只是回避國家權力的根本問題，對國家權力的運用問題進行的改善行動，由此決定了還政於民的策略性意義和局部性效用。

對於中國的現代轉型而言，或是說對中國真正坐實其現代定位而言，還政於民的意義，遠遠遜於還權於民的意義。之所以必須還政於民，從政治理論上看，是因為這樣才能徹底解決主權理論的困局。如前分析，政黨主權在規範政治理論上無法處理好政黨、人民與國家的關係，同時也難以維持政黨主權一以貫之的邏輯，使人民主權原則的現代建國原則無法貫穿到底，還催生出主權定位上人民主權與君主主權的邏輯混淆，使國家立法、行政與司法權力定位與行使上出現紊亂。因此，從政治理論上清理政黨主權的建國進路，就不得不承認，政黨主權僅僅是革命建國過程的一個暫時現象，而革命不過是建國的一種臨時手段。因此在革命建國與政黨主權的暫時化關係建構中，不能推出建國的反現代主流的邏輯，即不能推出革命就是建國長期且穩定卻不能改變的狀態。革命成功後進入建國的立憲決斷狀態，告別革命進入立憲，[56] 才是真正確立建國原則的時刻。就此而言，如果致力於建國的政黨無法告別革命，那麼建國的真正進程就無法啟動。建國的任務事實上就無法完成。而致力於建國的政黨就相應地處於它建黨目的的惡性循環式進行過程之中。而經由建黨完成建國的任務，就被政黨的臨時性任務所遮蔽，政黨自承的歷史性目標也就沒有希望達成。就此而言，還權於民遠遠重要國還政於民。後者僅僅具有細枝末節的策略性意義，並不解決中國根本性的問題——中國的現代建國之作為立於人民主權原則的政治進程，必須在執掌國家權力的政黨深刻醒悟自身的歷史性、臨時性或暫時性的基礎上，才有坐實其歷史完形的希望。否則，由政黨代行的人民主權，就只能是一種在政治理論上缺乏自洽性，在政治思想史上無法獲得自證、絕對權力導向的強詞奪理。

從政治實踐上看，還權於民問題的突顯也具有其必然性。解決還權於民問題的必要性與重要性，從中國政治六十年大趨勢上可以得到清晰的認知。從中國共產黨長期執政的自身利益點看，解決還權於民的根本性意義——即對於作為主權國家的中華人民共和國而言，屬於真正安頓國家主權的必須。否則，一者憲法的首要原則無從坐實，憲法的正當性只好依靠缺乏憲法性支持的憲法政治序言來維持。憲法的司法化無法下落為司法的最高與最後依據，因此只能任由相互衝突的部門法統治國家。三者在國家與人民的對峙性關聯式結構中處理國家權力的執掌者與人民（無論是個人的成員還是群體的組織）之間的緊張關係，無法提供給國家以真正長治久安的穩定秩序。而執政的政黨就會始終處於革命的張力狀態，無法將自身安頓到一個舒心執政的放鬆狀態。至於從社會公眾的角度看，無論是在市場行為中的個人，還是在社會行為中的個人與群體，也只能在人民主權前提條件設定的國家諸制度的保障下，才能安心與國家權力合作，也才能放心地進入市場空間和社會空間活動，形成一種國家—社會—市場積極互動的良性狀態。否則，處於焦灼狀態的民眾，就會陷入平時臣民、亂世暴民的扭曲情形，使國家處於「防民之口，甚於防川」的高度緊張狀態，國不得寧、民不得安。至於還權於民的舉措，不過是現代國家早就顯現的有效制度安排：諸如國家主權只能是人民主權，只有人民的意志才是制定國家根本法和部門法的根據。以法治國既是國家權力的運行機制，也是社會自律、公民自由的保障。公民選舉國家公職人員並保有彈劾的權利，政黨真正在國家之下活動，政黨掌握國家權力的合法性在於人民認可而非自我期許，皆為常識，無庸贅述。

## 註釋

1 關於主權論的類型區分，也有多種進路。如人們曾經將主權論區分為現實主義、國際主義和普世主義三類形式。這裏對主權論的類型區分，是借鑒於陳序經的《現代主權論》一書中的劃分。而陳序經也在其著作中介紹了諸如理性主權論、國家主權論等其他主權理論。但本章將君主主權論與人民主權論視為現代建國狀態下建構主權論的主流意見，因此對其他主權理論不作描述和分析。參見陳序經著，張世保譯：《現代主權論》，北京：清華大學出版社，2010，第13–24頁。

2 【法】讓・博丹著，李衞海等譯：《主權論》，北京：北京大學出版社，2008，第35頁。

3 參見陳序經著，張世保譯：《現代主權論》，第14頁。

4 讓・博丹著，李衞海等譯：《主權論》，第109頁。

5 【英】霍布斯著，黎思複等譯：《利維坦》，北京：商務印書館，1985，第153–154頁。

6 霍布斯著，黎思複等譯：《利維坦》，第142頁。

7 參見霍布斯著，黎思複等譯：《利維坦》，出版前言，第3頁。

8 【英】洛克著，吳恩裕譯：《政府論》，下卷，北京：商務印書館，1964，第3頁。

9 洛克著，吳恩裕譯：《政府論》，下卷，第64頁。

10 論者指出，「正如君主主權論在霍布斯那里達到最高峰一樣，主權在民論在盧梭那裏也達到了頂峰。」見陳序經著，張世保譯：《現代主權論》，第20頁。

11 【法】盧梭著，何兆武譯：《社會契約論》，北京：商務印書館，2002，第20–21頁。一般而言，這段話中的「城市」都翻譯為城邦，the city不是一般意義上的城市，而是city-state意義上的政治體即城邦。

12 盧梭著，何兆武譯：《社會契約論》，第135–136頁。

13 盧梭著，何兆武譯：《社會契約論》，第136–137頁。

14 盧梭著，何兆武譯：《社會契約論》，第120頁。

15 盧梭著，何兆武譯：《社會契約論》，第138頁。

16 盧梭著，何兆武譯：《社會契約論》，第127–128頁。

17 這幾乎是政治學界的一個共識。除了前引陳序經對之的正面闡述之外，何兆武的《社會契約論》「修訂第三版前言」以及喬治・薩拜因在《政治學說史》對盧梭有大致相同的評價，參見該書劉山等中譯本，下卷，北京：商務印書館，1986，第665頁及以下。

18 關於盧梭對法國大革命的影響，已經是眾所周知的思想史事實了，無須贅言。關於盧梭對蘇聯及蘇聯式政體建構的影響，是經由黑格爾主義—馬克思主義的再造而發揮其影響力的，但盧梭的作用不可小覷。恰如論者所言，「在對人身『價值』（merit）的普遍的（民主的）需要，即在對社會對每一個人及其特殊價值和要求的認可的需要中，必定會看到盧梭關於（平等主義的）自由的論述的活生生的本質。馬克思在《哥達綱領批判》中，列寧在《國家與革命》中，對共產主義社會一切（『有差別的』）個人中間勞動產品的『按比例分配』都進行了理論闡述。這裏所說的『按比例分配』本身註定只能是盧梭式的對個人經濟生活的基本方面中個人價值的渴望的歷史完善或完成。總之，盧梭和社會主義之間歷史聯繫的性質以及在科學社會主義中對盧梭真正的平等主義的理論框架的繼承和發展，只有從這些方面來看才是顯明的。因此，不僅民主和社會主義之間聯繫的內涵必然變得明朗，而且關於『現代民主』這個術語的深遠意義的整個問題也愈益突出了。」【意】德拉－沃爾佩著，趙培傑譯：《盧梭和馬克思》，重慶：重慶出版社，1993，第6–7頁。

19 《中華人民共和國憲法》，第1章〈總綱〉，第2條，載法律出版社法規中心編：《法律小全書》，北京：法律出版社，2003，第1頁。

20 《中華人民共和國憲法》，〈序言〉，載法律出版社法規中心編：《法律小全書》，第1頁。

21 有論者指出，「中國共產黨領導中國各族人民」建國的格式化表述，應該倒轉為「中國人民在中國共產黨領導下」建國，這一倒轉的表述，可以進行兩種解讀：一是對現有國家政體正當化的嘗試，一是對現有國家政體的顛覆性指向。就前者言，那是一種對現有政體善意的表示，就後者來看，則是對現有政體之正當性的否認。而前者（「中國共產黨領導中國各族人民」建國）是對於政黨國家的準確表述，在這裏，國家的主權在政黨手中，而不是人民手中。在後者（「中國各族人民在中國共產黨領導下」建國），是對政黨國家的主權原則的盧梭式倒置，是從人、人民到公民的國家主體演進的承諾。兩者的政治基本邏輯是大不一樣的。因為在憲法的格式化表述中，誰處於主語的位置，誰處於賓語的位置，表述者是非常清楚的：那是與主體處於主動位置還是處於被動位置的定位緊密聯繫在一起的。參見陳端洪：《憲治與主權》，北京：法律出版社，2007，第147頁。

22 《中華人民共和國憲法》，第1章〈總綱〉，第1條，載法律出版社法規中心編：《法律小全書》，第1頁。

23 《中國共產黨章程》，第2章〈黨的組織制度〉。www.gov.cn/jrzg/2007-10/25/content_786434_3.htm（瀏覽日期：2011年9月20日）。

24 《中華人民共和國憲法》，第1章〈總綱〉，第2條，載法律出版社法規中心編：《法律小全書》，第1頁。

25 《中華人民共和國憲法》，第1章〈總綱〉，第3條，載法律出版社法規中心編：《法律小全書》，第2頁。

26 《中華人民共和國全國人民代表大會和地方各級人民代表大會選舉法》，第1章〈總則〉，第二條，載法律出版社法規中心編，《法律小全書》，第13頁。

27 蔡定劍將中國人大代表選舉制度界定為多層次的間接選舉。這種選舉制度，由基層人大的直接選舉和高層人大的間接選舉同構而成。參見蔡著：《中國人民代表大會制度》，北京：法律出版社，2003，第142頁。

28 蔡定劍對人大代表間接選舉的利弊進行了分析，他指出「間接選舉的弊端：（一）由於間接選舉不是由選民親自表達意願，而是靠少數代表去抉擇，因而就可能存在不能全面、正確表達選民意願，甚至歪曲選民意志的情況。（二）靠少數人投票決定當選人，對選舉權的普遍性和平等性不能不說是個很大的折扣。（三）代表多層次的間接選舉，必然模糊代表與選民之間的責任關係，削弱代表與選民的聯繫，使選民不能代表實行直接的監督。間接選舉的有利之處在於：（一）它有利於減少群眾普選容易產生的盲目性，有利於選擇人才和安排各方面的代表。（二）在選民眾多，選民政治、經濟、文化素質較低的國家，直接選舉可能更容易被人操縱。（三）間接選舉更節省經費和工作量。」見蔡著：《中國人民代表大會制度》，第143頁。顯然，間接選舉在中國的人大代表選舉中發揮的政治作用，通過其有利之處更為鮮明地體現了實行這樣的選舉體制的政治意圖。

29 參見《中華人民共和國憲法》，第3章〈國家機構〉，第1節「全國人民代表大會」，第57條的規定，載法律出版社法規中心編：《法律小全書》，第4頁。

30 《中國人民政治協商會議章程》，〈總綱〉，引自全國政協辦公廳編寫組：《政協委員手冊》，北京：中國文史出版社，2007，第 278–279 頁。

31 毛澤東對政協的定位是，「政協的性質有別於國家權力機關——全國人民代表大會，它也不是國家的行政機關。有人說，政協全國委員會的職權要相等或大體相等於國家機關，才說明它是被重視的。如果這樣說，那麼共產黨沒有制憲之權，不能制定法律，不能下命令，只能提建議，是否也就不重要了呢？不能這樣看。如果把協全國委員會也搞成國家機關，那就會一國二公，是不行的。要區別各有各的職權。政協是全國各民族、各民主階級、各民主黨派、各人民團體、國外華僑和其他愛國民主人士的統一戰線組織，是黨派性的，它的成員主要是黨派、團體推出的代表。」《毛澤東文集》第 6 卷，北京：人民出版社，1999，第 384–385 頁。有論者引述毛澤東另一段對政協定位的話是，「關於政協的性質。政協不能搞成國家機關，因為人大和國務院是國家權力機關和國家管理機關，如果把政協也搞成國家機關，那就成為二元化了，這樣就重複了，分散了，民主集中制就講不通了。政協不僅是人民團體，而且是各黨派的協商機關，是黨派性的機關。」轉引自胡筱秀著：《人民政協制度功能變遷研究》，上海：上海人民出版社，2010，第 154 頁。由於作者沒有註名這段話的出處，因此不能判斷毛的前一段話是否是對後一段話修訂的結果。

32 參見胡筱秀著：《人民政協制度功能變遷研究》，第 4 章〈人民政協制度和功能變遷及其原因〉，上海：上海人民出版社，2010，第 154–157 頁。

33 《中國人民政治協商會議章程》，第 1 章〈工作總則〉，第 2 條，引自全國政協辦公廳編寫組：《政協委員手冊》，第 282–283 頁。

34 《中國共產黨章程》，〈總綱〉，www.gov.cn/jrzg/2007-10/25/content_786434.htm（瀏覽日期：2011 年 9 月 20 日）。

35 括弧中的話，均引自《中國共產黨章程》，〈總綱〉，www.gov.cn/jrzg/2007-10/25/content_786434.htm（瀏覽日期：2011 年 9 月 20 日）。

36 《中國共產黨章程》，〈總綱〉，www.gov.cn/jrzg/2007-10/25/content_786434.htm（瀏覽日期：2011 年 9 月 20 日）。

37 《中國共產黨章程》，〈總綱〉，www.gov.cn/jrzg/2007-10/25/content_786434.htm（瀏覽日期：2011 年 9 月 20 日）。

38 胡錦濤在紀念中共成立九十周年大會上的講話指出，「我們黨除了人民利益，沒有自己的特殊利益。我們黨堅持這個崇高原則，為一切忠於人民、紮根人民、奉獻人民的人們提供了施展才華的寬廣舞台。」www.gov.cn/ldhd/2011-07/01/content_1897720_2.htm。但中共中央黨校黨建專家王長江教授則撰文指出，「我們黨面臨的一項緊迫任務，就是在承認黨也有利益的前提下，按照市場經濟的基本法則、民主政治的基本規律和依法治國的根本要求，一方面理直氣壯地維護自己的合法權益，而不是對利益問題採取回避的、虛無主義的態度；另一方面，對這一利益作出嚴格界定，避免黨的利益的空泛化，不給既得利益留下任何理論的和實踐的空間。這無疑將大大增強黨執政的合法性基礎。」見《學習時報》，2010 年 5 月 5 日。無疑，王長江教授是在一般政黨理論及中共執政實際兩個基點上確立自己的論證的。但是，從政黨國家的定位來講，政黨一旦明確宣稱是為了自己的利益，那麼政黨主權通向政治控制的道路就很難打通了。可見，理解胡錦濤的說法，不能從實際政治的角度切入，需要從國家形態上著手。在政黨與人民之間建立起一種可以相互替換的、完全一致的關聯式結構，乃是維持政黨國家形態的政治理論的必須。

39 《中國人民政治協商會議章程》，第 3 章〈全國委員會〉，第 30 條。引自全國政協辦公廳編寫組：《政協委員手冊》，第 289 頁。

40 《中國人民政治協商會議章程》，第 2 章〈組織總則〉，第 24 條。引自全國政協辦公廳編寫組：《政協委員手冊》，第 287–288 頁。

41 按照盧梭的表述就是，當在人民主權原則下由個人結合而成的政治共同體誕生那一刻起，「就產生了一個道德的集體的共同體」。參見盧梭：《社會契約論》，第 21 頁。需要注意的是，盧梭這一斷言的前提條件是，共同體接納每一個成員作為全體之不可分割的一部分。只是在這一接納發生的那個「瞬間」，「道德的」、「集體的」共同體才能誕生。可見，集體（國家）對個人的尊重，是其道德還是不道德的判准。

42 這就是康得所指出的，「在全部被造物之中，人所願欲的和他能夠支配的一切東西都只能被用作手段；唯有人，以及與他一起，每一個理性的創造物，才是目的本身。所以，憑藉其自由的自律，他就是道德法則的主體。」【德】康得著，韓水法譯：《實踐理性批判》，北京：商務印書館，1999，第 95 頁。這一闡述對人民主權原則之肯定每一個人都是政治社會即國家的目的而非手段的道德性質，做出了準確的表達。

43 約翰・鄧恩指出了民主革命與「由人民自我統治」理念之間的直接聯繫。參見【美】鄧恩著，尹鈦譯：《讓人民自由：民主的歷史》，北京：新星出版社，2010，第 4–5 頁。

44 現任中國國務院國務委員、中央外事工作領導小組辦公室主任、中央國家安全工作領導小組辦公室主任戴秉國，在其所撰寫的文章中指出「中國的核心利益有三個範疇」。文章說「什麼是我們的核心利益？我個人理解，一是中國的國體、政體和政治穩定，即共產黨的領導、社會主義制度、中國特色社會主義道路；二是中國的主權安全、領土完整、國家統一；三是中國經濟社會可持續發展的基本保障。這些利益是不容侵犯和破壞的。」載《〈中共中央關於制定國民經濟和社會發展十二五規劃的建議〉輔導讀本》，北京：人民出版社，2010。

45 參見【美】莫里斯・梅斯納著，張瑛等譯：《毛澤東的中國及其發展——中華人民共和國史》，該書對於中國工業化的進展狀況有一個分階段的描述與分析。見該書第9章〈工業化的社會後果與政治後果〉，以及第16章〈新的經濟政策〉，尤其是第2節「工業的整頓」，北京：社會科學文獻出版社，1992。

46 參見陸益龍著：《戶籍制度——控制與社會差別》，第5章〈資源、利益分配與戶籍〉，北京：商務印書館，2003，第222頁及以下。

47 參見【美】查理斯・林德布洛姆著，王逸舟等譯：《政治與市場——世界的政治—經濟制度》，第一部分「比較制度」，上海：上海三聯書店、上海人民出版社，1994，第12–15頁。

48 超級政黨或霸權黨制是喬治・薩托利用來描述規模上和功能上佔據獨大位置的政黨體系的用語。他指出，「霸權黨制可以描述如下：霸權黨概不允許正式的、也不允許事實的權力競爭。」這是一種相對於兩黨或多黨競爭制而言的特殊政黨體制。見薩托利：《政黨與政黨體制》，第321頁。

49 中國共產黨建政初期，對人民的擁護可以說是信心十足，對此從毛澤東為第一屆政協擬定會議宣言中的一段話中能夠管中窺豹，「這次會議，包含了全中國所有的民主黨派、人民團體、人民解放軍、各地區、各民族、國外華僑和其他愛國民主分子的代表，代表了全國人民的意志，表現了全國人民的空前的大團結。」《毛澤東選集》，第5卷，北京：人民出版社，1977，第8頁。而到晚近階段，這種信心似乎已經演變為執政的危機感，這從政黨主權的執掌者不斷表達的幹群關係的緊張感，就可以證明。近期的相關表述可以參見胡錦濤在紀念中共成立九十周年大會上的講話得到印證。他指出，「全黨必須清醒地看到，在世情、國情、黨情發生深刻變化的新形勢下，提高黨的領導水準和執政水準、提高拒腐防變和抵禦風險能力，加強黨的執政能力建設和先進性建設，面臨許多前所未有的新情況新問題新挑戰，執政考驗、改革開放考驗、市場經濟考驗、外部環境考驗是長期的、複雜的、嚴峻的。精神懈怠的危險，能力不足的危險，脫離群眾的危險，消極腐敗的危險，更加尖銳地擺在全黨面前，落實黨要管黨、從嚴治黨的任務比以往任何時候都更為繁重、更為緊迫。」參見 www.gov.cn/ldhd/2011-07/01/content_1897720_2.htm（瀏覽日期：2011 年 9 月 20 日）。

50 從革命時代中共延安的整黨開始，一直延伸到二十世紀九十年代後期的三講，這些整黨運動都是以整頓內部的組織紀律為目的，保證掌握權力的領導者不至於變成權力的受益者。但很明顯，以三講（講學習、講政治、講正氣）教育時期流行的政治笑話，「扎扎實實講三講，認認真真走過場」來看，政黨的政治整肅功能呈現出逐漸渙散的狀態。

51 一九七八年中國逐漸推展改革開放進程後，反腐倡廉一直是一個沉重的話題。對官方而言，反腐敗關係到政黨主權的維持，始終在「亡黨亡國」的高度加以對待。對民間來說，反對腐敗成為民眾認同國家權力的條件。但以胡錦濤在紀念中共成立九十周年大會上講話將消除腐敗排列為執政黨面對的四大危險，就可以知曉權力與利益勾連的問題有多麼嚴重。

52 每一年的兩會——全國人大代表年度會議、全國政協委員年度協商，都有不少代表和委員發出失位之議，這些被成為「雷人雷語」的政治笑話，證明了代表根本就不知道代表權的來源、委員不知道究竟是受誰委託獲得議政資格。至於一些代表和委員對人民素質表述的不滿，就更是將委託者與代理者的地位荒唐地倒置。參見〈兩會雷人雷語〉，http://bbs.thmz.com/simple/?t1429098.html（瀏覽日期：2011 年 9 月 20 日）。

53 在這種定勢中，不尊重公民（人民主權原則下「人民」的法律身份）基本權利而違憲制定與實施的法律，不在少數，一如不久前廢弛的收容遣送條例、仍在實施的勞動教養條例。而在城鄉建設中強征、強遷、強拆事件層出不窮，更是主權置換後的必然產物。即使是執政黨和政府領導以主觀善意努力矯正這種狀況也不得，因為這是制度的必然，而不是人意的產物。一種無法從根本上改變的舉國體制，必然造就一好大喜功的權力激勵機制。對國家體制因素傾向於大型改造計劃的論述，可參見【美】詹姆斯・C・斯科特著，王曉毅譯：《國家的視角——那些試圖改善人類狀況的項目是如何失敗的》，尤其是第5章〈革命的政黨：計劃與診斷〉，北京：社會科學文獻出版社，2004，第195頁及以下。

54 美國總統林肯的名言 "The government of the people, by the people, and for the people shall not perish from the earth."（民有、民治、民享的政府永世長存）。見朱曾汶譯：《林肯選集》，北京：商務印書館，1983，第240頁。這是人民主權的國家所註定的狀態。而在政黨主權的情況下，自然就是執政黨掌握國家權力、領導政府，並由政黨精英佔據分配先機。

55 參見任劍濤：〈市場列寧主義的「中國奇跡」與米塞斯斷言的反思〉，載《中國社會科學輯刊》2009年冬季卷，上海：復旦大學出版社，2010。

56 在李澤厚和劉再複以對話撰寫的《告別革命——回望二十世紀中國》，可見兩位對中國二十世紀八十年代發揮過重大思想影響力的學者，努力向人們表明，當代中國告別革命的必要性與重要性。告別革命，就是因為革命的倫理主義與歷史發展的歷史主義之間無法吻合的關係所註定的，而告別革命，就是需要以法治國。「我仍然認為，唯一可以依靠的只有法治——即前述的制定法律、執行法律，實行制度性的運作。如果中共及其黨員能成為嚴格服從、遵循、執行和維護國家法律的模範，而不再是黨比法大，黨組織不再干預和侵犯立法司法，某些高級幹部不再高踞於法律之上，那麼中共便大有希望，中國也就大有希望。舍此不圖，其或不認識這一點，那中共黨的前途就並不美妙。」香港：天地圖書有限公司，2004，第301頁。這段議論，切中中國政黨主權的弊端及其解困的出路，惜乎十餘年間貌似維護現行體制而缺乏大歷史眼光的人士，對之口誅筆伐，而白白浪費了李、劉二人的杜鵑啼血式的呼號。

# 第六章

# 公民宗教與憲政制度

宗教與人類生活相伴始終。不同形態的宗教，對人類生活的影響相當不同。在高級宗教興起前，各種原始宗教對於它們所寄寓的社會，產生了聚合性效應。高級宗教興起後，對古代社會的精神世界與世俗社會，均發揮了塑造性的作用。在中世紀時期，歐洲受制於天主教教義與教會，中東地區受制於伊斯蘭教，遠東社會受制於佛教。現代轉變出現後，歐洲的高級宗教隱身於私人生活的幕後，神聖宗教淡出世俗社會，開始出現公民宗教。這種宗教的新形式，提供新理念、新方式和新狀態整合世俗社會。這樣的社會秩序，擴展到東方社會，衝擊伊斯蘭世界的社會秩序，顛覆遠東地區傳統的社會建構模式。

僅就儒教中國而言，傳統的政治與教化合一的秩序結構，也出現了顛覆。儒教中國不得不應對政治與教化分離的秩序重建挑戰。這一挑戰，不僅在精神秩序上，也在社會政治秩序上，更在日常生活方式上全面展現。重回政治與教化合一的古典儒教形態，將儒教昇華為國教的主張，是回應政治與宗教、教化分離的現代變遷的無數方略之一。但由於這樣的主張與現代演進的趨勢相悖，難以切入中國社會變遷的實際進程。據此，人們開始主張從公民宗教的角度重建儒教社會秩序。以為公民宗教可以發起公民信心，重振儒教影響。但這一主張具有以教化塑造社會的預設，與現代社會的實際情形疏離。基於儒教作為公民宗教，促使其強勢鍥入當代中國社會的制度條件，在社會政治基本制度的安排上給出兩相得宜的論證，由此將公民宗教與憲政制度的關聯主題突顯出來。只有在憲政制度的動態建構中，儒教作為公民宗教的必要性與重要性才能彰顯。

## 一、公民宗教的「現代」關切

從「現代」政治思想史的視角看，「公民宗教」（civil religion）是一個典型的盧梭命題。但這個命題明顯是一個有着古典痕跡的「現代」命題。換言之，這命題並不是一個清清爽爽的「現代」命題。如果說清清爽爽的「現代」命題是那些能明確與古典劃分出嚴格界限的命題，那麼，「公民宗教」則是一個明顯緬懷古典時代——希臘、羅馬和中世紀宗教所發揮的整理社會秩序功用的「現代」命題。其命題宗旨無疑是現代。雖然這命題的觀念與行為主體是現代意義上的公民，但它的內涵充滿着古典和中世紀的意味——它將「現代」情景中本應是「政治性」的公民，引進古典宗教的信仰世界，促使公民們「宗教地」秉行其政治身份的相關信念和行為規則。

盧梭在《社會契約論》中專辟一章論述公民宗教問題。這是現代政治思想史上首次對公民宗教做出系統論述。盧梭對宗教與社會的關係，有着非常深刻的認識。他指出，「一旦人們進入政治社會而生活時，他們就必須有一個宗教，把自己維繫在其中。沒有一個民族曾經是，或者將會是沒有宗教而持續下去的，假如它不曾被賦予一個宗教，它也會為自己製造出一個宗教來，否則它很快就會滅亡。」[1] 這裏所謂的宗教，當然是廣義上的宗教。狹義宗教指的是宗教神學、儀軌宗教與日常規則三者合一的建制宗教形態，也是盧梭所謂的人類宗教或貝拉所謂的教會宗教。廣義宗教指的是具有神聖、精神性特質的社會規則系統或社會信仰系統，它不是一種建制宗教，而是社會公眾自覺相應的準宗教形式。前者並不是每一個民族都具備的宗教形式，也不是每一個民族生存發展所必然及能夠達到的宗教高度，但後一種宗教形式構成一個民族生存發展的前提條件。不具備後一種宗教形式的民族，就不具備聚集民族力量的精神基礎，當然也就不具備整合民族力量的政治前提。這正是盧梭將其視為民族生存前提的理由所在。

廣義宗教起源甚早。但廣義宗教真正以一種世俗形式成熟地於各個民族的政治生活發揮作用，則是人類在經歷了教權與政權的中世紀博弈後才突顯出來的。在基督教世界中，「雙重權力造成了一種法理上的永恆衝突；這就使得基督教的國家裏不可能有任何良好的政體，而且人們也永遠無從知道在主子與神父之間究竟應當服從哪一個。」[2] 政權與教權無法和諧共存，只能在不同領域中各擅勝場，註定了政教合一的中世紀政體形態不可能持續影響人類的發展。當人類生活的模式呈現為神聖生活與世俗生活的分離狀態時，在兩個世界中，卻各自出現了神性訴求與世俗組織嶄新的合一方式。「宗教，就其與社會的關係而論，——無論是一般的關係，還是特殊的關係，——也可以分為兩種，即人類的宗教與公民的宗教。前一種宗教沒有廟宇、沒有祭壇、沒有儀式，只限於對至高無上的上帝發自純粹內心的崇拜，以及對於道德的永恆義務；它是純粹而又樸素的福音書宗教，是真正的有神論，我們可以稱它為自然的神聖權利。後一種宗教是寫在某一個國家的典冊之內的，它規定了這個國家自己的神、這個國家特有的守護者。它有自己的教條、自己的教儀、自己法定的崇拜表現。除了這個唯一遵奉這種宗教的國家之外，其餘一切國家在它看來全都是不敬神的、化外的、野蠻的；它把人類的權利和義務僅僅伸張到和它的神壇一樣遠。一切原始民族的宗教便是如此，我們可以把它叫作公民的積極的神聖權利。」[3] 盧梭還列出了「更可怪的第三種宗教」，它給人兩套立法、兩個首領、兩個祖國，使人們屈從兩種互相矛盾的義務，不允許人們具有既是信徒又是公民的身份，結果產生了一種無以名狀的、混合的、反社會的權利。總括而言，第一種與第三種宗教，都存在反社會的精神特點。

唯有第二種宗教，是一種維護社會建制的宗教。這種「宗教的好處，就在於它把對神明的崇拜與對法律的熱愛結合在一起；而且由於它能使祖國成為公民崇拜的對象，從而就教導了他們：效忠於國家也就是效忠於國家的守護神。這是一種神權政體；在這種神權政體下，人們除了君主之外決不能有任何別的教主，除了行政官之外也決不能有任何別的牧師。於是為國家效死也就是慷慨殉道，而違犯法律也就是褻瀆神明；並且讓犯罪的人受公眾的詛咒，也就是把他獻給了神的震怒：*"Sacer esto"*（讓他去受詛咒吧）。然而第二種宗教的壞處，則在於它是建立在謬誤與謊話的基礎之上的，因而它欺騙人民，使人民盲從、迷信，並且把對神明的真正崇拜淪為一種空洞的儀式。更壞的是，當它變成為排他性的與暴君制的時候，它會使全民族成為嗜血的和絕不寬容的，從而它就唯有靠謀害和屠殺才能夠活下去；而且還相信殺死一個不信奉它那種神的人，也就是做了一件神聖的行為。這就使得這樣一個民族對其他的一切民族都處於一種天然的戰爭狀態，那對它自身的安全也是非常之有害的。」[4] 這樣的宗教，完全不同於作為普世宗教的基督教教會宗教。它存在於一個民族的社會政治生活範圍之中，是一種維護民族社會政治建制的宗教形式。它將公民對民族的政治忠誠上升為一種神聖忠誠。但這種宗教在維護民族的社會政治建制的同時，卻可能遭遇壞的政體條件下政治的不寬容，並因此對自身與別的民族造成嚴重的傷害。

這種宗教在社會契約論的視界中有了轉變。一方面，社會契約賦予主權者統治臣民的權利，但另一方面，這樣的權利絕對不能超出公共利益的界限。公民似乎免除了在公私生活上都受制於主權者的危險。不過這樣並不等於説公民能在公共利益之外的範圍任由自己做主，或肆意追求個人利益。相反，「每個公民都應該有一個宗教，宗教可以使他們熱愛自己的責任，這件事卻是對國家很有重要關係的。但這種宗教的教條，卻唯有當其涉及到道德與責任——而這種道德與責任又是宣揚這種宗教的人自己也須對別人履行的——的時候，才與國家成員有關。」每個公民可以有不同的意見，主權者不能過問；公民今生做個好公民，來世問題就不屬於主權者過問的事情了。為了有效區分主權者與公民的活動範圍，這種宗教將其界限做出了劃分。「要有一篇純屬公民信仰的宣言，這篇宣言的條款應該由主權者規定；這些條款並非嚴格地作為宗教的教條，而只是作為社會性的感情，沒有這種感情則一個人既不可能是良好的公民，也不可能是忠實的臣民。雖然不能強迫任何人信仰它們，但是它可以把任何不信仰它們的人驅逐出境；它可以驅逐這種人，並不是因為他們不敬神，而是因為他們的反社會性，因為他們不可能真誠地愛法律、愛正義，也不可能在必要時為盡自己的義務而犧牲自己的生命。」[5] 公民宗教的性質就此與普世宗教大不一樣。後者建基於其上的超越民族特性，尋求普世共同一致的崇拜上帝、謹遵教規等規定，在現代轉變中已經完全退隱。公民宗教是一種塑造社會相同情感的準宗教形式。它的功能是促使公民謹守法條，對國家忠誠。這樣的國家，不同於古代民族宗教那種以支配臣民的專斷國家形式，而是建立在社會契約基礎上的有限國家形態。因此，這樣的國家不可能以嗜血和不寬容的方式欺騙公民，來贏得他們的忠誠。公民宗教啟發公民的道德熱忱，只是為了激發他們信守律則、崇尚正義的共同精神與行為方式。這是一種限定在社會領域的宗教形式。它由主權者頒佈，但不是以法條的形式發生作用，而是以社會信條約束、影響公民的觀念與行為。這是一種不是宗教勝似宗教的、公民當奉若神明的信仰體系。

在盧梭看來，這樣的公民宗教不需要太多教條。「公民宗教的教條應該簡單，條款很少，詞句精確，無需解說和註釋。全能的、睿智的、仁慈的、先知而又聖明的神明之存在，未來的生命，正直者的幸福，對壞人的懲罰，社會契約與法律的神聖性，——這些就是正面的教條。至於反面的教條，則我把它只限於一條，那就是不寬容；它是屬於我們所已經排斥過的宗教崇拜的範圍之內的。」[6] 顯然，公民宗教從它呈現的「好社會」（good society）規則上，體現出這一現代宗教形式所具有維護社會良好秩序和公民內心秩序的強大功能。就公民內心秩序而言，公民宗教以保證公民在價值上，即內心深處對是非好壞的準確判斷，維護公民對善與正當悉心呵護的價值秩序。在這方面，人心淳樸保證公民的觀念與行動一直處於正當的基本道德水準以上；而人心向善保證公民對於是非、好壞、善惡有一個符合社會價值觀的牢靠把握，進而保證公民德性成為社會向善性運轉的可靠依託。可以想像，若社會的公民們具有發自內心神聖感的質樸性、向善性，這個社會一定是一個值得期待的良善社會。

就盧梭所論述的公民宗教來看，它具有的幾個特徵都值得人們重視：一是普世宗教的失落與公民宗教的興起是相互伴隨的事件。普世宗教或人類宗教的失落，不是一個歷史進程展示的狀態，而是這一宗教形態具有的違反社會精神，或是說對於劃分為民族的群體社會的拂逆，必然呈現出來的狀態。尤其是在近代民族—國家興起之際，普世宗教，尤其是基督宗教教會對超民族國家的訴求，與民族國家的生活方式正面衝撞。共和主義重視的那種集群或古典民族的共同德性生活經驗，也與之處在對峙的狀態。興起中的民族國家，必然需要一種足以提供強大精神支持的國家哲學。此時，維護民族國家但又具有規訓這一國家運作效用的公民宗教，就成為現代國家興起的必須。這一宗教形態，來源於基督教的世界國家架構之前的民族宗教傳統，古羅馬的經驗最值得借鑒。但這一宗教形式是現代指向的。當公民宗教脱離古典形式的時候，便會展現出中世紀與現代性的分野。這種分野，體現為國家不是強加給公民某種德性，而是由公民信念所自主支撐的、類似於宗教信念的諸德性原則，建構起規範社會情感的準宗教形態。它具有古典形式的集群生活習性，但更具有現代條件下崇尚法治、熱愛正義的社會品性。這是一種社會而非政治的宗教形式，其指向就是政教分離而非政教合一。

二是公民宗教受制於政體形式。在公民宗教的古典形態中，受制於政體的不規範，它具有嚴重的缺陷，也就是盧梭所指稱的當權者以謬誤和謊話哄騙公民，使其盲從與迷信的壞處，及暴君制度下促成的公民不寬容，甚至嗜血的嚴重局限。公民宗教要發揮它更為符合德性目的的作用，就必須有一個更好的政體保障。盧梭自己以全體一致同意的社會契約作為公民宗教建構的政體保證。但對於社會契約基礎上建構的政治體制，盧梭並沒有深入探討。他只強調，國家只會在授權的公共利益範圍內影響公民事務，公民保有不受國家干預的個人意見、來世主張等自主、自治與自律的獨特「領地」。這一領地，正是公民宗教發揮作用的天地。假如將限制和規範國家權力最為有力的憲政作為公民宗教的政體前提，盧梭提出對公民宗教壞處的憂慮，便可以迎刃而解。其指向，是公私分離而非公私合一。

三是公民宗教主要的作用方式是情感教化，旨在塑造良好的公民與臣民。公民宗教不同於普世宗教或人類宗教最重要的一點，是前者並不崇奉真正的神，它守護的是自己國家的神。國家以公民宗教作為這個國家自己的神、守護者、教條、教儀、法定的崇拜表現。

後者崇奉真正的神，但卻沒有屬於國家的廟宇、祭壇和儀式，依託於純粹內心的崇拜。因此，前者是入世的，後者是出世的；前者是國家的，後者是超國家的；前者是民族的，後者是普世的；前者是情感支撐的，後者是崇拜維繫的。總而言之，公民宗教是一種促使國家成員內驅性凝聚的情感教化。它不強迫成員信仰，但對成員構成強大的社會壓力，成為社會排斥，還是接納成員的重要標準。其指向是情感支配理性而非理性主宰情感。

四是公民宗教與普世（人類、教會）宗教相對而在，它不是普世宗教，卻具有促使公民獻身國家的神聖性功能。這裏存在三步推論：公民必然需要宗教，這一宗教不是人類宗教，這宗教只能是公民宗教。公民宗教的實際功能是推動公民對國家承擔道德義務和社會責任。由於國家是建立在公民全體一致同意的社會契約基礎上的，因此，維護國家的公民宗教，也就是強制公民信奉的宗教形式，僅僅成為公民自覺自願信守的德性原則與責任行動的宗教形或式。因為，愛護國家就等於是愛護自己；為國家克盡道德義務與社會責任，就等於是盡到義務和責任。國家的維繫，就在此獲得了深厚的支持力量。其指向明顯是社會信仰而非神聖信仰。

總括而言，盧梭的公民宗教是在現代已經成型的情況下，關乎現代信仰對於現代國家與現代社會的價值整合功用而提出的世間宗教。

## 二、公民宗教的憲政依託

盧梭的公民宗教論述，在西方社會是一種源遠流長的政治理論產物。就其起源而言，它與希臘、羅馬的公民人文主義與公民共和主義緊密相關。就其現代轉變形式而言，它與近代興起的公民論説進路緊扣在一起。在盧梭之前，馬基雅維利、霍布斯的公民論述，已經明確論及相同主題。在盧梭之後，托克維爾、塗爾幹、漢娜・阿倫特也對之有深入闡發。在當代歷史上，美國著名社會學家羅伯特・N・貝拉尤其重視公民宗教的社會政治功能，並將之視為一個國家的政體有效運作、社會井然有序的基本保障條件。

貝拉發表過題為《美國的公民宗教》的論文。在這篇文章中，他簡明扼要地闡述了美國歷史關鍵時刻公民宗教發揮的重要作用。他對盧梭（及塗爾幹）的公民宗教理念進行了當代拓展。就他對美國公民宗教的定位來看，其實具有指稱一般公民宗教的意味。眾所周知，政教分離是最為重要的現代事件之一。但在公民宗教的視角看，「政教分離的原則並沒有否認政治領域中存在宗教的維度。雖然宗教信仰、崇拜、和結社都被認為是私人事情，但大多數的美國人在宗教方面都具有一些共同的元素。這些元素曾經在美國的制度建構中發揮過關鍵作用，並仍然在為整個美國生活，包括政治的層面，提供一個宗教維度。

這些公共的宗教維度通過一系列的信仰、符號、和儀式來表達，我把它叫做美國公民宗教。」[7] 透過貝拉對美國公民宗教的定義，可以離析出一個公民宗教的一般定義：公民宗教是一些對國家基本制度發揮影響力的共同信仰，它具有宗教的形式特徵，但不是教會宗教；它具有政治指向，卻不落在國家憲政民主制度之上；它具有公共涵義，但透過一系列信仰、符號與儀式來呈現。貝拉的公民宗教是與教會宗教相對而言的宗教形式，是就超越國家具體的政治制度與生活方式而言的高級信仰與崇拜儀式，是整合國家公民精神的一種深層次價值體系。

具體分析，公民宗教相對於教會宗教而言，並不是「泛泛而論的宗教」，它有具體所指，因此不會成為空洞的形式主義，而是成為國家在宗教方面自我理解的真正載體。它不是要取代教會宗教。在信仰自由的現代政治制度下，教會宗教對個人虔誠和社會行為發揮了重大的影響力。但公民，包括國家行政長官，無論他們信仰什麼宗教，都必須在公民宗教的框架下行事。公民宗教的具體內涵是動態的。譬如在美國，以「上帝」為符號的公民宗教信仰，在獨立戰爭、南北戰爭和全球化時代，就具有不同的內涵。不過這些變化着的公民宗教崇信的內涵，卻始終圍繞自由、平等、博愛等人類基本價值。這些價值規範國家運作，也維護國家的統一和神聖性。在美國歷史的關鍵時刻，獨立戰爭突顯了公民宗教中的自由價值，南北戰爭突顯了一國之內種族間的平等價值，全球化時代突顯了民族—國家間平等的價值。但無論如何，公民宗教作為一種不反對教會宗教，不墮入極端世俗化的特殊宗教形式，足以聚合公民共同成員對國家的忠誠，提供強有力的國家象徵符號，在國家利益面前對公民具有一種巨大的感召力。

公民宗教在早期都是民族國家的宗教形式，但到晚近階段，它構成世界宗教的一部分，從而有力地促進各個民族國家的公民宗教之間相互的理解、寬容和秩序。猶如盧梭強調般，貝拉也在指出公民宗教所獨具的優後，強調它的內在缺陷：它在最好的情況下是對一種普遍的、超越的宗教表示敬畏，但它也有各種不同的變體與妖魔化的扭曲樣式。為此，面對人們指責公民宗教可能是為國家的自我崇拜提供理由時，貝拉晚近時期特別指出，「並非把美國公民宗教的中心傳統看做國家自我崇拜的一種模式，而是試圖將國家置於道德原則的制約和評判之下。不管批評者怎麼看，我相信每一個國家每一個民族都在宗教方面有着自我理解。與其譴責不可避免的東西，不如在公民宗教傳統中尋找一些關鍵原則，以消解目前無所不在的國家自我偶像崇拜的危險。」[8]

貝拉重述盧梭的公民宗教理論，雖然在理論的直接資源上借重塗爾幹的宗教理論，但在公民宗教的基本信條與普世宗教（或謂教會宗教）的關係、與國家的連接方面、公民的政治行動準則等構成要素上，與盧梭的公民宗教理念對接。兩者比較，它們的公民宗教理念宗旨猶如論者所概括的，乃是一種神聖的非宗教，即「是一個社會中神聖的共同信仰，但不是共同的宗教信仰」；同時呈現出本共和主義的共同特質；目的都是在於保護社會。[9] 當其與嚴格的教會宗教相形而在的時候，它呈現出世俗信仰的特質；當其與主導西方社會生活的個人主義相對存在的時候，它突顯規範個人主義伸張的個人自由，供給集體價值和共同生活理念的特性；當其與國家相形而顯的時候，它顯現出高於國家並忠於國家的德性特徵；當其與理性的現代政治制度比較作用的時候，它表現出依賴情感作用的特性；當其與國家間複雜關係交錯輝映時，它體現出跨越出民族界限，彰顯大寫的「人」的本質。公民宗教的向善性指向是明確的。當然，公民宗教圍繞國家忠誠展開的德性論述，也需要隨時隨地警惕其集體主義、國家主義與極權主義危險的意向。

公民宗教的三個基本結構要素，提示人們這一特殊的宗教形式具有極端的重要性與潛藏的危險性。藉此，公民宗教顯現出與憲政制度恰相匹配的結構性連接關係。首先，相對於人類宗教（普世宗教、教會宗教），它是一種具有信仰特徵，卻不是人類宗教形式的宗教樣式。這就意味着，公民宗教具有明確的社會政治指向，它不是一種以精神的救贖為宗旨的儀軌宗教形態。但這一宗教形式本身對世俗國家這一現代事務的崇敬與忠誠，突顯了人類宗教的崇拜形式特徵上的一致性。如何在聚集公民宗教的國家認同資源的同時，消解它蘊含的國家主義乃至極權主義的毒素，就成為規範公民宗教發展的重要事宜。就此而言，公民宗教必須與它能夠規範發展的政體形式緊密結合在一起，才足以成為化解毒素和發揚優勢的世間宗教形式。而就現代政體諸形式而言，國家主義、極權主義都會對公民宗教的國家崇拜進行扭曲性的放大，唯有憲政政體才能消解公民宗教的國家崇拜毒素。因為憲政政體將國家權力約束在人民共同意志之下，將國家權力安頓在分權制衡的權力體制之中，並且以國家與社會的二元分離制衡作為整個國家的基本建制，完全不需要公民對國家不計條件的抽象崇拜。相反，公民們尋求的是在國家公共事務外的自主與自治，為此提供豐厚的價值資源，從而形成組織與規範社會的公民宗教，並有效地將國家的維繫與個人的自由結合起來。公民宗教的一切符號、象徵與儀式，也就此成為規範國家權力的憲政制度最為深厚的精神資源。

其次，公民宗教本之於共和主義，共和主義的公民德性所具有的兩種走勢應當高度留意。一是共和主義注重的公民美德需要在現代條件下發揚廣大，二是共和主義對公民德性的抽象強調所具有的集體主義、極權主義危險性必須清醒認識與嚴格拒斥。就前者看，公民宗教對國家成員組成政治共同體，在長期的共同體生活中形成的各種德性明顯高看一眼。它力圖將它塑造成高於國家並馴服國家的德性力量。這是公民宗教獲得支持的強大理由所在。就後者論，公民宗教必須劃清它與國家主義、極權主義的界限。如果拒絕劃清這一界限，那麼就應當像推崇公民宗教理念的貝拉般，不再使用「公民宗教」這一術語。為此，有必要對公民宗教中「公民」的身份特性進行界定。公民宗教中的「公民」具有兩種身份特徵：一是公民的身份特徵，二是準教徒的身份特徵。這意味着，公民宗教的行動者「公民」這一身份、「宗教」這一構成形式，絕對不可能是完滿自足的，它們必須在相互規定中呈現自身的特性。因為，就前一身份特徵來説，公民是一種政治身份，是一種源自現代政治社會，也就是國家經由法律賦予其成員的特定身份。這一身份的現代性特徵是明顯的。在歷史淵源上，希臘、羅馬的公民身份對現代公民的身份建構具有引導性的影響。但經過社會契約論的洗禮，古典公民的世襲特質已經退去，而約定結果經已突顯。聚集在一個國家之中的公民，是在公意基礎上的聚集，而不再受制於個別意志。這就徹底杜絕了盧梭指出的像古典社會那種以統治者的專斷意志製造的謬誤與謊話讓公民盲從和迷信的危害。公民，乃是一種維持天賦自由基礎上聯合成國家的行為主體。「『要尋找出一種結合的形式，使它能以全部共同的力量來衛護和保障每個結合者的人身和財富，並且由於這一結合而使每一個全體相聯合的個人又只不過是在服從自己本人，並且仍然像以往一樣地自由。』這就是社會契約所要解決的根本問題。」[10] 盧梭本人沒有論述何種政體才足以保證公民在結合成為一個聯合體後不僅不會喪失個人自由，還能夠自覺自願服從公意的最高意志。從現代政治發展的經驗來看，唯有憲政民主政體，才足以保證盧梭社會契約論給出的個人組成社會，那種兼綜集體意志與個人自由的理想充分坐實。就此而言，公民宗教強調集體價值，但重視個人自由。公民宗教絕對不是集體主義導向的，而是個人自由導向的。這在盧梭那裏沒有得到鮮明的強調。但在貝拉那裏，得到了自覺的闡述和警醒的維護。

就後一種身份特徵來看，即公民宗教的準教徒身份，一方面具有所有宗教對教徒要求，不問理由地虔信其身份及其附帶義務的特點，這是宗教之為宗教足以整合成員認同的前提條件。另一方面則具有公民捍衛社會神聖性、有條件忠誠於國家的非教徒崇奉的世俗特質。兩者綜合起來，即形成了「準」教徒的公民宗教行動者的獨特身份。這樣的準教徒，心中存在貝拉看重的、作為國家正義符號的「上帝」，但已經不是像基督教禮拜儀式中的那個接受教徒崇信的上帝，而是世俗國家正義之源的符號化上帝。公民宗教中的準教徒對來世的信念、賞善罰惡的信心、法律神聖性的信仰、社會契約的守護，受到集群生活習性的激勵。在公民之間，不會因此顯得不寬容。自由、平等與博愛，就此成為公民宗教的核心價值。公民宗教也就成為維護現代社會神聖價值的組織形式。一切不真誠熱愛法律和正義的、反社會的公民，就應該驅逐出境；如果人們承認公民宗教的教條，卻言行不一，就應該緣於他在法律面前説謊的行為而被處以死刑。[11] 盧梭的這些措辭雖然難於讓人接受，但他對公民宗教中準教徒的守信德行的強調，具有重要價值。在這裏，盧梭言説的宗旨，自然不是着意於驅逐和處死公民，否則就無法理解他提出公民宗教正面教條的善意了。但如何保證公民宗教的行為者虔誠地履行公意（主權者、國家）頒佈的教條，而不至於被驅逐和處死呢？除非公民以準教徒的行動方式恭敬如儀地踐行公民宗教的教條。但一個現代國家的公民如何能夠踐行約束自己的教條呢？除非公民的權利受到國家周全的保護，他尊崇法律和契約的行為實際上真正是服從自己的意志，他才可能謹言慎行，嚴格地將自己約束在公民宗教的許可教條之內。而這樣的結果，除了憲政民主的制度可以保障外，別無二途。一個受到嚴格限制旨在保護公民權利的工具性國家，可以使公民充分感受到自己的主人地位，也就可以在一種「人是目的，而不是手段」的憲政制度中，形成守法守約的心靈習性。

再者，公民宗教是一種旨在維護社會神聖價值的特殊宗教形式。因此，公民宗教必須借助社會力量，作為發揮其規範公民、保證國家忠誠的依託。公民信仰宣言由象徵公意的國家或主權者提供，但並不由國家權力直接推行或者強行施加給公民。國家或主權者規定的公民信仰條款，宗旨是營造一種社會性的情感。因此，公民宗教的建構勢必承諾國家與社會的二元分離與制衡。說到底，公民宗教依賴與國家相對而在的社會運作情形。在這樣的結構中，國家不能全面壓倒社會，讓國家成為肆意支配社會的強權，否則就會重蹈國家以謬誤和謊言塑就公民盲從和迷信的覆轍。這顯然不是公民宗教所預期的社會情景。反過來，社會也不能遠遠強於國家，讓國家渙散到不足以為社會提供公民信仰。國家與社會的相對均勢，是公民宗教發揮整合社會秩序，促成對國家忠誠的前提。而這樣的態勢，正是憲政制度的表徵，也是憲政制度持續作用的必須條件。[12]

可見，公民宗教與憲政制度相倚而立。在憲政制度條件下，國家才足以為公民提供信仰宣言；公民宗教的作用，也才能圍繞憲政制度保證的自由、平等及博愛運作，為憲政制度注入強大的精神動力，將國家權力嚴格約束在遠遠高於現實權力的道德規範之下。這種國家本身，也值得公民奉獻自己的政治忠誠和道德熱情。盧梭和貝拉對於這樣的依存關係並未給予鮮明強調。他們着力約束的是由個人組成的國家之個人主義的泛濫，以求免除威脅國家持續存在的離心力量。公民心中長存的道德情感，確實可以發揮認同國家的向心作用。但如果處在一個糟糕的政體之中，公民必定會喪失對國家的認同與忠誠。因此，公民宗教必須與憲政制度相匹配，才足以發揮盧梭與貝拉設想的積極效果。單純就公民宗教論公民宗教是不得要領的，就等於抽掉了公民宗教的存在結構，卻試圖讓公民宗教發揮期待中的重大作用。簡而言之，公民宗教與憲政制度是「合則兩全，離則兩傷」。

## 三、公民宗教的社會依託：禮俗社會還是民主社會

公民宗教依託憲政制度，才足以真正建構成塑造公民情感的新型宗教形式。但具備憲政制度的前提條件，並不一定具備公民宗教高效作用的機制。聯繫起來看，公民宗教當然與憲政制度高度關聯，相互塑造。分開來看，公民宗教不得不離開國家權力的直接約束與控制，拓展自身發展的特殊社會空間，才具備呈現其價值和功能的條件。就此而言，公民宗教自身需要在社會空間中籌劃它發展的相關事宜。憲政制度也需要在政治制度層面謀求它健全成長的政治安排。如果說憲政制度的政制安排已經由憲法、選舉授權與分權制衡體制提供了相對成熟的機制，那麼公民宗教則需要釐清它運作的基本社會機制。

誠如前述，公民宗教依託於兩種力量，一是國家的力量，二是社會的力量。憲政制度賦予公民宗教以合法的形式，憲政國家成為公民宗教致力維護的對象。一個國家適宜的憲

政制度安排，構成這個國家公民宗教勃然興起與健康發展的制度條件，否則公民宗教就會演化成一種扭曲的形式，成為排斥性與敵對性甚強、毫不寬容的社會建制。但社會力量如何促成公民宗教，卻取決於社會的構成形式。一個社會是不是具有促成公民積極介入公共事務，以強烈而自覺的道德熱情與責任意識，展現自己的社會信仰與公眾行動，依賴這個社會的共和傳統、社群習性和協同能力。顯然，公民宗教的社會生成機制，比其仰賴的憲政制度，與它健全發育和順暢發展的關係，更為直接和緊密。

從貝拉對美國公民宗教的考察來看，美國之所以存在一種與各種教會宗教具有等量齊觀價值的公民宗教，首先就體現為國家的行政首長對這一宗教的自覺尊崇。從美國立國以來，幾乎每一任美國總統的就職演說，都沒有例外地宣誓忠於公民宗教的基本信條。貝拉引用了她撰寫「美國的公民宗教」那個時代當選總統約翰・甘迺迪就職演說的片段，來證明這一點。甘迺迪宣稱，「今天不僅是政黨的勝利，而且也是對自由的慶祝——象徵着結束，也象徵着開始——標誌着更新和變化。在你們和全能的上帝面前，我對着國父們在一百七十五年前起草的誓言莊嚴宣誓。今日世界不同於以往。因為人們手中掌握的權力既可以消滅貧困，也可以毀滅生命。我們的國父為之而戰鬥的革命信念在今日全球仍有意義。此信仰即是，人的權力並非來自國家的慷慨饋贈，而是來自上帝之手。」[13] 在甘迺迪看來，美國人賦有尊重人權的重大道德責任，這責任的載體是人的良心，動力來自上帝的祝福與幫助，現實的呈現形式是人們依靠自己的雙手對上帝神跡的實現。「不管你是美國公民還是世界公民，正如我們對你們所要求的一樣，你們也應該要求我們作出艱苦的努力和犧牲。憑着我們稟賦的良心以及歷史的最終評判，讓我們在這片深愛的土地上勇往直前。我們有着上帝的祝福與幫助，但其神跡必須通過我們的雙手來實現。」[14] 在引證甘迺迪這兩段演說詞後，貝拉論道，美國當選總統之所以在就職演說多次提到「上帝」，但在總統和國會討論具體事務的時候卻甚少提到上帝，本身就具有促使人們細細斟酌的深層內涵。

貝拉認為，美國當選總統只提「上帝」，而沒有提耶穌、摩西和基督教堂，更沒有提天主教堂，就是因為美國總統在擔任國家行政長官的時候，不適宜將自己私人的信仰帶入公共職位，他必須對超越具體的教會宗教、成為美國「人」的共同的元素表達敬重和崇奉。這是總統就職典禮對整個國家公民具有神聖象徵意義的必須，也是國家權力具有宗教合法性的標誌。美國總統的就職典禮，並不是要炫耀總統舉世矚目的權力，也不是要張揚總統個人的宗教信條，更不是要劃分總統寄寓其中的社群與其他社群的界限。相反，總統的職責在於凝聚全國公民，促使他們展現對國家的忠誠。因此，他在就任國家行政長官的時候，必須提供超越權力、種族、民族、宗教與世俗的更高價值規範，這樣才足以讓公民們展現其國家忠誠、道德熱情和政治責任。在「上帝」的感召下，一國的政府必須對高於國家權力的基本價值表達自己最高的敬重，為公民示範性地展現他們應予崇奉的高階價值。因此，不唯甘迺迪會傾情表達自己對這些基本價值的崇奉之情，美國的開國之父，承接自由原則、平等精神的林肯，也都毫無例外地對這些集合全國民眾的基本價值表示自己的萬分禮敬態度。相信每一種宗教都深懷的基本信條，成為國家具有感染力、凝聚性的強大精神信仰。這些信條，就自身的內涵來說，是不分種族、身份、處境的，它只能由公民宗教的形式加以留存和浮現效能。這是一種全民的社會信仰。「他們已經來到了這裏——那些流放者，陌生人，勇敢者，和被恐嚇者——在這裏，他們成為自己的主人。他們與這片土地立下了契約。用正義、自由、和團結的理念寫成，這個契約終將激起全人類的希望；它也將我們緊緊團結在一起。如果我們秉持其理想，我們就會繁榮昌盛。」[15] 這就意味着，公民宗教的信條，並不是總統作為權術利用的教條，而是全民內心深處的價值信仰和追求目標。這是來自現代政體保障着的公民精神與國家精神的理念。它的莊嚴與神聖，在它超越權力、種族、具體宗教信仰的高位階上，得到了毋需證明的自然呈現。一個政治家的政治情感，一個公民的政治責任，都在其中得到了清晰的呈現和賦有激情的表現。公民宗教的社會精神氛圍，在這裏全無修飾地曝露給人們。國家權力的倨傲、公民生活的俗氣，在這裏都沒有任何落地的罅隙。公民宗教讓人格昇華到具有神聖內涵的高度。就像人們議論林肯的人格昇華一樣，「這使林肯先生變得謙遜，柔和，忍耐，同情苦難，仁慈，敏感，寬容；使他的整個人格變得寬廣，深刻，博大；使他成為耶穌基督之後最高貴、最可愛的角色。」[16]而林肯在葛底斯堡的演說，更將陣亡將士的犧牲精神所具有的神聖內涵突顯在人們面前。他向人們表明，為了上帝賦予人們的自由，公民為之赴湯蹈火、犧牲性命，必定在所不辭，義無反顧。這是一種何等神聖的社會精神狀態和社會行為方式。相比起給人以神聖感的任何教會宗教，公民宗教豈有遜色之處。

公民宗教在社會空間中存在並發揮作用的情形，足以提醒人們，社會成員對公民宗教信條的普遍信仰與自覺踐履，構成公民宗教展現強大動能的基礎條件。猶如人們在追究公民宗教興起的制度背景時，將公民宗教與憲政制度緊密勾連起來。當人們試圖追問公民宗教在社會發揮如此強大作用的時候，自然也就將公民宗教的社會依託機制突顯在人們面前。怎樣的社會機制才最有利於公民宗教的生成與發展呢？假如我們將社會機制劃分為緣於天生的民間親緣關係之禮俗社會，與源自規則化的對待本鄉本土人士的民主社會，究竟是禮俗社會更支持一種公民宗教的運作，還是民主社會更有利於維繫公民宗教的機制呢？傳統的禮俗社會給公民宗教以強有力的支持，這是毫無疑問的。現代的民主社會給予公民宗教強大的支撐，也不存在懷疑的餘地。兩者共同構成公民宗教運行的社會支持條件。但在兩者之間進行比較，人們卻可以發現，禮俗社會與民主社會對公民宗教發揮作用的效力，卻是大為不同的。

禮俗社會是基於民間以禮相待的民俗，逐漸氤氳而成的社會結構，它受到鄉間民約、傳統習俗和初民習慣等因素的影響塑造而成，其作用機制依賴天長日久的群體生活習性。禮俗社會並不是廣大民眾以大規模的運行形式呈現的社會，它主要運行於規模較小的熟人社會，以希臘的城邦社會、中國古典的儒教社會，堪稱典範。前者是規模不大的公民構成的政治社會。在這樣的社會中，女性、奴隸和外邦人被排除在城邦政治生活外，進入城邦政治生活範圍的都是解決了私人生活問題的公民。公民身份主要是世襲而來的，人們之間的熟悉程度完全可以使他們對自己參與的城邦政治生活熟稔於心。因此，城邦民主機制的運作完全可以在成員熟知的社會裏暢行無阻。禮俗社會機制與民主運作機制之間融洽地結合在一起，不分彼此。在晚期希臘的民主運作中，基於社會規模的擴大，在公民大會上提出動議的公民，也都常常依賴鄰人、親屬、朋友及朋友的朋友的支持。[17] 中國古典社會機制是一種建立在血親關係基礎上的熟人社會。「君臣、父子、夫妻、兄弟、朋友」的倫理關係，既構成社會關係結構，也構成政治關聯結構。民間社會完全運行在熟人社會的軌道上，傳統禮俗自然成為調整人際關係最有力的規矩。整個國家的治理，受到血緣親情關係的支持與塑造，國家治理的方式最後都可以還原到父子的自然關係。由於父子關係被規定為對等性的關係（如「父慈子孝」），君臣關係也就相應被規定為對等性的關係（如「君仁臣忠」），這種相互表現的對等性，構成家庭關係複製而成的政治關係（「事父以孝，故忠可移於君」）。[18] 如果說國家層面的治理建構了一系列抽象規則，那麼在鄉民社會中，禮俗一直是社會有效運行的支撐點。友善對待鄉間的熟人（大多是具有近親或遠親關係的熟人），維持一種克制、互助和友善的關係，乃是天經地義的事情。禮俗社會為希臘和中國的古典國家制度建構提供了初始範例。儘管希臘後來生成了更為規則化的政治制度，而中國的規則化程度相對較低，但它們的原初範型都是家族血緣關係。[19] 禮俗社會的習慣性規則，構成公民宗教的初始情感內聚呈現的社會基礎。一個政治體顯現出來的、高於權力的價值信仰，肇始於禮俗社會的成員間的情感認同與群體認同。這樣的認同機制，對一個共同體形成潛移默化、深植內心的價值信仰，發揮着深沉的導向作用。

民主社會是經過政制創建後形成的社會機制。相對於禮俗社會的自然生成機制而言，民主社會的政治創制，對其成型具有決定性作用。古典民主制社會脫胎於古希臘的家庭宗教結構。但民主制一經產生，它就逐漸脫離家庭宗教的約束。加之由於古希臘晚近階段，戰爭將世襲性的民主制度打破，立下戰功的奴隸與外邦人，逐漸進入城邦，獲得公民身份。原來建立在血緣世襲根基上的古典民主制，不再適應新生的政治機制需要。因此，抽象正義逐漸成為主導古希臘民主政制變遷的精神動力。規則就此取代了原來的習慣。禮俗社會演進到民主社會或規則社會。現代民主社會，就更是建立在自由、平等與博愛信仰基礎上的社會形態。這一社會，內含着打破一切既定社會限制，對所有成員普遍承諾的自由、平等與博愛，並逐漸呈現為一種憲政民主制度保護着的民主社會機制。它的擴展邏輯，就像貝拉論述美國公民宗教時對獨立戰爭、南北戰爭和全球時代的遞進呈現時所說，具有勢不可擋的發展態勢。由於這樣的社會對權力作出了周密的限制和規範，國家不再能夠隨意誤導和懲治公民。作為法治保障的規則社會，禮俗仍然發揮着它整合社會秩序的功能，但社會政治秩序更直接的保障，促成法律至上的人人平等機制。民主社會形態，對禮俗社會形態的社會整合功能具有極大的提升作用。它有效地將自由、平等與博愛的公民現代信仰，納入公民的日常生活和參與國家治理的全過程、全方位。這是僅僅基於習俗力量的禮俗社會維護公民道義心，與責任感的信仰無法望其項背的。美國公民宗教之行之有效，在此獲得強而有力的說服根據。

僅就中國來看，在古典時代，儒教與禮俗社會水乳交融。從形式結構上看，儒教可以稱之為古典中國的「公民」宗教。但中國古代是沒有公民身份的社會。因此，禮俗的信仰機制對於基層社會的秩序保障，發揮着積極的作用，也為國家權力的權威化運作，提供了一整套符號、象徵和儀式。誠如論者指出，「如果不拘泥公民宗教這個概念的提出與美國社會情境的連接，不拘泥公民這個概念的現代性背景而將其理解為一種公共性⋯⋯，說中國是公民宗教發展最充分的國家也不為過。我們可以清楚且輕鬆地給出儒教敍事中賦予『國家生活』以崇高意義的神聖人物（堯舜禹湯）、神聖地點（『左宗廟，右社稷』）、神聖儀式（祭天、祭祖）以及神聖信仰（敬天法祖）等。」[20] 無疑，在古代中國，這些符號、象徵與儀式，確實發揮着約束國家權力、促進國家認同的規範作用。但這些來自禮俗社會的信仰，卻無法上升到制度化地規範國家權力與政治生活狀態的高度。因此，它勢必走向國家權力利用古典形態的「公民」宗教，「公民」對國家權力極度失望，國家陷入崩潰，而「公民」宗教無法自我維持的地步。儒教中國的近代命運，對此提供了歷史註腳。

可見，儒教中國的重建，或是說儒教試圖再造為現代條件下的公民宗教，必須對傳統儒教進行一番結構調整。中國古代儒教那套旨在規範國家權力的民間信仰，尚不足以真正發揮出整合現代公民價值秩序，進而規範國家權力的功能。一方面這是受制於傳統儒教對禮俗社會的依賴，另一方面是由於傳統儒教與中國古代政治的錯位運行，難以具備成為公民宗教的制度基礎，也難以形成「公民」制衡國家權力，自主地自我規範的準宗教信仰。加之傳統儒教重在集群活動規範的供給，對個人價值的規則化重視程度有待加強。這就更使傳統儒教不可能直接轉變為現代的公民宗教。貝拉在談到儒教作為公民宗教的時候，一方面，特別指出，「按我看來，儒家可以稱作宗教，它和其他流行的道教和佛教一起扮演了宗教的功能。它不是一個教派，但在中國兩千多年的精英階層起了宗教的作用」。[21] 他舉出清代統治者正是採取了稱之為「中國的公民宗教」的儒教教義，才以少數滿族人統治了多數的漢族人。但傳統儒教要真正成為與憲政制度相得益彰的公民宗教，不能不對它的模棱兩可進行改造。「儒教很模棱兩可。真要把它從其壓制性、專權性的一面解放出來，我想是當代中國知識分子的一個重大任務。按我說，至今它主要被用於加固專權性的現代化，在台灣是這樣，還有新加坡，它們現在無疑都是現代化國家，但不是民主國家，或許台灣可以說正在走向民主。因此我認為，儒教可以在一個健康的、民主的現代化過程中扮演角色，但需要改良其最深層的部分教義。」[22]

需要改造的傳統儒教教義，大概涉及三方面：一是儒教對於個人價值的個別張揚（如孟子），必須改造成為對個人價值的普遍承諾，從而突顯承諾個人價值但限制個人至上的公民宗教價值體系。二是傳統儒教致力限制權力的德性要求，必須轉變為對國家權力的德性規範和制度限制相結合，從而真正有效地成為國家權力的高階規訓系統。三是傳統儒教必須將自己獨佔性地壟斷規範國家權力的正當性資源，轉變為與各種有助於公民宗教形成和作用的諸宗教、哲學與道德教義競爭性地促成公民宗教的形態，從而在儒教的基本教義上，展現出源自儒教但高於儒教的公民宗教教義。由此可以做出兩個斷言，其一，儒教之禮俗社會僅僅只能成為公民宗教建構的既成社會條件，卻不能成為公民宗教興起的當下塑造機制。後者遠比前者來得複雜和精緻。禮俗社會必須與民主社會交相作用，才足以為公民宗教的建構奠基。其二，儒教的基本教義必須進行基於現代的創造性轉化，突顯公民宗教重視個人價值但防止個人主義危害的價值指向。在此基礎上，將儒教的天人、民君論斷，成功落定在憲政體制的平台上，從而為奠立公民宗教與憲政制度的良性互動關係提供價值信念與制度資源。

## 四、公民宗教：現代的宗教，抑或傳統的宗教

公民宗教是一種現代形式的宗教。在起源上，它具有傳統的生成脈絡。但在結構特質上，它是建構起來的現代宗教形式。這從公民宗教的符號、象徵與儀式的全民維護上可以得到印證。在盧梭的表述中，公民宗教源自公民共和主義。但公民共和的政治習性，並不是自然生成的習性，而是公民在自己歸屬的群體中自覺且長期參與公共生活養成的習性。這中間存在不同境遇中和不同代際的公民對公民宗教信條不斷重建性的守護和知性的再造。

必須再次申述的觀點是，公民宗教只能與憲政制度匹配，才足以形成良善的宗教形式，避免盧梭陳述的公民宗教不寬容的弊端。這樣的關係，既鮮明體現了公民宗教的建構特質，也明確呈現出公民宗教與現代國家的內在貫通關係。之所以說公民宗教與憲政制度的內在關聯，呈現出公民宗教的建構性特質，是因為公民宗教對國家基本價值的自覺，需要社會長期自覺地信守和更新。缺乏這樣的信守和更新，公民就會處在無知瞑行的暗昧狀態，不可能成功突顯公民宗教崇奉的基本價值對國家綿延和社會秩序的高階效用。同時，憲政制度的創制，與一個社會、國家的自生自發秩序（the spontaneous order）及在此基礎上形成的擴展秩序（the extended order）緊密相關。自生自發秩序的形成，不是一個自然而然

的過程，而是一個活動着的個人與群體不斷摸索和逐漸積累的經驗性秩序。這中間存在人以其進化，理性歸納總結自己活動的經驗教訓的理性提升。只不過自生自發秩序絕對不訴求一次性、一攬子的改造社會，使之趨近完美的建構理性主義目標。與此同時，當人們以進化理性主義總結並昇華自己的行動，以提高人類活動績效，會將自生自發秩序中有利於提升活動績效的規則提煉出來，並落定為一套動態的、行之有效的制度規則。哈耶克對之的闡明，具有重要的啟示作用。

我們之所以能夠彼此理解並相互交往，且能夠成功地根據我們的計劃行事，是因為在大多數的時間中，我們文明社會中的成員都遵循一些並非有意構建的行為模式，從而在他們的行動中表現出了某種常規性（regularity）；這裏需要強調指出的是，這種行動的常規性並不是命令或強制的結果，甚至常常也不是有意識地遵循眾所周知的規則的結果，而是牢固確立的習慣和傳統所導致的結果。對這類慣例的普遍遵守，乃是我們生存於其間的世界得以有序的必要條件，也是我們在這個世界上得以生存的必要條件，儘管我們並不知道這些慣例的重要性，甚或對這些慣例的存在亦可能不具有很明確的意識。如果這些慣例或規則常常得不到遵循，那麼在某些情形下，為了社會的順利運行，就有必要通過強制來確保人們遵循它們。因此，強制在有些時候之所以是可以避免的，乃是因為人們自願遵守慣例或規則的程度很高；同時這也就意味着自願遵守慣例或規則，乃是自由發揮有益的作用的一個條件。當時，在唯理主義學派以外，許多偉大的自由宣導者都始終不渝地強調着這樣一個真理，即如果沒有根深蒂固的道德信念，自由絕不可能發揮任何作用，而且只有當個人通常都能被期望自願遵奉某些原則時，強制才可能被減至最小限度。[23]

哈耶克在這裏並不是論述公民宗教的作用特性。但是，這一段論述卻準確地揭示了公民宗教的作用機制。毫無疑問，公民宗教生成於禮俗社會的自然進程，但其效能的充分展現，則在憲政制度的現代建構之後。前者為公民宗教奠定了堅實的社會歷史基礎，後者為公民宗教提供了有限度的強制體系；前者是公民宗教的自生自發機制，後者是公民宗教的擴展秩序。兩者的兼綜性運作，構成了公民宗教與憲政制度合宜作用的機制。制度的自發生成與自覺建構，成為公民宗教發揮強大社會功能的兩種驅動力量。

如前所述，盧梭在論及公民宗教的時候，已經明確表示，公民宗教不同於人類宗教（普世宗教、教會宗教）。從起源上看，公民宗教與前基督教時代的羅馬共和主義緊密相關。從流變上看，公民宗教是世俗國家興起後，旨在維護並規範國家的現世宗教形式。無論是從社會契約的角度看公民宗教，還是從法治的角度看公民宗教，它都依賴於一個民族國家的歷史文化創制。就此而言，公民宗教是傳統的產物。但作為傳統的產物，公民宗教絕對不是自然生成的世間宗教形式。來源於共和主義傳統的公民宗教，一直與人類致力限制國家權力、維護公民權利的努力緊密聯繫在一起；也與人類在群性生活中平衡個人價值和集體取向內在地扣合。古希臘羅馬的公民宗教就是這樣浮現出來的。中國古代的「公民宗教」也是這樣漸進呈現並發揮作用的。就此而言，公民宗教絕對不是基於完美社會的預設而主觀創造出來的。

在某種意義上，公民宗教是一種傳統的宗教，這需要澄清。假如人們只是在歷史積澱的角度認可公民宗教的傳統性，就會降低公民宗教基本價值信仰內涵的人類尊嚴。人之為人的尊嚴所在，就在於人類對自身尊嚴所寄託的諸價值具有一種社會和政治自覺。盧梭對公民宗教的共和主義定位，將人們審視公民宗教的視野落在社群成員的群體德性上面。貝拉在美國政治傳統中申述的公民宗教理念，也將公民宗教的作用機制付諸心靈習性。這是一種共和主義的公民宗教觀。這容易給人留下一種印象，好像公民宗教僅僅是歲月流逝之後的價值餘緒，僅僅是不被歲月抹去、自然留存的價值。其實，這樣的印象大謬不然。公民宗教的諸基本價值信仰之所以不被歲月流逝抹去，就是因為代不乏人承繼公民宗教傳統活動，對這些基本價值日益自覺的認知與踐行。對自由等價值的崇奉，不是基於單純的生活需要這一「低級」的欲求，而是基於人類對其作為好的、值得期待的深刻覺悟。這絕對不是傳統的、或歷史的綿延就能不經意浮現出來的價值理念。人們曾經認真區分的傳統文化與文化傳統，在這裏就具有甄別公民宗教價值之機械承繼特點與不斷創制特性的方法論意義。傳統文化是消逝形態、失去活性力量的既成文化形式。文化傳統則是現存形態的，正在表現活力生機活潑的、頑強綿延着的文化形式。公民宗教在傳統文化，尤其是傳統宗教文化那裏獲得了基本規定。但在文化傳統，尤其是正在發揮影響的當下宗教文化中獲得了動態作用的強大動力。唯有公民宗教穿透歷史傳統，進入當下文化傳統之中，才具有不斷塑造公民高階價值信仰的能力，並且為其正當性提供嶄新的自證資源。

旨在共和的公民宗教既有論述，不管是盧梭的原創性論述，還是貝拉的後續性闡釋，都使人們對其強大的社會政治效能，有了一個清晰的認識與把握。但是，共和主義傾向的公民宗教論説，對個人價值的張揚程度不夠，對國家的自我崇拜存在推波助瀾的作用。因此，在此之外，需要一種基於自由主義公民宗教觀的闡釋。這種觀念，同樣重視共和傳統與心靈習性對公民宗教的效用，但更重視個人價值的國家維護及在此基礎上公民對國家的忠誠，及優良政體對公民宗教的信仰外顯於社會生活的促進作用。這樣的公民宗教觀，着意於形成個人價值與公共價值的平衡機制，致力營造分權制衡的憲政制度對公民表現國家忠誠的政治氛圍，極力創制基於傳統卻超越傳統的多元主義公民宗教理念。如此展開的公民宗教，必定呈現出新的特點：公民宗教不是一種簡單依賴於社會習性的價值信仰，它也依賴於制度建制的正當與合理。它捍衛建立在個人價值基礎上的現代公民身份特質，但同時對公民的友愛精神、互助行動、道德熱情、責任意識精心呵護，促使它成長為規範國家權力和保護公民權利，但又維護國家尊嚴和社會價值的現代宗教形式。在這個特殊意義上，公民宗教絕對不是傳統的，只能是現代創造的宗教形態。盧梭將公民宗教作為區分現代與傳統的標誌，貝拉則將公民宗教作為現代美國建國與治國的重要資源，兩者都體現了這一宗教形態的創制特色。

正如貝拉指出，儒家中國存在一種類似公民宗教的東西。中國的公民宗教建構，深入到深厚的傳統中尋求精神資源和制度靈感，絕不顯得矯情和扭捏。但在中國疾速走向現代憲政制度的進程中，需要創立的公民宗教，是不是只能由傳統的儒教轉化而來，是可以爭論的問題。根據公民宗教的傳統與現代之間的複雜關聯，儒教只能成為中國公民宗教的精神來源之一。它絕對不可能成為公民宗教的唯一精神基礎，否則中國的公民宗教就無法具備超越具體宗教形態，為全民所共同信奉的價值信條與行為規則。從歷史的視角看，對中國的主要民族——漢族而言，儒教是整合全民信仰的教化型宗教的主流形式。它在歷史上長期發揮着類似公民宗教的作用，以致於一切試圖有效統治中國的集團，都不得不對儒教的基本信條心悅誠服地加以接受和踐履。但即使是在傳統中國，供給類似於公民宗教資源的，不僅是儒教，還有道教、佛教等宗教。儒教作為國家信仰供給的符號、象徵和儀式，確實是最為重要的。這是它的入世性質所決定的。道教與佛教的出世特性，妨礙它們供給公民宗教的價值資源。然而，三教的競爭與合作形成了完整的中國古典公民宗教形態。

進入現代多元的中國社會，向不同公民社群提供傳統價值信條的宗教形態，自然也是多種多樣的。亟需建立的公民宗教，旨在維護國家，並規範一國之內的共同價值與保護個人價值，這樣的宗教形態，必須具有統納不同的、具體的教會宗教與準宗教之基本價值主張、行為規範的高階性，才足以成為全民的世俗社會信條。儒教成為供給這些高階價值的重要宗教形態，但它不是這些高階價值唯一的供給者。倘若儒教作為公民宗教基本價值的供給者，要在諸種宗教形態中脫穎而出，作出突出的貢獻，那就需要儒教中人更為敏銳地意識到從自覺的傳統精神資源中提煉出各種宗教均認可的超越性價值理念的重要性與決定意義，否則儒教便不可能為中國的公民宗教提供更有競爭價值的公民宗教資源。就此而言，與此強調儒家就是公民宗教，不如說儒教能為公民宗教提供豐厚的精神資源。就儒教的既有精神結構來說，與其強調它崇奉的具體神聖人物（如堯、舜、禹、湯、文、武、周公、孔子）的公民宗教符號價值，不如強調它伸張的「天」的一般價值與規範意義。延伸下來說，與其推崇祭天、祭祖，敬天法祖的具體崇拜儀式，不如將之改造成約束國家權力的政治宣誓儀式和象徵。只有在這樣的重塑當中，儒教素有淵源的屈君伸天理念，才會對公民宗教的興起發揮強有力的推動作用。論者指出的素有傳承的儒教限權理念，「從『我生有命在天』到『皇天無親，惟德是輔』，從『天視自我民視，天聽自我民聽』到『屈民以伸君，屈君以伸天』，從《尚書》到《禮記》，從《春秋繁露》到《白虎通義》……」[24] 這麼豐厚的精神資源才不至於無謂耗散。且儒教之為禮俗社會的價值積澱，才能在憲政制度、民主社會的建構中轉進為公民宗教的基本價值信念。但所有這些轉進制度的前提，就是儒教必須自覺推動中國的憲政建構。這樣的推進，不是基於儒教主觀謀求的制度預期，而是由於儒教重生的制度之路徑依賴。儒教致力創制中國的憲政制度，與儒教致力供給公民宗教的精神資源、價值信條、生活習性，具有同等的重要性。

如前所述，傳統儒教的古典公民宗教特質確實格外明顯。這不是否認儒教在現代中國形成和發展過程中存在的引導作用及在現代條件下可能發揮的公民宗教效應。但儒教經過現代轉進，促其成為現代形態的競爭性價值供給者，要比申述儒教的傳統價值來得重要。從歷史的角度審視，相對於公民宗教與憲政制度的匹配關係而言，傳統儒教與古典政制的兩相適宜關係，主要還是在政制與文化之間的歷史磨合過程中呈現出來。其自然而然發揮作用的特點，為人們所公認。放到現代社會來看，由於傳統儒教經歷了現代潰散的長時期磨難，它如何可以在古典時代與國家權力的水乳交融結構被打破後，重構其與現代國家的關聯結構，是一個不得不經過擔負儒教重建任務的人們重新付諸思考與努力的結果。一方面，這一重建可能陷入權宜性的考量陷阱。譬如論者指出的蔣慶重建政教合一的儒教國家立論，就走上了部分儒教中人直接與國家權力結合的古典老路子。康曉光主張的儒教國教化，也顯現為借助國家權力強制推行儒教的特點。這樣就不足以促使儒教與諸宗教競爭，突顯儒教成為公民宗教價值供給者的優勝者地位。為了打破儒教與國家權力的直接勾連困局，論者提出了儒教公民宗教化的思路。[25] 但這樣的思路能如何走出權宜性、技術化的拯救儒教衰落的現代命運之困境，顯然還需要更為周全的考量。在將儒教「公民宗教」化的思路中，必須為儒教有貢獻於憲政中國建構留下充分的政治餘地，儒教作為公民宗教的有力促進者角色，才有希望坐實下來。令人感到欣慰的是，儒教轉進為公民宗教的提倡者，對此已經有了理性上的自覺。「公民宗教，是基於社會的下行路線，跟自由民主憲政等可以結合並調節」的儒教重建路線。[26] 另一方面，儒教轉進為公民宗教，還必須接受與諸宗教形態和平競爭的多元主義現實。近代以來，儒教中國花果飄零，造成尋求儒教復興的絕對悲情主義定勢。問題是致力復興儒教的人士，假如對儒教與憲政結合的重要性稍有閃失，就會陷入儒教重新佔居國家意識形態霸權的傳統陷阱。為此，儒教要將內在突顯反諷的現代精神，轉為促進憲政而與其他宗教形態善意競爭，從而提供超越具體宗教形態的高階價值，成為儒教轉進為公民宗教，或轉進為公民宗教資源供給者之一的現代成熟宗教形態，奠立堅實的基礎，便必須成功克制它重返政治神學聖壇的衝動，克制它獨佔國家權力資源的獨斷論狂熱，克制它成為「唯一神」建制宗教的欲求。這對儒教的現代轉變來說，絕對稱得上是脱胎換骨的再造。

## 註釋

1 【法】盧梭著，何兆武譯：《社會契約論》，北京：商務印書館，1980，第171頁註腳1。

2 盧梭：《社會契約論》，第174–175頁。

3 盧梭：《社會契約論》，第177–178頁。

4 盧梭：《社會契約論》，第178–179頁。

5 盧梭：《社會契約論》，第185頁。

6 盧梭：《社會契約論》，第186頁。

7 【美】羅伯特·N·貝拉著，陳勇譯：〈美國公民宗教〉，載陳明等主編《原道》，第13輯，北京：首都師範大學出版社，2007，第125–126頁。本節的概述不再出註。

8 羅伯特·N·貝拉著：〈美國公民宗教〉，重印前言。見陳明主編書，第123頁。

9 汲喆：〈論公民宗教〉，載《社會學研究》，2011年第1期。

10 盧梭：《社會契約論》，第23頁。

11 參見盧梭：《社會契約論》，第186頁。

12 參見【美】法蘭西斯·福山著，毛俊傑譯：《政治秩序的起源——從前人類時代到法國大革命》，第17章〈法治的起源〉，桂林：廣西師範大學出版社，2012，第241頁及以下。

13 甘迺迪一九六一年一月二十日總統就職演説。轉引自羅伯特·N·貝拉：〈美國公民宗教〉。陳明主編書，第124頁。

14 甘迺迪一九六一年一月二十日總統就職演說。轉引自羅伯特・N・貝拉：〈美國公民宗教〉。陳明主編書，第 124 頁。

15 詹森總統就職演說詞。轉引自羅伯特・N・貝拉：〈美國公民宗教〉。陳明主編書，第 129–130 頁。

16 林肯合作夥伴荷恩頓對林肯的評價。轉引自羅伯特・N・貝拉：〈美國公民宗教〉。陳明主編書，第 132 頁。

17 參見【美】薩拉・S・波默羅伊等著，傅潔瑩等譯：《古希臘政治、社會和文化史》，第 6 章〈城邦間的對抗以及雅典民主制度的發展〉，上海：上海三聯書店，2010，第 241–245 頁。

18 參見【日】尾形勇著，張鶴泉譯：《中國古代的「家」與國家》，第 4 章〈「家」和君臣關係〉，香港：中華書局，2010，第 141 頁及以下。

19 中國的情形如前引證。古希臘羅馬的情況可參見庫朗熱著，譚立柱譯：《古代城邦——古希臘、羅馬祭祀、權利和政制研究》諸章，上海：華東師範大學出版社，2006。

20 陳明：〈儒家之公民宗教說〉，載氏著《文化儒學：思辨與論辯》，成都：四川人民出版社，2009，第 46–47 頁。

21 錢俊：〈「公民宗教」與社會衝突——貝拉專訪〉，載《二十一世紀》（網路版），2003 年 3 月號。www.cuhk.edu.hk/ics/21c/supplem/essay/9501079g.htm（瀏覽日期：2013 年 1 月 8 日）。

22 同上註。

23 弗里德里希・馮・哈耶克著，鄧正來譯：《自由秩序原理》上卷，北京：三聯書店，1997，第 71–72 頁。

24 陳明：〈儒家之公民宗教說〉。載氏著：《文化儒學：思辨與論辯》，第46頁。

25 陳明：〈儒家之公民宗教說〉。載氏著：《文化儒學：思辨與論辯》，第45頁。

26 陳明：〈儒家之公民宗教說〉。載氏著：《文化儒學：思辨與論辯》，第45頁。

第七章

# 政道民主與治道民主

## 中國民主政治模式的戰略抉擇

現代中國民主政治模式的理論落定已經不在話下。[1] 中國實現民主政治的問題出在實踐層面上。達成民主的理論共識是困難的，但比較而言，尋求民主政治的有效實踐方案卻更為困難。這不僅是由民主的具體操作方式，諸如選舉、政黨與國家權力之間關係的處理等難以解決的問題所註定，而且是由民主的實踐模式抉擇的難度所決定的。對於缺乏民主政治傳統的中國來說，也許民主具體操作方式這類「技術性」難題的解決還遠遠沒有提上日程，我們今天首先遭遇的是民主政治實踐基本模式的決斷問題——因為選擇一個怎樣的民主政治模式，已經成為今天中國民主政治實踐模式決斷的首要問題。人們對於民主究竟採取治道意義的形態還是政道意義的形態，[2] 已發生重大分歧。在追究權力來源的前提下實踐民主政治，還是在不問權力來源的前提下實行民主，已經是關乎中國是否能真正走上民主實踐道路的關鍵問題。為此，在政道與治道的兩重意義上追究民主的實踐模式問題，便是我們實踐民主政治一個不可迴避的大問題。

## 一、僭越的治道民主

中國目前流行的民主實踐形態幾乎都是治道民主。人們不約而同地認為，由於中國今天實踐普遍選舉民主的障礙多得難以克服，所以中國民主的實踐形態可以從多樣化的民主形式開始：執政黨內實行黨內民主、民主黨派實行參政民主、政治決策實行協商民主、立法機構實行聽證民主、政府治理實行預算民主、績效評估實行評議民主、基層農村實行村治民主、城市居民實行維權民主、線民實行網路民主、幹群互動實行懇談民主等等，不一而足。無疑，這些民主形式都具有各自的政治效果。但必須指出的是，這些民主形式都屬於治道民主範疇。由此可見，今天中國關於民主的實踐完全被治道民主所主導。

簡略地描述一下這些民主實踐形式的必要性。我們不妨把前述幾種民主實踐形式按照政黨、國家與社會三種結構形態來加以分類分析。首先，從政黨形態角度實踐的民主，具有兩種類型，一是執政的中國共產黨的黨內民主；二是民主黨派的參政民主。中國共產黨的黨內民主是近年關於民主實踐有效形式獲得認同度相當之高的民主模式。這類意見認為，從中國複雜的政治現實出發，一下子實行社會民主，民眾素質低下、具體資源不足，容易導致社會動盪，因此要尋找一個穩妥的民主實踐路徑。黨內民主就此成為穩妥的民主實踐模式的趨同選擇。[3]中國共產黨具有執政黨地位，它可以從容地開展民主實踐而不導致混亂，而中國共產黨黨員素質相對較高，實行民主可以在理性的天平上進行。於是，組織與組織成員的特殊性成為黨內民主最有力的支持理由。人們設計了黨代表常任制、村鎮黨支部或黨委書記直選、黨員幹部任用票決制、黨員幹部選舉擴大差額比例、黨內民主評議幹部和黨員等民主舉措，並構想了一套從黨內民主推向社會民主的中國民主發展方案。這樣的民主形式當然值得推崇。黨內民主的逐漸推進也值得人們期望。但是黨內民主推向社會民主遭遇到的直接理論難題是，政黨組織與社會公眾是兩個完全不同的社會結構形態。前者的組織性與後者的分散性，使之無法設想前者的經驗如何向後者擴展。對民主黨派特設的參政民主，確實是具有中國特色的政黨與民主關聯式結構的產物。中國共產黨與八大民主黨派，按照執政黨與參政黨的不同定位，被安頓在既定的中國政治生活框架之中。[4]中共執政地位的既定性是這種民主形式的基本前提。民主黨派則通過選派幹部加入各級人民代表大會、政治協商會議、政府組織參與國家政治生活，他們可以對執政的中國共產黨進行監督，可以對國家與政府的法規制定與政策落實提出意見，也可以有職有權地行使被委託的政治職務。但民主黨派與中國共產黨沒有爭奪執政地位的政治空間。顯然，這是一種國家權力歸屬上不具有任何彈性的政治制度。按照政黨的經典定義，民主黨派的政治功能似乎不足以以「政黨」論。[5] 至於在執政黨與民主黨派、無黨派政治組織和人物之間展開的政治協商，最近幾年被人們認為是西方新近流行的「協商民主」形式，已經幾乎是一種定論。直到最近，才有論者對這種斷言進行清理。[6]

其次，從國家權力結構的角度看，中國實踐的諸民主形式也是治道民主形態的。中國的國家權力屬於人民，這是《中華人民共和國憲法》承諾了的首要政治原則。因此，在國家根本法律也就是憲法的意義上，代表人民主權的全國及地方各級人民代表大會，行使國家權力。一切組織和個人都必須在憲法之下活動。[7] 從這個意義上説，中國政治民主的根本就在人民代表大會的民主制度建設上。人民如何有效地參與立法，成為人民主權原則是不是得到體現的直觀表現。因此，人們對於立法聽證民主懷抱極高的期望就有充分的理由。最近幾年，不論是全國人大，還是地方人大，立法聽證的民主實踐已經成為人們熟知的普通民眾參與國家立法的形式。從各行各業遴選出來的聽證代表，監督人民大會代表是不是忠誠地履行了自己的立法責任。但是，立法作為複雜的專業工作，加之一些秉承道德熱情的聽證代表，僅僅以對於國家的義務感參與立法聽證，完全不具有自己做主的政治意識和表達立法意志的能力，因此聽證這種民主形式是否能保證人民主權，顯然是一個值得深究的問題。

從政府行政權力角度思考民主問題是最近幾年的一個熱點。關乎政府行政權力民主實施的聚焦點之一就是預算民主，是一個從中央到地方各級政府行政權力導向民主化的重要路徑。「管住政府的錢袋子」甚至一時成為約束政府、而使行政權力民主運作的政治共識。有論者指出，不要從觀念到觀念呼喚民主，應該實實在在地從預算民主做起，推進行政權力民主實施的進程。[8] 預算民主的實際推行，在地方政府層次上以基層民眾對預算的民主參與為特點。在中央政府的層次上則以預算透明度的增強為寫照。預算民主談何容易。它與稅收民主相連，構成民主財政[9] 的兩大核心內容。然而，單單是預算民主是支撐不起行政權力民主化地運行在民主財政基礎上的大廈的。至於近年同樣熱門的話題——政府績效評估，也被看作是治道民主的重要形式。尤其是學術界掀起的政府績效評估熱潮，就更是以中立性的政府績效評估來體現評價政府的民主性質。這種評估形式被看作是中國告別了政府自己做事自己評估的怪圈，顯示出政府評價的社會特性。但在一個政府運作資訊嚴重不足的狀況中，這種評估的可靠性有多大，明顯存有疑慮。

再者，從社會角度看治道民主的形式。就農村而言，從差不多十年前實行村民自治的農村基層民主，被看作是中國創設的最適合國情的民主形式。農民依法選舉出自治的鄉村委員會，對於鄉村的公共事務進行自主的決定和實施。村委會選舉中各種土法上馬的具體選舉方式，曾經使人歡呼農民的民主創造能力。一時間「草根民主」成為滿足中國人民主期待最感動人心的形式。人們甚至推論，從村委會開始的民主選舉，必然勢不可擋地向鎮、縣、市、省乃至國家層面推進，促使中國迅速走上民主的快速軌道。實踐證明，這種對國家權力來源不聞不問的基層民主，其生命力並不像人們期待的那麼強大。與此同時，隨着一九九九年城市居民最後享受福利分房，而驟然進入自己購置商品房時代，城市居民對於自己辛辛苦苦積攢的錢財購置的房屋所具有的財產權利觀念瞬間自覺。城市居民維護自己房產權益的維權活動日益頻繁地開展起來。各種維護房產權益的經常性與臨時性組織如雨後春筍般生長出來。這一景觀構成了治道民主的城市民主景致。但事實證明，維權民主的效果並不令人鼓舞。地方政府與房地產開發商利益的合謀，甚至使中央政府都很頭痛。[10] 可見，即使是社會政治素質遠遠高於農民的城市居民，也無法單純依靠維權民主保護自己的財產權益。

在中國治道民主的實施途徑接連令人失望的情況下，人們將中國民主的希望轉移到新興的網路世界。線民們在網上相對自由地發表自己對社會政治經濟與文化的意見。各種社會政治主張在網路上交鋒，形成特殊的網路民主氛圍。有人預告，網路將在中國的民主進程中扮演重要的角色。但網路控制的強化技術使這樣的論斷顯得脆弱。基於權力的控制慾望旺盛，而公民權利的自覺也逐漸強化，兩者之間的張力導致所謂幹群兩個集團的緊張，於是另一種治道民主形式應運而生——懇談民主就此出現在中國政治生活舞台。掌握社會政治權力的領導者謙恭地與普通群眾坐在一起，聊決策、談發展，温文爾雅、求同存異。這種民主形式也被看作為協商民主在社會生活層面上的體現。群眾就此有了向領導訴説或表達心願的契機，領導就此可以將自己的決策資訊傳遞給群眾，相得益彰。但中間各自的欲求有明顯的差異，而民眾的自主自決相對於領導意志來説的弱勢處境也是不言而喻的。

上述的簡單複述表明，中國脱離了政道民主的治道民主，具有一種獨立自存的定勢。但是，現代民主實踐進程表明，民主必須具有政道民主與治道民主兩重含義。政道民主指的是關於權力來源問題的民主，治道民主則是關於權力運用的民主方式。政道民主與治道民主兩者之間不能相互脱離，具有一種巧妙制衡的需要。政道民主條件下的治道民主，是現代民主所必須的治理結構所要求的，因此治道民主與政道民主必須具有一個匹配關係。脱離了政道民主的治道民主，缺乏民主的根本制度保障；沒有治道民主支撐的政道民主，僅僅是懸浮在國家基本制度浮面的東西。當然，現代政道民主與傳統治道民主也可以有一個錯位的配置。只是治道民主絕對不能脱離政道民主而獨自運行。同時，傳統政道即「打天下者坐天下」的邏輯支撐的治道民主也難以具有現代民主的內涵。

中國今天的治道民主情況恰恰是在沒有解決政道民主問題的條件下實施的，並且這種治道民主業已成為中國民主的基本形態。這種民主甚至掩蓋了政道民主具有的絕對重要意義，使民眾愈來愈認為民主就是針對民生問題的治道民主形態。因此，不能不強調指出，脫離了政道民主的中國治道民主是一種試圖絕對獨立運行的、僭越的民主形式。

## 二、政道民主的缺席

對治道民主的多種形式進行歸納性的分析，我們當然必須首先肯定治道民主的當下價值。在一個啟動民主治理國家程式尚非常短暫的中國社會政治局面來看，治道民主對於改善國家權力的運行、改變以往國家權力忽略民生的問題、矯正執政黨對階級鬥爭迷戀的偏失，無疑非常重要。問題是，治道民主是一種工具化的民主，它既無法離開政道安排而獨立、長期、全面地發揮效用，也無法停留在權力的自我調整層面而具有始終如一的效果。前者促使治道民主制度處於一個要麼單純依賴既有基本政治理念和基本制度安排的尷尬，要麼必須突破既有制度對治道民主的民主性內涵的約束性控制的框架的狀態；後者使治道民主的效果處於必然的衰變狀態，而為了保證治道民主收到預期的效果就必須不斷推出新的民主舉措使民主無法落定在制度的層面，執政穩定和制度維持無法期待。就此而言，治道民主確實是無法自證其正當性的民主形式，它必須仰賴政道民主的支持。甚至在某種意義上説，沒有政道民主支持的治道民主，其實根本説不上是民主。因為就民主的現代意義追究，民主就是人民自主自決的政治生活形式，當人民沒有限制住國家權力的時候，國家給人民的民主就僅僅是制約人民自主自決的統治形式，而它與專制的形式性區別就是這種民主是一種比較文明的統治形式罷了。[11]

就前述三個角度稍微深入一點分析，我們可以發現，從國家權力形態上看，黨權、國權、政權的治道民主形式絕對只是具有工具性價值的形式。無論一個獨掌國家權力體系的執政黨怎麼實施組織內部的民主，它對於外部限制總是趨向於拒斥，註定了這種民主形式向外部推展的難度。加上執政黨組織結構的嚴密性，組織內部的控制方式與社會的鬆散存在狀態完全無法在一個有序的安排中從集權走向民主。而且在外部社會對於政黨組織缺乏約束力的情況下，組織內的民主程度再高，它對於組織外部的分享權力的民主訴求也必然是拒斥的，兩者之間絕對不具有自然打通的可能性。因為組織內部的民主僅僅是組織成員更為平等地分享組織對於國家控制的權力，而推向組織外部就意味着組織成員必須與社會成員一起分享他們原來獨享的國家權力。執政的政黨組織對此絕對是自然抵抗的。馬克思主義指出的權力邏輯「沒有一個階級曾經自願讓位給另一個階級」[12]在這裏具有同樣的分析效力。由此我們可以斷言，從黨內民主出發逐步實現社會民主是一個學理上無法自圓其說的論斷。加上執政黨黨權居於國家權力、政府權力和社會權力之上，一個壟斷性權力的剛性邏輯也不容許具有威脅它高度縫合的機制，否則微細的裂紋也可能會導致全盤的崩潰。在黨—國、黨—政、黨—軍高度一體化的權力自我維護體系中，簡單的組織內部民主舉措是無法將彈性機制引入到剛性結構的，進一步堵塞了黨內民主通向人民民主、社會民主的道路。換一個角度看，從國家權力的民主來說，兩個可能的視角都使人們能夠發現缺少政道民主保護的治道民主的民主性缺失。首先，在國家權力的核心結構——各級人民代表大會來看，到目前為止，還沒有足以稱得上民主的政治制度安排。政治協商會議的政治功能在國家權力體系中並沒有清晰的規定，它僅僅是中國共產黨與民主黨派、無黨派人士政治通氣的一個管道，儘管也有所謂協商民主的政治定位，但這種協商完全不是平等的政治地位上的協商，而是支配性權力與被支配性權力之間的承諾問題。這與近期流行於西方國家的協商民主具有本質的區別。其次，我們注重的政府治道變革具有的民主含義實際上更為稀薄、更難以穩定維持。改革開放三十年的時間，我們將民主安頓在政府權力運用的民主上面。無可否認的是，政府的自身改革帶給中國社會不少民主氣息，但依賴於單邊的政府行政權力改革，是無法給國家權力體系注入民主的精神實質的。加之國家權力與行政權力的封閉性，使兩種具體的權力形式隸屬於執政的政黨，而無法為社會其他黨派和集團分享，因此，即使在國家權力即人民代表大會中有不少非執政黨的成員，但因為缺少制衡執政黨絕對控制國家權力的民主機制，故而根本無法有效地將國家權力限制起來。與此同時，政府執掌的行政權力受到執政黨的約束遠遠多於並大於受到國家權力的約束，因此，執政黨與政府權力的直接勾連，註定了國家權力難以有效制約行政權力，國家權力體系的三種權力形態——立法權、行政權與司法權就此處於割裂的狀態。由於行政權力在形式上受制於國家但實質上受制於執政黨，而這種約束又是不能直接呈現於政治生活的枱面的，行政權似乎就此具有了一種獨立的性質。近三十年中國政府的改革差不多停留在一種單邊改革的狀態，就是這種權力機制所決定的。而當政府行使的國家行政權力僅僅是在行政權自我做主的情況下進行，像預算民主這種由人民代表大會通過的制約政府的手段，其實也就內在限定了它的合理性與有效性。長期以來，中國政府執掌大量預算外的專項資金使用權，就是對預算民主最好的諷刺——政黨需要這樣的非預算資金或預算外資金以達到其政治目的，政府需要這樣的資金以便按照自己的意願加以利用，而人大代表對預算專門事務的外行則根本無力控制預算外龐大的專項資金的支出。可見，在國家權力沒有得到有效控制的情況下，民主是不太可能有效地運轉起來的。事實上，權力的歸屬與運用在這種情況下幾乎與人民處於完全疏離的狀態，民主就此成為口號治國的一個誘人辭藻。

從社會結構上來看，農村村治民主與城市居民維權民主也僅僅只是功能型的民主。農村基層民主即村民自治的民主形式曾經使無數中國政治研究者感到興奮。這主要是因為村民自治是以村民們按照行政村落選舉產生村民委員會實行自我治理的基層政治形式。它滿足了具有民主渴望的研究者們對某種政治活動形式是否民主的幾個基本要素：一是村民自主選擇村官，二是通過投票的多數決民主形式進行這一選舉，三是村民脫離國家權力體系而自決自己的鄉村事務。因此，當村民自治的基層民主剛剛出現的時候，就有研究者喜不自勝地宣告，民主在中國將從村民自治不可阻擋地推向鎮、縣、市和省，並最終將推向整個國家。但村民自治十幾年的實踐表明，人們這種期盼徹底落空了。將民主的希望寄託於所謂草根民主，本來就是悲劇性的，而當人們希望以草根民主取代高層民主成為民主動力的時候，也就宣告了民主實踐的某種滑稽性。當村民對選舉出來的村官缺乏約束能力的時候，當農村兩委關係具有了某種對峙性質而最終由村黨支部領導村委會選舉的時候，當村治民主並沒有如人所願地推向更高層的時候，人們對於村治民主的熱情幾乎降到冰點。

近年關於村治民主的喜悅心情可以說早被三農問題的緊迫感覺所壓制。[13] 至於城市社會在一九九九年後取消福利分房引發的購房熱潮導致的維權行動，曾經被許以維權民主的美稱，被相關研究者視為城市民主的萌芽和希望，將近十年的維權民主實踐也逐漸顯示出這種民主的意義有限性。早期城市居民為了保護資金的房屋財產權利，在制度外按照居住社區組織起來捍衛自己的財產權益，確實改變了城市居民對於自己權利無動於衷的局面。當他們起而維護自己的權利，與房地產商人、地方政府抗衡的時候，確實顯示出某種民主特性：維權者是居於權利意識投入民主行動的，他們沒有依靠別人來維護自己權利的觀念，他們有一種為了維護自己權利而組織起來的動向，他們的維權行動具有明顯的理性行為特質。正是基於這幾個特點，研究者在對於村民自治的民主感到失望後，開始對來自城市的維權民主表現出更高的期待。[14] 但城市居民的維權民主顯然還不具有民主的實質內涵，即使為了滿足人們的民主期望將其認作民主，也僅僅屬於鄉願式的民主——在權利缺乏可靠的法律保障的情況下，在城市居民根本無力限制城市黨政機構權力的情況下，政府與房地產商人的直接勾連絕對不是幾個起來維護自己權利的城市居民就可以辦到的。況且城市居民的維權基本上是基於私權的目的，因此其公共含義非常稀薄，很難以民主的政治形式加以鑒評。網路民主是新一輪中國民主期待賦予極大希望的民主形式。這是中國民主的政治期待捲起的新一波浪潮——中國人總是可以在既有的民主期待失望之後發現新的民主形式。在網路世界中，中國人可以將現實世界中無可奈何的權力置於嚴厲的批判之下。而且來自網路的民主聲音對於現實世界的握權者也確實具有壓力感。然而網路世界畢竟是虛擬世界，它對於現實世界的權力僅僅具有同樣虛擬的限制功能，加上網路具有的強烈時效性，不論是它的批判聲音還是讚揚聲音都會迅速地被覆蓋、被遺忘，因此網路民主也只是一種無法真正限制住權力的次級民主。

從國家—社會關係上分析，評議民主與懇談民主也都僅僅是矯正性民主。在政府與社會之間，社會對於政府權力的限制本來是民主極為重要的一環。近年民主評議領導和黨政機構（即民主評議行風）的事情愈來愈普遍，被看作是具有中國特色的民主新形式。基於友好的、合作的、善意的目的，群眾對黨政機關和黨政人員的工作狀況進行評價，當然是一件積極的事情。黨政機關與黨政人員願意傾聽人們群眾的心聲，人民群眾願意與他們交心，自然是克制了對立情緒基礎上特別值得期待的和解性民主。但是，當傾聽人民群眾心聲的黨政官員是在一種足以維持權力的前提條件下進行的時候，他們的謙恭精神完全不成問題。如果人民群眾並不是以敬重他們的權力而是以權力的主人身份進行批評的時候，領導的親民做派就絕對變成了拒斥群眾監督的粗暴行動。由於評議民主主要限定在行風評議和個別領導工作評議，它也就內在地制約了評議對權力制約的能力。若不是在限制權力的前提下進行的組織性、周期性和約束性民主評議，評議的民主含義就絕對是不足的。至於圍繞黨政機構的具體政策舉措展開的懇談民主，基本上也處於一個群眾表達願望、領導決定是否接納的狀態，本質上與評議民主沒有區別。懇談民主自然具有一種幹群溝通的效能，相比於幹群隔閡狀態下的決策，它具有某種矯正決策的功用。但同樣基於權力的不受限制，群眾對於領導機構和領導人的決定沒有否決權，因此它的意義有限性似乎毋庸多說。

從上述分析可以看出，當代中國的民主實踐是一種政道民主缺席的、屬於單純治道民主的政治實踐。這一斷定包含兩個意思：一是治道民主的流行似乎滿足了人們的民主期待，以致於治道民主何以流行的原因被遮蔽了起來，讓人們遺忘了政道民主的關鍵作用。二是政道民主的缺席註定了中國當代民主的結構性缺陷，甚至無法使人斷定中國是不是已經開始了真正意義上的現代民主實踐。這兩者緊密地連接在一起。從前一方面分析，治道民主的流行及它對中國人民主期待的心理滿足，既是因為當代中國政道民主生長空間的逼仄，也是因為中國人從古至今總是處於政道民主缺席的政治狀況下，因此在一種民主的普遍期待中造就了「有聊勝於無」的扭曲民主心態。今天中國以限制權力為前提的政道民主，無論是就權力自身的剛性結構來說，還是就公民對於權利的訴求並不以限制權力為前提條件來說，都促使權力放肆地自我複製、自我膨脹、自我正當化。正是千年不變的政道民主的缺席，造成了古往今來中國人對民主的民本化轉換，以致於在現代民主傳入中國後，將民主完全誤讀為權力恩賜的民本式小恩小惠。從後一方面分析，正因為政道民主處於缺席的狀態，治道民主成為中國政治結構中民主的最大化限制，民主的民本幻想註定了中國人對於現代民主追求的誤區——只要權力放鬆控制，人們就會以為民主降臨到政治生活之中了。然而，只要遇到限制權力的民主癥結時，權利便總會被權力擊退。這樣，中國人便逐漸喪失了判斷我們是不是處於民主政治生活狀態的能力。搪塞性的「中國特色」民主恰恰構成這種民主判斷失準之時的最佳替代，於是，治道民主便不清不楚地冒充政道民主在中國政治生活登堂入室。

因此，試圖真正推進中國民主政治的發展，就必須看到，分析中國政道民主缺席的原因已經構成中國政道民主建構重要的一環。前述權力的自私和權利的失落從總體上解釋了這一狀況發生的原因。落實到當代中國的政治狀態上說，政道民主之所以缺席，則是從中國的國家結構，到中國的政治生態，再到中國的民主進程所決定的。中國的國家形態乃是現代規範國家——民族國家的轉變形態——黨化國家，以黨建國的歷史註定了執掌國家權力的政黨將國家置於政黨利益之下的必然性。因此，執掌國家權力的政黨不改變其高於國家利益的黨國定位，限制權力就是天方夜譚。而執掌國家的政黨對國家權力認知的絕無鬆動，似乎窒息了政道民主的些微生機。至於中國的政治生態，也處於一種顯見的惡化狀態。執政黨在其建國之初，具有實行憲政的良好環境條件，但它對於權力的獨享取向顯然壓倒了分享權力的開明，於是國家權力體系愈來愈集中在少數政治寡頭手裏，以致於愈到晚近，國家權力的掌控愈益集中而難以分離，國家權力幾乎沒有任何經受得起風浪的彈性調控能力，這似乎既給限制權力帶來障礙，也給權力自身的有效運作設置了難題。這就是今天人們都看到了這樣的政治問題卻無法下手解決的原因，明智的人們似乎只好等待崩潰邏輯的到來。愈是如此，試圖解決中國政治難題並給出民主答案的人們，就愈是無奈地將希望寄託在多少給人民主滿足感的治道民主上面，一種從治道民主推進到政道民主的思潮就此在中國瀰漫開來。當代中國治道民主變換着花樣此消彼漲就是這樣為人們熟知的。本章一開始指出的諸種治道民主形態，不斷地刺激人們的民主想像。但民主在中國要坐實，實在讓人不敢過於樂觀。政治期待與政治實際的巨大反差在現代世界政治史上實屬罕見。

在建立現代民主模式的時候，政道民主是絕對不能缺席的，這是由政道民主在現代民主體系中的決定性地位所註定的。政道民主缺席的單純治道民主形態，是一種國家權力恩賜的民主，實際上則是喪失了民主的實質性規定的民本而已。換言之，當國家權力體系表現出某種寬鬆大度的時候，這種民主就是一種可以順暢實施的民主，當這種民主成熟或上升到與政治權力來源問題相衝突的程度時，它的前途與命運就不言而喻了。試想，近年花樣翻新推出的治道民主形式，後來不都墮化為無法全面坐實只好草草收場的結局？從村民自治出發，我們已經在維權民主、預算民主、協商民主、評議民主等治道民主形式繞行了一大圈了，民主政治在中國的推進績效顯然令人尷尬，於是，黨內民主的方案因勢匯出。但可以想像的是，缺乏權力制約機制的各種治道民主選項，最後都不能不落到一個被新的治道民主選項所替代的民主跑馬圈地。就此而言，扭轉民主滯留於治道民主而無視政道民主的現狀，改變我們有關民主策略考慮對民主戰略選擇的遮蔽狀態，對於中國真正建立起現代民主具有着極端的重要性：這決定了中國是否能成功走上民主的政治道路。

## 三、民主的十字路口

在治道民主與政道民主之間的當下決斷，使中國的民主實踐正處於一個重要的十字路口。總體上說，這體現為我們必須在政道民主與治道民主之間進行抉擇，而目前的狀態是，我們在治道民主的路口徘徊良久，已經走上遮蔽、無視甚至拒斥政道民主的治道民主軌道。一種策略性民主政治行進思路對中國民主政治戰略選擇的掩蓋，已經將現代民主的真正精神從中國政治生活中抽離而去。我們對政道民主的重要性顯得有些輕慢。民主政治究竟應當如何推進，我們在熱鬧的治道民主實踐過程中反而有點糊塗了。具體地分析，則從下述四個方面體現出中國民主理論與實踐的徘徊彷徨：

首先，從民主的政治期待上說，從民主盼望的內心歇斯底里向末梢神經的民主滿足感的跳躍，成為中國現代民主實踐一個促人警惕的現象。近代以來，中國人逐漸將民主作為理想的政治形態來追求，關於民主的政治話語成為主導性的霸權話語。[15] 民主話語就此成為具有天然正當性的政治話語。「民主是個好東西」這樣通俗易懂的表達成為漢語學界述說民主的政治口號，就從當下提點人們，民主在中國並不是政治問題的解決方案，而是一個政治理想的寄託物件。民主的理想化成為它足以刺激中國人政治神經的最重要的根據。尤其是中國執政黨將民主從「虛偽的資產階級民主」解脫出來並作為自己的政治追求時，[16] 官方與民間第一次在民主政治目標上達成一致，提升了民主在中國政治生活中的熱度。當民主與它的抽象內涵和具體內容脱離開來，成為一種政治理想的時候，勢必成為人們不加思量的道德訴求，這個時候的民主就只能以歇斯底里的心態來通觀。然而，現代民主與中國的實際政治生活處於一種明顯的斷裂狀態：限制權力基礎上的人民「民有、民治、民享」還是作為政治期望出現在我們的生活之中，權力的絕對主導還是中國政治生活的真正特色所在。因此，被堵塞住的民主道路與民主的政治訴求正面相撞，必然形成一種與民主相仿的政治舉措，引起人們廣泛歡呼的心理滿足感，並就此使得民主成為人們政治神經末梢興奮的發動機。治道民主在中國的流行及它對於政道民主的絕對優勢，就是這種轉換的順理成章的結果。此時，民主的實質性推進已經不是一個必須正視的政治問題，重要的民主問題是民主的形式性刺激是不是能夠滿足人們的政治神經的興奮需要。可以預測，如果政道民主仍然處於被遮蔽的狀態，治道民主的形式還會不斷推陳出新。

其次，從民主認知上說，在中西古今之間民主認知的嚴重扭曲已經令人憂慮。「中國特色」對於民主普世原則的高調拒斥，國情認知對於西方規範民主模式的堅定排除，治道民主對於政道民主的替代性運作，民主就是人民直接對自己事務的決斷等關乎現代民主認知的關鍵性問題，愈來愈處於一種含糊的狀況。而對於民主的意義進行追究的理論嘗試反而成了被嘲笑或批評的「原教旨主義」，對政道民主的申述翻轉為對中國推進民主的策略的無知，對於西方民主經驗的借鑒回頭被人指責為無視國家利益。這樣的對峙性認知同時顯現在中國的政治生活空間，並連帶出現在政治理論與政治實踐的場合之中，證明中國人對民主的認知混亂已經達到一個不能不矯正的狀態。無疑，中國實踐民主政治需要從中國社會政治實際出發，橫移西方成熟的民主政治理論與民主政治實踐模式，都可能傷害中國民主的成長肌體。但是，我們若將中國現代政治定位在「民主」政治上面，我們就不能隨意並武斷地自詡自己生造一種橫空出世的民主。源於西方社會政治生活的民主政治，具有它一些不可小覷的基本的元素。凡是在政治生活中出現並存有這些元素的政治生活形式，我們就有理由將之命名為民主，否則就沒有理由將之命名為民主。

再者，從民主制度建設上說，政道民主問題的擱置與治道民主對民主資源的耗費成為突兀對照的政治現象。民主的政治資源並不是一個無限數，在既定的時間與空間範圍內，民主的資源聚集是一個定數。因此，如果說政道民主的建構需要大量資源耗費在諸如選舉的重大政治事務上的話，治道民主需要的資源就會相形減少。反之亦然。當我們既定的物資、精神、體力、社會、政治與心理資源大量耗費在治道民主這類具體而微的治道民主事務上的話，着重從限制國家權力上面考慮的政道民主就缺乏它需要的起碼資源數量。最近十餘年，中國民主政治的推進總是滯留在治道民主的諸種選項上面，諸如村治民主、懇談民主一類的民主形式，將底層社會的可動員民主資源差不多耗費殆盡。而維權民主、上訪民主之類的民主形式，則將人民的民主心理資源付諸無效的民主努力。黨內民主、預算民主推進的艱難困苦則以上層民主的嘗試也將民主視野引向歧路。這些治道民主的形式不是有效配置民主資源的形式，而是成本支出極大收益卻極其低微的民主形式。政黨—國家這種反民主的國家結構沒有絲毫改變，全能政黨與全能政府的黨—政結構也沒有絲毫的鬆動，細枝末節上的民主努力沒有收到從邊緣到中心、從策略到戰略推進的遞進之功。相反，淪落為治道民主的政治實踐冒充為現代民主的政治形態將人們的民主期待引向末路。毋需太多的論證就可以得出一個結論——政道民主難以聚集它所需要的起碼資源，尤其是當治道民主與國家強盛的民族主義祈求與重視底層民眾智慧的民粹主義扣合起來以後，民主主義便直接變異為國家動員的粗暴形式的文明修飾手段，基層民主甚至成為高層專斷的同謀。

最後，從民主的實際狀態上說，民主一方面成為口號治國的核心理念之一，但卻使民主愈來愈遠離實際的政治生活不說，還使民主變成政治虛壕。另一方面，隨着效率原則一再地被確認為國家發展的基本原則，民主習性愈來愈為專斷領導作風所遮蔽，領導為了實現「為官一任，造福一方」的既定目標，將民主愈來愈處理為一種為官策略，民主就此與完全體現領導意圖的「群眾路線——從群眾中來，到群眾中去」的政治手段沒兩樣了。從總體上說，近十年中國社會民主因素的增長，不在政治的層面，而在行政的層面；不在制度程式的有效建構，而在民主情緒的主觀發泄；不在扎實的限權努力，而在虛晃的道德伸張。因此，今天中國表像上雖然給人一種民主進步的印象，實際上政道民主的建設處於一種退步的情景—與二十世紀八十年代相比，知識界的民主認知上的共識退化了，明確的政道民主主張甚至溢出知識界關注的視域，知識界一窩蜂地伸張治道民主的現象並不陌生；[17] 同時，民主的制度建構也處於蛻變的狀態，並沒有限權意義、流於形式的選舉出現了贊同毋需劃票，反對才需表示的反民主的發明，實在令人驚異；在民眾的社會民主習性培養上，也幾乎沒有值得重視的進展，相反民粹情緒、民族情緒受到有意的鼓勵，加強社會的對峙性思維而不是減弱，民眾的妥協性能力沒有增強反而降低，[18] 這對於中國實現政治民主來説絕對是一種悲觀的變化。

與此同時，反民主思潮對於民主的瓦解也引人矚目，[19] 這也許是民主的中國共識與強烈期盼必然引發的一種逆轉。這從六個方面全方位地體現出來：其一，高調直接民主因自己對政道民主問題的解決而自負，恰恰是在治道民主遺失了政道民主問題的空白處尋找到高調民主重新切入中國政治空間的契機，這方面以毛式社會主義思潮為代表。近年毛左在中國的復興態勢無法否認。毛澤東聲稱的人民民主對於一個建構中的市場經濟國家具有極大的號召力，因為在這樣的社會裏我們過去熟知的「人民」主體正在演變為社會的弱勢群體，[20]他們心懷不滿，試圖以光復毛左來恢復自己失去的政治榮耀。大民主的嘉年華意圖借助一批「重新評價文革」、「重新評價中華人民共和國前三十年」、「重新評價毛澤東」的思潮，喚起人民對貧窮時代當家作主的政治幻覺。[21]其二，國家主義思潮對於民主的威脅性拒斥，這方面以何新、胡鞍鋼、王紹光等人為代表。雖然何新的國家主義是一種完全不加修飾的粗糙説法，但他以國家名義的論述確實足以號召人民對民主，尤其是自由民主的反感。胡鞍鋼與王紹光的論述比較複雜，尤其以後者的論述更為微妙。王紹光強烈主張公共預算，這本是在憲政民主制度下才有可能的事情。但他的這一主張兀自與其國家主義的主張共在，無法在邏輯上將之統一起來。[22]其三，法治主義對於民主的自覺而堅定的抵制，也成為一種引人注意的説法。這方面以潘維為代表。他認為今天中國提倡並推行民主會導致一種可怕的後果，只有先建立法治的社會制度結構，民主才可能成為一種具有效力的政治形式。[23]民主與法治本來是一種相互支撐的關係，當潘維將之對立起來進行演説的時候，並不被人們視為誤讀，更引起了關注，這意味着反民主的思潮在中國內地的民主政治期待氛圍中具有的某種顛覆力量。其四，保守主義以政治儒學的重建拒斥現代民主政治理念和制度安排，這方面以蔣慶為代表。蔣慶認為，中國的政治制度安排應該不假外求。一方面，不需要像港台新儒家那樣尋求儒家內聖開出民主科學新外王，因此他對港台新儒家的批評毫不客氣；另一方面，他致力發掘春秋公羊學的政治資源，試圖由此設計一套抗禦西方民主制度的儒家政治制度。在儒教中國重建的設計框架中，蔣慶將儒教協會的建設、儒家兩院制的設計看作是中國走上健康政治的正路。[24]其五，民粹主義以民主和自由的對峙性論說排斥代議制民主形態，這方面以甘陽為代表。甘陽以似近乎質詢的口吻提出「自由：貴族的還是平民的」這樣的問題，他以民主時代來看待西方提供的現代社會政治制度，卻將民主解釋為一種民眾治理國家的結構，對於民主制度的建構採取一種拒斥的態度，因此他將自由民主的現代主流民主形式貶抑為貴族的民主形式，將大眾民主看作是民主的正道。[25]其六，極端精英主義以回歸西方古典政治哲學為號召，貶抑現代民主，這方面以劉小楓為代表。劉小楓將現代性內部顛覆自由民主的卡爾・施密特祭出，大力抨擊對民主的軟弱性，從而將民主政治之無法劃分敵我的「弱點」看作它難以適應民族國家建構需要的致命問題。與此同時，劉小楓將斯特勞斯解讀為反對現代性，因而反對自由民主制度的鬥士。他將斯特勞斯對於古典詩學的熱情看作是以古典抗衡現代的正確決斷，將斯氏隱微與顯白教誨的說法說成是對民眾之大多數的處置方式，由此推導出哲學王式的人物真正需要警惕的是大眾的多數，因此哲學王式的人物應當以隱微的方式秘傳其思想。其實，劉小楓主張的就是一種以對群眾多數的警惕來替代對組織起來的國家權力的警惕。這種反民主主張對民主之警惕物件的重要轉變，對民主來過確實具有某種瓦解力量：因為它將民主針對性轉換後攻擊民主，使民主的自我辯護失去確定的含義。[26]

從治道民主對政道民主的遮蔽，到諸種反民主思潮對於民主的顛覆，中國民主政治的推行可以說遭遇到了兩重巨大障礙，第一重障礙是推行民主的力量內部對民主治道意義的誤解導致的民主歧路，另一重障礙則是顛覆民主的思潮對民主的外部瓦解。這兩種力量匯流，使中國的民主政治走到一個十字路口：要麼選擇現代民主，要麼拒斥現代民主，或是要麼以治道民主接受民主的心理喜悅，要麼以政道民主的缺失忍受人們對民主的顛覆。

## 四、確定的民主內涵

民主是中國人的現代政治夢想。從十九世紀中期到現在將近一百七十年，中國人的民主努力從來就沒有中斷過。但是，民主理想在中國的坐實還是遠遠無法預期。而且中國民主政治實踐屢屢在關鍵時刻處於一個以治道民主這種末梢形態替代政道民主的決定性形式的尷尬狀態。中國民主政治實踐的歧路，正使民主的資源逐漸流失。為此，從近代以來中國民主政治史演進的角度與民主的現實需求的視角觀察民主問題並勾畫民主政治發展的基本路向，已經成為一個不能忽視的重要問題。

不妨將近代以來中國政治史上實踐民主但未能實現民主的這種尷尬處境劃分為三個歷史階段來觀察。第一階段，晚清的民主實踐。從晚清睜眼看世界的先驅們對於西方民主政治的思想引入，再從晚清政府對西洋憲政的考察到循序漸進實施憲政改革的停頓，畫出了兩道近代中國早期實踐民主政治的軌跡。從前者來看，康有為、梁啟超等維新派人士對於現代西方民主引發了的中國人民主政治熱潮，尤其是他們對政治改革的呼籲，影響了當時中國的政治走向，可惜的是他們宣導並推動的維新運動於百日後歸於失敗。就後者而言，晚清政府也意識到了憲政民主制度對於自己長期穩定統治的重要性，因此，慈禧太后親自下令派遣大臣出洋考察，以為立憲政治準備條件。今天流傳下來的晚清大臣西洋憲政考察的相關報告，還牽動着人們的憲政民主神經。同樣可惜的是慈禧太后對於實行憲政改革遲疑不決、貽誤時機，終於招來革命浪潮，將晚清政權席捲而去。由於晚清政府對民主政治具有的王朝政權威脅性太過敏感，喪失了通過民主政治改革獲得政權合法性的契機，也斷送了中國近代第一次民主政治的歷史機遇。[27] 但晚清的憲政籲求和民主考察，的確開啟了中國人的民主政治思維，「開弓沒有回頭箭」，註定了中國走向民主的政治命運。

第二階段，民國的民主實踐，在政治介面上從憲政，訓政到軍政，再到動員戡亂條例，從孫中山的舊三民主義到新三民主義，再從蔣介石主張的仁義禮智治國與攘外必先安內，民國時期的中國民主政治實踐不是沒有明確的政治目標，但這個政治目標呈現出一個直線下落的過程，終於國民黨在以各種理由推遲民主政治落實的過程中喪失了大陸政權；[28] 同一時期的思想介面上，思想界由政道民主的普遍政治祈求轉變為尋求治道民主的策略推進，進而從治道民主的多重形式設計轉變到對權威政治的呼籲與設計，思想界逐漸喪失了堅定的民主立場，並被嚴峻的中國政治局勢牽着鼻子走而不能自主判斷中國政治現代的基本走勢與基本需要。這裏既有從錢端升到戰國策派的主張轉變，也有民主派對於第三條道路的熱衷。就前者說，錢端升本是畢業於哈佛大學的政治學博士，本應對於美國成功實踐的民主政治懷抱堅定的信念，他回國初期，確實表現出對中國實行民主政治的強烈期待，但後來眼見民主政治推行的巨大難度，及對中國社會實踐民主的土壤喪失信心，因此竟然開始提倡專制政治，其視之為通向民主政治的必經階段。至於戰國策派基於救國的目的，赤裸裸地推崇法西斯主義，認為除了法西斯主義，其他現代意識形態都不能拯救中國於水火之中。從普遍民主祈求轉變為幾乎是反民主的政治期望，是國民黨時期中國政治的一個極為巨大的變化。後來面對國共兩黨的激烈黨爭，那些既反對國民黨專制獨裁，又不同意共產黨社會主義追求的第三黨政治思想家與政治活動家，諸如張君勱、梁漱溟等人極力提倡第三條道路，試圖以此達到既調節國共兩黨對峙性黨爭，又開出中國新的民主政治道路的目的。但這種脱離開實力政治現狀設計的策略性民主政治進路，從一開始就註定了它的失敗命運。[29] 由於國共兩黨將黨際競爭的勝敗遠遠置於國家利益之上，中國第二次民主政治的生機就此斷送。

第三階段，當代西方的民主實踐，正經歷一個從主義民主到問題民主的演變，從政道民主到治道民主的蜕變，從權利政治到公益政治的變遷，從限制權力呼籲到治道民主摸索的熱衷，但民主政治不是愈來愈接近中國，而是愈來愈遠離中國人的政治生活。前述諸種治道民主的形式都是出現在當代中國短短三十年的時間內令人眼花繚亂的民主形式。但這些民主形式也就僅僅具有民主的形似特點而已。當然，當代中國的治道民主實踐，有一個試圖逐漸逼近政道民主的意圖在中間。只是由於總是在治道民主的邊緣行進，政道民主實在是一個難以期待的事情。這種對政道民主進行進逼的治道民主，自然比民國時期較為單純的政治策略追求要值得人們肯定一些。而且這類治道民主的形式確實經歷了一個從軟性策略到剛性策略的遞進過程：就權力結構的縱向介面上看，從最為基層的村民自治開始的治道民主進程，逐漸進逼到城市的維權民主，再進逼到政府系統的預算民主、協商民主，最後落定在執政黨的黨內民主目標上面。可以說，治道民主的縱向遞進已經達到了最高最後的問題層次。從權力結構的橫向介面上看，從政府機構改革，到政府體制改革，再到人大加強權力制約政府的錢袋，落到司法獨立的問題上面，現代政治社會的三種權力加上執政黨黨內民主的啟動，都可以說是處於一個治道民主改革的狀態之中。然而，中國民主政治的政道安排還看不到熹微之光。這是從當代中國民主的形式選擇本質上無法具有限制壟斷權力的性質上註定了的。由於治道民主實踐不斷將民主政治落在可以有無限選項的治道民主形式翻新上面，因此治道民主永遠只能在形式上給人們民主的新鮮感與刺激感，卻無法給人們自主自決的民主政治行為空間。

借助歷史觀察我們可以得出一個結論：告別以末梢的治道民主替代決定性的政道民主定勢，是中國民主政治實踐可以獲得歷史性突破的前提條件。為此，我們首先需要明確意識到，通過治道民主的這些周邊民主形態，是無法直接且順暢地通達政道民主的核心層面的。我們必須強調，治道民主與政道民主之間沒有一個自然打通的順暢遞進道路，從政道民主可以下落為治道民主，但絕對無法期望從治道民主直接上升為政道民主。這不是一個民主進路選擇的簡單問題。這是一個民主的策略選擇與民主的戰略決斷之間是否具有順暢貫通關係的複雜問題。治道民主是不問權力來源問題的民主形式，它的實施完全可以在專制權力結構的政治體制中進行。正是在這個意義上，一切專制政體都具有權力行使的民主因素。這一斷定，在歷史的角度和理論的角度都可以獲得證明。從歷史的角度來看，古代中國這樣的集權專制主義國家，在治道的民主因素方面，不僅不比西方現代民主國家少，恰恰相反，中國古代的治道民主不僅比古典西方國家要多，甚至與西方現代民主國家相比也不遜色。只不過當古代中國的臣民們要試圖限制皇室權力，就如做夢般。現代新儒家在這方面進行了相當充分的論證。[30] 從理論的角度看，政道民主是以限制權力為前提的民主模式，只有在限制住國家權力的基礎上，治道民主才不會成為沒有權力合法性來源，僅僅期望依靠仁慈地行使權力的掌權者基於長期把持權力的目的恩賜民主給大眾實現其統治的「民主」形式。一切真正的民主只能是政道民主，脱離了政道民主支持的治道民主是處於可予可奪的危險狀態，從根本上説，由於這種所謂的民主並不是人民有效限制權力基礎上的民主，因此僅僅是統治者統治策略的顯現，因而根本不是什麼民主。從民主的理論自證上説，民主只能是源於權利哲學的政治統治形式，它在源頭上要麼依託於自然權利，要麼來自於人民主權。從民主的政治制度上説，民主只能是基於公民自由權利基礎上的憲政制度的產物，沒有國家權力的縱向與橫向分割，也就是立法、行政與司法的三種橫向權力分割，中央政權與地方政權的縱向權力分割，及國家、市場與社會權力與權利的分割，根本不可能有符合民主本義的政治運行制度。從民主的政治生活習性上説，民主只能是一種將公私生活領域有效劃分的日常結構。因此一個政治聯合體甚至共同體的民主生活絕對是公民身份的公共生活歸於公共討論、公共約定的領域，而關乎公民私人生活領域的事宜除非是妨礙或破壞了基本的公共秩序，否則國家權力絕對不能干預的領域。[31] 這是現代政道民主及其與之適應的治道民主與一切偽民主的政體劃出分界線的最確定的依據。

民主之謂民主，主要是在政道的意義上説的。脱離政道民主的治道民主給人們僅僅是一種民主假像。它足以滿足長期短乏民主供給的社會裏人們對民主的期待，但除開這種心理滿足感之外，治道民主無法給人們以政道民主的「人民主權」與「人民主治」相互貫通的真實民主。民有、民治、民享的順序不能倒置，只有在人民享有國家主權的基礎上，人民才有自治的權利，才能限制住具有自我複製與擴張能力的國家權力，才能享受民主的政治與社會果實。當然，我們需要解決兩個民主發展的策略進路問題，一是政道民主也就是基本憲政民主制度坐實後，是不是需要治道民主來優化政道民主的具體治理形式的問題，二是旨在限制權力的治道民主是不是具有通向政道民主的可能性問題。兩者的回答都是肯定的。就前一方面分析，在政道民主坐實以後，雖然國家權力體系置於公民社會的限制之下，國家權力體系處於分割制衡的狀態，既受到權力之間的制約，又受到公民權利的制約，還受到社會權利的制約，權力的皈依伏法不是政治上最重要的問題，但國家權力如何才能有效為公民服務，並不是一個限制權力後就能解決的問題。權力在服務方式、方法與舉措方面，還需要不斷改善才足以找到成本低廉而收益較高的模式，權利也只有在不斷的訴求與滿足之間尋求較為準確的定位，權力與權利之間的相互制衡與相互支撐才足以維持一個長治久安的社會秩序。就此而言，在政道民主基礎上進行的治道民主實踐是現代民主絕對需要的。就後一方面分析，旨在限制權力的治道民主實踐也是值得推動的民主進程。治道民主並不總是不問權力來源問題的民主形式。如果一種治道民主舉措不僅要求權力的恩賜，更要求在權力受限情況下的民主運用，那麼這樣的治道民主形式就具有限制權力的累積效力。當各種治道民主的形式逐漸積累起足以限制權力體系的力量時，政道民主也許就具有了足以實施的內外部動力。但必須指出的是，後一種方式最終還是不能在脫離權力來源正當性的政道民主之外可望實現。因此，必須強調的是，那種完全不問權力合法性來源問題的治道民主永遠也沒有通達政道民主的可能。

對於今天的中國來說，治道民主的流行大多是在不問權力來源的基礎上施行的民主形式，其民主的性質必須經得起人們的質疑。尤其是當人們試圖將權力來源問題擱置，以不追究所謂存量的不民主來尋求增量的民主的時候，民主的危險處境毋庸贅言。百餘年來中國的政治問題，不是一個尋求簡單的政治民主策略問題，而是一個絕對繞不開的政體選擇問題。忽略這個問題，將人們的政治民主視線引向治理方式民主與不民主的一端，那絕對是以偽民主的說辭與行動將人們誤導到非民主政體或專制極端政體的偽善理論。因此，辯論政道民主與治道民主的關係問題，就不是一個單純的政治理論遊戲，更不是一個民主原教旨主義的宣泄，而是堅持還是不堅持民主政治底線立場的問題。只有在堅持現代民主的底線立場的基礎上，民主才足以抗禦偽民主的虛假實踐，也才足以抵禦反民主的攻擊，從而真正促使中國走上健康的現代自由民主道路。因此，中國的民主政治，是一個無論是全能的黨權，還是全能的政府權力，都必須進行嚴格限制的民主形式，如果我們成功地限制了那些主宰國家前途與命運的全能式權力體系，我們就可以自信地宣佈中國進入了民主時代；如果我們還是在權力支配下尋求權力的友善運用，那麼中國人就仍然處於一個非民主甚至反民主的政治狀況。這不是一個政治修辭術能夠處理的問題，而是一個實實在在的政治轉型問題。

## 註釋

1 俞可平發表〈民主是個好東西〉引發的各方熱議是個具有象徵意義的事件。當人們還將民主視為西方資產階級的專利，一旦談論就有滑入自由化危險境地的時候，這種題目的文章首先就令出版者敬而遠之。俞著以「好東西」命名民主，意味着民主已經在理論上具有正當性，使民主可以以「好東西」來誘惑人們加以實踐。俞文刊登於《北京日報》2006 年 10 月 23 日。

2 本章對於政道民主與治道民主的劃分，是借助於牟宗三《政道與治道》兩個概念的相對區分推演出來的一對概念。參見牟著：《政道與治道》，第 1 章，桂林：廣西師範大學出版社，2006。也許人們認為政道民主與治道民主的劃分不太符合中國人的表述習慣，轉而以道與術的關係來分析民主的兩個不同層次的結構更為簡潔明晰一些，為此需要指出，本章對於政治治理具體舉措意義上說的「術」並不關心，即使論述涉及到「術」的問題，也是在「術」的根本意義上展開討論的。因此，本章論述的兩種民主進路，都是在傳統「道」的意義上展開的。

3 參見甄小英、李清華：〈以黨內民主推進人民民主〉，《求是》，2003 年第 12 期。

4 參見〈中國的政黨制度白皮書〉，引自《光明日報》2007 年 11 月 16 日。

5 參見喬治・薩托利著：《政黨與政黨組織》，第 8 章〈不穩定政體與偽政黨〉。北京：商務印書館，2006。

6 參見金安平、姚傳明：〈「協商民主」不應誤讀〉，《中國人民政治協商會議會刊》，2007 年第 3 期。

7 參見胡錦濤：〈在首都各界紀念中華人民共和國憲法公佈施行二十周年大會上的講話〉，引自《人民日報》2002 年 12 月 5 日。

8 參見王紹光：〈從税收國家到預算國家〉，《讀書》2007年第11期。馬駿：〈中國公共預算研究：現狀與未來〉，《中國預算改革：理性化與民主化》，北京：中央編譯出版社，2005。

9 參見詹姆斯・布坎南著：《民主財政論》，第1編〈制度對財政選擇的影響〉，〈導言〉。北京：商務印書館，1993。

10 最近幾年中央政府控制房價努力的收效甚微就是這種合謀的結果。參見彭小兵：〈從房地產市場亂象看房地產開發制度的缺陷〉，引自《中國資訊報》2006年10月18日。

11 參見薩托利：《民主新論》，第2卷〈古典問題〉，第15章〈另一種民主〉。北京：東方出版社，1998。

12 參見王正平主編：《馬克思恩格斯列寧史達林毛澤東論歷史唯物主義》中冊，第1632頁。北京：北京師範大學出版社，1983。

13 參見王邦佐、潘世偉主編：《二十世紀中國社會科學——政治學卷》第3編〈二十世紀中國政治重大論爭〉，第9章〈圍繞村民自治特別是農村民主選舉的論爭〉，上海：上海人民出版社，2005。

14 參見孟偉：《日常生活的政治邏輯——以1998–2005年間城市業主維權行動為例》，緒論，北京：中國社會科學出版社，2007。

15 參見熊月之：《中國近代民主思想史》，緒論，上海：上海社會科學院出版社，2002。

16 參見胡錦濤：〈高舉中國特色社會主義偉大旗幟，為奪取全面建設小康社會新勝利而奮鬥——在中國共產黨第十七次全國代表大會上的報告〉，載《中國共產黨第十七次全國代表大會檔彙編》，北京：人民出版社，2007。

17 只要看看出版界熱衷出版的民主讀物就可以證明這一點。關於政道民主的書籍早就喪失了它在二十世紀八十年代的龐大市場份額，而各種各樣的治道民主書籍充斥了民主類的書架。知識界關於治道民主的學術討論一個接一個，但政道民主問題的討論則被視為落後而變得非常罕見了。

18 見諸報刊雜誌的民眾群體性對抗事件，使人對此有一個大概的認識。在農村，為了爭奪土地權益，村與村之間的械鬥不令人驚怪。在城市社會，新老市民之間的對立情緒也不是什麼新鮮的怪事。社會和解並不是今天中國社會的總體狀況，相反社會對抗、悲劇事件才能引起人們關注。報紙上的搶劫、兇殺報道吸引人們的眼球，電視尤其是電視評論節目的煽動性話語足以保證收視率。這些都是與建構民主社會相反的社會趨向。

19 這裏所謂的反民主思潮的定位不具有政治正確或錯誤的意識形態含義，僅僅是在分析認取或拒斥民主的不同取向上採用的中性概念。對於民主政治理論和民主制度運作來說，反對民主的理論論述與實踐設計，始終是民主能夠保持足夠的理論與實踐張力的必須。

20 參見陸學藝主編：《當代中國社會階層研究報告》，北京：社會科學文獻出版社，2002。該書將中國以往視為領導階級的工人階級排在當代中國社會十大階層的第八位。這一排位曾經引起廣泛爭議。但研究者認為自己是根據調查資料得出的結論，而不是主觀排列的產物。見該書「總報告」。

21 參見老田：《中國出了個毛澤東》，www.yyqnl.com/oldweb/25/200312302100042.asp?id=268。以及《烏有之鄉》、《毛澤東旗幟》等網站旗幟鮮明地對毛式社會主義的張揚。

22 參見王紹光著：《安邦之道——國家轉型的目標與途徑》中〈建立一個強有力的民主國家〉一文。北京：三聯書店，2007。

23 參見潘維著：《法治與「民主迷信」——一個法治主義者眼中的中國現代化和世界秩序》，香港：社會科學評論出版社，2003。

24 參見蔣慶著：《政治儒學——當代儒學的轉向、特質與發展》，第3章〈政治儒學與現代民主政治〉。北京，三聯書店，2003。

25 參見甘陽著：《將錯就錯》，〈托克維爾與民主〉。北京：三聯書店，2002。

26 參見劉小楓著：《現代人及其敵人》，〈施密特論政治的正當性〉。北京：華夏出版社，2005。及劉小楓主編：《施特勞斯與古典政治哲學》，編者前言，上海：上海三聯書店，2002。

27 參見費正清、劉廣清編：《劍橋中國晚清史》下卷，第7章〈1901–1911年政治與制度的改革〉。北京：中國社會科學院出版社，1985。

28 參見費正清、費維凱編：《劍橋中華民國史》下卷，第3章〈南京十年時期的國民黨中國，1927–1937〉。北京：中國社會科學院出版社，1998。

29 參見高軍、王檜林、楊樹標主編：《中國現代政治思想評要》相關章節，北京：華夏出版社，1990。

30 參見徐復觀：《儒家政治思想與民主自由人權》相關章節，台北：學生書局，1988。牟宗三：《政道與治道》，第1章，桂林：廣西師範大學出版社，2006。

31 參見薩托利：《民主新論》，序言，北京：東方出版社，1998。及科恩：《論民主》，第5部分「為民主申辯」，尤其是第16章〈民主的內在價值〉，北京：商務印書館，1988。

# 第八章

# 憲政分權視野中的央地關係

現代憲制建構是一個國家政治現代化和行政管理現代化的制度前提。這樣一個制度前提如何才能具備，確確實實是改革開放近三十年來中國的政治學者、行政學者們都非常關注的問題。但如何才能解決這個問題，則是非常複雜。

探討在國家的基本政治行政架構上，該如何應對改革開放以來發生的形勢變化和結構轉換，是討論這一問題的背景條件。而如何才能把一個要素重組轉變到一個符合現代要求的結構，使整個政治制度和行政體制的安排，能夠切合轉變中的市場經濟結構本身的內在需求和外部需要，已變成一個非常現實的理論問題和實踐問題。在改革開放的促進下，我們才可分析、探討憲政結構主要是一種怎樣的結構，而憲政結構內中央和地方政府的關係應當是一種怎樣的關係。因為，當我們假設中央「人民政府」和地方「人民政府」都只是一個為人民服務的抽象實體的時候，這個問題的必要性就被抽掉了。只有我們認識到中央「人民政府」和地方「人民政府」各自所負擔的職責、各自所服務的對象，以及中央人民政府和地方人民政府本身作為政府來講，也僅僅作為不同的政府實體，而有自私自利的一面的話，如何才能把他們的自私自利規限起來，使中央「人民政府」和地方「人民政府」的運作能夠更明確保證其公共性，而抑制其自利性。在現在看來，這是一個非常緊迫的公權公用的問題。

探討憲政分權視野中的央地關係，邏輯地包含三個方面的內容：第一，區分憲政視野中的兩種分權、一個指向。通常，論述憲政制度中的分權都只講橫向分權，就是立法、行政、司法三種權力分割的制衡。但實際上比憲政的橫向分權方面更為緊要的一種分權，長期以來為我們所忽略，那就是憲政的縱向分權。所謂縱向分權就是中央政府和地方政府的權力怎麼劃分。一般我們不把這個問題放到憲政的角度來考慮。因為我們覺得，只要橫向的權力結構分化得到了解決，那麼，一切重要的問題也就可以在橫向分權制衡的體制當中得到安頓。但事實上，橫向分權並不能夠很好地解決分權制衡的體制。因為在一個現代的國家體制裏，並不是一個單純的橫向分權就可以解決好分權問題的。現代國家結構跟古典國家結構的實質性差異註定了這一點。古典的國家結構是建立在小型簡單社會基礎上的，現代的國家結構則是建立在大型複雜社會基礎上的。這樣兩種不同結構形態，使我們對於大型複雜國家的權力建制的複雜性必須懷抱高度的警惕。否則一個大國的發展、大國政府的責任和國家的公共福利都得不到保證。因此，憲政制度當中的兩種分權必須予以同等程度的重視，並注意它們同時指向的控制國家、規範權力的目標。[1]

第二，申述在憲政分權視野中，縱向分權對一個國家究竟有什麼重大意義。把美國的聯邦制度的特點與中國的單一制特點下面國家分權的狀態及其運行效果作比較，可以觀察到不同大國的政治制度安排和行政體制安頓需要在什麼意義上來進行縱向分權。如果不分權會怎樣，而分權又會怎樣，在比較中闡述大國的分權體制選擇。

第三，把問題坐實到中國。如果我們中國要進行政治體制改革、行政體制改革與政府創新改革，如何可以有一個好的縱向分權，並為一個好的橫向分權奠定基礎。這是兩個相互關聯的問題。

## 一、憲政視野中的兩種分權、一個指向

所謂兩種分權，一個是橫向分權，這是我們比較了解的。橫向分權就是將國家最高、最後的權力一分為三：立法、行政、司法三種權力形態。三權分立所表明的是國家最後、最高決策權，是把權力形態分解為三個剖面。另一種分權就是縱向分權，即中央政府與地方政府的分權。所謂一個指向，就是不論兩種分權的具體結構有何差異，它們都指向限制權力的一個端點。這種分權的制度化安排是現代政治的獨特結果。但是，在歷史上有它的脈絡可尋。我們不妨從古代中國的一統制開始尋找分權制的線索。

## 中國傳統政治制度的大一統制

在古典社會裏，我們知道大多數國家的最後、最高權力都屬於國家的最高統治者，也就是帝王。在中國，我們就更能理解了。秦始皇時代建立的郡縣制，相對於傳統社會所建立的分封制，更有利於中央集權。所以秦始皇既作為最高的政治決策者，也作為最高的行政執行長官，更作為最高最後的司法裁決者。秦始皇在政治制度上規定的大一統制度，以一句「車同軌，書同文，度同制，行同倫」為最貼切的說明。這樣的制度安排使中國整個政治權力高度集中、或者壟斷在中央權力機構的最高人格代表手裏。正是這種政治制度安排，使在行政決策上，有了與政治制度安排相匹配的行政決策方式：「事無巨細皆決於上」。這兒的「上」，不是指上級，而是指皇上。就是事情不分大小，最後一定要由皇上來決定。所以基本上，在中國三千多年的古典傳統裏，我們的政治制度和行政制度安排都是一套中央集權體制。「漢承秦制」，漢代是奠定整個中華文明、尤其中華制度文明的規範的朝代。漢代儘管是在總結秦始皇希望開拓「萬世之基業，二世而亡」這樣一個教訓的基礎上建立起來的政權，但是漢代整個制度安排跟秦同出一轍。整個秦的郡縣制度安排以至於今，可以說對中國的政治體制和行政體制發生了極其深刻、廣泛而長遠的影響。[2]

在這種制度安排中，沒有任何真正制度意義上的縱向分權或者橫向分權，所有權力體系當中的人都是為皇帝盡忠的。儘管「岳母刺字」成為了一個愛國主義的美好傳説，但所謂「精忠報國」不是指報我們今天意義上的作為政治共同體的國家，而是指皇上代表的那個「家國同構」之國。精忠報國就是指精忠報皇上。就此我們不難理解，本來「將在外，君命有所不受」，但秦檜假皇上之命傳十三道金牌，岳飛就得回去，因為他要服從皇上的命令。所以聖旨與假傳聖旨都成為中國古代行政體制安排裏，非常微妙的關鍵。

## 分權結構問題產生的背景

長期以來，對於中國來説，制度化的分權結構都不是一個問題。實際上，直到今天，我們都以為不是一個問題。只不過因為集權的權力體制帶出了很多問題，我們才以為它是一個問題。所以，問題是在一定的歷史背景下發生的。

這樣一種分權結構必須有怎樣的背景條件，它才可能發生、才會成為我們政治生活和行政執行過程當中的關鍵問題呢？只有在現代背景下，它才是一個問題。

無論是在具有分權傳統的希臘民主政治裏，還是在特別強調民商法的司法關係的羅馬法傳統裏，怎樣限制最後、最高權力，不僅是在中國古代沒有解決，就是在西方的古典社會裏也沒有被解決。古典時代沒有解決國家權力的分權問題，不是因為中國古人和西方古人都很笨，而是在古典的政治範圍內，這不是一個問題。為什麼呢？因為古典政治都是建立在簡單、小型的社會基礎上的。

從國家管制的人數上來講，中國古代社會已經很龐大了。到晚清的時候，已經有四萬萬同胞，似乎已成為既不小型，也不簡單的社會。但實際上，從社會的結構方式來看，中國古代那麼廣大的人口，它還算是一個小型且簡單的社會。因為，儘管到了晚清，中國有四萬萬同胞，或者退到唐代長安東市——一個政府辦的集市，就有三十萬商人。或許你會覺得這種社會結構非常複雜。但實際上，整個中國古代的一切國家和行政結構，都可以還原於家庭。國家結構是「家國同構」，國家控制的原則也很簡單，就是「事父以孝，故忠可移於君」。這就非常簡單：控制好家庭，或者解決好父子倫理，就能解決行政倫理和政治倫理。依據古德諾的區分：「政治就是決策，行政就是執行」，按這個線索往下分析，政治執行就是對皇帝忠誠——侍奉父親你是很孝順的，所以服侍皇上的時候你一定是很忠誠的。這樣的家庭倫理的擴展，就解決了政治倫理和行政倫理的問題。哪怕社會再大型，人口再多，最後都只是一個家庭結構。君君臣臣、父父子子、夫夫妻妻、兄兄弟弟、朋朋友友，這種五倫關係、日常人際關係，成為控制社會的法寶。中國古代社會小型就小型在它以家庭為基本架構，簡單就簡單在它以家庭倫理作為行政倫理和政治倫理的一種原型。[3]

西方古典社會的結構也是簡單的。在古希臘傳統裏，以城邦為基本單位。城邦的規模不大，城邦政治活動的方式也很簡單。你是城邦的公民，你就有義務參與公共生活、參與政治決策、參與實際執行。如果你是奴隸、戰俘，不是城邦公民，那政治生活就與你無關。你就當奴隸，受社會支配，就必然存在政治決定和行政執行之外。所以古希臘城邦政治也很簡單，蘇格拉底、柏拉圖、亞里士多德三代師生連續地論證了民主制度還不如貴族制度好。他們都很厭惡民主政治，因為民主政治把社會上的那些石匠、屠宰匠都弄來搞民主政治。他們覺得這樣的人沒有議政能力，所以民主制度還不如貴族制度好，貴族有公共關懷，熱衷公共參與，而一般公民確實沒有公共關懷熱情和公共參與能力，這是客觀的描述，沒有辦法改變的事實。確實，在古希臘那種政治建制裏，民主政治沒有帶來良好的生活秩序，它是直接民主。現代民主不是直接民主，而是間接民主，是代議制民主。前者與小型簡單社會匹配，後者伴隨大型複雜社會。

羅馬傳統社會結構也是簡單的。羅馬文明征服希臘文明的時候，羅馬是很落後的。羅馬人作為征服民族，又是騎馬民族，他們以風捲殘雲之勢侵入了理性文明的希臘，希臘人沒有辦法抵抗。而羅馬人為了解決征服者的那種野蠻性，建立起政治秩序，建立了羅馬民法，使私有財產神聖不可侵犯。肆意掠奪、狂妄違法，就要受到處罰。這樣羅馬人給西方人奠定了一個解決民事關係的基本原則，被人們稱為「商品社會的世界性法律」。羅馬民法傳統也很簡單，你的就是你的，我的就是我的，如果你要把我的變成你的，你的變成我的，要訴諸於法律關係，這是很簡單的治國理念。[4]

整個古代社會，無論是希臘羅馬，還是中國，我們都會發現：古代社會不需要分權，不是他們不懂分權。雖然有中央政權到地方各級政權的劃分，但這不叫分權。因為這只是就一個專制形態的權力作層級、等級劃分。而分權是指權力的多元結構，各自在自己的權力領域裏不受其他權力的支配。中國古代儘管有等級分權，但是皇帝一聲令下，高興就給你半壁江山，不高興就抄你祖宗十八代，「喜則予之，怒則奪之」。那怎麼叫分權呢？那是很暴虐的。分權是有生命、財產、自由的保障，是有有效約束在上權力隨意性的制度保證的。

憲政分權只有在兩種情形下才是有可能的。

第一，在市場經濟的情形下，這是經濟基礎。按照羅馬民法的原則，作為一種擴展形態來說，當我有一筆私有財產，而又是在一個大型複雜社會裏，我的謀生與他人、與高一級的官員、政府都無關的時候，我可以不聽你的，我們才可以有一種理性妥協和相互協商的狀態，而不至於犧牲我的政治原則、正當利益和個人志趣，而被迫服從。這就是經濟學家們特別強調的私有產權在憲政結構裏的基礎性價值。

第二，在市民社會的局面中，這是社會基礎。當國家對於社會處於一種古典情形下的通吃狀態的時候，獨斷地掌握國家權力的統治者是絲毫不會尊重他人意念的，他只會按照自己的意願來治理國家，有理性的時候，他成為明君；失去理性的時候，他就是恣意妄為的暴君。只有在國家與社會的二元結構中，才使得國家權力的內部分割與外部制約同時發揮作用，也才足以催生安頓權利與權力的憲政制度。

## 現代憲政的四大要素

從憲政的結構要素上講，它需要絕對相互勾聯在一起的四個因素支撐，才具有從可靠性演變為現實性的動力。這就是人們熟知的現代憲政四大要素。[5] 第一個要素就是私有產權。因為只有統治者不能剝奪普通公民生存權利的時候，握有權柄者與一般民眾之間的討價還價才有可能。假如普通公民的生存條件依賴於統治者，統治者對於他們就有從財產到自由並進至生命的支配權。這是現代主流政治學將財產權作為闡述一切政治問題的出發點的根本理由。

憲政的第二個要素，就是人權。對於國家的每一個公民而言，他都有權追問一個問題：我們為什麼要建立國家？國家不具有天然正當性。國家是具有生命、財產與自由這些天賦權利的個體建立起來的政治共同體。人們為什麼要建立政治共同體？是因為人們醒覺，如果每個人之間都處於戰爭狀態，那人類就會自我毀滅。所以我們作為平等個體，作為具有天賦人權的個體，一起來建立政治共同體。這個政治共同體建立起來，無論我們把它叫做帝國，還是民主國家，還是共和國，我們都是要使國家保障權利。國家是一個巨無霸，是一個內卷性的機構，是一個黑洞似的機構。但是國家建立起來的目的是什麼？是保障人權。人民主權原則就此成為現代政治最為基本的原則。如果一個國家是一個現代憲政國家，而真正使它的主權屬於人民，人權一定是至上的，它一定超過我們通常所談到的國家主權。因為主權是為人權而設的，沒有人權，主權就沒有意義，沒有價值。

憲政的第三大要素是分權制衡。古典國家建構的合法性辯護進路幾乎都是「君權神授」，但是現代社會的國家政治建構是一種理性建構。就是通過人為的設計、契約的安排，通過組織架構的分割，通過組織職責的劃分，把國家理性化。在國家的科層建構裏，從中央政府到地方政府，從高層組織到基層組織，一套組織架構的合理設計、權力分割和職責劃分，將國家建構為一個合理的形態。這就是馬克斯・韋伯所闡述的現代基本精神「理性祛除巫魅」。在現代國家中，一切神聖的東西遁入到個人私人生活的隱秘空間，而一切政治生活和行政生活的問題都變換為沒有任何神秘感的公共生活。所以國家究竟應該建立多少層級？這些層級究竟應當如何來履行自己的職責呢？這變成一個關鍵問題。這就是憲政的縱向分權制衡要解決的問題。

憲政的橫向分權與縱向分權具有同等的重要性。國家最高端的權力對我們具有最後最高的義涵，如果掌握這一權力的人都像秦始皇那樣「事無巨細皆決於上」，要我們生就生，要我們死就死，這就是中國傳統所講的「君要臣死，臣不得不死；父要子亡，子不得不亡」，死亡之前還要三叩九拜，感謝皇恩浩蕩。那麼，政治之共同體的含義就隱而不彰了。現代政治成功地將國家的最高最後權力一分為三，即將國家權力劃分立法權、行政權和司法權。立法權是建立規則，行政權是執行規則，司法權是裁決這個規則有沒有依法執行。同時三種權力形態還具有交疊制衡的運作性質。

立法權制約行政權，行政權必須依法行政，法律從哪裏來，來自於立法機構。立法機構提供的法律一定要是良法，而不是惡法。惡法是指與憲法精神相衝突的律法。而無論是立法還是行政，都必須按法律精神辦事，憲法是神聖至上的。一個法律條規一旦合憲地制定出來，哪怕有缺陷，在沒有修訂這個法律之前，政治共同體的成員必須嚴格按照法律文本來執行。而不能以「法律是死的，人是活的」來實施法外行為。法條主義與程序主義就此具有重要意義。

美國《國旗法》的立法博弈可以看作是三權分立制衡的經典案例。由政府提出，國會通過的《國旗法》，要求美國公民在進行政治抗議的時候不能焚燒國旗，焚燒國旗就是違法。參眾兩院通過了這一法案，但是美國聯邦法院裁定，這個法案違憲。美國憲法的基本精神就是，公民為了捍衛自己的合法權利，可以訴諸於捍衛權利的相應的手段。限制人們在政治抗議的時候利用某些物化手段，就等於限制公民的政治權利。而政治沒有抗議，沒有公民不服從，憲政就不可能維持。所以，一個參眾兩院通過的立法因為違憲，必須作廢。這類法律在中國往往是毫無異議地就通過了。其實，一個法律沒有異議，那絕對不是一個良法，一定是個惡法。橫向分權最關鍵是使得所有的權力在執行過程當中，要受權力制約對象，也就是公眾，或我們所說的人民、人民主權的限制。橫向分權乃是使得人民主權真正落實到建立規矩的領域、執行規矩的領域和捍衞規矩的領域的必須。[6]

兩種分權結構，有一個共同指向：使國家行為、政府行為，尤其是後者，作為配置日常資源、行使日常權力的、霍布斯所稱為的巨無霸，能夠被約束起來。國家權力、政府權力會自我膨脹。霍布斯寫《利維坦》的時候就特別強調，國家是個巨無霸，它像一個巨碾一樣，一碾過來，不僅自身無限擴大，而且吞噬力驚人。從權力內部結構上將權力作有效分割，可以達到有效規範權力的目的。於是，對於現代大型複雜國家而言，單一制的政治結構就不利於分權制衡機制的建立。而有必要將中央政府權力與地方政府權力進行有效的分解。聯邦制的政治建構就具有了某種限制權力的重大意義。不把央地權力進行有效的劃分，縱向權力的混亂就不可避免，也就會影響橫向權力分割制衡的效果。因為一個權力結構不清晰的央地權力結構，從中央權力到地方權力都會陷入一種各自為陣、爭奪利益的狀態。橫向權力的分割制衡就會被這種政治紊亂所打破。[7]

縱向分權和橫向分權使國家、政府規範化，不能濫用權力。政府太容易濫用權力了。兩種權力分割都是指向控制國家、規範政府的。控制國家愈有效、政府就愈具規範，政府辦事的績效也就愈高。國家、政府的權限愈有限，宏觀控制能力在其應該發揮功能的領域裏，也就愈有效。有限政府和規範政府是聯繫在一起的。兩者的關聯是，如果沒有一個有限政府的規範建構，那麼有效政府的建構就是海市蜃樓。

要怎麼控制國家、規範政府呢？這就是憲政的第四個要素法治解決的問題——法治。這對中國習慣思維來說是匪夷所思的。法治的意思就是法律主治，就是以法律排開一切個人和組織的背景關係，而具有一種法律抽象統治的能力。或者按照馬克斯・韋伯的概括，就是「法的形式化統治」。不管個人是什麼出身、有什麼理想、是什麼教育背景；組織有什麼目標、有什麼舉措、運用權力想達到什麼目的，總而言之，一切個人和組織都在憲法之下活動，都只有法治之下的自由。因為中國人不理解撇開實質含義的形式狀態，所以難以理解這樣的法治狀態。法治，即現代形式化法律的統治，是沒有例外法權的。只要有一個例外法權，而這個例外法權不是循法律的途徑而得到的，那麼一切再嚴肅、甚至再完美的法律都只是一紙空文。英美的判例法，經常有例外，但是這是循法律的途徑得出的例外，還算是法治範圍內的事情。一旦溢出法律的邊界的一個例外，就是對法律權威性的顛覆。所以說法治，不是靠法律統治，不是依照法律統治，而是以法律統治，是法律本身作出統治。

## 二、憲政縱向分權的基本架構

憲政分權指向對權力的規範約束。只有分權制衡架構，才能夠控制權力，不至於使權力太過囂張。權力囂張的表現為兩種：一是權力的存在方式是囂張的。因為沒有成功分權制衡的權力，那就是難於控制的權力，它們運作起來相互支持，唯權是舉。權力體系之外的人們與組織都無力幹預權力的運行。二是權力體系的舉措是混亂而低績效的。由於未能分權制衡的權力是整全的權力，因此，權力的舉措就相當隨意，對於這種隨意舉措獲得的權力績效，權力也具有一種自滿的傾向。而因為缺乏權力間的制約關係與權利制約權力而顯現的平衡，權力也就在自我制定規則、自己執行規則與自我評價執行結果的狀態中獲得自我辯護的充分理由。權力就此脱離開權利的規範與制約，形成為具有自身正當性的變異體系。可見，分權制衡對於制約權力是很重要的。而相對於權利對權力的制約而言，由於分權制衡關係到從權力內部制約權力的安排，着眼權力內部的分權制衡尤其重要——如果我們無法從權力內部分化權力形態，權力就有充分的能力來對付權利而使自己無限自大、狂妄起來。

## 歷史處境與縱向分權

憲政結構當中縱向分權與橫向分權同等重要。但是兩者相比較，縱向分權制衡也許更為重要，不能夠被忽略。因為憲政的縱向分權，即國家的行政層級建制，其權力、權限、職能、作用的合理劃分，一向為現代政治學家所忽略。同時，縱向分權的嚴肅性與實踐策劃也不為人們所重視。一個現代大型複雜國家，究竟應當選擇一個怎樣的具體的政治制度安排，從而將國家權力有效控制起來，並使權力在運行中從中央到地方都能積極互動，進而將整個大型複雜國家的縱向分權作為橫向分權的有效補充，促進整個國家權力體系的高效運行？這個問題，至少可以說在中華民國時期也好，中華人民共和國時期也好，都沒有被認真嚴肅地對待和處理。

中華民國時期，當蔣介石很興奮地從孫中山手裏接過政權的時候，他是以一副抵抗西方政治行政制度安排的姿態出現在中國政治生活中的。由他的秘書執筆寫的《中國之命運》，代表了蔣介石的治國理念。但是這書裏，通篇都是對西方現代政治文明的謾罵、詆毀、諷刺和嘲弄。然後就把儒家的君臣父子拿出來，仁義禮智信拿出來，以為解決了中國政治現代化的問題。蔣介石根本就沒有國家現代理念。他對於權力問題的認識十分粗糙。他從根本上還沒有意識到權力縱向與橫向分權的必要性與重要性。

中華人民共和國時期，毛澤東本來在一九四五到一九四九年準備接掌全國政權的時候所作的政治行政思考，是具有現代性的。可惜一九四九年，毛澤東接掌了全國政權之後就把它忘了。他此前寫的〈論人民民主專政〉、〈新民主主義論〉兩篇文章，如果他執政後能夠按着實行，那就是中國政治之大幸、中國人民之大幸。權力怎麼樣受到限定，怎麼樣保障權力的民主性質，也就是保障權力的公共性質，毛澤東在奪權的過程中有很深入的思考，但奪權之後，很多問題思考的理性就跟着下降了。毛澤東以為搞階級鬥爭，天天講，月月講，年年講，繃緊階級鬥爭這根弦線，就能夠保證權力服務於人民。就此他將權力問題嚴嚴實實地遮蔽起來。不論是國家權力的縱向分割還是橫向制衡，也就沒有能夠進入中國的政治運作過程。即使人民共和國在不同時期制定了一系列法律文件，遺憾的是，這一系列的文件因為沒有經過一個社會利益共同體之間往復的商討和理性的妥協，制訂者和被執行的對象都對它缺乏莊嚴感和神聖感。法律的文獻性意義遠遠高於它制約權力的功用。「下級服從上級，全黨服從中央」順理成章地成為權力運作的基本準則，分權被打入資產階級思想的冷宮。而權力不受限制的最終結果就是對毛澤東的個人崇拜。[8]

與我們中國極端強調單一制、集權制的絕對正確性不同，成功建立起聯邦制的美利堅合眾國，他們的開國領袖申述了一套分權制度的政治理念。美國開國領袖之一的麥迪遜忠實記錄美國制憲會議狀況，反映了立意進行縱橫兩向分權的現代政治實況。在美國的賓州首府費城，當年北美十三州，各個州派出了代表，為籌建一個共同的國家，大家坐下來開會討論。會議開了一百六十多天。代表們充分討論，看看究竟要建立一個怎樣的國家、建立這個國家要制訂些怎麼規則，憲法怎樣去制訂。其實美國最初的建國領袖也很卑鄙，他們僅僅想展現自己為了國家、為了民族的高尚，而不願意將會議制定國家權力基本規則時的討價還價的庸俗記錄下來。於是當十三州的代表坐到一起來商量這個問題的時候，大家最初也傾向三不主義，哪三不呢？大家可能較熟悉，類似中國經常講的。第一，不記錄；第二，不追究；第三，不報復。因為為了建立國家，打算進入新興國家的各州之間其實是在攤牌。這樣的攤牌不記錄，各州又擺不平，結果，大家就妥協。不記錄不行，一定要記下來，你講了什麼，有什麼主張，還要你簽字確認。但為了可靠，記錄不只一套，而是要多套。當中的一個記錄者就是麥迪遜，作為制憲會議的十個記錄代表來記錄；另外是北美制憲會議，會議方聘任秘書作官方記錄。這些記錄反映了美利堅合眾國憲法制定過程中地方代表與形成中的中央(以制定中的聯邦憲法為象徵)進行利益博弈的過程。而最後形成的這部憲法,就是一部解決了縱橫兩向分權制衡的聯邦制憲法。[9]

這部憲法特別強調雙重分權原則,因為最初建立美利堅合眾國的時候,實際上北美十三州是獨立面向英國君主的十三個獨立殖民地。在這個意義上,它可以被稱為十三個獨立的政治實體。與中華民國建立時期的狀況大致相同。北洋軍閥時期是各省的獨立性是較強的。但是,在美國制憲會議時期,北美十三州的代表強調,由憲法建立起來的整合北美十三個州的美利堅合眾國的權力如何分配的問題,首先要考慮:獨立的十三個殖民地政治實體形成的國家的中央政府和十三個州的州政府有什麼區別?這就是縱向分權的問題。

北美十三州為建立一個聯邦制國家達成的妥協,也是就中央政府和地方政府縱向分權達成的妥協,最簡單的表述就是:兩種權力一定是「互不侵犯」但又相互關聯的。第一,中央政府只管理軍事、外交、聯邦稅收等事務。第二,州議會有獨立的立法權力、州政府有獨立制定政策和規劃項目的權力。州還有建立基本法,就是州憲法的權力。第三,中央政府與州政府的管理權限不能混淆。本來一個國家只有一部憲法,但在美國竟然有州憲法。為什麼?因為在美國,州的政治存在先於美利堅合眾國的政治存在,州有州的權力,州只有在確保自己的權力受到保護的基礎上,才願意組成統一的國家。聯邦政府在自己的軍事、外交和國家最高行政權力，尤其是聯邦稅收權力之外，不能隨意支配州政府，中央政府官員更不能隨意深入到哪個城市，亂發一通指令。[10]

中國是中央絕對壟斷權力的大一統制，跟美國絕對的分權制度不一樣。本來，聯省自治的政治努力有可能將中國推進一個具有政治彈性的聯邦制度境地，可惜後來出現在中國政治舞台上的，都是縱橫捭闔、馳騁天下的政治強人，把地方政權與中央政府討價還價的能力給消滅掉了。他們絕對強化了一個大型複雜國家抽象的、高度集權的中央政府，將地方政府與中央政府的妥協商議空間完全擠佔，從而使國家的發展缺少政府間商議的活力，缺乏中央政府與地方政府各司其職的制度安排。或許這是中國實行單一制的政治制度安排太長時間，而又恰巧遇上央地關係調整時刻由政治強人主導政治過程的必然結果。

## 縱向分權的兩個領域

大型複雜國家的聯邦制度下面的央地關係，對於現代大型複雜國家解決央地關係問題是有極大啟發的。聯邦制度在處理央地關係的時候，在央地兩級政府的權力領域裏有明確劃分。這種劃分可以在兩個領域裏明確顯示出來。

第一，在政治權力領域裏的分權。國家層面的議會與政府具有它按照憲法規定的權力範圍。地方議會和地方政府，甚至地方司法機構對地方事務也有依據憲法的自主決斷權。前者為了維護國家的政治存在與國家的穩定發展，具有制定國家基本法律和國家具體法規的權力。後者可以根據地方的發展建立地方的法規，可以根據地方的發展進行政府籌劃，可以根據地方的實際情形、根據地方法規來進行司法裁決。這是一種政治權力的分配。因為在大型複雜的現代國家中，政治權力在縱向層次上的高度集中，猶如在橫向權力上的高度集中一樣，都是危險的。而地方的政治權力與中央的政治權力之所以必須分割，是由下述理由提供支持的：其一，現代大型複雜國家據以組成的各個區域，各自具有自己的歷史地理、經濟發展、社會結構與政治習性。因此，基於地域特點結構而成的政治實體應當有一個沿襲地方習性的政治決斷空間，這個空間就為地方服從中央的立法與行政制度安排之外，留下了自我決斷的政治彈性。其二，現代大型複雜國家的政治權力必須是據以層級的權力結構，因此，不可能由單一的中央權力機構既有針對、又有效率地處置國家的一切政治事務。如何將各地國家權力、政府權力與中央權力有效歸屬於權力最為高效運轉的層次，本身就是大型複雜國家的政治治理藝術。假如將國家層面的政治事務與地方層面的政治事務混為一談，那麼，國家層面的政治事務與地方層面的政治事務就都得不到妥善的處理。其三，現代大型複雜國家的政治決策的集權與分權不是一個簡單的選擇。在國家的立法、軍事、外交、國稅等等事務上的集權選擇與地方治理的千差萬別兩個方面，前者的國家集權構成為國家穩定的基礎，後者的分權構成為國家活力的象徵。後者對前者的「臣服」成為國家集權的保障。前者對於後者活力的維護成為前者得以維持的條件。美國的縱向分權構成的聯邦制度對於國家的強大與地方的活性的支持，就是有目共睹的縱向分權的成功典型。因此，在這些理由的支持下，國家權力與地方權力應當構成兩個平行的體系。這是最有利於國家強盛的政治抉擇。

第二，在行政領域裏的分權。政治領域的分權主要還在是立法的範圍內而言的。行政權力的劃分在政治領域裏還滯留在政治承諾的狀態。而深入到行政過程來看，行政領域裏的三種權力，就中央政府與地方政府而言一定要劃界而治。

一是財權。財權對於政府是很緊要的，財政權沒有把握住，政府就沒有能力運作了。因此，央地兩級政府的財權分配是很重要的。眾所周知，一九九〇年代中國的央地權限因素導致的行政改革裏，有兩個最重要的事務，一個是根據地方經濟區域發展差異的不平衡性，來反對諸侯經濟。另外就是根據這種發展不平衡，在經濟先發地區所導致的權力訴求，引發的諸侯政治。比較強勢的地方權力會誘使中央權力加以控制，使中央權力和地方權力形成一種兩極跳躍的態勢。而這種兩極跳躍的態勢實際上是中國自古至今大一統政治制度沒有解決好的權力痙攣症的表現。這種表現就是，中央政府強的時候，地方政府就幾乎沒有權力決斷地方事務；地方政府強的時候，中央政府就無法施展全國範圍的領導行動。這其中一個關鍵的作用因素就是財政能力的強勢一方究竟是在中央一方還是在地方一方。避免這種痙攣，就需要對央地兩級政府的財權有一個很好的劃分。

中央政府與地方政府在自己的財權範圍內，都具有經濟人的自利性，它們各自只從自己施政方便的角度來考慮問題。這種自利，是源於政府之作為一個組織，它有它的意志、願望和利益。因此，國税地税的分權，從財政上來説，不過是劃界而治而已。使得中央政府與地方政府能夠各利其利。[11] 地方政府的税收就是地方政府的可支配財力資源，它可以使用這些財政資源辦理地方的各種事務。中央政府有徵收國税的權力，那是中央政府得以處理國家政治事務，處理軍事、外交等行政事務的財力基礎。從對於財力的期待上來講，中央政府與地方政府都具有從對方獲得更多額外財力的慾望，如果不是財政分權的制度保證，央地財政結構就是混亂的。中國在出口退税問題上的央地分歧，就是一個顯證。當出口退税有利於中央統籌經濟的時候，中央政府就負責退税。在出口退税成為中央政策、中央財政的嚴重負擔的時候，就甩給了省政府。可見，財政分權對於抑制央地兩級政府的政策隨意性是重要的。

在財權上，我們要劃界而治。實際上一九九〇年代全面推行的分稅制改革，國外就已經有評論，說中國實行了財政聯邦主義。財政聯邦主義不同於政治聯邦主義。政治聯邦主義就是美國那種在政治上分權的聯邦政治結構。中國在政治上是一統制，財政上略有鬆動。中央政府給地方政府一些財政資源，所以被人們稱之為財政聯邦主義。在中國實踐政治聯邦主義是很困難的。但實踐財政聯邦主義對於央地兩級政府具有的好處還是顯而易見的。不過得意識到的問題是，財政聯邦主義沒有政治聯邦主義的主持，是很難在一個規範的狀態下支撐下去的。

二是事權。在地方政府治理的合法範圍內，地方經濟發展的模式，經濟發展的重點，優勢產業的突顯，人力資源的配置配給，地方經濟—社會的發展規劃等等，確實有一個地方政府的自主權力問題。當然，地方政府的自主發展權力問題，也要進入一個三元結構裏它可能才是合理的。那就是地方立法、地方行政和地方司法要相互分權制衡。如果未能分權制衡，地方政府就可能為了區域利益而與其他地方進行惡性競爭。比如中國南方一個著名的一小時經濟圈裏，竟然修建了五大國際機場。全世界難以再找一個國家會這麼愚蠢，這樣的佈局太不經濟了。地方政府之間的惡性較量把地方政府的行為扭曲了，有的地方政府為了在地方競爭中取得優勢，甚至不惜提前數以百年把地方財政收入花光。因此，事權分割也不是隨便就能成功分割的，地方權力的三種形態之間也要相互制衡。中央對於地方政府的這類治理權力要尊重，要對自己的權力慾望有節制，不能像現在這樣直接控制。

在事權上，地方政府和中央政府的劃分該如何進行呢？一方面，中央政府有節制權。換言之，中央政府具有從宏觀上控制全國經濟—社會發展的權限。這是地方政府必須服從的。假如中央政府不能保證各個區域之間的經濟—社會往來，而成為一個弱政權，那麼它的宏觀控制功能就被嚴重弱化，對於憲政分權制衡中中央政府的國家共同市場保障發揮不了作用。而地方權力三權分立制衡之後，地方政府不能隨意開支，而必須由地方立法權來限制。這就是我們現在講得很多的地方立法機構管住「錢袋子」的問題。對於中央政府與地方政府面對的非常事務化、非常技術化、非常工具化的問題，一定要採取分級治理的事權分化處理原則，否則央地兩級政府都回落個事倍功半的處理政府事務的結局。

三是人權。從財權到事權再到人權，構成行政領域央地分權制衡的三個環節。中央政府具有在全國範圍使用、調配、培養、激勵人才和配置人力資源的權力。但相應地，地方政府如何用人也決不能由中央政府隨意控制。一個地方發展的優勢產業與優勢領域，它所需要的人力資源一定是要與這一優勢相互匹配的，缺乏了地方自主性，這種匹配的有效性就得不到保障。所以，中央政府必須為地方政府的人權留下餘地。[12]

單一制或一統制條件下的中央政府常常在人權上傾向於嚴格控制地方政府的人才使用和人力配備。這種控制，既有中央政府統管機構直接派駐地方政府的監督人員，也有中央政府各個職能主管部門派駐地方政府各個職能主管部門的監察大員。中央政府控制地方官員的招數總是在更新之中。但是，這種控制其實將中央政府與地方政府安置在了一個人力資源配置上的相互不信任的狀態之中。一方面，中央政府訴諸派員的方式試圖發揮制度監督功能，其實這樣做的動機與結果常常正好相反。另一方面，地方政府、尤其是地方政府相關職能部門會以種種方式來應對中央政府派出的監察大員。人權的互不信任使得中央政府與地方政府陷入了事外的政治博弈，倒是兩級政府都意欲處理好的事務就此被耽誤了。

地方政府治理範圍內人的使用上一定要地方化。地方通過一種有效選舉制度的安排，選拔向地方負責的官員出任地方官員，由於中央權力的分權制衡與地方權力的分權制衡的雙重保障，地方被選拔出來的官員也不敢濫用權力。因為中間保有一個彈劾制度。於是，中央與地方兩種權力結構就都能安心處理好自己的權限事務。

憲政縱向分權制衡制度的重要性，也就可以在此簡單地歸納為三個方面。第一，將央地兩級權力分割並制衡，是保障橫向分權有效運作的縱向條件。只有橫向分權，沒有縱向分權，不能保障大國的分層治理效果，當然也就不能分層級來保障不同區域的有效治理。中央政府與地方政府沒有財權、事權、人權的劃分，兩級政府的治理狀況就會處於混亂，只有縱向分權制衡才能將橫向分權制衡坐實。第二，縱向分權是保障橫向分權有效運作的軸心條件。只有按照各級政府分級分層運轉的原則組織國家治理，三權分立制衡才有現實空間。沒有縱向分權制衡，橫向分權制衡就沒有落實的現實政治空間。橫向分權就無法從中央層面有效下落到基層。大國的官僚科層制度不僅對於一個官僚機構具有效用，對於整個國家的官僚組織也具有效用。第三，縱向分權能使一個大型複雜國家以縱向分權來保障各級政府治理在過程中靈活運用權力、籌劃長期發展，從而營造一個彈性發展空間。國家大了、構成就複雜，中國發展的區域差異可以用從原始社會到後現代社會一應俱全來形容，因此，依據地方差異來應對地方治理的需求，也就需要縱向分權制衡來保證一致性與靈活性之間的張力了。

## 三、中國央地關係的憲政安頓

確認了憲政縱向分權的重要性，我們就有了將之放置到中國處境中加以分析的理論理由了。在中國，憲政分權視野中的中央和地方之間的關係應當如何處理呢？今天的中國要在憲政的層面解決央地關係問題，有很多環節需要具有針對性地加以解決。

首先，必須要做到以下三個避免。

第一，要避免央地權力博弈的崩盤。這不是危言聳聽。一旦地方政府太強，「挾天子以令諸侯」的現象不是不可能出現。諸侯政治演變為全國政治的狀態在中國歷史上不是沒有過的。《三國志》開篇將之談得清清楚楚，「話說天下大勢，分久必合，合久必分」。同時，一旦中央政府太過強大，也會造成地方發展缺乏活力，事實證明從中央政府的角度採取全國一刀切的政策，並對地方政府進行強勢控制，會極大限制具有發展潛力的地方發揮其發展能量。最好的狀態是中央力量佈局和地方力量佈局形成一個巧妙的平衡。否則就可能出現兩個極端的痙攣症。一個痙攣是：中央政府太強大，搞得地方沒活力。「事無巨細皆決於上」，搞得地方發展死氣沉沉。另一個痙攣是：地方政府太強大，變成諸侯政治，「挾天子以令諸侯」。國家沒有統一的政治平台，國家就會崩盤。現代民主國家特別強調國家平台的穩定建構。國家平台的穩定建構就是憲政建構。憲政建構就是一個分權制衡建構。所以，我們為了從根本上避免崩盤，一定要走向憲政分權。

第二，要避免中央和地方政府雙方的不信任。在自利的政府定位分析基點上看問題，一方面，具有明確的地方意識的地方政府，有一種恨不得把地方所有利益都留給地方的天性。因此，對於中央政府調整地方利益的政策或明或暗都有一種抵抗的衝動。另一方面，明確站在全國高度審視問題制定政策的中央政府，也會不由自主地採取「殺富濟貧」的政治平衡術，從而對於不太順從中央政府指揮的地方政府加以強力控制。於是，中央政府與地方政府就此陷入互不信任、甚至互相猜疑的局面。中央政府所殫精竭慮的問題僅僅是如何有效控制地方政府，將之納入到聽從中央指揮的軌道上來。地方政府集中心智考慮的問題則會是如何跟中央政府玩猫捉老鼠的遊戲。如果雙方將這種遊戲玩得熟稔於心了，政府也就處於無所事事的疲態了。政府試圖維持最起碼的工作績效都是難於期望的事情。在憲政架構中，中央政府服從國家權力制定的規則，向全國人民負責。地方政府服從地方權力機構制定的規則，向地方人民負責。雙方各自具有責任來源，也就各自具有工作動力。同時雙方又具有雙向的行政責任，不能以相互的推諉來迴避責任。這樣，雙方必須以互信來支持各自的運作。

第三，要避免中央和地方政府之間政治性權力與行政性權力的混用。從政治性權力的角度看，中央政府的權力來自於全國範圍的選舉認可。地方政府的權力來自於區域選舉的直接認同。因此，中央政府不能隨意支配地方政府。而地方政府在國家範圍的事務上也不得隨意對抗中央。沒有這種政治性權力的憲政佈局，中央政府與地方政府的權力就不會受到社會的尊重，而雙方之間也就不會相互尊重。就行政性權力而言，財權、事權、人權都應有明確的劃分，分級分層針對不同範圍、大小、輕重、緩急、主次劃分明確的權力處理各自的事務，就成為各級政府有效治理公共事務的前提條件。一個在財權、事權、人權上分權不清的國家，國家的行政事務混同於地方的行政事務，地方的行政事務就是國家的行政事務，這樣勢必治理不好國家。當國家以自己的高端權力支配控制地方的時候，實際上就是以政治權力駕禦行政權力、替代行政權力。行政的政治化就會將國家推向泛政治化的泥潭。一切都放置到政治上加以審度的國家是政府績效極其低下的國家，現代化水平也不會太高。只有將政治對於行政的控制適度化，同時給行政以集權並追求績效的空間，國家的整全治理和地方的區域治理才可能兩全其美。[13]

其次，要處理好央地分權關係，必須注意以下三個關鍵。

其一，國家基本法律即憲法對於中央政府與地方政府關係的明確規定與有效規範。這是兩個相互限定的方面。一方面，從中央政府的權力結構上看，需要將國家層次的權力結構有效設計為分權制衡的架構，從而將中央政府的權力安頓好。憲法有必要對於國家立法機構及其職能、對於中央政府機構的組成以及職能劃分、對於國家司法系統的構成及其職能有一個清晰明白的法律規定。目前中國實施的憲法，主要是一些原則性的說法，還沒有將三者的權力來源原則、尤其是權力劃分與相互關係規定清楚。[14] 就國家權力而言，最為重要的違憲審查機構和違憲審查程序在憲法中闕如。就國家行政機構來講，機構與人員的規定都具有太大的彈性。就國家司法機構而言，就更是沒有理順司法機構之間的關係以及強調司法的程序機制。這都需要在憲法層面加以完善。另一方面，從地方權力機構的構成上分析，地方立法機構的組成與職能、地方政府的組成機構與職能、地方司法機構的組成與職能都僅僅停留在籠統的說法狀態，沒有能夠將機構之間的職能劃分與人員來源及人數加以明確規定。憲法對於抽象政治原則的重視遠遠勝於具體治國舉措的設計。這就註定了憲法的純粹文獻性質。由於執政黨的權力太具有同一性質，它對於憲法分權制衡原則的消解不容忽視。為此，真正要在憲法層次規定清楚國家與地方的權力分界，就必須將執政黨也確實地納入到憲法的軌道。[15] 缺乏真正保障憲政的憲法，就不可能從根本上處理好央地關係。

其二，將國家權力的中央權力與地方權力作制度的切割與關聯。這是在憲法規定的基本原則之外關乎央地關係的部門法所必須處理好的問題。我們在單一制的軌道上處理央地關係已經形成了政治習性。在這種政治習性中，我們常常以為規定清楚了央地權力結構就會導致中央權威的下降，養成地方政府的各自為政態勢。其實，將中央權力與地方權力進行清晰的劃分，並將之制度化，只會有利於國家的穩定和地方的發展。在憲政制度中，中央權力得到組成國家的各個地方的法律性承諾，維護國家這個政治共同體的穩定就成為各個地方的政治義務。非集權化就此成為國家政治共同體得以延續的條件。同時，在非集權化的政治狀態中，地方政府只要服從國家憲法，就可以合法地開發合乎地方特點的政策和項目，從而對地方的發展發揮真正積極的作用。不至於使得地方的特性被中央的一致性要求所掩蓋。為此，必須確認地方的自治不僅限於民族自治地區，而是構成國家的所有地方都應該被確認的權力。這樣，中央層次的國家權力與地方層次的國家權力就有一個與地方市民社會互動的契機，這對於國家的穩定是大有好處的。與此相關，當中央與地方的權力關係在制度化的層面得到落實的時候，國家與社會的建構也就相應具有支撐條件。這對於國家維持穩定的同時保持活力，有決定性的意義。[16]

其三，把刺激地方活力與維護中央權威作為央地關係的軸心問題。刺激地方活力需要兩個支持條件，一個條件是中央權力機構佈局的時候給地方留下政治法律空間，另一個條件是地方權力對於地方責任的擔當。前者是建立在國家權力的憲政佈局基礎上才具有的可能性。後者是建立在央地關係的法治狀態下才具有的可行性。對於憲政佈局中的央地關係而言，中央權威是地方之間具有彈性與活力的保障條件。強有力的國家權威確實才能夠保證地方發展的政治空間。一個軟弱的國家建制，是不足以保障它所轄制的地方的發展的。因為混亂的國家狀態只會造成地方的惡性競爭。但同時，強勢的國家權威並不必然以弱勢的反對權力為寫照。地方的活力對於中央權威的維持是一個有效的支持條件。兩者之間的對應，才足以顯示憲政的政治行政價值。需要指出的是，憲政架構中不是完全不講集權。中央權力的集中使用所具有的有效性，尤其是中央行政權力集中使用所產生的績效是有目共睹的事情。但是，這種集權的複雜性與微妙性必須得到保證，而不能落於簡單的集權、隨意的指揮與輕率的服從。地方權力的範圍與大小也必須適度，但必須具有平等性。不能因為地方範圍大小與發展水平而存在權力大小的差異。這樣，便有助地方服從中央的行政管理。[17]

再者，要處理好央地分權關係，應當注意以下三個重要行為邊界。

第一，央地兩端應當各自謹守權力的邊界。不論是中央的權力還是地方的權力，都是「公共權力」。公共權力的基本性質就是公權公用。掌握權力的央地兩級機構及其從業人員，都首先應當有一種基於公共權力的公共佈局、公共使用和公共舉措。因此，中央政府不是僅僅站在中央高層的角度考慮國家權力的分權制衡問題，地方政府也不能僅僅站在區域利益的角度考慮地方利益的捍衛問題。各自必須承諾一個公正、平等、相互分割但互相制衡的權力體系對於國家的必要性與重要性。在憲法層次將中央權力體系與地方權力體系進行制度化安排之後，各自謹守權力的界限。有兩個限度必須加以重視：一是中央權力不能隨意根據國家全域來褫奪合憲地屬於地方的權力。二是地方必須合憲地支持中央在全國範圍內行使的權力。促使央地兩級權力對於憲法規定的權力格局的認同，對於憲法權力的尊重，對於憲法權力的遵守。

第二，央地兩端應當各自尊重各自的利益。在某種意義上，中央權力代表了國家全域的利益，地方權力僅僅代表區域的利益。兩者之間的統一性是有的，但是差異性也是必須予以確認的。單一制框架中對於兩者利益的一致性強調甚多，但是，事實上是處於一種中央權力吃掉地方權力的狀態。聯邦制結構中則比較彈性地處理兩者的關係。中央權力代表的國家層面的利益，當然應當在各個區域的權力體系中獲得響應並堅決支持。但是，這些權力與利益必須是有限度的，也必須是依據憲法明確規定的，而不是一個顧全大局就將地方利益調撥到中央或中央着意的地方。這個時候，合憲地區分中央的財政收入與地方的財政收益就是必要的。同時，地方不應為了地方利益而損害中央利益，即既不能多報地方收益而以上繳來獲得中央的權力褒獎，也不能少報收益隱瞞中央來做大地方利益。這對於央地關係進入一種相互信任的狀態是具有決定性影響的方面。

第三，央地兩端應當相互維護各自的權威。人們常常以為，中央權力的權威性要大於並高於地方權力體系。這是一種認知錯誤。在憲政的權力制度安排中，中央與地方的兩種權力體系對於國家的健康存在與穩定發展，具有同等的地位與功用，因此兩種權力應當是平等的權力。國家權威來自權力的制度化安排，憲政是國家權威的最後與最高依據。只要在憲政的框架內，哪方服從憲政規則，哪方就應當獲得憲政支持，它的權威性資源就應該更為豐富。哪方越出憲政框架，就喪失了權力成為權威的法理資源，也就喪失合憲性地具有權威性的起碼依據，當然也就無法有效地保障它的權威性。一旦一個越出憲政框架的權力體系之不具有權威性形成為國家共識，我們就可以期待權力獲得人民的普遍認可，其權威性資源的聚集也能令人們滿意。

一切憲政理念及其分權建構都是為了使權力運作規範化。這種規範化運作的整體狀態就是能夠達到三個三元共同存在的建構。第一個三元共同存在的建構是國家、社會、市場，它們各自按照自己的權力原則運轉。國家（議會、政府、司法）以法律賦予的國家權力結構來運轉。社會按照自治原則組織起來的社會機構，組織化運轉。而市場按照價格原則運轉。各自按照這三元建構的原則運行，國家就是最穩定的。第二個三元建構是國家權力建構自身要有一個三元建構，那就是立法、行政、司法，三權分立制衡的建構。這也就是憲政分權制衡結構中的橫向分權制衡截面。再一個就是中央、地方與基層的三元建構。這就是一個本章探討的憲政分權制衡的縱向分權制衡截面。一個國家是不是憲政國家、是不是現代國家，就要通過這三個三元建構是否健全且相互制衡，又相互依賴，來加以判斷。這種局面僅僅只有在一個國家的憲政分權制衡框架內才有可能達到。

在一個國家的非憲政權力安頓局面中，國家可以非常成功地控制住權力的。而且這樣的國家運行在一定時期和一定空間條件下還會顯得十分強盛。但是，這種權力控制，由於依靠的不是穩定和忠誠都具有保障的憲法，而是依靠權力之間的權術制約。玩弄權術必定不是制度的延續。因為權術最後一定要落於陰謀的較量，而不會走向基於「陽謀」的溝通。久而久之，國家權力體系就會在陰謀的侵蝕下，喪失健全的權力心智，難以維持下去，最終被權術陰謀斷送掉國家的前途。這或許是中國古代朝代交替史給我們最佳的啟示。

## 註釋

1 關於憲政與分權的理論闡釋，可以參見 M. J. C 維爾著，蘇力譯《憲政與分權》，第 1 至 3 章。北京：三聯書店，1997。相關問題的論述，還可以參見萊斯利・里普森：《政治學的重大問題——政治學導論》，第 10 章〈集權與分權〉，北京：華夏出版社，2001。後者就央地分權做出了縱橫兩種分權的審視，與本章的縱向分權與橫向分權的意思不同。而且本章也無意探討在中央地方層次各自的三權分立制衡的含義。

2 呂思勉在《中國通史》第 3 章〈政體〉中對此有專門的討論，見該書第 54 頁。上海：華東師範大學出版社，1992。

3 參見韋政通：《倫理思想的突破》，第 1 章〈傳統倫理的價值及其轉化〉。桂林：廣西師範大學出版社，2005。

4 參見斯塔夫里阿諾斯著，吳象嬰等譯：《全球通史：1500 年以前的世界》第 3 編，第 8 章〈希臘和羅馬的文明〉，上海：上海社會科學出版社，1999。

5 參見龔祥瑞：《比較憲法與行政法》，第 2 章〈憲法基本原則〉。北京：法律出版社，2003。

6 政治學家也將三權分立制衡稱之為政治性分權，將中央政府與地方政府的分權稱之為行政性分權。在兩者均具有憲政意義的角度，本章都將之納入憲政分權的框架中進行分析。參見辛向陽等：《大國諸侯》，第 326 頁，北京：中國社會出版社，1995。

7 在當代中國，中央政府與地方政府在改革的權力與利益的博弈中存在的「一放就亂，一收就死」現象，就很好地説明這一點。

8 參見莫里斯・梅斯納：《毛澤東的中國及其發展——中華人民共和國史》，第 17 章〈社會主義教育運動〉第 2 節「毛澤東崇拜」。北京：社會科學文獻出版社，1992。

9 參見麥迪遜著、尹宣譯：《辯論：美國制憲會議記錄》，譯者例言，沈陽：遼寧教育出版社，2003。

10 漢密爾頓、杰伊、麥迪遜：《聯邦黨人文集》，第 17 篇對此有闡述。北京：商務印書館，1980。

11 參見荷雷・H・阿爾布里奇著，馬海濤等譯：《財政學——理論與實踐》，第 1 篇〈政府與市場〉第 2 章第 6 節「美國財政聯邦主義的演進」。北京：經濟科學出版社，2005。

12 美國憲法強調除憲法規定的國家權力之外，各州具有自己立法、行政與司法的權力。這樣既保證了人民主權，即人民對於國家和政府的制約，也構成為美國在二百餘年的時間成長並維持世界強國的法治基石。參見錢滿素：《美國自由主義的歷史變遷》，第 1 章〈美國的自由主義傳統〉。北京：三聯書店，2006。

13 或許這就是古德諾將政治與行政加以區分的現實理由。參見丁煌著：《西方行政學説史》，第 1 章第 2 節「古德諾的政治—行政二分法」。武漢：武漢大學出版社，2004。

14 參見姜士林等主編：《世界憲法全書》中的《中華人民共和國憲法》（1982年12月4日中華人民共和國全國人民代表大會第五次會議通過），青島：青島出版社，1997。

15 作為中國執政黨總書記的胡錦濤在紀念現行憲法頒佈二十周年的大會的講話，明確強調了任何組織和個人都必須在憲法之下活動的原則，或許這是他意識到憲政原則的重要性的表現。

16 參見丹尼爾・J・伊拉扎著，彭利平譯：《聯邦主義探索》，第5章〈聯邦主義的基本組成部分〉。上海：上海三聯書店，2004。

17 參見同上書，第239–243頁。

# 第九章

# 私密化與公共關懷

在向現代社會邁進的過程中，中國正在經歷私人領域與公共領域的分化。但是，因為這種分化來自於剛性化的社會經濟力量的強行推動，而不是來自社會長期的漸進形成，因此有兩個特徵：一是時間上的急促感，二是空間上的失衡感。在前者，分化的急促造成了分化的細化程度的不足。在後者，分化的失衡造成私人空間與公共空間的偏失，公共空間並沒有隨分化擴大，私人空間倒是逐漸吞噬了公共空間，使當代中國成為一種私密化的社會生活態勢，使公共關懷嚴重缺失。這對於中國現代社會政治生活的負面影響是顯而易見的。為此，建立公共領域與私人領域健康分化的局面，對中國現代化社會結構的健康發展而言十分重要。

## 一、公共性與私密性

公共領域與私人領域的劃分，既是現代生活的一個基本狀態，也是現代政治哲學關注的一個理論焦點。[1] 在將「公共」與「私人」作為一對對應範疇的規範理論陳述中，它們有各自的獨特涵義。

先看「公共」一詞的涵義。「公共」的涵義是複雜的。按照漢娜・阿倫特的論述，「『公共』一詞表明瞭兩個密切聯繫卻又不完全相同的現象」，一方面，「它首先意味着，在公共領域中展現的任何東西都可為人所見、所聞、具有可能最廣泛的的公共性。」[2] 這是因為公共領域展現的是人們之間具有相關性的東西，這些東西人們大都認為值得一聽或值得一看。但是公共的原型應該是私人的。另一方面，「就對我們所有人都一樣而言，就不同於我們在其中擁有的個人空間而言，『公共』一詞表明瞭世界本身。」這裏的世界本身，不是指自然環境意義的世界，而是指「人造世界」。公共領域總是與人造物品及人類的事務相連，它是一個共有的世界，既使我們聚集在一起，又使我們之間的競爭得以防止。公共領域之作為公共空間，具有超越代際約束、超越凡人生命的特性。這種超越及潛在的世俗性永恆，是公共世界和公共領域存在的前提。作為「普天下大眾的彙集之處」的公共世界，雖然強調公共性，但是絕對不抹殺公共世界中的個體的差異性，相反恰恰以個體的差異性對於公共性的關注，體現出「公共生活」的意義。「當人們只從一個角度去看世界，當人們只允許從一個角度展現自己時，公共世界就走到了盡頭。」雖然阿倫特的論述是哲學的論述，但是我們可以從她的論述中看出，現代意義上的「公共」、「公共領域」、「公共世界」、「公共生活」之「公共的」涵義具有哈貝馬斯指出的「自由主義」的基本內涵。[3]

確實，我們只要簡單地回顧一下現代政治思想史就可以知曉，現代意義上的「公共」與「私人」領域的劃分，是自由主義思想家的一個重大貢獻。古典自由主義的創始人之一約翰·洛克就在著名的《政府論》上篇中區分了兩者的界限。他對當時極力提倡父權論的羅伯特·費爾默爵士痛加批駁，指出父權與君權絕對沒有直接關聯的關係。下篇則着力討論公共權力的分割和限制問題。特別從契約論的視角論述了個人天賦權利如何轉讓給「公共機關」的問題。其中對於轉讓權利前後的個人處境的分析尤其值得重視——個人轉讓權利給公共機關只是為了更好地保護自己的自由和財產。這是對於公共與私人最明確的區分。[4] 後來的《教育漫話》更是強調教育的私人性，統治者是無權干預的，從而將政治權力與家長權力分割開來。洛克從兩個方向上限定了公共與私人的界限：一方面政治權力不能伸展到家庭範圍裏。統治者的責任是保護人民的生命、財產、自由和各種權利。另一方面，家長權力不能擴展為統治權力，人民應當讓理性健康地成長，以便享受自由。[5] 到了十九世紀，著名的自由主義思想家約翰·穆勒也沿循這一思路，對私域與公域進行了區分。他將《論自由》全書的思想旨趣概括為一句話，「這裏所討論的乃是公民自由或稱社會自由，也就是要探討社會所能合法施用於個人的權力的性質和限度。」[6] 只不過，與阿倫特、哈貝馬斯相比較而言，這些自由主義思想家更偏重從國家與社會、權力與權利、個人與社會的角度討論私人領域與公共領域的劃分問題而已。

「私人」的含義有些含混。私人領域與公共領域是一個相對的概念。「只有在兩者共存的形式中，這兩種領域才能生存下去。」[7]阿倫特通過對比說明兩個領域的差異：假如說公共領域是要暴露的東西，私人領域就是要隱藏的東西。後者與前者的差異體現在兩個方面，一是比起公共領域的任何部分而言，因為我們每天都要使用和消費私人佔有物，它就顯得更為我們迫切所需；沒有私人財產，公共就變得沒有意義了。也許這是人類創造性的源頭之一。二是私有財產的四面壁壘，為避開共有的公共世界而提供了唯一可靠的隱蔽場所，既避開公共領域所發生的一切，也避開了公眾的注意，避免被他人所見，從而避免完全將私人生活暴露在別人面前的那種淺薄。這顯示了私人領域對人類生活不可或缺的性質。正因如此，人們對於私人領域是否獲得公共權力的保護就顯得格外留意，公共領域的公共性問題就此突顯出來。就此而言，顯示私人領域特性的範圍只能是家庭。「家庭成為一座私人堡壘，人們在這座城堡裏享受着家庭之外獲得的勞動報酬。」[8]但是，專門就二者的關係而論，「這兩個領域最基本的含義表明，有一些需要隱蔽、需要曝光的東西，如果這些東西要存在的話，如果我們看看這些東西（不管我們在哪個既定的文明中發現它們），我們將看到每一種人類活動都指向其在世界上的適當位置。」[9] 私人領域與公共領域之不可分離討論的相關性，也就此得到強勢的證明。

但是，在實際的社會政治生活中，私域與公域的區分並不像它們在社會政治理論中得到的理想類型說明那樣判然有別。就現實的可能性上說，公共領域就存在一種侵入私人領域的傾向。現代政治法律制度對家庭事務干預力度的加強，是一個顯見的事實。而現代政治經濟生活對於私人生活的影響也日益廣泛、全面。大眾文化、消費文化的文化趨同性發展則侵蝕了文化生活的個性根基。公共領域借助公共輿論的趨勢，造成在商業的利益驅使下的「公共輿論」對私人生活的獵奇性關注，使私人生活日益喪失隱秘性。[10] 再從私人領域對於公共領域的侵蝕可能上看，強大的私人領域活力會消解人們關注公共領域的注意力，進一步消解對公共制度建構及健全、公共空間建立及維護、公共輿論建設及維持、公共精神的出現及捍衛，將公共的問題溶解到私人的問題中加以處理。前者是社會政治生活趨同化、平面化、動力缺損的後果，後者則是社會政治生活隱蔽化、私人化、動力匱乏的後果。前者導致公眾對於社會政治生活中的公共問題關注的私人化興趣，譬如此前美國人借助觀察克林頓的「拉鍊門」事件觀察美國的社會政治生活問題，後者導致公眾對社會政治生活中的公共問題的關注趨向私密化，譬如人們習慣於將嚴肅的公共問題化解為茶餘飯後的笑談。過分的公共化與過分的私人化，對公域與私域的健康都是有害的。

## 二、私密性與私密化

過分的公共化與過分的私人化，都是公共領域與私人領域分化的偏失狀態。就前者而言，公共制度的過密化，即將私人問題幾乎完全公共化，將私人生活幾乎暴露在公共生活之中，必然大大影響私人生活的素質，相應使公共關注的注意力產生轉移。這在西方，表現為人們對公共人物的公共角色的無視，卻對他們的私隱表現出盎然興趣。譬如此前人們對戴安娜王妃的過度關注，對克林頓與萊温斯基事件中兩人的關係而不是妨礙司法公正問題的極大興致。當中作為公共傳媒的新聞功用的變異是值得注意的。[11] 新聞媒體專門探詢名人私隱的「狗仔隊」，對人們關心公眾人物的社會心理有一種不健康的引導偏向。

再看私人領域的過密化。私人領域的過密化恰好與公共領域的過密化情形相反。私人領域的過密化表現為公共問題與私人問題的同化狀態，即將公共問題與私人問題同時隱入私人領域，用私人判斷、趣味、興致化為公共領域的問題及私人生活的公共蘊涵。這種情形體現為一種社會狀態，就是公共關注的社會態勢完全隱匿於私人生活之中。「公共」喪失了它存在的基本理由。社會的一切普遍地被私人問題、私人趣味化約了。

從理論上分析，公共領域的過密化與私人領域的過密化正好是兩種社會情形中容易出現的情形。前者是高度發達的現代社會日益顯現出的某種社會生活態勢，後者則是傳統社會經常表現出的社會生活情形。高度發達的現代社會之所以容易出現公共領域過密化的問題，是因為高度發達的公共傳媒對私人生活的侵入程度愈來愈深入、範圍愈來愈廣泛，使私人生活要想免除公共關注的可行性，顯得愈來愈困難。發達的傳媒不僅廣泛而深入地影響人們對於現代早期形成的那種傳統的公共問題（諸如憲政、法治、民主等）的看法，而且傳媒的市場化運作及規模化擴展，更使它日益顯現出一種直接介入、影響公眾的私人生活各個方面——私人的興趣、愛好、偏向、審美習性，乃至於日常起居等的趨勢，以致於我們在此既可以認同哈貝馬斯所斷言的傳媒「統領了」公共領域，還可以說傳媒統領了私人領域。這對於現代西方社會的複雜影響已經引起人們的高度關注。

轉換視角看私人領域的過密化問題。之所以說它是傳統社會，即前現代社會的一種基本態勢，是因為在前現代社會中，基於社會的公共領域與私人領域處於一種低度分化的狀態，這兩個領域幾乎是由表面上代表公共的私人——或是帝王、或是其他強權象徵着，因此真正現代意義上的「公共」是沒有存在價值的。一方面，由於人們對於「公共」領域的問題缺乏認知與把握的能力，相應也就缺乏介入和干預的空間。人們對公共問題的感知也就逐漸鈍化，對公共問題的關注逐漸淡漠，對於公共問題的介入熱情逐漸下降，對公共問題的干預缺乏動力，以致於何謂公共已經不成問題了。另一方面，公共領域對於任何社會形態而言都是一個必須。因為任何社會形態都需要一個超越於狹隘私人生活，處理關係到家庭外的共同社會政治問題的公共領域。這種被哈貝馬斯稱之為「古典公共領域」的存在，乃是古典國家運行中一直在發揮公共功用的存在。但是，基於古典公共領域的狹小和介入這一領域的限度，它只是極少數政治精英可以遊戲的地方，對高層政治精英外的社會大眾有一種顯見的排斥性。因此它的公共性是微弱的。然而，在私人生活外存在的公共領域，畢竟會引起人們的興趣。當這種興趣受到前一方面因素的打擊後，他們就只有將關注「公共」問題的興趣進行轉移。轉移的方式一般有兩種，一是完全漠視公共問題的存在，將公共問題直接換算為私人問題，採取「各自打掃門前雪，休管他人瓦上霜」的態度。二是將公共問題轉換為私人領域談笑的話題，從而消解私人對公共問題無奈所導致的緊張。前一種轉換與後一種轉換是具有差異的。就性質而言，前者是將公共隱匿後的產物，後者是將公共與私人對接的結果。就功能上而論，前者具有瓦解公共的效用，後者具有維持某種公共關注的作用。但是，兩者都是妨礙公共領域健康發展的私密化態勢。

私密化不是與公共性相對而言的範疇。在相對嚴格的對應範疇關係上説，私秘性與公共性是對應的。正如前面所述，沒有私密性的公共性是不存在的。換言之，沒有私人領域的存在就沒有公共領域的存在。與此對等的是，沒有公共性的存在，私密性的價值與其對私人生活的意義也就無從顯示，私密性的存在針對性一旦喪失，它自身也就變得毫無意義。在這一對應性的角度看，公共性與私人性、公共領域與私人領域只有在一種緊張的關係中，才會被視為是有價值的劃分、有意義的範疇。私密化不是一個與公共性相對應的範疇。私密化與私秘性構成為相對而言的一對範疇。私密化之所以不是一個與公共性相對應的範疇，是因為私密化不僅不顯示公共的價值規範與社會功能，相反它瓦解公共的存在價值與公共作用於社會的可能。同時，私密化阻礙公共的出現與成長。在一個私密化的環境中，公共與私人的合理分化可能性是極低的。

需要強調的是，私密性與私密化的對應性，並不是同一個層次上的對應性。而是一個在不同層面上顯示「私」的存在狀態的「對應性」範疇。私密性所顯示的「私」的存在狀態，乃是一個社會生活狀態下人們生活的方面性特徵。私密化顯示的「私」的存在狀態則是人們社會生活的整體情形。前者所指的是在社會中社會生活的功能性表現，後者所指的則是社會生活的結構。前者並不化約與私密性關聯的其他社會生活特性，而後者是將所有其他社會生活特性加以化約的結果。前者依託的社會政治背景必然是制度化的，唯有如此它才可以促使私人之外的「公共」的成長，後者依託的社會政治背景必然是非制度化的，唯有如此它才可以將一切公共性因素消解掉，使社會生活完全陷入私人化的景況之中。一個社會鮮明的私密性與一個社會鮮明的公共性是相形而在的。假如一個社會的鮮明私密性沒有同樣鮮明的公共性來顯示的話，那麼這個社會就極有可能已經陷入私密化境地。所以，私密化是私密性走到極端時的情景，是一個社會極度缺乏公共性的顯示器。如果以公共性與私密性的分化作為現代社會的一個標誌的話，那麼，私密化的社會也就是一個傳統的社會，或是一個變異了的現代社會。

導致私密化的原因有很多。簡而言之，不外乎是三方面的因素。一是政治因素。政治因素之所以是導致私密化的最值得優先提及的因素，乃是因為在政治本來最具有的公共性特徵喪失後，便會將人們強勢地限定在私人的生活範圍之內。按照哈貝馬斯的分析，公共領域所指的主要是政治公共領域，像文學公共領域對人們的影響般是具有某種想像性的。只有政治公共領域將人們的關注點定位在「共同政治使命」上。[12] 假如根本就不存在這樣的政治公共領域，政治領域完全是私人化的領域，人們面對一個既跟自己日常生活沒有關係，又幾乎無力參與或干預的政治狀態，其關注點自然就會轉移到自己私人的諸種瑣碎事務上面。二是經濟因素。在一個缺乏私人財產制度需求的社會裏，人們對於致力保護私人財產的公共制度的需求處於一種潛蟄的狀態。猶如早先的約翰·洛克和後來的漢娜·阿倫特所共同強調的，私有制是公共關注的現實支持條件。[13] 一個在憲制安排上以財產公（國）有為絕對主導的社會裏，人們沒有一種以公共制度保護自己私產的需要或可能，自然就不會去關注什麼公共經濟制度問題。他們在政治高壓之外斤斤計較私人的所得就不是什麼奇怪的事情。三是文化因素。一個缺乏公共領域與私人領域分化傳統的社會，一個將公共融會貫通在私人之中的社會，自然會對某種觀念、某種東西是公共的還是私人的判斷存疑，此想法來自一己的私化理念。哈貝馬斯考察了希臘的公共領域理念與現代西方的公共領域理念，發現了西方古典公共領域理念與現代公共領域理念的重大差異。[14] 但是我們感興趣的恰恰是西方公共理念從古到今的發展給西方注入的這種文化理念的重要性。非西方國家之所以在近代以來的歷史上接引公共領域與私人領域劃分的觀念顯得非常的艱難，就是因為他們缺乏這一文化傳統或文化基因。

## 三、中國的私密化

以公共性與私密性、私密性與私密化的理論清理奠基，來觀察當代中國社會政治生活的情形，當代中國社會可以説是陷入了私密化的困境之中。私人領域的過密化，與公共領域的逼仄乃至於嚴格規範意義上的公共領域的隱匿，相形而在。當代中國的這種私密化態勢，從兩個維度上表現出來：公共生活的私人化，私人生活的隱秘化。

其一，公共生活的私人化。公共生活的私人化，指的是公共生活已經不具有公共性，只是某種私人生活的投射。這裏的「私人」，是需要加以界定的概念。它既指自然個體意義上的私人，也指家庭意義上的私人，還指集團化的私人。後者是現代社會中組織化生活的一個特有現象，即一個高度組織起來的、利益完全一致並僅僅允許自我複製的權力壟斷性組織，成為自然個體意義上的私人替代性存在。本章所指的當代中國公共生活的私人化，就是在這一角度立論的。這種私人化有三方面的徵兆：第一，它將本來是公共的「現代」基本理念私人化。諸如國家、社會、政黨、政府、民族、制度、人民、決策、權力，通通加以集團化的、壟斷性的私人佔有。而且這種佔有不是私有化集團的任何成員都可以象徵的，它只能由這私有化集團的最高領袖來象徵。於是，兩種緊密關聯的變化軌跡因而顯示出來：一方面整個社會刻畫出從社會意識形態收縮到國家意識形態，再收縮到個人的意識形態的公共領域私人化的演變軌跡。與此相映成趣的是，另一方面代表私人化集團的最高領袖的個人意識形態偏好又刻畫出從私人取向放大為集團取向，再放大為國家取向以至於全社會的意識形態取向的軌跡。公共理念就此完全異化為私人的價值偏好。當代中國的社會政治理念一定要以私有化集團的最高領袖所創制的某種「思想體系」來「代表」，就充分體現出這一私密化特質。而以代際領袖間的私人化理念的變化來象徵歷史的演變與進步，就更好地説明了這種私密化情形。[15] 而本應參與到公共理念建構中的知識分子，在此變異為政治領袖意識形態偏好的證明者和維護者。至於大眾就退隱到政治理念的討論背後，只有機械化地接受或個體化地拒斥。公共理念的私有化，使公共理念完全意識形態化，國家動員組織力量維護私有化的理念而不會受到有力的挑戰。整個社會缺乏思想的碰撞、活力，及激發思想活力的公共討論。在解放思想這種先天限定思想運思前提、主題與範圍的情形下，思想界只有死水微瀾的無創新周期性波動。諸如傳播思想的公共媒介也就必然喪失公共性，成為集團的專用喉舌。全社會只允許從一個人（或集團）的視角去看問題，公共領域與公共性就此喪失殆盡。

第二，它將本來應具有公共性的社會政治制度扭轉為維護私有化集團價值與利益的強制性體系。一方面這種制度安排毫無商量餘地地確認了掌握國家機器的私有化集團的政治地位，使圍繞政治制度的商談可能性徹底喪失。社會政治生活變化為集團利益不斷的自我組織的重新組合。另一方面，約束社會各種力量對制度建制的參與與討論，就成為制度自我複製的必然私人化出路。這樣，制度的剛性約束機制就是必須的。私人化制度對於有任何些微可能影響其私人的組織、集團、個體的異動傾向，有一種天生的警惕性與防禦性。[16]限制與這一私有化組織相同性質組織的萌芽、發育與生長，成為這一私有化制度的運作軸心。國家機器不是保護它的共同體成員在公共制度安排下的秩序化生活，而是在喪失它的這種服務性功能的情形下，走向一個國家排斥個體的境地。國家制度化地將資源供給忠誠它的組織成員，以致於對這些具有政治忠誠性的成員對組織的非瓦解性侵蝕也加以寬容，造成一種非現代（按照產權分配）、非傳統（按照等級分配）的社會體制——腐敗體制，在這種體制下，社會按照貪污腐化的權力排列。[17]由此，再一方面，當人們對社會政治生活完全處於一種乏力的狀況時，人們就會對制度化生活輕蔑起來，將制度及它的人格載體存在的不滿換算為日常生活話題，以便消解試圖干預社會政治生活卻又乏力的緊張感。政治小道消息的流行就是這種轉換的表現。本來最能夠體現公共性的政治領域，變為嚴格限制公共性、自覺限制公共性。政治領域缺乏公共制度、公共機制、公共空間，人們既無法分享政治權力，又無法自由議論政治事務。政治事務變成私有化集團的極少數精英的專利。本來在這一領域最能反映公共意願的公共傳媒，也就異化為某種政治制度運作的傳聲筒，或花前月下調劑日常生活的休閒、風月媒體。[18]

第三，它高度關注並力圖控制社會中每一個人的私人生活。這種控制，主觀上是全方位的，但是有效性只要表現為關注個體生活的私人表現為關注公共問題的個體，就能收到了滿意效果。因此，對私人生活的干預，就將私人生活劃分為兩個組成部分——可能向公共關注轉化的那部分私人生活及其相關問題，被制度嚴格限制起來。而將私人生活中與公共問題完全無關的那部分，加以放開，任其私密化。這是近二十年中國社會結構轉變一個最顯著的特徵。從一九九〇年代末期開始私人化集團對於「端起碗來吃肉，放下碗來罵娘」的憤慨到現在，社會日常生活日益被自覺地分化為揚前者並導向頌揚，抑後者並導向消解的狀態。人們也日漸喪失公共關注的興趣，對個人事務進行聚焦式處理。從原來具有高度公共關注的大學生出現所謂「麻派」、「託派」投射出的這種變化開始，到今天中國社會普遍投入改善一己經濟生活條件而冷落政治生活的行為，畫出了私密化的社會畫作。[19]

其二，私人生活的隱秘化。在公共領域受到制度化擠壓的情形下，社會生活中的個體就只能退隱到私密的領域中尋求生活的趣味。既然權力不能制度化地分享，那就冷淡權力；既然資源配置沒有公共性，那就自己尋找資源佔有的捷徑；既然文化理念世界是權力主導的，那就只能發泄一下自己的私趣，於是私密化在個人生活範圍裏突顯了出來。一方面，基於私有化的權力體系在制度上的嚴重短缺，它在理順政治經濟文化社會諸關係的緊迫任務面前，已經無暇再抽出組織力量去應對游離於制度維繫外的那些離心人物與事務。組織力量對於不妨礙制度自我複製的組織中的個人私隱生活，就再也不進行干預。這使私有化集團中的成員具有組織生活外的私密生活空間，成為全社會退隱到私密化生活狀態的典範。權力與利益、權力與優質生活的聯姻，使全社會嚮往公開場合高高在上、私下場合極盡享受的生活方式。而能享有這種生活方式、優先實踐權力的官員們，則更是借重變質的公共權力，視其為自己私密化的生活服務。譬如成克傑、胡長清、麥崇揩、張二江等等，就是在異化公權的前提條件下，為私密化的生活尋找到現行制度不會加以追究的廣闊空間的——以至於張二江可以聲稱他有一百餘個情婦。他們的私密化生活資源無疑來自公共權力，在他們握有公共權力的時候，他們這些腐朽的個人生活被完全掩蓋而絕不被外界所了解，具有絕對隱秘地使用公共權力的同時保有的私密化生活的能力。加之他們的私密化生活就在他們的貪污腐化被揭露出來後不會被追究，[20]這無疑鼓舞人們將公共權力轉換為私密化生活借重條件的行徑。[21]

另一方面，與這種公共權力為私密化生活借重相照應，民間社會也走入了一個私密化的自娛自樂境地之中。與當代中國社會發展水準不相稱的大眾文化、消費文化、時尚文化的極度發達，成為私密化生活的明顯寫照。慾望及慾望的滿足成為全社會的生活主題。這從下述三個維度上體現而出：第一，在私人生活中，公共問題被化解為輕鬆的玩笑話題。公共問題本來是具有某種緊張性的，它需要公共領域涉及到的諸個體緊張地關注並參與其中，由此個體性外的公共性才能得以體現。但是，基於這種緊張感被政治制度所強力抑制，它便轉化為一種因為繼續關注社會政治領域的公共問題而不能發泄的日常私人生活話題。坊間流行的、茶餘飯後的政治笑話，已經成為這種轉化的一個象徵。而這種流行所代表的人們自覺在「公共領域」隱匿自己的社會政治意見或見解，將之轉換為心理上能信賴的私人圈子聚會時候談笑的問題。出世的消極但可靠的政治談笑替代了入世的政治介入或政治批評。人們在觀看自己手機上、電腦上相互傳遞的政治笑話時的輕鬆，既使人們的政治關注有了一個變形的滿足，又使人們成功地將公共問題轉換為私人問題，而無須承擔集權社會裏非公共化生活的政治風險。兩者相互促成，使政治領域的公共空間無以形成、公共制度無以安排、公共輿論無以發揮其功能。

第二，私人生活的家庭隱秘性有了一個擴展化的延伸。這是當代中國私密化生活最直觀的體現。作為私隱生活堡壘的家庭，本來是私密性與公共性據以劃分的界限。合法的核心家庭為私人生活提供了公共生活外消解緊張的場所。但是，當家庭生活的方式作為普遍的生活方式，而且將家庭生活方式擴展為處理家庭外人際乃至於社會關係的原型，那將會使社會生活收縮為私密化的個人生活。而這種生活最鮮明的特點就是將家庭排拒性的私密關係擴展為普遍的社會關係。一者導致私密圈子內安全地將公共問題轉換為私人問題，二者導致維繫私人關係的親密性——性關係的泛濫。僅就後者而言，在當代中國就已經成為一個嚴重的社會問題。「包二奶」的流行，以性為號召的生活理念的流行，[22] 可以證實。這是一種私密化的家庭關係的轉移支付情形。它將人們維持基本生活需要的精力付出外的剩餘精力，幾乎完全吸附過去。至於新人類、新新人類就更是將自己的學習與工作剩餘精力幾乎完全發泄到網吧、交友、娛性、競技等速食文化活動上。社會政治領域的公共問題幾乎因此沒有進入他們視野的機會和空間。

第三，合法地滿足慾望帶動的私密化生活取得了公認的合理地位。權力當局的公開允許、社會的走向予之的事實鼓勵、個人選擇的偏私性助長，形成為私密化生活的三重動力。私密化生活所依賴的精神結構逐漸成型——排拒現代生活的理性化特質的巫魅觀念對社會精神堤防的侵蝕，已經不是什麼秘密；排拒公共性關注的私密化走向、及對以隱私問題替代公共問題的讚賞，已經不是個別現象。當代中國社會生活的兩極走向，公共生活的高度集中化與私人生活的高度分散化，由此顯露出來——一方面社會政治問題集中為少數政治精英隱秘地處理的問題，社會大眾自願與不自願地成為社會政治之類公共問題的旁觀者和局外人；另一方面，參與社會政治的公共生活又被大眾所拒斥，社會日益成為具有獨立性、隱秘性的私人活動的空間。再一方面，私密化生活的流行與公共問題獲得的關注形成鮮明的對比。這一方面從三點上得以說明。

首先，私密化生活對公共生活形成了一種排拒態勢。從政治態度上說，人們對社會政治話題的冷漠感已經顯露無遺。從政治參與上說，人們受弱政治效能感的影響，參與積極性不高。從公共理論的討論方面觀察，關乎大眾健康政治生活的話題，似乎並未能引起人們的興趣。從公共制度的建構上看，制度的不合理並沒有受到人們的關注而提出的改進籲求。人們似乎滿足於家庭式的小圈子生活，對家庭（熟人）圈子外的事情缺乏熱情。社會政治領域的公共問題，不論是參與還是討論，都幾乎成為少數人「熱衷」的事情。在人們的生活理念中，私密性顯然優於和高於公共性。[23] 其次，私人領域個體的私密化生活已經成為一種與政治形勢經濟形式相匹配的社會生活方式。這一態勢既顯現為公共事務的治理法則源於家庭關係處理的方式，譬如「北京是我家，清潔靠大家」一類通行全國的治理口號，就典型地反映了這一定位；同時社會組織化生活反過來又促成了私人生活的隱秘化狀態，譬如私人生活，尤其是性生活，一般而言絕對不受組織機構干預，成為這個時代不謀而合的「共識」。琴棋書畫、體育鍛煉、説學逗唱、安於私趣的個人，「映襯」着「繁榮昌盛」的社會，簡直令生活在這個社會中的權勢人物和平民百姓共同地感動起來。於是私密化與集權化相安無事、和諧相處，成為私密化社會的獨特景觀。再者，躲避崇高成為時尚選擇。躲避崇高本來可以是現代社會公民個人的自主選擇。但是，當躲避崇高變成為一個社會的普遍導向的時候，它象徵的就是這一社會的私密化生活自我辯護的自覺。與躲避崇高相關聯的是痞子風氣的流行。痞子風氣象徵的是私密化生活之源於無可奈何、成於無所認可的社會風俗。這是私密化生活沒有任何認可的公共約定、公共規則、公共德性的必然結果。

## 四、公共關懷的缺失

考慮到私密化是相應於公共領域的完全退化，使人們退縮到個人一己之私的天地的情形，我們有理由將對私密化的分析集中到它在政治生活中的表現上面加以討論。私密化態勢表現於當代中國社會政治生活的各個方面，但是將視野聚焦起來，則集中表現為公共關懷的缺失。

公共關懷的缺失，即人們對於公共制度、公共精神、公共空間、公共言述、公共輿論、公共權力、公共福利、公共意識如此諸類交疊的公共問題缺乏基本的關注。公共關懷的缺失體現為某種「相關缺陷」——公共制度、公共精神、公共空間、公共言述、公共輿論、公共權力、公共福利、公共意識等的同時缺失。而其中最為緊要的是，社會中缺乏討論社會政治問題的公共理性。以前者言，因為公共制度的匱缺，人們無法在一種制度保障的情形下自由地介入公共事務。介入公共事務的途徑與可能的下降，又使人們無從形成關注公共問題的精神意向。如此人們對於是否存在一個關乎每一個個體權益的公共空間也就懷抱着無所謂的態度。他們在社會政治生活之中冥而不覺，自然對於談論公共話題的公共理論言述冷漠待之了。加上公共言述無從借助公共輿論工具或傳播媒介來加以擴展，公共輿論也就闕如。權力的自我確證與福利的專享相形而在。在無可奈何的情況下，人們對社會政治問題等的公共事務就只能抱持一種私下談論的態度。公共問題的私化處理，也就陷入一種人們因為無力干預公共問題而只能以謾罵或嬉笑對待的非理性狀態。人們無法就公共問題達成理性的一致，從而形成民主社會運作所必須的公共理性。[24]於是，權力體系及其人格代表可以放心地集權化，甚至極權化地行使權力，大眾則因為缺乏合理的、多元的分化基礎上逐漸形成趨同的社會政治認知，而根本無法挑戰私人化運作的極權體系。公共權力的私人化與私人生活的隱秘化相安無事地對應存在。隱秘的私人生活的極端理智盤算與公共生活從整體而言的非理性狀況，也就形成鮮明的對比。

公共關懷的缺失，有多方面的原因。首先，從整體上說，公共關懷的缺失與私密化的社會政治生活狀態具一致性。中國現代轉型一開始，就將中國人推入了一個公共領域與私人領域對峙的緊張境地。公共性的喪失為私密化的生活奠立了基礎。私密化生活促使人們放棄對個人財產權利的追問、放棄對個人健全生活的諸制度保證條件的要求、放棄對個人生活的獨特個性及個人生活品質的深度追求。換言之，私密化與分化程度不高的傳統社會是互相吻合的，與社會政治生活的集權化是相互適應的，與日常生活的慣性延續是相互吻合的。在前述中國當代生活狀況中，我們是看不到人們對公共問題的基本關注。人們陷在私密化的生活陷阱中而不能自拔。他們既不具有公共關注的能力，也不願行使公共關注的權利。本來應當是政治共同體成員共同享有的公共權力被私人化，而本來在個人外存在着的公共問題被私密化的私人生活掩蔽了起來。人們既不成是公民，也不成是國民。從前者説，他們沒有明確的政治共同體自覺認同；就後者看，他們沒有明確的國家主人感覺。公共關懷自然就此喪失了存在的依據。而前者出現的原因是因為中國的現代轉型源自少數精英的自覺，不源自全社會作為一個政治共同體的成員們的實際參與。一個缺乏政治認同的政治共同體就難以達到規範意義上的政治共同體，成員與共同體之間具有某種先天難以克服的距離感。後者出現的原因則是因為中國作為一個現代國家的出現，不是建立在民族——國家的基點上，而是建立在黨化國家基點上的。[25] 國家作為一個現代政治共同體，它的成員對國家的認同與對黨的認同達到一個幾乎可以説是完全的合一狀態。公共權力的私人化與私人生活的隱秘化就此具有了現實基礎。公共權力之所以私人化，就是因為建立國家的政黨先天並有理由地認定國家專屬於他們的政黨，而不願意與其他組織、其他人分享國家權力。不論這個政黨的意識形態是怎樣的，只要他們在排他性的政黨組織活動中獲取了建立國家的現實機遇和實際結果，他們就自然不會形成一種在任何意義上與被排斥的人們分享權力的現代政治理念。這是合乎權力邏輯的——除非權力是先天屬於共同體任何成員的，成員才有分享權力的可能。如果權力先天屬於建立在排他性基礎上的某個組織，那就只有這個組織的成員有分享權力的可能。就此而言，在現代中國興起的過程中發揮極其重要作用，宣稱歸屬於不同意識形態的中國共產黨與中國國民黨，在獨佔國家權力時沒有表現出他們公開宣稱的那種差異性，便不是什麼令人驚怪的事情。至於私人生活之所以隱秘化，便是因為應當是「公共」的領域完全排斥了個人自由參與的可能，人們要被納入一個可以參與權力運作的體系之中，只會發生在兩個可能的情況下：一個情況是他成為專享「公權」的組織成員。另一個情況是他成為被完全抹掉了個人特點的、任由組織召喚的臣民。假如你有思想、有主張，並試圖將個我的觀念與主張與他人的觀念與主張經由商談和調和，以便形成一個關乎雙方利益的共識的話，你就會遭到組織的排斥。哪怕你是組織的最高成員也不例外。這樣，在組織的抽象意識形態對社會政治權力發揮抽象制約作用的時候，人們也就只好在狹小的私人化氛圍中保持一點生命樂趣。假如組織權力的運作試圖將一切權力收歸於一個權威人物的話，個人的私趣也就喪失了存在的任何空間了。看看中國文革最緊張時期的情形，你就不會懷疑在這種情形下，除了佔據最高組織權力的個人具有某種個人自由外，其他人都處於噤若寒蟬的可怕社會狀況。[26] 在公共生活私人化的情況下，私人生活退守到隱秘化的天地裏就是必然的。因為如前面第一、二部分所述，私人生活本來應該與公共生活相對應而言以顯示意義。假如私人生活自身成為獨在的生活方式，它就沒有必要在「公開」、「公共」與「暴露」、「隱蔽」的對應關係中來體現它的獨特性了，它自身就具有了獨立自存的價值與可能，不必將私隱對應公共以尋求私隱的辯護理由。這時，私隱既不需要保護，也不需要辯護，更不需要理性。它要不以涵蓋私隱與公共的完備方式存在並制約整個社會生活，要不就以完全忽略公共私密化的方式來支援人們的隱秘化私人生活的正當性。這時，人們之間因為缺乏共同關注的公共問題而相應缺乏公共溝通，被隔絕開來。社會是單子化的社會。社會就此沒有限制國家權力保護社會自身權益的能力。除了權力支配能夠影響甚至制約私人生活外，它亦具有隱秘的自然性質。可見，私密化生活與「現代」社會生活是具有嚴格界限的。

中國的私密化生活之所以能夠如此自然地延續，究其原因，是因為它有來自兩個方面的縱容：一是官方的縱容。官方權力是私人化的，它內在希望與權力相關聯的人們陷入自己的一己之私圈子裏，這樣，權力的私人化才能得以保障。假如人們都來關心與他們權利相關的確切權力運作，並願意直接參與或影響權力的運作，那麼權力便不再是私人化運作。所以，不論是主張以訓政的方式對待本應是權利主體，因而具有限制權力天然權利的國民黨，還是以「人民—政黨—領袖」逐漸提升、遞迴的歷史唯物主義模式來替換掉人民自主的共產黨，兩者的意圖都是有意無意地限制權利對權力的制約，並借此鼓勵人們在公共參與與公共議論無門的情況下，向私密化生活天地退守的生活策略。二是民間的縱容。相對於官方對私密化生活的縱容而言，這種縱容具有某種從屬性。民間在官方嚴格限制其活動於私密範圍的情況下，逐漸形成一種將自己自覺地排除在公共生活外的心靈習性（the habits of heart），進而逐漸形成將自己限制於私人圈子的生活習慣，對公共領域的問題敬而遠之，對公共制度的安排心存疑慮，對公共權力的私人化運作習以為常，對公共輿論的私人化見慣不驚，對公共言述的狀況掉以輕心，對公共福利的私人化享有不以為怪，對公共環境的惡化熟視無睹。最終，私密化佔據了個人生活的所有空間，公共被完全排除在人們的生活範圍外。人們關注的「只能」是，也「只會」是個人一己之私的慾望事宜——這種生活走向，既有將公共問題化解為私人問題的能量，又有將個人生活推入隱秘狀態的功能。人們的生活所遭遇到的一切就此化解為茶餘飯後的笑談，滿意與不滿都可以在自然節律的忍受中灰飛湮滅。相較而言，後者具有相對於前者促成私密化更大的影響力。這可以說是現實政治全面、強勢地作用並制約人們生活的結果。

其次，公共關懷缺失還有其具體的社會歷史諸原因。諸如傳統文化的、價值理念的、生活實踐的諸因素，都對公共關懷的缺失具有大小不同的影響。其中值得討論的影響因素是中國傳統文化對公共關懷缺失的影響。在關注中國傳統文化對於公共領域與私人領域分化的影響方面，不僅近代以來像魯迅那樣的思想家在「國民性」的主題下面有廣泛的討論，外國人也有很精彩的評論。其中為人們比較熟知的是美國人明恩溥在其所著的《中國人的素質》中對中國人缺乏公共精神作出的批評。[27] 他的批評曾經深遠地影響了魯迅一代知識分子對中國傳統文化缺乏公共性省思問題的反思。[28] 無疑，中國傳統文化的構成性要素，諸如專斷的政治、封閉的經濟、自滿的文化促成的公私不分或公私合一，確實極大地影響了後來的中國人對公共領域與私人領域差異性的混同性判斷。人們在為國家卻實際上是為皇帝的公私關聯式結構中浸淫得太久，以致於不知道公共與個人究竟還會有什麼區別。[29] 當個人消逝後，就只有擁有「私人」「身份」的人還能活動。只有私人，他的隱秘就是單一的出路了。因為單純的私人是無須公開自己任何東西的。社會完全沒有必要分化為「暴露」的公共與「隱藏」的私人兩個部分的必要性。當然，相對於傳統文化「基因」中存在的私密化因素來看，前述的現實政治對當代中國陷入私密化境地的影響，無疑具有更根本的影響力。

## 五、公私劃界與中國轉型

公共關懷的缺失，對中國社會從傳統朝向現代的健全發展的負面影響，已經是一個必須正視的地步。與任何缺乏公共關懷的社會一樣，缺乏公共關懷對中國社會的負面影響直接體現在三大方面：其一，社會政治精神的渙散。這種渙散，既表現為人們對現代政治精神的認同上，又表現在集納公共政治資源的困難上，更表現於支持現代政治發展的公共理性精神的缺失上。在現代政治精神的認同上，由於中國人對「現代」政治的現代性認知還處於含糊的狀態，因此現代政治的「自由、平等、博愛」的基本理念還沒有被民族共同體的大多數成員所接受；現代政治的憲政民主制度精神還沒有被中國人共同認可為制度建制的基本觀念；現代政治的個人主義精神還沒有被人們放置到關乎個體與集體健康發展的高度來認取。人們還處於一種傳統的集權政治理念與現代的支流性的政治批判理念「洞穴」之中，反對現代政治的理念有時候還是一種時髦，人們甚至幻想在這種反對中接引現代政治進入中國。[30] 在集納現代政治資源上，整個中國還處於一種政治資源極端化歸屬與政治資源高度分散化存在的狀態之中。政治資源的極端化歸屬指的是目前中國的政治資源基本歸於執政的政治集團，它如果不放棄政治資源的極端化歸屬權，其他人或其他集團就沒有集納政治資源並與之抗衡的可能性。政治資源的的高度分散化存在指的是當代中國掌握具政治資源的社會階層階級力量的分散化，對極端化掌控政治資源的政治集團的無可奈何。這種情形是如此清楚地擺在人們的面前，毋庸贅言。在支持現代政治運行的公共理性精神方面，中國人幾乎沒有形成這種「公共理性」。人們習慣於將自己對公共問題的看法與見解嚴格限制在私隱生活的範圍內。人們也習慣於將自己對公共問題的滿意與憤恨意氣性地加以發泄，在謾罵與讚揚之間徘徊，而不是在理性的基礎上昇華或積澱。建立在私人、個性基礎上的共同性、公共性隱匿了，公共精神自然就無從生長。其二，社會制度建構的畸形。制度化的社會運作機制是現代社會的運行機制。社會生活的制度化要求其實就是公共性的要求。無疑，社會生活不可能完全是公共化的，它只是在關乎多數個體的共同問題上才具有公共性質。制度化的一定性、形式性、程式性及既定性，使任何社會階層階級和個體不能尋求制度外的空間為自己保留特權。這樣，一個政治共同體就可以建構起對自己的成員而言共同的、平等的社會政治活動平台。在屬於共同體的範圍內，他們不分政治集團的歸屬，平等地享有政治參與與政治議論的公共權利。不能不指出，目前中國這種制度是幾乎完全闕如的。制度的非公共性與社會政治生活的非制度化是聯繫在一起的。制度的人格獨佔性與制度的不公平運作是一脈相承的。公共權力的私人化與私人生活的隱秘化是相互貫通的。其三，社會生活結構的扭曲。中國的當代生活景況是一種私密化的生活，這在前述的各個方面都可以得到認知。本來，在一個社會政治共同體中生活，只有被承認了差異性的共同性才是具有正當性的。假如只是在單純的共同性基礎上強調共同體的一致性，事實上會對共同體的認同感產生傷害。承認差異性，意味着承認個體之間的獨具個性，承認個體不同於共同體一致性的人格特質，承認個體在財產佔有、權利享用、政治參與的不同。只有承認了這些差異性，政治共同體才有提供他們共同活動空間的公共領域的前提條件。假如在所謂根本利益一致性的假設基礎上追求一致化的社會政治生活方式，就絕對沒有可能形成促使共同體成員積極地介入到他們都具有熱情投入的「公共」政治生活之中的動力。不幸的是，當代中國恰恰將日常生活切割為指定人參與公共生活與排斥人參加政治組織的兩半。一些既沒有熱情又沒有能力的人被指定參加「公共」政治活動，他們進入立法行政司法機構，但是沒有「以政治為志業」的專業技能，只會誤事。[31] 而另一些人參與無門，只好放棄參與，安於個人的私人生活，逐漸喪失對公共參與的要求與願望、熱情與能力。[32] 這與傳統社會格局沒有什麼不同，卻離現代社會的距離則很遙遠。

因此，中國社會要想真正邁進現代社會的門檻，必須明確劃分公私界限，其中涉及到兩個層面的問題，一是私人領域與公共領域合理分界的理論分疏問題；二是私人領域與公共領域合理分化的歷史進程問題。首先，就私人領域與公共領域合理分化的理論分疏來看。從規範的哲學表達看，私人領域與公共領域的劃分是清晰的、有效的。這已如前面第一及第二部分所敍述。但是，在日常的社會—倫理實踐中，私人領域與公共領域並不是截然分開的。實際上，兩者的交疊現象使人們經常難以有效地區分兩者的界限。於是，私人領域與公共領域的邊際界限，成為現代實踐社會—倫理學一個難以劃分清楚卻又不得不加以界定的問題。這種情形勢必定要求我們回答一個關乎公私邊際界限的實踐社會—倫理學問題——合理的私隱與公共的空間在什麼情況下是分離的，在什麼情況下是統一的？要回答這一問題涉及到兩個必須先解釋的問題，一是私隱與公共合理分合的社會諸條件。二是私隱與公共的界域劃分問題。就前者而言，個人財產權利的安頓、個人生命權利的肯定、憲政制度的確立、公民社會的興起構成公私領域分化的四個外部條件。前兩者是針對公私分界的個人而言的。後兩者是針對公私分界的公共而言的。何以針對私人而言的問題構成公私分化的外部條件呢？這是因為沒有對於私人或個人權利的肯定，就沒有建立在差異性基礎上的公共性問題據以產生的前提條件。要肯定個人權利，就必須肯定個人主義的價值理念，肯定保護私人財產的市場經濟制度，肯定維護個人權益的憲政制度，否則個人權利就會隨時處於一種可以被褫奪的險境。何以憲政制度的建立與公民社會的興起對公私分界具有重要意義呢？這是因為兩者是公共制度與公共空間的依託。公民社會的興起促使公民組織起來，使社會具有力量，從而形成國家—社會的對應性結構，進而使公民維護個人權利正當性的活動獲得廣泛支持。基此公共與私隱的分化有一個機制化的安排，同時，憲政制度的落實為人們的公共政治領域的活動奠立了平等的制度體系，使得人們進入公共領域，尤其是公共政治領域有了秩序和程式保障。就後者即私隱與公共的界域劃分來説，除開個人（私人）領域外的就是公共領域，家庭生活、私密朋友構成私人生活圈子。公民社會、政治領域乃至經濟制度都是公共指向的範圍。公共與私隱的合理劃分在四個邊界上劃出自己的界域：一方面反對私人領域的過密化，另一方面反對公共領域的過密化；再一方面反對公共對私人的吞沒，最後一方面則反對私人對公共的獨佔。前兩個方面屬於公私分界必須避免的兩個極端，後兩個方面屬於公私互動關係必須保證的各自限度。

公私劃界的重要問題是公共權力的安頓或限制問題。原因在於公共權力對個人權利具有的侵略性與侵蝕性，既可以融解權力的公共性，又可以消解個人參與到公共生活中的熱情，將個人推向私密化的生活境地中。公共權力的安頓或限制這一問題具有兩個向度的內涵，一是公共權力的有效限制與權力分享機制的建立問題。二是公共問題自由討論與公共傳媒的理性運用的關聯問題。就前者討論，公共權力如果沒有受到有效限制，它就會在喪失權力公共性的情況下，將權力轉化為營私的工具。只有受到有效限制的權力才能保持其公共性，即保持其可以為同屬一個社會政治共同體的成員分享權力的狀態。用行之有效的現代憲政民主制度限制權力，已經是限制權力的不二法門；同時以憲政民主來保證社會政治共同體成員有權參與到公共政治生活之中，也是安頓權力的合理方案。就後者分析，公共問題的自由討論屬於公共領域成功建構起來的一種狀態。公共理性的形成也屬於公共生活狀態正常化的一個重要指標。只有限制了權力及其握有者對權力的濫用，人們才具有自由討論公共問題的權利；只有當人們自覺自願地、自由自主地討論關乎自己的公共問題時，他們才有關注公共問題的動力，並逐漸形成平等、冷靜地討論公共問題的公共理性。因為只有這樣人們才能克制自己的憤怒，再以一種互惠的精神將理性運用到公共問題的探討過程之中，而不是將理性掩藏起來，並在掩藏中將之轉化為私人性的話題，大事化小、小事化了。[33]

其次，就公私分化的歷史進程來看。[34] 公私分化不是主觀選擇的結果，而是歷史變遷的產物。公私分界作為歷史事件，是一個現代事件。猶如哈貝馬斯指出，雖然遠溯希臘的歷史古典公共領域奠定了現代公共領域的某些歷史雛形，然而公共領域是在十八、十九世紀的英、法、德三國的歷史語境中形成其理想類型的。[35] 當時之所以出現現代政治範疇的公共領域，是因為資本主義生產方式的出現，及伴隨的個人主義理念、自由主義的憲政制度、公民（市民）社會的勃興、公眾輿論或公共傳媒的發展。沒有這些歷史條件的基礎，就沒有公共領域的出現，也就沒有由此劃分開來的公私界限。顯然，對於當代中國來說，會討論到公私分界的問題，也就是因為現代生活方式已經進入到中國人的現實生活之中。中國從傳統封閉社會轉化為現代開放社會，已經不是一個局部的問題，而是一個整體的全社會結構轉型的問題。從古典的集權政治到現代的民主政治，從自給自足的農業經濟到市場指引的現代經濟，從井底觀天的自足文化到開放的全球文化，社會的結構轉換已經不由人的主觀意志逆轉。當此歷史關頭，人們如何在公共領域與私人領域之間尋找合理的界限，從而強化人們的公共關注，既保有私人生活的正當性、又保有公共參與的積極性，成為供給中國社會現代轉型以持續動力的關鍵問題。而這個時候公私分界的核心問題就是防止公共領域的過密化與私人領域的過密化兩個極端情況的出現。公共領域的過密化會導致權力公共性的喪失；私人領域的過密化同樣會導致公共關注的喪失。在論題所及的問題上說，我們尤其要看到在現代情景中私密化社會的危險性。其實古典的私密化社會已經顯露出瓦解社會的能量。譬如晚期羅馬的聲色犬馬導致羅馬帝國的衰亡。[36] 當代中國窮奢極欲的私密化生活，內含的瓦解社會與離散組織的能量，確實值得我們警惕。

## 註釋

1 參見漢娜・阿倫特：《人類境況》，第2章〈公域與私域〉。及竺乾威漢譯：《人的條件》，上海：上海人民出版社，1999，及哈貝馬斯：《公共領域的結構轉型》，〈序言〉，曹衞東漢譯本，上海：學林出版社，1999。羅爾斯：〈公共理性觀念再探〉，載《公共理性與現代學術》，北京：三聯書店，2000。另可參見汪暉等編：《文化與公共性》，北京：三聯書店，1998。需要指出的是，在本章中，公共與私人的表述，包含了公共性（publicity）、私密性（privacy）和公共領域（public sphere）、私人領域（private sphere）的含義。作者並沒有對二者進行嚴格的區分。

2 漢娜・阿倫特：《人類境況》，第2章〈公域與私域〉第7節「公共領域：公共性」，漢譯本第38頁。本節關於公共領域與私人領域劃分的討論，主要參考阿倫特和哈貝馬斯的論述。

3 哈貝馬斯：《公共領域的結構轉型》，〈序言〉，上海：學林出版社，1990。

4 參見洛克：《政府論》下篇，第3節、第99節，北京：商務印書館，1964。

5 參見納坦・塔科夫：《為了自由：洛克的教育思想》，譯者序，北京：三聯書店，2001。

6 約翰・穆勒：《論自由》，第一章「引論」，北京：商務印書館，1959。

7 阿倫特：《人類境況》，漢譯本第46頁。阿倫特特別引述了洛克對於私人領域存在及對於公共領域存在的價值問題的討論，進一步表明公私劃分的自由主義「母題」性質。

8 亞當・庫珀、潔西嘉・庫珀主編：《社會科學百科全書》「個人隱秘權」詞條，上海：上海譯文出版社，1989。以及參見哈貝馬斯：《公共領域的結構轉型》，〈序言〉，上海：學林出版社，1990。

9 阿倫特：《人類境況》，漢譯本第55頁。

10 參見哈貝馬斯：《公共領域的結構轉型》，〈序言〉，上海：學林出版社，1990，第16–17頁。

11 對於新聞傳媒，尤其是新興的電子傳媒在公共領域中的這種變異的作用，哈貝馬斯表示了高度的關注。參見哈貝馬斯：《公共領域的結構轉型》，〈序言〉，上海：學林出版社，1990。

12 參見哈貝馬斯：《公共領域的結構轉型》，第2章〈公共領域的社會結構〉。

13 參見注7。

14 參見注12。

15 參見馬立誠、凌志軍著：《交鋒——當代中國三次思想解放實錄》，北京，今日中國出版社，1998。該書雖然是一本對於當代中國思想逐漸走向現代化、公共化的歷程的記錄，但是實際上也作為當代中國社會政治理念的私人化情況一個詳細的記錄，人們完全可以不費力氣看出政治領袖制約思想觀念的實情。

16 譬如人們通過公共社團參與公共政治生活的機會、空間就處於一種被遏制的狀態，公民社團在文獻上的自由組織與在實際上的嚴格限制形成鮮明對比。參見《社會團體、民間非企業單位登記指南》，北京：法律出版社，1999。

17 參見張五常：〈人類所知道的社會體制其實一共只有三種〉，這篇文章對於當代中國社會體制的分析，曾經引起大陸的普遍憤慨。其實品味張的意思並具有針對性地改進，對於中國的意義也許更大。載於傑著：《張五常批判》，北京：中國工人出版社，2002。參見陸建華：《中國社會問題報告》，第4章〈腐敗問題〉，北京：石油工業出版社，2002。對此可以有一個較為同情的認識。

18 這從當代中國思想性的刊物要麼靠攏集團思維，要麼關停並轉，及思想性報刊新張的困難和風月報刊審批的相對容易上可以看出。參見李希光：《新聞學核心》上編第1章〈新聞為何愈來愈失去公正〉中對於中國新聞報刊的一些描述，廣州：南方日報出版社，2002。又參見劉建明：《天理民心——當代中國的社會輿論問題》「從輿論和諧到輿論震盪」部分對於「輿論一律」的討論，北京：今日中國出版社，1998。

19 參見陸建華書第2章〈貧困問題〉，以及第8章〈收入分配問題〉。以及孟繁華：《眾神狂歡——當代中國的文化衝突》，第3章〈今日時尚及領導者〉，北京：今日中國出版社，1997。

20 參見〈「吹、嫖、賭」觸犯黨紀、政紀已經處理〉一文中「公審對吹、嫖、賭隻字未提」部分，載《北京青年報》2002年7月27日。

21 參見〈五毒書記張二江與他的官場邏輯〉，載《南方周末》2002年3月22日。及〈翻翻麥崇指的舊帳〉，載《南方日報》2002年11月1日。張二江原是湖北省天門市委書記。麥崇指原是廣東省高級人民法院院長。及前引陸建華書「腐敗問題」部分。而近二十年中國的腐敗與反腐敗情況，可以參見陳波著：《中國反腐敗二十年》，北京：人民出版社，2000。

22 參見近幾年網路上所登錄的社會新聞，就可以對此有一個很好的了解。譬如新浪網（www.sina.com）的社會新聞就是一個觀察的良好視窗。

23 參見陶東明等著：《當代中國政治參與》，第5章〈當代中國政治參與主體：動力機制和參與者〉，杭州：浙江人民出版社，1998。

24 參見羅爾斯：〈公共理性觀念再探〉。羅爾斯特別強調的「公共理性的觀念屬於秩序良好之憲政民主社會的一種構想」在此具有獨特的分析指引價值。換言之，凡是非憲政民主社會是難於出現公共理性的。是文刊載於《公共理性與現代學術》。

25 參見任劍濤著：《社會的萎縮與重建——轉型中國國家與社會互動狀況的分析》。2002年由中山大學、中國人民大學、美國中國政治研究會共同舉辦「轉型中的中國政治與政治學發展國際研討會」會議論文。

26 參見李洪林著：《中國思想運動史1949–1989》，香港：天地圖書有限公司，1999。該書記錄了私密化社會公共空間喪失的思想狀態。

27 參見明恩溥著：《中國人的素質》，第13章〈缺乏公共精神〉，上海：學林出版社，2001。

28 參見同上書摘引的魯迅、李景漢、潘光旦、辜鴻銘等人對明恩溥一書的評價。

29 社會學家金耀基對此有很好的分析。參見氏：〈中國人的「公」、「私」觀念——兼論中國人對隱私權的理解〉，載《金耀基自選集》，上海：上海教育出版社，2002。但是他的分析主要集中於私之作為正當的個人存在在中國傳統文化中的資源的匱乏，及中國傳統文化所講的「公」的實際的「私」的性質的分析上。其實，對於當代中國乃至於對傳統中國來説，公共權力的私人化與私人生活的隱秘化之共同促成的私密化狀態，反不為論者所注意。

30 流行於一九九〇年代末期的中國新左派理念就是這種背謬政治觀念的當下攜帶者。參見任劍濤：〈解讀「新左派」〉，載《天涯》1999年第1期。以及任劍濤：〈自由主義、新左派與現代求知方式〉，載《公共理性與現代學術》。

31 看看人數多少不一的勞動模範進入執政黨全國大會、國家立法會議的狀況，就可以理解這種扭曲的公共參與的缺陷。再看看進入國家權力機關工作的機會的不平等分配，也可以理解我們中國的政治共同體對其成員公平參與的缺乏保障。參見賀衞方著：《司法的理念與制度》中對於復轉軍人進法院的討論，北京：中國政法大學出版社，1998。及蘇力著：《送法下鄉——中國基層司法制度研究》對於復轉軍人進入權力系統的辯護，北京：中國政法大學出版社，2000。

32 看看中國農民的政治參與情形，及他們在整個國家政治生活中的地位與作用，就可以理解這種走勢的影響。參見麥天樞著：《中國農民：關於九億人的現場筆記》，北京：三聯書店，1994。及仲大軍著：《國民待遇不平等審視——二元結構下的中國》，北京：中國工人出版社，2002。

33 羅爾斯強調的公共理性的五個層面，都與這兩個條件相關。參見氏著：《公共理性觀念再探》，〈導言〉。

34 哈貝馬斯在《公共領域的結構轉型》中對於公私分化的現代進程有很好的分析，值得參考。前自由主義的公共領域、自由主義的公共領域與後自由主義的公共領域，是一個歷史漸進演化的結果。三者之間的關聯性是顯而易見的。當然三者之間的差異性也同樣令人矚目。對於當代中國來說，從前自由主義的公共領域演進到自由主義的公共領域，是目前中國公共領域歷史演進的現實問題，至於自由主義公共領域的今後演變，則是遠期歷史的話題。

35 參見哈貝馬斯：〈序言〉、第 1 章〈資產階級公共領域的初步確定〉，見《公共領域的結構轉型》，上海：學林出版社，1990。

36 參見愛德華・吉本著：《羅馬帝國衰亡史》下卷，第 71 章，北京：商務印書館，1997。

# 第十章

# 國家轉型、中立性國家與社會穩定

在疾速推進的改革開放取得經濟高速且持續增長的同時，中國的社會穩定已經引起國際社會的高度關注。這是因為，一方面，中國社會已經顯得高度焦躁，群體性事件暴增，社會穩定方略短缺。由於國家轉軌長期被強制限制在經濟領域，社會與政治制度的跟進性改革嚴重滯後，導致嚴重的貧富分化，橫行的貪污腐敗，國家制度遏制的效能不盡如人意，社會日益失去對高度不公的忍受能力。另一方面，中國的權力集團明顯煩燥。由於國家提供給社會向上流動的機會不多，民眾謀求發展的通道明顯逼仄，無法避開改革陷阱的危險性明顯增加。因此，國家對未來的發展前景心中無數，而只好訴諸強力控制。再一方面，在中國國內環境趨於緊張的同時，國際環境也顯得緊張起來。「困於內政，貽誤外交」的施政窘態呈現在人們面前。這三種亟需化解的焦慮狀態，構成影響和制約中國未來走向的社會緊張現狀。倘若缺乏可敷應用的國家轉型頂層設計，拒絕融入現代政治發展的主流，中國就會陷入蘇聯、東歐一樣的國家危機。

在這樣的背景下，中國下一步會如何發展，是人們必須回答的嚴肅問題。在國家疑慮是否融入現代政治主流的情況下，避免掉入轉型陷阱，已經刻不容緩。毫無疑問，中國的改革是在國家意識形態允許的範圍內展開的。但眾所周知，中國的政黨國家意識形態，已經構成改革向縱深推進的障礙。現代國家穩定有序運作的基本經驗是，國家不着意提倡某種特定的意識形態，或致力打造讓公眾意識形態相互競爭的思想市場，在良性的思想市場競爭中，突顯國家健康發展的道路。基於此，只要人們嘗試解決中國發展的深層問題，就不能不將國家中立性的問題提出並加以解決，藉此供給穩定的社會秩序。

## 一、國家轉型與偏執陷阱

中國的改革開放，一般被認讀為市場經濟的發育與興盛。其實，中國的改革開放，是一個國家轉軌的整體過程。這樣的轉軌，從經濟領域起始，擴展到社會、政治等廣泛領域。經濟領域作別權力型的計劃經濟，本身就關涉國家權力運行、社會生活方式的重組。因此，從經濟領域肇始的改革開放，實際上只是中國國家全面轉型的起始，僅僅具有國家全面轉型的局部象徵意義。後起的社會與政治轉型，更驚心動魄，引人矚目。

中國的國家整體轉型，是需要具體描述的複雜狀態。這樣的轉型，必須在三個介面加以描述和分析，才能進一步知曉它的總體情形。第一個介面是人們最為熟悉的經濟轉型。經濟學家將這一轉型概括為幾個重要的轉變：資源配置信號由計劃指標轉向市場價格，經濟決策的主體由政府官員轉向企業家，個人權益基礎由政府職位轉向私人財產，經濟發展的推動力由中央動員轉向地方競爭，經濟運行系統由封閉轉向開放。[1] 簡而言之，中國作別了計劃經濟體制，建構起市場經濟模式。這是中國近三十年國內生產總值強勢增長的動力所在。不管人們對這樣的經濟體制轉型做何評價，不能否認它對中國迅速的經濟總量發展具有的決定性意義。

第二個介面是隨市場經濟發展浮現出來的社會轉型。在實行市場經濟前，中國基本上是一個傳統社會，安土重遷、慣性綿延、封閉自顧、拒斥創新，是這一社會穩定而保守的基本特徵。隨着市場經濟的迅速發展，中國疾速走向現代社會，社會的結構發生了巨大的變化。猶如社會學家所指出，「儘管我們的改革主要是經濟改革，但社會已經步入一個全面的、整體性的轉型過程．我們正在從自給半自給的產品經濟社會向有計劃的商品經濟社會轉化；從農業社會向工業社會轉化；從鄉村社會向城鎮社會轉化；從封閉半封閉社會向開放社會轉化；從同質的單一性社會向異質的多樣性社會轉化；從倫理型社會向法理型社會轉化。看不到這一基本事實，看不到轉型時期新的特點和新的問題，我們就會在判斷和決策上出現失誤。」[2] 這描述提示人們社會轉型與經濟轉型的相與隨行、密不可分。

第三個介面是更為重要、最為艱難的國家轉型。中國的國家轉軌，包含兩層意思，一是從帝制中國轉變為民族國家，二是從政黨國家轉變為憲治國家。前者，是國家轉型的古今之變；後者，是國家轉型的正誤之變。隨着中國的改革向縱深處的推進，晚清以來生成的國家扭曲形態，必須轉變為國家的常規形態。國家轉軌的難度，遠遠超過市場經濟、現代社會轉變的難度。原因在於，國家轉型主要是國家權力形態的轉型。如果説經濟轉型、社會轉型都可以由國家權力當局所設計、引導和推進的話，國家轉軌則是改革者自身的改革。這是需要壯士斷臂的精神才能有效推進的轉型形式。

有論者在經濟領域的改革開始大力推進，而社會轉型開始啟動的時候，就敏鋭指出，「現代化是一個整體，一個『文化叢』，它的豐富內涵，並不是經濟現代化本身所能表達的。在現代化過程中，經濟的發展必然會引起社會結構、生活方式、行為方式和價值觀念等各個方面的變化。因此，我們必須放棄那種『單項突破』的『思維定式』，樹立整體的社會發展觀。」[3] 這一論斷，切中中國現代化轉變的整體特性。但儘管論者呼籲人們從整體性視角觀察和分析中國的現代化轉型，論者還是明顯忽略掉整體觀對國家的轉型。因此其整體觀的中國現代化之整體性明顯不足。只有從中國現代化轉型最為關鍵的國家轉型視角看待中國的政體轉型，才能真正看到中國整體轉型的政體特質。

中國的國家轉型所具有的兩層含義，需要進一步分析。第一，從國家轉型的古今視角看，中國需要從帝國形態轉變為民族國家形態，以政治意義上的中華民族，建立獨立自主的現代國家。這是一個從帝國（empire）轉進到民族國家（nation state）的國家轉型過程，也是現代國家建構立於新型平台必須跨出的第一步。這一轉型過程，始於晚清，但至今尚未坐實。這一轉型，一波三折。建立在「龍的傳人」、「炎黃子孫」、「非我族類，其心必異」這類觀念基礎上的古典民族觀念，是一種自然生成的民族觀念，而不是一種政治民族的觀念。因此，在漢、滿、蒙、回、藏這些自然民族甚至族群的意義上，是很難挺立起現代主權國家的政治民族觀念的。晚清政府力圖建立「五族共和」的政治民族理念，但遭遇到「驅除韃虜、恢復中華」狹隘漢族理念的衝擊，以至於無法迅速形成建構現代主權國家所必須的政治民族理念。[4] 就現代中國的建構而言，關乎主權國家挺立的政治民族建構，是最為關鍵的事情。但「五族共和」的政治民族建構，迄今都不能說已成功，仍然是中國政治轉型的關鍵事務。至於在民族國家基礎上確立的立憲民主政體，需要以公民個人與國家的關係落定在法治的平台上為條件。不可化約的個人價值，成為民族國家構建立憲政體的堅實基礎。而這一基礎，自晚清以來，一直都是中國政治轉型需要夯實的基本結構。再者，由於帝國時期形成的社會統治策略是國家吃掉社會，儘管基於皇權控制能力的限制，它最終落定在皇權、相權與紳權非制度化的制衡平台上，國家並未真正吃掉社會，但國家權力的絕對優勢地位，卻是不可撼動的。因此，如何建構適當的國家與社會關係，便成為中國建立健全的國家結構的重要條件。這也是自晚清以來中國政治轉型的重大主題。

中國要能夠成功地從帝國轉變為民族國家，必須承諾三個重大的轉化：其一，中國建構現代國家的社會基礎，必須進行結構化轉變：以血緣關係、習俗傳統及民族文化認同所組織起來的自然民族，必須轉變為以個體、法律關係和政治認同支撐起來的政治民族。其二，中國的國家基礎結構，必須從姓族統治轉變為人民主權。整個中國古代政治統治結構，都是一家一姓的姓族統治。姓族統治的古代國家結構，建基於祖上的努力，因此是一種追求穩定的國家結構，但族姓統治一個最大的問題在於納天下於一家。中國古代思想家提倡的「天下非一人之天下，乃天下之天下也」，[5] 開啟了「家天下」轉變為「公天下」的思維之門。這樣的轉變，至今仍然需要大力推動。其三，中國的國家權力結構，需要從皇權專制轉變為法律主治。皇權專制與帝國結構、文化國家屬性聯繫在一起。「華夷之辨」追求的是以文明手段統治國家，但控制權力的皇族借此實現的其實是低成本的專斷治國。儘管人們認定皇權與相權、紳權的分立有助於消解專制，但後兩者與前者相比，在中國古代的政治制度體系中的地位與作用，是完全無法抗衡的。限制皇權一類權力的專斷，將之嚴格約束在法律規則之下，仍然是中國政治轉型的核心主題之一。這三大政治轉型主題，在晚清突兀地呈現在國家轉型的過程中，但迄今尚未完成，造成中國走向立憲民主政治之社會基礎的不穩，讓後者難以順利生長。

第二，從中國國家轉型的政體結構上看，需要在作別晚清的帝國形態並轉換為民族國家的基礎上，將皇權專制體制轉變為立憲民主政體。要斷言中國古代，尤其是晚清的中國政體是皇權專制政體，當然是在國家高層權力體系的結構性特點上做出的指認。中國古代政治體系相當複雜。從不同視角觀察，完全可以得出不同結論：譬如從儒家限權政治思想的視角，可以析出中國古代的憲政觀念；從相權的行使，可以析出中國古代的特殊分權制衡遺產。[6] 但總的來說，皇權專制是用來呈現中國古代政體最突出的特徵。[7] 從皇權專制到一黨專政，是通覽中國政治專制傳統的一條線索。

中國現代國家的建構，一定要確立立憲民主政體。立憲民主政體是現代民族國家的規範政體形式。這種規範性體現在，國家的人民主權要求將國家權力嚴格限制在憲法之下，並將國家權力安頓在分權制衡的制度框架內。凡是坐實這樣的立憲民主制度的國家，就能獲得人民的認同與支持，國家就長治久安；凡是未能立定這樣政體的現代國家，就僅僅是一個在當下時間，而非國家結構意義上處在「現代」的國家而已。

歷史表明立憲主義的連續發展是一個無法追溯到十七世紀的英格蘭之前的比較晚近的現象。憲政秩序的基本要素可以在更早的政體中發現，但直到那時為止，它的歷史都是偶發性的並只限於少數情況。只是從更晚的十九世紀開始，它才擴展到英語世界之外，但從那以來，它的有效範圍大大地擴充了。雖然世界的大部分地區還在它的領域之外，立憲主義現在被廣泛地當做模範的政治制度加以信奉，在採用這種制度的國家中，它被頌揚為控制國家的權力和保護公民的自由的統治形式，而在尚未採納這種制度的國家中，它則鼓舞着政治改革者們。[8]

立憲民主政體之所以具有規範現代國家的力量，就是因為它自身的規範性質有所保障。自由、平等與博愛的現代規範價值，構成立憲民主國家獲得民眾在價值信念上共同響應的基礎。由於在立憲民主政體中，國家權力史無前例地受到有效限制，人民的主權相應得到以落實。因此，它獲得了實際政治生活的有力證明。儘管立憲民主政治遠不是一種充分實現人類政治理想的政體形式，但它無疑已經成為現代國家之包含時間在當下、結構在控權雙重含義的「現代」國家的價值與制度尺規。

中國從帝制轉向立憲民主，可謂困難重重。因為建構立憲民主政體，對中國的政治轉型來說，需要克服三大難題：一是在皇權專制的政治土壤上播種立憲民主種子，並促其生根、發芽、生長、壯大，非常艱難。原因在於，國人不經意抗拒立憲民主政治，安於專制政治的政治習性，構成立憲民主政體建構的習慣性阻力；同時，一個從來未曾成功限制起來的中國國家權力，在受到限權威脅的時候，所發生的組織化抵抗，對立憲民主政體的生長，帶來主觀故意的阻力。但這並不等於宣告中國勿需轉進立憲民主政體，一切抗拒立憲民主政體的嘗試，最終都歸結於立憲民主規範力量克服的物件範圍，都會被逐出政治博弈天地。二是中國必須建構分權制衡的國家權力體制。不管這樣的分權制衡體制，相對於皇權專制一統天下的機制存在多麼巨大的差異，也都不能成為拒絕對國家權力進行分權制衡的理由。任何阻擋分權制衡體制的立憲轉型論斷，要麼是權力的自我放縱，要麼是媚權的表現。因此，將帝制中國形成的行政分權轉進到憲政分權，乃是國家權力結構正常化的必須。三是代替帝制而起的政黨國家，其所形成的黨在國上，政黨為國家立規的國家結構，必須轉進到黨在國下，接受憲法控制的國家結構。惟其如是，真正確立人民主權的現代國家機制，才是可以期望的事情。只要存在任何法外特權，國家的規範建構任務就無法完成。因此，解決政黨專政的問題，成為中國建立民族國家、憲政體制，難以完成卻不得不完成的現代建國的任務。

中國的國家轉型目標模式非常清晰，但是，無論是從帝制中國轉進民族國家，還是從皇權專制轉進立憲民主，都落入轉型陷阱之中。就前者言，政黨國家挺立起來了，而民族國家反而必須承受政黨的統治；就後者論，一黨專政機制確立起來了，而整個國家的治理規則並沒有落在法治的平台上。政黨的政治意志，成為國家存續唯一的倚賴條件。國家轉軌的這一結果，當然具有它的歷史理由。帝制在開始轉軌的時候，大多數中國人懵然無知、無動於衷。一種為皇權專制長期拒斥的紳權社會，對國家高層事務一向漠視。需要現代建國動員的時候，便缺乏起碼的國家動員管道。因此，現代建國成為孫中山所謂的「以先覺覺後覺」的新生精英與守舊精英對峙的政治事務。這些先知先覺的人，組織政黨，進行革命，取代皇帝，以黨建國，以黨治國。而且，以政黨國家取代帝制中國，並不是一個和平轉進的過程，而是一個充滿血腥的戰爭變動過程，因此，建立政黨國家的政黨，便是政治目標與軍事目標高度統一的建國組織。這樣的組織一旦建立起國家，秉行的也一定是「打天下者坐天下」的邏輯，完全缺乏與其他組織分享權力的政治準備，遑論國人平等行使國權的心理預期。

政黨國家的挺立，雖然給中國提供了一個完全不同於帝制系統的國家形態，但是，它在很多方面，卻承襲了皇權專制的制度習性。從國家秉性上說，政黨國家是一種自認最能夠引領國家發展的體制。這種引領作用，不是限定在哪個具體領域的指導，而是在國家各個方位都限定其結構與功能的定制。這與古典中國政制有異曲同工之妙。對帝制中國而言，為了實現理想的政治，思想家與權勢者為此都取一種自我聖化的看法。論者指出，奠定帝制中國制度規範的秦朝前後，「各家幾乎不約而同，將理想中的君王稱之為聖人或聖王。聖人或聖王在先秦成為政治上一個重要的共同符號以後，不但諸子百家，爭霸的君王亦思假借。《商君書・弱民》說『今當世之用事者，皆欲為上聖』，《荀子・王霸》說『夫貴為天子，富有天下，名為聖王，兼制人，人莫得而制也，是人情之所同欲也』，即可見其一斑。」[9] 這樣的政治取勢，乃是一種統治者將自己的價值信念、制度安排、運行體制、統治績效系統聖化的態勢。在其治下，人們必須信從統治者的價值偏好，必須接受統治者的權威施加，必須承受統治者的喜怒哀樂，必須仰視統治者的心理行為。至於被統治者，則根本不在國家治理的考慮範圍內，他們不過是國家權力支配的對象而已。從國家權力一端來講，它試圖塑造的是一種典型的一元社會。

需承認，代替帝制而起的政黨國家，呈現出自己的獨特性：其一，政黨國家對自身善的認定，最為強烈。政黨國家的目的是為了張揚人的善性，但它對善性道德的推行，不是借助美德力量，而是依靠國家權力。在政黨國家的執政黨中，一切善的德性集成式地為自己所擁有，因此只能按照自己給定社會的方式去實踐。在這樣的政黨還沒有掌握國家權力之前，它構成政黨爭奪國家權力的強大道德動力；在這樣的政黨掌握國家權力之後，這樣的取勢，就成為它對整個國家進行道德剛性約束的現實方案。其二，由於政黨國家對自己道德的崇高期許，因此它行使國家權力的時候，便不由分說地獨佔獨行。這種獨佔獨行，不僅體現為一種權力機制，也呈現為一種行政體制。因此，獨佔性掌控國家權力的政黨，完全控制國家一切資源，並按照政黨的政治意願進行資源配置。這樣的資源配置方式，必然只問道德動機，不問社會後果。普通民眾被拒斥在國家決策和行政過程之外，只是施政的受眾，而不是施政的主體。官民關係，勢成主客關係，甚至是主奴關係。其三，政黨國家不僅在國家理念、制度安排上控制整個社會，在日常生活中，它也擁有一種極為強烈的、支配公眾生活的慾望。蔣介石的「新生活運動」可證明國民黨時期的政黨國家這種意欲。毛澤東的「移風易俗」也體現了他對日常生活徹底重構的意念。當下中國反庸俗、低俗、媚俗的「三俗」，就更是直接表現出統治者對公眾日常生活的強大干預慾望。國家對權力和行政的支配達到這樣的全方位狀態，是帝制中國未曾設想過的。這是一種典型的國家自我設計、單獨推進、孤芳自賞的統治體系。國家將自己的公民排斥在自己選擇生活方式的大門之外，並且被強制限定在國家意欲他們所思所想的狹小天地。本應劃分出國家與社會不同地盤，從而促使國家與社會各自釋放活力的現代立憲民主國家，變成固執己見、強行推廣國家宣導理念、制度與生活模式的偏執國家。這是一種國家建構與存續的結構化陷阱。因為它給國家發出一種自以為強盛，但傷害其長期存續機制的錯誤資訊。

## 二、國家與社會分流：突顯國家中立問題

如果政黨國家可以將整個國家與社會長期成功地約束在上述偏執的狀態，那麼，一切關於國家轉型的問題，也就無法浮現在人們的面前。問題在於，政黨國家維持其國家結構的前提條件，是它足以進行充分的社會動員，讓所有社會成員不僅相信它的道德純淨性，而且也信從它的權力向善性。這是一個不容易實現的目標。因為，政黨國家所處的兩種狀態，決定了它難以長期穩定地維持公眾對它毫無疑義的信服情形。一種狀態是，政黨國家

之政黨還在爭奪國家權力的過程中，以及還能夠成功維持爭奪國家權力時期的那種政治情境的情況下，它完全可以贏得公眾對它心服口服的主觀預期結果。政黨國家之政黨爭奪國家政權的時候，它還是在預製國家形態，但它在奪權中呈現出勉力控制一切的結構特性。在奪權的過程中，它確實能比較有效地動員了國家的道德資源，讓人們深信它的組織目標就是國家目標、民眾目標。在政黨國家的政黨奪取國家權力的一定時期內，只要物質供給壓力不大，制度建設不太緊迫，還可以以同樣的模式維持自己一元化的國家建制。但維持這種狀態的條件是很明顯的：如果政黨國家的政黨一方以自己佔據的絕對道德高位統納一切，它就可以維持政黨國家的體制不變。但這種維持條件的供給是很難的。因為政黨國家絕對難以處在一成不變的國家與社會關係狀態中。

政黨國家必定會遭遇到另一種狀態，那就是它一旦需要以治國的物質成就、制度建設和多元價值來維持統治權力的時候，這種將國家限定在偏執狀態的情形，就完全無法維持下去。不僅是中國的兩個政黨國家政權在不同時代都走上了以物質成就、制度創新和支持多元來維護統治的狀態，放眼世上第一個政黨國家蘇聯，即使達到了史達林主義那樣的政黨國家建設高度，後來也會因為強權人物的謝世，無法維持強制性的國家體制。一九五〇年代中期開始，蘇聯也不得不改變國家控制機制，在一定程度放鬆國家的強力控制，並且逐漸放鬆其政治控制機制，啟動經濟領域的市場導向改革，讓國家和社會都可以鬆弛下來。[10]不唯政黨國家是如此，事實上，這是所有國家都不可能長期處在高度緊張的一元化狀態所註定的。

中國的改革開放，本意是釋放國家活力，扭轉計劃經濟的頹勢，滿足民眾的物質文化生活需要。但隨着改革開放的步步推進，政黨國家改革主導者的引導性邏輯逐漸落於下風，變成跟進性改革。這樣的大逆轉，一是因為改革前政黨國家控制一切，形成了一切成竹在胸的政治心理定勢，以為啟動改革後，這樣的控制機制不會受到衝擊。這樣的假定，本身就是一個問題的。對於政黨國家來説，它所熟稔於心的國家體系，是一種高度僵化的一元化體制：經濟上實行國家強控的計劃經濟，政治上實行政黨獨佔一切資源的黨治，文化上實行政黨一元價值的社會推廣。因此，在它全面掌控社會的情況下，完全預計不到一個控制稍微鬆懈的社會，會出現什麼變動狀況，及是否能夠控制這種變動狀態。這樣的問題，很難浮現在啟動改革的政黨國家領袖的大腦中。因此，當經濟領域的計劃經濟鬆動後，隨市場經濟的興起而出現多元社會時，政黨國家機制必定陷入顧此失彼的張惶狀態。二是由於市場邏輯一旦啟動，它便需要一個多元互動的社會與之匹配，需要財產權利的相應變更和法律保護機制，需要與國家權力體系處在一個討價還價的平等狀態，需要價值觀念上的相互激蕩，以便為市場經濟提供一個極富活力的運作空間。這是一種與政黨國家強控機制完全不同的彈性體系。因此，兩種國家運行邏輯的相互碰撞，勢不可免。由於市場力量是主動謀求活躍空間的力量，而政黨國家權力是被動調節並適應嶄新國家機制的體系，因此，政黨國家總是處在左支右拙的緊張之中，註定政黨國家消弭衝突的控制機制，面臨一個普遍衝突的挑戰機制，兩者究竟誰勝誰負，尚在未定之天。但政黨國家的傳統控制體系，註定無法按其固有邏輯延續下去。

隨市場經濟疾速發展而起的社會，也不再是一種眾人聚集的自然空間，而是希望組織起來的公民社會。這樣的社會，不再受國家權力強控，而且它有自己的發展邏輯：當物質匱乏的時候，這個社會幾乎是趨之若鶩地追逐物質利益，相對而言，政黨國家的傳統機制在這些時還可以比較從容地維持。隨着物欲的釋放和相對滿足，公民們不再成為「饑則食，寒則衣」的動物式存在，必然提出與國家意願不同的種種要求，如果國家滿足不了這些複雜的要求——這是國家依靠單方面力量絕對滿足不了的多元要求，公民們就會按照自己的價值偏好、物欲傾向、個性行動、結社方式，尋求滿足自己意欲的方法。很顯然，這是與一元權力的政黨國家完全不同的多元社會。面對一元權力與多元社會的對應局面，任由一個人展開自己的社會想像力，都無法設想這樣的權力體系怎樣去滿足絕對超乎人們想像力的社會慾望。更為關鍵的是，人們在逐漸滿足自己慾望的基礎上，不僅會超越物欲滿足的客觀衡量標準，而且會生成一種絕對個性化的主觀幸福訴求。如果說國家在大眾較為一致要求的物欲面前，尚存比較廣闊的作為空間的話，面對主觀幸福體認，國家幾乎無計可施。在此情此景中，政黨國家以政黨價值換算成的國家價值，面對一個被多元價值塑造的社會，會遭遇到窘迫的情勢；而國家長期行之有效的權力支配和權力控制，面對公民自主、自治與自律的要求，會出現什麼樣的管控紊亂；加之社會生活的多元化造就的公民個人趣味的明顯分化，政黨國家那種按照一個模子塑造新人的生活方式，會受到民眾不留情面的冷落、嘲諷或抗拒。

在這個時候，國家轉軌便必然要面對新的問題：政黨國家試圖維持的理念獨在性、主義純樸性、制度既定性及日常生活模式單一性，完全處在一個千方百計盡力維持卻事與願違的狀態中。這個時候，國家權力面對多元社會，深感社會控制難度的空前加強，深感社會邏輯與權力想像南轅北轍，深感自己高度偏愛的秩序處於收到全面挑戰局面的嚴峻。於是，國家權力會斷定，這種高度欠穩定的社會，是一個必予控制的社會。國家與社會的積極互動也好，消極互動也罷，便驟然成為國家運行的核心問題。一元化的政黨國家，面對多元化的社會，便會遭遇究竟是國家重新控制社會，還是順應社會變遷改變國家控制社會方式的政治決斷。恰在此時，政黨國家需要處理一個自己完全陌生的、國家中立性轉變的政治命題。

曾經被古典帝國和政黨國家試圖全方位控制的社會，開始不再接受國家簡單而直接的控制。雖然國家還在竭心盡力地嘗試各種自以為能夠重新控制社會的方法，只不過都只是花樣翻新的控制方式，其績效嚴重衰變，而衰變的周期亦愈來愈短。在社會抵抗國家控制，而國家總想竭力重新控制社會的拉鋸戰中，政黨國家那種將政黨意識形態和基本價值施加給社會，以粗暴的方式強控社會的制度取向，以塑造扁平化的機械服從社會為目的控制目標，很難坐實。政黨國家典型的偏執而非通融的控制方略，必然受到全方位衝擊。

這種衝擊從兩個方向同時出現：一個方向是以政黨國家本身為針對的，另一個方向是以社會秩序為針對的。從前者看，政黨國家原本想從價值觀念、制度安排和日常生活上，提供全方位的強控性秩序：以共產主義為價值信念塑造無產階級革命事業的接班人，以社會主義制度體系塑造所有制度機制，以向善性、崇高性塑造公民的日常生活模式。但一個多元的社會，不再信奉單一的共產主義價值，也不再尊崇國家給定的剛性制度規則，至於國家強行推廣的日常生活模式，不僅接受者甚少，且嘲笑者居多。從後者看，社會矛盾之尖銳，簡直就將所有試圖控制住社會的權力想像視為笑料。新興的中國社會，社會結構性矛盾，尤其是城鄉矛盾極為突出。社會運行的機制不再受政黨國家控制，受控社會與自主社會兩種機制並存，交錯發揮作用，不僅國家權力部門會在採取部門間不一致的控制手段，引發新的矛盾，而且基於人們對市場的適應性衝突，公民個人之間，階級、階層、集團、社群之間的矛盾，層出不窮。社會利益的日益分化，滿足利益的狀態日益不同，自由流動和向上流動的互相限制，使社會處於一個嚴重失序的狀態。[11]

出現國家與社會的錯位運行和尖銳矛盾，追根溯源，一方面是因為政黨國家不斷地想全方位控制局面，並且以各式各樣、陳舊的政治命令和行政命令試圖實現這一控制結果。但隨着舊的控制體系軟化為維權控制機制，[12]政黨國家所發出的控制命令，愈來愈軟化，績效愈來愈走低，愈來愈遭到社會的抵抗。[13]另一方面則是因為政黨國家對多元社會採取一元的控制方式，必定會陷於控制和命令與社會錯位的境地，陷入失去控制和命令得不到執行的悖謬。加之政黨國家從政黨的道德高位施加給整個社會以崇高和偉大的人生，逐漸使公民普遍產生審美疲勞，讓人們並不採取直接反抗但卻以消極漠視的方式對之冷處理。[14]

在這種處境中，政黨國家中執掌國家所有權力的政黨，是不是需要、又能不能夠寸步不讓地堅持全方位高壓控制社會的既定治國模式呢？政黨國家權力的一方，主觀上是需要被控制的，但實際的可能性極低。最好的解決辦法是什麼呢？就是政黨國家改變那種全方位高壓控制社會的方略，向多元社會讓渡其不由分說從社會領域奪取並強行控制在手中的多餘權力，以較為中立的方式，提供各種價值觀念競爭的寬鬆空間，以巧妙的方式傳播國家價值，而不是強制推行某一剛性的意識形態化的價值觀念。同時，國家致力提供合法、公正、公平和公開的制度遊戲規則，讓社會領域中每一個公民、每一個團體，自由地參與或退出具體的遊戲活動，從而建構一個立於「憲法愛國主義」的寬廣政治平台，消弭因政治分歧引發的社會衝突、社會裂變和社會解體危險。國家將公民日常生活的快適感還給公民個人和公民組織，讓他們在私人生活空間中自主地判斷什麼是幸福和美好的生活。

國家中立性問題，便在國家與社會錯位運行，及如何有效解決這種錯位運行的探索中，突顯出來。國家的中立性問題，是一個關乎現代國家特質的重大問題。就現代國家而言，對國家是否有必要中立的問題，回答大不相同，即使對設計立憲民主政體的政治理論家來說，也判然不同。主張國家中立的一方認為，立憲民主政體必須借助形式證成的方式，才能將國家正當化。這種中立性國家值得嚮往，原因在於：

第一，我們可以主張，實際上不存在選擇生活方式的理性基礎。有關善的主張是個人的和難以糾正的。國家中立是令人想望的，因為它是對這種事態唯一非專斷的回應。第二，我們可以主張，即便可以獲得關於美好生活的知識，國家將這種知識強加於其公民，這也是對個人自由這種最高價值的侵犯。當然，當個人自由地選擇追求善時，就會產生最好的結果。但是，自由地選擇錯誤比被迫地追求善更可取。中立性是正當的，因為它是自由對善的這種優先性的實踐表達。[15]

不同意從中立性角度證成立憲民主國家的人，認為同樣形態的國家是可以依循實質性方式證成的。「它首先論證以獨特的自由主義德性和目標或（正如我們所說的）資產階級德性和目標為特徵的生活方式的價值。根據這種觀點，自由主義國家之所以正當，是因為它被設計來培養自由主義德性，允許最大限度地實踐這些德性，並且盡可能地允許不受妨礙地追求自由主義目標。」[16] 可見，支持立憲民主政體的政治學家在中立性國家是否可期待和可行上，存在重大分歧。

中立性國家的論證，是一種典型的現代政治哲學論證。反對中立性國家的論證，是一種明確繼承亞里斯多德德性倫理傳統的政治哲學論證。[17] 如果說前述兩方都支持立憲民主政體，由此存在高度一致性的話，那麼在他們雙方外，就存在一種反對立憲民主政體、拒斥中立性國家的強勢主張。

在這些人中最為引人矚目的，就是卡爾・施密特。它對國家中立性的明確批判和拒斥，顛覆了它意欲為立憲民主政體辯護的圖謀。卡爾・施密特將政治的特性確立為敵友之辨。他強調，「所有政治活動和政治動機所能歸結成的具體政治性劃分便是朋友與敵人的劃分。這就提出了一個合乎規範的定義，它既非一個包覽無遺的定義，也非一個描述實質內容的定義。既然朋友與敵人的對立面不是從其他任何標準中推演出來的，所以這一對立面便符合其他幾類對立面中那種相對獨立的標準：比如道德領域的善與惡，審美領域的美與醜，等等。」[18] 基於這一斷論，卡爾・施密特自然對漠視敵友關係，重視國家管理職能的中立性國家予以拒斥。他認為，「國家的內政中立化」其實還沒有完全逃脫辨認敵我的政治特性。

歸根結底，這一原則必然導致對所有可想像的觀點和問題採取一種普遍的中立態度，導致一種絕對的同等對待。比方說，宗教思想家不可以得到比無神論者更多的保護，有民族情感的人不可以得到比民族的敵人和蔑視者更多的保護。由此得出任何一種宣傳的絕對自由，無論是宗教的還是反宗教的，民族的還是反民族的；得出對「持不同政見者」的絕對「諒解」，哪怕他們譏嘲風俗道德、削弱國家的形式、為外國效勞而進行宣傳鼓動。這種「中立化國家」是不再區分任何東西、相對主義、出自不可知論的中立態度，是空洞的或者受限於最低限度的實質規定的國家。由於「經濟自由的國家和無國家干預的經濟的虛構」（F. Lenz 語），「中立化國家」的憲法在不干預（經濟自由和契約自由）的意義上尤其對於經濟是中立的。不過，這種國家畢竟還是政治的，因為它至少可以想見還有一個敵人，即不相信這種精神上的中立的敵人。[19]

正是因為如此，卡爾·施密特明確反對中立性國家，認為凡是致力建構工具性國家，將國家定位在司法型國家、政府型國家、管理型國家的位置上，而拒斥立法型國家的定位，都會陷入一個尋求建國但卻顛覆國家的反諷狀態。在它看來，像德國這類的國家，需要建立的是議會立法型國家。「立法型國家是一種由規範化來支配的國家體制，這些規範是非人格的、因而是普遍的，是事先規定的、因而是出於持久考慮的，是針對可測定和可規定的內容制定出來的。在這一體制中，法律與執法、立法者與執法當局彼此分離。『實行統治的是法律』，而不是人、權威或者當權者。更精確地說，法律並不實行統治，它們僅僅作為規範生效。統治和單純的權勢根本不復存在，行使權勢和統治的人，『根據一項法律』或者『以法律的名義』行事。」[20] 卡爾·施密特對兩種國家類型即議會立法型國家與中立性國家的區分，是以國家如何可以實現法治為軸心的。不過，立法型國家更為重視人治與法治的分流，更突顯立法—行政—司法對法律責任的擔當，更強調國家的合法性源於法治的國家體制，不像司法性國家般過於重視法官的作用，或如政府型國家般過於重視國家元首的個人意志和權威，或如管理型國家般過於重視管理的既定程式。[21] 後者明顯弱化了國家法律的至上權威性。

在這裏，卡爾·施密特力圖將現代國家建立規則的權力分割制衡的法治原則，安置到決定國家命運的高位上，從而突顯德國這類國家建構現代立憲民主政體並得以確立這一體制的決定性作用。其實，卡爾·施密特這區分的支持理由是不足的。首先是因為他以不同的標準對四類國家進行區分。立法型國家是在建國的意義上確立的國家形態，而其他三種國家是在運作的特徵上劃分的國家形態。後三類國家的建國，焉知在建國之際不需確認至上的法律權威？須知，所有現代國家都要試圖確立立憲民主政體的穩定機制，在建國之際確立法律主治的元規則，乃是一個建構穩定國家機制的前提條件。如果把四類國家放到建國的同一個層面上看，他的區分就不成立。其次，他忽視了這四種國家類型的共性。立法型國家固然重視建國時法律權威的突顯，但其他三類國家在建國時也絕對重視法律的至上權威，否則，它們就不可能成為法律主治的國家。這是卡爾·施密特未曾重視的現代國家共性。因此，當人們發現，四類國家都在建國後面臨國家運行機制建設的時候，都會遭遇他指責的後三類國家的運作安排問題。再者，卡爾·施密特在刻意區分立法型國家與其他三類國家的本質特徵時，其實沒有深入理解中立性國家的含義。中立性國家，並不針對國家建立憲政規則、分權體制時的絕對中立，而是針對國家的基本價值與基本規則的確立，如何對各種完備的宗教、哲學與道德學說保持一種中立。這種中立，不是不為國家提供基本價值與基本制度的支援。相反，國家的基本價值與基本制度必須建立在理性而多元的完備性學說基礎上，據此形成建國的重疊共識、權利優先和公共理性原則，從而將道德和法律標示的正當性作為國家治理的依託，而不再將得到理性的、完備性的宗教、哲學與道德學說支撐的善，作為國家存續和運作的前提條件。這是一種理性的多元論，而不是簡單的多元論。因此，它足以支持公平正義基點上的立憲民主政體建構。[22] 這也是其他反對中立性國家的論者沒有釐清的地方。

中立性國家在建國的時候，必須得到理性多元的完備性宗教、哲學與道德學說的支持，因此它具有最深厚的價值根基。但同時，中立性國家不能將國家的善性紮根在某種具體的完備性宗教、哲學與道德學說土壤中。中立性國家的建構，一方面確立了它可靠的背景文化條件；另一方面建立起合作型政治而非對抗性政治的國家結構。這樣，國家的治理才能進入一個大家所認可的程式化狀態，實現國家的善治。假如一個國家在建立其基本價值、基本制度的時候，僅僅依賴多元文化中某一種排斥性的完備宗教、哲學與道德學說，它勢必對其他完備的宗教、哲學與道德學說採取一種居高臨下的統治姿態，就此引發支持不同完備性宗教、哲學與道德學說的人群間的對抗，國家根本就無從建構穩定的、基於合作的立憲民主政體。這正是魏瑪共和國未能解決的建國難題，也是卡爾·施密特將國家建構的焦點落在基本規則的形成上面，而忽視國家日常運作安排的深沉原因。

借由國家中立性爭辯的簡略分析可以發現，中國在確立起現代建國原則後，如何走向一個國家的現代治理境地，已經成為影響國家前途與命運的重大問題。對當代中國而言，建國的基本價值與基本制度安排，在建國之際，已經確認：人民主權原則，是中華人民共和國建國的基本原則；重視人民的自由、平等權利，是國家秉持的基本價值；滿足人民物質文化生活日益高漲的需要，是國家運作的基本目的。國家面臨的嚴峻局面，是如何坐實這些建國之際確立的基本價值與目標，而不是重重疊疊地不斷施加給人民以新的價值理念和制度規則。中華人民共和國確立的基本價值與制度規則的現代性特質，是完整無缺的。但實現這些基本價值和制度安排的方式則有待商榷的。因為，長期以來，與中國國民黨一樣的「以黨治國」理念及其相應的制度運作方式，將人民主權懸置為抽象的國家理念，將民有、民治與民享改變成為代理者權力，結果塑造了國家與社會嚴重疏離甚至是對立的局面。

中國改革開放，就是要改變國家的結構規定性與國家的運作目的性之間的衝突狀態。面對一個多元社會，中國的國家權力代理者，不能以完全沒有商議餘地的強硬姿態，將自己的價值偏好、制度取向和管理方式，強加給社會，否則，國家不可能得到良善的治理不說，相反，國家運行在權力的謀劃與權利的欲求直接衝突的平台上，國家治理勢必難以預期，危機亦會不斷浮現。改革開放的中國，成為一個國家權力不得不以市場經濟的方式滿足社會物欲要求的國家，進而國家權力不得不承諾社會公眾的多元分化，因此國家只能兜住正當的底線，而無法強行將所有公民提升到全面而自由發展的最高境界的現實主義國家。另外，國家權力還不得不承認，它只有建立起公平公正的法治程式，才得以成為公平遊戲規則的維護者，成為必要的國家控制手段，否則，國家就會喪失公民願意承諾的控制權，且讓社會陷入無政府的可怕深淵。

## 三、中立性國家與社會穩定

中國的以黨治國，走上改革開放的道路，獲得了經濟迅速發展的矚目效果。但政黨國家控制體系的僵化、懼變，已經使國家治理演變成控制與反控制、命令與反命令的對峙。國家與社會的關係，形成了一種控制變成失控、命令變成抵抗的不同邏輯各自作用的危險機制。這就是中國社會群體性反抗事件為什麼愈來愈多，而領導工作的開展愈來愈辛苦的緣由。國家權力致力維穩，其實就是維護權力既得利益的國家治理方式。而公民一心嚮往的維權，其實就是公民基於自保和互保的現代建國邏輯，對國家提出的回歸自由、民主與法治的要求。當人們正視「維權是維穩的基礎，維穩的實質是維權」[23]的國家運行邏輯時，曾經互不交疊、相互漠然的權力邏輯與權利訴求，便能重合起來，並促使人們去尋求規範權力、坐實權利的現代國家治理體系。

如前所述，隨改革開放興起的社會，與政黨國家既定的權力運作邏輯，出現了明顯分化和對峙。在一段長時期間，國家權力的維穩邏輯僅僅着眼於掌控權力機制的自我維持目的；而公民利益的維權邏輯，則是基於國家無條件維護公民權利的規範理由。公民的維權，自然不符合國家權力極力維穩的意願。因為，基於權利自我維護的公民訴求，一旦在國家權力漠視公民權利願望的時候發生，就必定是一種法外展開的行動，起碼是一種在行政規則之外實施的行為。這與國家權力一心維持的「安定」意願，恰相反對。對一個居於道德高位的政黨國家體制而言，它從來不會想像一個與自己道德意欲不一致的社會的存在，更不會預想到一個與自己道德期許大相徑庭的社會的存在與自己分庭抗禮。在一種政治詫異中，政黨國家必須適應它與社會分流的新形勢。但這種適應談何容易。從一九八〇年代後期肇始的國家與社會顯著分流，國家權力對之的反應，幾乎都是不容商議的強力控制。這是中國維穩經費超過軍費最重要的肇因。只是到了國家權力確實難以承受這樣的經濟重負，同時也難以承受這樣的社會壓力，並難以承受政黨國家之政黨內部的政治分歧的時候，國家權力才開始啟動前述國家治理方式的反思。這時，社會的權利空間才能得到一個相對寬鬆的政治對待。

對中國這樣的政黨國家而言，多元社會的興起與一元權力的衰落，是一個相互寫照的過程。這對長期絕無對手、亦無競爭的國家權力來說，是一個極不容易直面的政治處境。同時，這對一個缺乏自主性的社會而言，同樣是一個艱難的再組織過程。失落的、或是說需要重新規範的政黨國家權力，很容易回望曾經的權力輝煌，迷執強勢權力的高壓控制。因此，它採取壓制社會成長的手段來控制社會，並不是令人意外的事情。而缺乏自主、自治、自律傳統的公民，維護自己權利的理性方式一時之間也難以到場，他們也會採取自己在橫暴權力統治下習以為常的對抗思維、敵對行動。因此，一個覺醒中的社會，有一種訴諸無政府主義的天然傾向。在這樣的情形中，面對多元社會的新局面，國家權力不知道該如何下手管理社會；而反過來說，面對一個試圖調適的國家權力，社會也不知道如何與政黨和國家權力打交道。長期習慣了國家權力通吃的社會，社會全面由國家擔保的政黨國家，一時之間陷入官民無手足所措的狀態。

從規範的現代國家總體結構上說，黨政機構和民眾應該分流而為。從制度上安排與運作機制上說，政黨國家權力應當回歸到法律之下，民眾在守法、守規的情況下高度自治。

問題在於，當國家習慣強力控制，並且因此形成了一種政治定勢和心理習性，它就是想退到法律之下行動，也很難發現適宜的退出方式。對政黨國家的權力一方來說，當其退出全方位控制社會的速度太快的時候，不僅它長期使用權力強行控制的社會有可能會陷入紊亂，它自身也會陷入舊規則失守、新規則空缺的秩序供給缺損狀態。當代中國被廣為詬病的黨政機關缺位，就是這樣出現的。對於社會一方來說，民眾如何劃分公私界限，弄清楚他們尋求自治的公共權力基礎，確立他們自治的私人領域邊界，互相尊重不同人等和不同組織的生活習性、制度訴求和價值偏好，而克服來自權力規訓形成的不寬容心理，是他們真正能夠自主、自治與自律的前提條件。這需要一個漫長的過程，才能形成現代社會習性及具備的現代社會素養。

從組成國家的主體成員來看，黨政機構及其從業人員，基於長期處在「個人服從組織、下級服從上級、少數服從多數、全黨服從中央」的受迫狀態，[24] 來自政黨國家權力中樞對全黨、全國的直接領導與指揮，更是構成龐大的政黨機器和國家機構順暢運轉的根本條件，於是，只要權力中樞發出指令，全黨全國的權力機構就能高速運轉起來；一旦權力中樞發出的指令不夠及時、準確和到位，全國權力體系的運轉就不太通暢，績效亦會缺乏基本的保障。權力體系的運轉存在的這種機械性、僵化性、低效性，要應對一個高度分化和靈活的多元社會訴求，其難度之大可想而知。另一方面，就普通民眾而言，他們具有的兩種對立性的社會身份，也不太容易有效地整合，相應也就很難迅速投入自治行動過程：第一種身份，是在國家全面控制社會的時候，做老實巴交的臣民，頭腦不用來考慮問題，僅僅接受指令；另一種身份是，當社會資源匱乏，權力分配令人不滿，在「是可忍孰不可忍」的時候，成為越軌、越界，罔顧法紀的暴民。在國家治理過程中，具體的行為主體若是這樣的兩種存在形式，是很難啟動國家與公民積極互動的現代化治理進程的。

因此，國家控制與社會自治之間的拉鋸戰，便由此拉開帷幕。國家對社會的控制，當然不只是一種不容商議的高壓鎮治。在中國，國家控制社會的方式，恰恰由兩個似乎悖反的舉動，構成一個極為矛盾的結構：一方面，政黨國家權力試圖通過盡量佔有資源，極力滿足社會的一切需要，籠絡性地控制社會。另一方面，對社會自主、自治與自律的慾望，設法控制，試圖達到一種由國家給定社會慾望的壓制性可控狀態。一旦社會提出任何在國家權力想像之外的要求，國家便會全力撲滅這樣的星火之想，以免它成為脫離國家控制的燎原之火。[25] 國家全力滿足社會的要求，當然是一種基於國家想像的、擬議式的社會要求。國家從來不可能滿足一個多元社會的繁雜要求，這完全超出國家的能力所及範圍。同時，即使政黨國家控制的資源非常豐厚，它要想滿足社會猛烈膨脹的慾望，也只能落得杯水車薪的結局。加之國家權力滿足社會慾望，始終是在社會表現出的慾望訴求後，一種跟進型的滿足。因此，國家在滿足社會的前一個慾望後，便勢必面臨新升騰起來的更高慾望，國家只好疲於奔命，跟隨在社會的後面，身心俱疲地查漏補缺。在這樣的處境中，國家給社會的，社會不一定滿意；社會要國家供給的，國家可能完全無法提供。雙方由此產生對對方的強烈不滿，合作的空間驟然縮小，相互理解的可能性亦急遽下降。

在社會一方，基於長期依靠國家權力的恩賜，它也陷入兩難的處境：一方面，社會不斷提出的要求，國家一直無法充分滿足，社會對國家權力因而失望，由來已久。在社會對國家的不斷失望乃至於絕望中，塑造了社會對國家的不信任且難以改觀的局面。今天中國社會表現出的權力冷漠、權力疑慮，就是一個很好的證明。同時，社會呈現的仇官心理，也從一個側面證明了對權力失望之後的強烈不滿。再者，社會公眾表現出的恃強凌弱，也體現出它模仿權力強力管控社會的自我保護心態，這是對權力不信任的畸形表現。最後，中國社會流行的暴力化自我救濟，與解決公民間衝突的暴力型手段趨同，也從政治學理論上印證了缺乏公正的國家權力，公民陷入叢林規則的原理。但另一方面，中國民眾又總是對國家權力寄予很高的希望，不斷的失望，甚至是可怕的絕望，孕育出對權力更為強烈的渴求。面對頻繁出現的各種社會問題，人們總質問政府為什麼不有所作為。這樣的質問，其實預設了國家是一個全能政府。與此同時，無論是公民個人的事務，或是公眾的公共事務，人們總是期望由政府一手包辦。因此，那些本應由公民個人承擔起來的責任，也就順勢推給了政府。一個全無責任感、義務感、互助感的社會，讓一個大包大攬的國家承受不起。社會在加速墮落，國家在加速衰敗，兩者共同構成了一個極不健康的國家—社會聯動機制。[26]

基於國家與社會的相互猜疑、互不信任，國家與社會亦各自萌發的甩掉或控制對方的強烈慾望，造成中國社會的高度不穩定。社會高度不穩定的肇因很多，就中國國家內部因素而言，經濟發展的不平衡、貧富差距的急遽擴大、錢權勾結腐敗叢生、民生問題得不到解決、改革舉措的嚴重滯後、政府均衡發展能力的低下，都是導致社會不穩定的直接原因。就國際環境而論，中國的崛起，造成西方發達國家對中國的警惕，而周邊小國對中國崛起的緊張，就更溢於言表，進而加劇中國的緊張感，也加劇了中國社會內部調適的張力。而對中國社會不穩定帶來決定性影響的，還是國家權力對社會成長的剛性控制。這樣的控制機制，造成社會的強烈反彈，進一步引發自負的國家權力對社會加強控制的剛性維穩舉措，[27] 結果，國家的不穩定因素未能有效化解，相反，國家可能走向更加動盪的局面。

為了有效解決中國社會的穩定問題，必須首先有效解決中國的國家—社會關係問題。說到底，中國的一切問題根源，都在於國家的全方位、剛性化控制。國家必須讓渡使社會趨於安寧的必要空間，才足以讓社會與國家理性互動，讓公民經由積極的互動形成互助的社會理念；讓國家集中精力處理重要的公共事務，以確立國家的權威。換言之，走出政黨國家全面控制社會的陳舊局面，走向一個國家與社會健康互動的嶄新格局，是中國真正成為穩定有序的現代國家必須建構的國家總體框架。而其中尤為關鍵的問題，就是讓國家不再偏執自己所喜好的價值理念、制度安排和生活模式，以較為中立的國家形態建構，成就一個長治久安的國家整體機制。

在中國現行體制中，經由改革的和平漸進方式，建構起中立性國家，有其顯在的必要性與重要性。由於政黨國家是一個絕不容忍不同意識形態競爭性存在的國家，因此，國家在精神生活領域，總是傾向於社會公眾無條件接受和實行它偏愛的意識形態或價值理念。這就勢必造成一種令整個國家價值偏執的僵化局面。整個國家的精神生活單調、乏味，缺乏必要的靈活性，缺乏有效的思想市場，缺乏競爭性的思維，缺乏動態的觀念變遷，就此形成一種精神生活的強力壓制局面。這樣的國家，不僅無法與世界上的先進國家競爭，而且自身也愈來愈陷入政治意識形態僵化所導致的精神呆滯，成為國家無法持續發展的精神導因。以思想市場的開放，激發國家的精神活力，對中國的崛起和持續的發展，具有不言而喻的積極作用。與此同時，中國的改革開放，已經讓國人有了開闊的世界視野、人類胸懷，也讓國人嘗到了改革陳舊制度、適應新的制度、尋求制度創新的甜頭。因此，人們不再因循守舊，滿足那種「向回看」的自戀式制度比較。正是因為如此，國家試圖獨佔制度設計、制度詮釋、制度安排、制度評估的特權，陷入事與願違的窘境。國家必須以積極回應社會的制度創新訴求，來證明國家權力的合法性。為此，國家富有勇氣和智慧地開放制度創新空間，促使公民與國家積極互動，成為國家持續發展的必須動力。至於國家想當然地為社會提供一個為自己喜好的生活模式，就更是一種天真幻想。多元社會，是一個將一切神秘和高尚的東西驅入私人生活領域，而讓「理性祛除巫魅」的社會形式。因此，國家幻想施加給社會一個單一且完整的生活模式，幾乎是癡人説夢，國家不能不讓公民們自由、合法、合理、合情地去表現自己的生活情趣，從而催生一個多姿多彩的現代社會。

這種中立性國家的建構，不旨在重建國家。因為它不涉及國家基本價值與基本制度的重新決斷。中華人民共和國成立之際，國家已經應許人民主權原則和民主治理機制。只不過因為在立國後，國家懸置了立國的契約，將屬於人民的主權收歸政黨行使，將屬於人民的治權集中到國家手中，因此未能坐實立國時訂立的社會——國家契約。建立中立性國家，不過是還原中華人民共和國原初設計的政治工程，並在還原國家原初設計的基礎上，因應於時代變遷，對國家的結構進行適時的調整。這不是國家革命，而是國家改良。因此，掌握國家權力的個人與組織，應當開懷擁抱這樣的改良，而不是頑固拒斥這樣的改變。這需要國家領導人和領導集團，重懷共和建國之父孫中山的國家信念，「世界潮流，浩浩蕩蕩，順之則昌、逆之則亡。」[28]從而深懷一種「與時俱進」的理念，主動推進全面深入的改革，促使國家面貌煥然一新。

在當下中國建構中立性國家，除開國家觀念的適時調整外，涉及到國家運行機制方面的調整，也必須全方位展開。首先，中國必須從一個無比剛性的黨治國家，轉變為柔性的法治國家。這一轉變，關鍵的一步，就是執政黨讓渡獨佔的意識形態空間，讓渡自己的剛性制度主張，讓渡公民生活的日常權利。這三個讓渡，促使國家不再直接提倡善的理念，不再強行推銷某一種剛性的制度規則，不再直接告訴公民非如此生活不可的方案。讓整個國家在政治上秉行中立性原則，構造中立性框架，從而為國家注入民主與法治的活力，使中華人民共和國建國之際承諾的立憲民主政體真正挺立起來。

中立性國家的建構，需要形成重疊共識（overlapping consensus），確立正當優先於善（rights prior to the good）的原則，具有公共理性（public reason）。這當然是一種強勢版的中立性國家主張。因為它將源自但疏離各種完備性的宗教、哲學與道德學說的政治共識，作為立憲民主政體的基石。唯有這樣的理念，才能形成一種為所有完備性學說都能接受的共識，卻不受這些完備性學說制約。因此，一種體現出寬容特質的立憲民主政體就可以浮現出來。這是一種多元論主張，是一種理性多元社會得以鞏固的政治自由主義理念。[29]中立性國家建立在正當優先於善的基礎上。正當優先於善，亦是權利優先於善，兩者皆通。「權利的優先性意味着（在其普遍意義上），已使用的善理念必須是政治的理念，以致我們無需仰賴於完備性善觀念。其次，權利的優先性意味着（在其特特殊意義上），正義原則給那些可允許的生活方式設定了各種界限，即它使公民對各種僭越這些界限的目的和追求成為毫無價值的事情。權利的優先性使正義原則在公民的慎思中具有一種嚴格的在先性，並限制着他們推進某些生活方式的自由。它刻畫出公平正義的結構與內容的獨特特徵，和它視之為慎思之正當理由的基本特徵。」[30]顯然，這是一種免於將先在的善，作為公民措置權利（正當）的預設條件，這對多元社會實現公平正義的立憲民主政體建構是必要的。重疊共識與正當優先於善的理念，與公共理性的理念緊密聯繫在一起。只有尊重公共理性的權勢人物和公民，才能達成並信守立憲民主的政治規則。「公共理性是一個民主國家的基本特徵。它是公民的理性，是那些共用平等公民身份的人的理性。他們的理性目標是公共善，此乃政治正義觀念對社會之基本制度結構的要求所在，也是這些制度所服務的目標和目的所在。」[31] 這三種主要觀念，是基於公平正義的立憲民主政體得到認知和理解的基礎性觀念。很顯然，這三種觀念中的任意一個，都不能被理解為一種脫離理性的完備性宗教、哲學與道德學說而橫空出世的理念，因此，它並不是一種為卡爾・施密特以及其他反駁中立性國家的學者所理解的完全形式化與等距化的抽象存在。他們完全內在於各種理性的完備性學說，但又不囿於這些完備性學說的主張，他們旨在突顯的是公民都能夠接受的立憲民主的政治理念，而不是一種堅守自己所承繼和信守的完備性學說的原教旨主張。這是一切國家能夠穩定地建立起立憲民主政體，化解不相容的完備性學說之引發的政治對立的底線理念。

中立性國家能體現出國家的超然性。這樣的國家好比是如來佛的手掌，可以隨眾多孫悟空在其上自由跳躍、縱橫翻飛。這是立憲民主政體之超越源於怨恨、固化仇恨、你死我活的非立憲政制最重要的緣由。中國的當下國家形態是不超然的。它具有偏執地施加其價值信念、制度規則和生活模式給全社會的特點。執政黨要求的、那種立於人類最高願景的善觀念，就其改造人性、臻於完美的意圖倫理來說，絕對值得讚賞。但是，人不是神，人生活在現實之中，而不是活在虛幻的理想世界。因此，即使國家要提倡和強推這樣的善觀念，也需要針對人的生活處境、實際遭遇、現實追求來展開。更為關鍵的是，這樣的善觀念，僅僅應當是那些志存高遠的個人與群體秉行的觀念，國家不能強行將所有人都硬生生提高到最高境界，它得對那些謀求生存、志向不高、安於現狀、拒斥政治的人，提供寬鬆的政治空間。否則，這樣的國家，就只能成為一個道德專制的國家。而共和國建制的中華人民共和國，顯然不能成為一個道德專制的國家。那樣它會喪失國家權力的人民性，失去國家綿延的基本理由。而且國家還必須承認，哪怕是志存高遠的人群內部，也會有境界高低之別。對這些同質性程度甚高的人群，也還需要分別對待，寬容相處。執政黨必須理智地承認，它吸納的八千萬黨員，思想境界高低之差十分懸殊，其中只有極少數人能真正做到胸懷祖國，放眼世界，摒棄雜念，放棄自我，一心為公。大多數黨員，也不過是滿足生存需要基礎上謀求發展而加入政黨組織的。[32] 為此，政黨組織也不能站在高位，將其悉數清除出黨。執政黨對自身成員的寬容，是其對社會寬容的組織前提。試圖將整個政黨成員，進而將所有國家成員整合進單一的政黨國家意識形態之中，絕對是徒勞無功，自毀前程。將政黨成員和國家成員安於立憲民主的政治平台上，促使他們信守法律規則，才是治黨與治國並舉之選。

由於執政黨成員和公民都生活在多元互競的現實社會中，因此，執政黨拒絕政黨意識形態的多元化，以政黨紀律整合成員觀念與行為，成為組織內部的重要事務。至於這樣的整合是否收到預期的效果，純粹是一個組織的內部事務，成敗都由組織自身承擔。但在國家層面，政黨意識形態早已經無法有效整合公民的政治想像、社會想像和私人願望。多元化的國家意識形態是中國國家建構面臨的新局面：政黨是面對組織成員的，國家是面對整個社會的，政治組織的紀律整合邏輯與芸芸眾生的社會世相相去何止千里。政黨的組織邏輯與國家的法治邏輯，絕對不是一個邏輯：前一個邏輯是政治邏輯，後一個邏輯是社會邏輯；前者是權力力量的邏輯，後面是權利利益的邏輯；因而一個可能是高尚的，一個可能是鄙俗的。在高尚與鄙俗之間踩翹翹板，就成為國家與社會之間巧妙平衡的治國要務。倘若一方取得壓倒另一方的優勢，整個國家就會陷入危機狀態。

中立性國家特別強調制度間的相互博弈，共存共榮，良性競爭，優勢互補。在中國特色的社會主義制度與發達國家的新資本主義之間，主義的競爭需要理性對待，而保持一種主義間理性的對話空間和制度借鑒的靈活性，使社會主義與資本主義制度共同成為創新更高水準制度的現實平台。思想市場的大門絕對不能關閉，這是國家思想活力之源。而在各種制度競爭之間，除了國家基本制度的競爭外，地方層面的制度要盡量多元化。國家保持中立，就得在國家具體制度選擇上保持靈活。只有在這樣一種情形中，國家才能讓渡社會空間，使讓社會自主和自治。因為，只有在中立性國家中，才會存在組織化的社會。而高度集中權力的政黨國家，是沒有組織化社會存在的餘地的。

在這個意義上，要建立一個健全的國家結構，必須以國家的中立性為導向，建構國家與社會討價還價的機制。在國家權力得到規範的條件下，在社會的微觀自律得到保障的情況下，中立性國家便可以讓社會免於焦躁、免於對峙，喜歡妥協、喜歡談判，尋求合作、維護共識。這個時候，社會的政治秩序不僅得到充分保障，社會的人心秩序也就此塑成。社會不僅不會出現顛覆國家秩序的衝動，或大規模的動亂，更是沒有落地之機會。就此，社會也完全沒有必要跟國家對抗，而人民也能身處寧靜祥和的社會景象。

## 註釋

1 參見張維迎：〈理解中國經濟改革〉，載張維迎主編：《中國改革三十年：十位經濟學家的思考》，上海：上海人民出版社，2008，第10–16頁。

2 陸學藝等主編：《中國社會發展報告》，瀋陽：遼寧人民出版社，1991，第10–11頁。

3 陸學藝等主編：《中國社會發展報告》，第10頁。

4 參見鄭信哲等主編：《民族主義思潮與國族建構——清末民初中國多民族互動及其影響》，第1章〈從「五方之民」到中華民族〉，北京：社會科學文獻出版社，2014，第11頁及以下。

5 《六韜・文韜・文師》。

6 近來學界有人致力開發儒家憲政主義的思想資源，是呈現中國古代政治傳統複雜性的一種嘗試。但這樣的嘗試，不應成為遮蔽皇權專制的化約性話語。參見姚中秋：《儒家憲政主義傳統》，第1篇〈「儒家事業」初論：基於分期的視角〉，北京：中國政法大學出版社，2013，第20頁及以下。

7 有論者以「天下為公」和「天下為家」的相對範疇，來論述中國古代政治的理想結構與實際結構。這是一種符合中國古代複雜政治結構特性的論述嘗試。參見邢義田：《天下一家：皇帝、官僚與社會》，第1篇〈中國皇帝制度的建立與發展〉，第2節「天下為家」，北京：中華書局，2011，第14–18頁。

8 【美】斯科特・戈登著，應奇等譯：《控制國家——從古代雅典到今天的憲政史》，南京：江蘇人民出版社，2005，第451頁。

9 邢義田：《天下一家：皇帝、官僚與社會》，第51頁。

10 參見畢英賢主編：《蘇聯》，〈總論〉，第8節「從赫魯雪夫到戈巴契夫」，台北：台灣政治大學國際關係研究中心，1989，第37頁及以下。

11 參見陸學藝等主編：《中國社會發展報告》，第4章〈社會轉型時期存在的問題〉，第49–68頁。

12 參見【美】Andrew J. Nathan（黎安友）著，何大明譯：《從極權統治到韌性威權：中國政治變遷之路》，第1講〈中國未來可能的道路：美國學界的爭辯〉，第5節「具有韌性的維威權主義：在變化中調適的中共政權」，台北：巨流圖書公司，2007，第10–12頁。黎安友的這一分析，有其局限，但挪用來理解中國政治發生的某些轉變，有一定道理。

13 中國社會近年流行的中央「政令不出中南海」，從一個側面反映了國家權威的流逝現狀。參見譚雄偉：〈為什麼「中央政令有時出不了中南海」〉，載《中國青年報》2005年11月17日。而「上有政策，下有對策」的説法，也呈現出曾經高度權威的上級政策喪失了過去的權威性。參見：〈習近平：決不允許「上有政策、下有對策」〉，http://news.xinhuanet.com/politics/2013-01/22/c_114460744.htm（瀏覽日期：2014年7月16日）。社會維權運動的此起彼伏，則證明社會按照自己的邏輯對權力提出要求，政黨國家的權力不再立於社會的前方引導或指示社會前行的方向。參見於建嶸：《抗爭性政治：中國政治社會學基本問題》，第2章〈集體行動與維權抗爭〉，北京：人民出版社，2010，第51頁及以下。

14 近期，中國官方大力提倡學習雷鋒，民間的反應是，「你們」先學習焦裕祿，「我們」就學習雷鋒。這樣的錯位，不能被解讀為民間對官方的反叛，卻可以被解讀為民間與官方的明顯疏離。

15 【美】威廉・高爾斯頓：〈自由主義與中立國家〉，載應奇等編：《自由主義中立性及其批評者》，南京：江蘇人民出版社，2007，第131頁。在當代政治哲學家中，約翰・羅爾斯、布魯斯・艾克曼、羅奈爾得・德沃金，是持國家中立性這種形式性證成自由主義國家的著名代表。

16 威廉·高爾斯頓：〈自由主義與中立國家〉，載應奇等編：《自由主義中立性及其批評者》，第129頁。

17 論者明確指出，對立憲民主國家、也就是自由主義國家的實質性證成，「這種證成形式根源於古代。例如，亞里斯多德實際上把城邦看做一個監護性共同體，這種共同體建立在共同的道德理解基礎之上，並且被指向一種特殊的生活方式。」威廉·高爾斯頓：〈自由主義與中立國家〉，載應奇等編：《自由主義中立性及其批評者》，第129–130頁。論者自己是明確支持對自由主義國家進行實質性證成的政治哲學家。

18 【德】卡爾·施密特著，劉宗坤譯：《政治的概念》，上海：上海人民出版社，2003，第138頁。

19 卡爾·施密特著，劉宗坤譯：《政治的概念》，第208–209頁。

20 卡爾·施密特著，劉宗坤譯：《政治的概念》，第248頁。

21 參見卡爾·施密特著，劉宗坤譯：《政治的概念》，第259頁。

22 約翰·羅爾斯指出，「政治自由主義的問題是，為合乎理性的學説之多元性——這永遠是自由民主政體的文化特徵——可能認可的立憲民主政體，制定一種政治的正義觀念。我的意圖不是想取代那些完備性觀點，也不是給它們提供一種真實的基礎。的確，這意圖可能是虛妄的，但這不是關鍵所在。毋寧説，這不是政治自由主義要做的事。」【美】約翰·羅爾斯著，萬俊人譯：《政治自由主義》，南京：譯林出版社，2000，第6頁。

23 習近平語。對其正式詮釋，可參見孟建柱：〈新形勢下政法工作的科學指南——深入學習貫徹習近平同志在中央政法工作會議上的重要講話〉，載《人民日報》2014年1月29日。

24 論者指出，「全黨服從中央是黨的最高利益所在，這是因為，只有堅持全黨服從中央，保證政令暢通，才能保證現代化建設戰略目標的實現，才能在改革中妥善處理不同地區、不同群體以及地方和中央的關係，有效地實現社會主義市場經濟條件下的宏觀調控，保證黨的路線方針政策的貫徹執行和現代化建設目標的實現。」張榮臣：〈「四個服從」最重要的是全黨服從中央〉，載《北京青年報》2001 年 11 月 21 日。

25 就當今世界各國對公民承諾的公共服務來説，沒有一個國家的政府首腦會向城市居民許諾，城市中低收入家庭可以擁有一套保障房。但中國政府首腦卻做出了這樣的驚人承諾，這是國家籠絡性控制社會的最佳寫照。同時，一個國家維持穩定的費用超過軍事費用開支的情況也十分罕見，但中國恰恰出現了這樣的倒掛。這是國家鎮治式控制社會的標誌。兩者相反相成，構成國家全方位控制社會的完整體系。

26 參見孫立平：〈中國社會正在加速走向潰敗〉，www.aisixiang.com/data/32648.html（瀏覽日期：2014 年 7 月 17 日）。

27 論者指出，「在中國這樣一個不是通過選票獲得實質合法性的國家，中央政府要對地方政府實現控制與領導，從而維護其合法性並鞏固統治，就必須對『穩定壓倒一切』這一執政理念進行不斷的強化宣傳，這也成為執政者衡量改革成敗得失和獲取民眾認同的最重要標準。實際上，穩定也成為了政權的合法性標誌。因此，當這種合法性逐步流失時，採用高壓手段維持統治可能會更直接有效。當各種社會矛盾無法通過合法的途徑得到解決或排釋時，動輒使用高壓手段不惜一切代價來維護政治穩定，就成為底層社會的一種常態。」於建嶸：〈當前壓力維穩的困境與出路——再論中國社會的剛性穩定〉，《探索與爭鳴》2012 年第 9 期。

28 孫中山語。一九一六年九月十五日，孫中山第四次到浙江，時值觀潮節。浙江的錢塘大潮，激發了孫中山先生的靈感，寫下了值得後世時時刻刻警醒的名句：「世界潮流，浩浩蕩蕩，順之則昌，逆之則亡！」http://hzdaily.hangzhou.com.cn/dskb/html/2011-10/09/content_1147301.htm（瀏覽日期：2014 年 7 月 17 日）。

29 參見約翰・羅爾斯著，萬俊人譯：《政治自由主義》，第4講〈重疊共識的理念〉，南京：譯林出版社，2000，第141頁及以下。

30 約翰・羅爾斯著，萬俊人譯：《政治自由主義》，第222頁。

31 約翰・羅爾斯著，萬俊人譯：《政治自由主義》，第225–226頁。

32 在中國共產黨九十餘年的歷史上，多次開展整黨、整風運動，就是因為黨員境界的差異所致。如今這樣的整黨，更是由利益原則貫串全黨，是黨員的價值觀念裂變、組織認同皸裂成為黨的重大憂患。中共最近兩屆最高領導人胡錦濤、習近平表述的四大危險（精神懈怠危險、能力不足危險、脱離群眾危險、消極腐敗危險），四大考驗（執政考驗、市場經濟考驗、改革開放考驗、外部環境考驗），更充分證明了這一點。

# 第十一章

# 「陰謀論」與國家危機

漢語出版界流行着不少版本的「陰謀論」作品。但對陰謀論進行剖析後，就會發現這些作品沒有什麼價值。因為這些作品大多數只是一些聳人聽聞的故事或傳說。對那些願意正視陰謀論的人而言，恐怕更有興趣去追溯的問題，是陰謀論何以流行的社會機制。一個國家乃至整個世界，為什麼會流行陰謀論？這是秉持理性的人們都需要思考的提問。在中國，陰謀論的流行，與金融陰謀故事或傳奇的廣泛傳播，具有密切關係。由於金融陰謀論的廣泛流行，以至於人們將任何社會政治事件，都看作是陰謀的產物，對社會事件的理性追究，沒人願聞焉。這是人類精神的不正常狀態。有必要在陰謀與陽謀之間、在經濟活動與政治活動之間、在煽情與理性之間，清洗陰謀論的傳奇色彩，還原社會活動的理性本質，從而形成陽光的社會心態，理性籌劃社會活動。

人類活動總是遵循一條從謀劃、推進、決策、配置資源、實施決策，兑現預期目標的過程。起於私下籌劃，推進於社會行動，落實於公眾利益，是人類活動的另一個特點。基於這樣的特點，人們將那些尚未付諸社會實施的，較為隱秘、不為公眾知道、也不為制度操作約束的計謀，視為陰謀。而將那些見之於社會公眾、較為公開、受到制度規範的行動，稱之為陽謀。陰謀處在公開的制度約束外，陽謀主要是制度運轉推進的行動。究竟將人類活動的主流看作是陰謀還是陽謀，是一個需要辨別的問題。

中國人缺乏從制度層面探究經濟、社會和政治問題的傳統。因此，每遇危機，便迅速建構陰謀論說，樂此不疲地為那些危機事件編造傳奇故事、隱秘細節、私下密謀及驚天內幕。這是一種扭曲的社會心理，也是一種制度匱乏塑就的畸形政治心態。近代以來，這樣的陰謀論思維定勢，演變為西方國家暗算中國的流行模式。陰謀論的流行，從一個側面反映中國的國家危機：這是亟需克服的國家思維惰性，也是亟需扭轉的反現代國家定勢。

## 一、危機中的「陰謀論」：從金融陰謀論向國家陰謀論的擴展

中國一直存在從陰謀論角度看待社會政治問題的思維方式。[1] 這是因為，皇權專制時代政治不透明、社會長期封閉、資訊傳播速度緩慢，種種令民眾感興趣的事件，總是在雲遮霧障中傳播開來。在不明究竟的情況下，人們拋開事件本身，探幽索隱，編造故事，離奇想像，都在情理之中。結果，事情的真相人們根本沒有興趣探究，而稀奇古怪的陰謀故事、匪夷所思的千古傳奇、常態事件的古怪解説、正常現象的神秘闡釋，便紛紛出籠，經由傳播者的添油加醋，使人們興趣陡增。

在這種思維中，中國一直存在着陰謀論的廣闊市場。二〇〇八年全球金融危機發生後，國人很少有興趣探討金融創新的危險性、經濟發展的周期性、現代經濟運作的風險性等嚴肅的學理問題，倒是對這場金融經濟危機的陰謀論解讀，興趣激增。這是流行的陰謀論泛濫開來的最新範本。

在中國，金融經濟陰謀論的真正流行，是在二〇〇八年後。但追溯起來，一九八七年金融危機發生的時候，它就出現了。一九九七年的金融危機強化了陰謀論的影響力。但這兩次金融危機引發的陰謀論，並沒有在中國廣泛流行。為什麼在一九八七年和一九九八年經歷兩輪金融危機的情況後，中國都沒有全面流行金融陰謀論或西方國家陰謀論呢？其原因可以歸納為：一九八七年和一九九七年的金融危機對中國的衝擊尚不嚴重。當時，中國正處於經濟發展的鼎盛時期。一九八七年，儘管中國通貨膨脹比較高，社會局勢出現局部動盪，但改革開放的共識還沒有斷裂，大家對中國的發展還懷抱強烈的期待，信心較強，因此足以抵擋陰謀論的侵蝕。不過，這一波危機，對西方金融秩序卻造成了很大的衝擊，西方國家不得不開始反思金融創新的得失，尋求新一輪經濟體制機制的再創新。處在危機之外的中國，覺察到自己即將面臨的困難，意識到西方國家的經濟運行方式楔入中國，將引發中國經濟的困局，由此出現了陰謀論流行的兆頭：國人認為，這一波金融危機，是西方國家金融家和銀行家的貪婪、欺詐導致的股市崩潰和銀行危機造成，他們謀劃的種種陰謀，正是造成這一波危機的直接原因。警惕西方國家的陰謀對中國經濟造成危害，開始成為一些人論斷中國經濟前景的說辭。

一九八七年西方經歷的那次金融危機，滿足了中國人自我認知的兩種心理需求：一是強化了國人的自信，二是國家決策人士堅信拒斥西方資本主義的正確性。這樣的雙重滿足，使陰謀論一時無法流行開來。而到了一九九七年，亞洲金融危機對中國造成衝擊。[2] 一九九七年中國經濟還處在控制經濟過熱的狀態中。中央政府自一九九二年啟動的控制經濟過熱，到此時已經大致兑現了預期目標。不過，中國經濟發展必須解決的深層問題開始暴露。譬如產權問題、國有企業的冗員問題、國有企業運作機制的問題，已經成為不得不認真應對的問題。與一九八七年相比，中國的國家結構性改革出現大踏步的後退。這是一種政治警惕性發作的標誌：一九九七年的亞洲金融危機，迅速波及香港。香港的金融波動，最後是由中央出重手擊退索羅斯對港幣的威脅才得到緩解的。這樣的事件，促使國家領導人意識到，金融危機離中國並不是很遠的事情。中國與金融經濟危機的相關性變高了。

在體會到金融危機的迫近性後，國人開始對金融危機的肇始源進行放大性追蹤。一九九七年的亞洲金融危機，是由金融服務業的危機引發的。這場金融危機，給亞洲經濟發展造成重大衝擊。亞洲的金融業發展，處在迅速增長卻不健康的狀態：金融服務業的迅猛增長，遠遠超過金融規則、金融機構、貨幣體制的建設。這次金融危機，與美國金融投機家索羅斯的投機行為，具有密切關係。他看準了亞洲金融市場的缺陷，找準投機時機，以顛覆主權貨幣秩序，贏得暴利。不過，這個在市場中投機並獲得巨額利潤的金融資本家，對資本主義缺乏好感，他對資本主義的猛烈抨擊，促使人們反思循西方國家道路進行金融經濟改革的發展中國家的經濟政策是否適當。而索羅斯對這次危機的外部原因所做的追溯，讓人們似乎有十足的理由探究發展中國家經濟政策導因之外的國際資本動因。「在亞洲國家，在這些國家做好準備之前，來自美國和國際貨幣基金組織的要求它們開放金融市場的壓力也許太大了，這是造成這次亞洲金融危機的一個重要原因。」[3] 而美國和國際貨幣基金組織，一般被人們認為是維護資本家，尤其是金融資本家利益的。如果說工業資本家在一定程度上是以創新為生存和發展的依託，金融資本家則被認為是專營投機買賣謀求壟斷利潤的人群。但總的說來，資本家的貪婪，被認為是金融經濟危機最直接的推手。

於是，資本家的貪慾變成了人們構造並渲染陰謀論的賣點。因為，說到底，陰謀論必定肇始於追逐個人利益的小圈子，那正是他們在隱秘的場所，通過密謀、攪渾水、鑽空子，讓個人資產陡然增值，讓公眾財富急遽貶值，並製造經濟—社會危機。而這種招人痛恨的資本家的貪婪，玩弄陰謀，損公肥私，不過是資本主義制度化貪婪的一個表徵罷了。金融資本家的陰謀取向和反制度取向，不過是服務於他們追逐利潤的唯一目的而已。這樣的取向，是一個不道德的制度所必然引發的人的行為。基於這種判斷，人們對金融資本家的痛恨心理，進而對資本主義制度的痛恨心理，油然而生。如果説人們在工業革命完成後，對工業資本家保持着某種接受和忍耐的話，那麼他們對金融資本家密謀於室、純屬投機、缺乏創造、獲利甚豐等行徑，簡直是忍無可忍：金融資本家並不創造實際的價值，而是進行資本投機；金融資本家並不訴諸理性，而是玩弄陰謀詭計的術士；金融資本家不是謀求貢獻社會的人群，而是借助陰謀顛覆秩序的狂徒。正是這樣的心態，催生了金融陰謀論支撐起來的經濟陰謀論、國家陰謀論等陰謀論言説。

二〇〇八年後，中國的經濟逐漸陷入困境。儘管因為中央政府的應急之舉，規避了金融危機的直接衝擊，但中國並未能逃脱這一波金融危機引發的經濟危機衝擊波。加之中國改革進入深水區，處在改革瓶頸期，推進改革，會傷及利益集團的利益，這些扼制改革咽喉的人，當然不願意自損利益推進改革；同時，改革再不向前推進，一切積累已久的弊端便聚集爆發，完全無法估計由此會引發怎樣的社會危機。一旦讓國人充滿信心的改革陷入停滯，問題根源的追究就不只是面向國內的原因了。人們在追究國內導因受阻，又有人誘導國際社會充滿針對中國的陰謀的時候，那種針對性地想搞垮中國，乃至是搞垮世界的陰謀論，便會不脛而走、甚囂塵上，被人深信。

於是，在二〇〇八年金融危機之前已經出台，但並未引起大社會反響的金融—經濟陰謀論，一時之間引起國人的廣泛關注。人們篤信，不是由於中國的改革走不下去、不願走下去，而是因為針對中國的陰謀終於開始施展，並且開始對中國的發展發揮明顯的阻礙作用，而讓改革陷入停頓。這類陰謀論，不過是那些以無所顧忌的貪慾引發的密謀行徑的中國版本而已，實際上它早就存在了百年以上，如今只是在中國略施小計，就引發了大型的動盪。在中國傳播陰謀論的作家，以一副披露人所不知的秘密作為發語詞，首先讓人們對自己所掌握的財富常識將信將疑，譬如說人們以為世界首富是比爾・蓋茨，他便說絕對不是；接着推出一個令人驚異的「事實」，讓人目瞪口呆之餘，陷入他們設定的「事實」描述與「分析」思路，不由自主地開始接受「陰謀論」的邏輯。他們聲稱，羅斯柴爾德家族的財富，保守估計是五十萬億美元，比爾・蓋茨何足道哉。於是，足以製造一切金融—經濟危機的主角，便順勢登場：隱秘地掌控了國際經濟政治命脈的金融家集團，乃是製造所有陰謀並成功控制一切的隱密組織。

陰謀論使用的語言，頗富情感力量，讓人不由得不信。「羅斯柴爾德家族到底是怎樣賺到如此驚人的財富的？這就是本章要告訴你的故事。嚴密的家族控制，完全不透明的黑箱操作，像鐘錶一般精確的協調，永遠遭遇市場的資訊獲取。徹頭徹尾的冷酷理智，永無止境的金權慾望，以及基於這一切的對金錢和財富深刻洞察和天才的預見力，使羅斯柴爾德家族在世界兩百多年金融、政治和戰爭的殘酷旋渦中所向披靡，建立了一個迄今為止人類歷史上最為龐大的金融帝國。」[4] 這樣的文學筆法，只要是有興趣關注金融危機的讀者都會抵擋不住。那種完全以刺激人關注隱秘資訊、旨在宣泄抓住陰私的狂熱情感的表述方式，成為陰謀論者吸引人們注意力的「獨門暗器」。

貨幣金融機制，是現代經濟系統中非常重要的組成部分，它的重要性讓經濟學家趨之若鶩、認真研究。「對貨幣、銀行和金融市場的研究，已經成為整個經濟學科中最令人興奮的領域之一。金融市場變化迅速，金融工具日新月異；曾經是四平八穩的銀行業現在變得積極進取，儲蓄貸款協會和商業銀行的困境在媒體上頻繁曝光。國際貿易和國際金融市場的發展創造了一個一體化的世界經濟，使得發生在一國金融市場中的事件對其他國家金融市場的運行產生大規模的影響；貨幣政策的實施成為經濟政策爭論的核心；貨幣理論的新發展改變了我們認識貨幣在經濟中作用的思路。」[5] 但對公眾來說，他們習慣性地使用貨幣，習焉不察，從來不主動、深入了解貨幣運行的複雜機制。正是由於公眾不了解貨幣與金融機制，於是人人都覺得很神秘。當有人信誓旦旦地向他們指出，國際貨幣金融機制不過是幾個神秘人物或家族操縱的結果，人們便信以為真。

從國際金融體系來看，二十世紀的國際金融確實被少數國家所控制。一九四四年以前，英鎊是主宰世界的國際貨幣。二戰後，由於國際霸權的轉移，英鎊的國際金融地位完全衰落，美元取而代之，成為國際結算貨幣。但隨着布雷頓森林體系的終結，美元在國際經濟體系中的地位也逐漸下降。不過，無論是英鎊還是美元，它們作為國際結算貨幣，都得服從匯率相對固定的國際貨幣體系規則。直到一九七一年，布雷頓森林體系因為美國推行通貨膨脹的貨幣政策以減少失業，讓固定匯率機制無法維持，隨後美國及其交易夥伴只好聽任匯率浮動，布雷頓森林體系宣告終結。[6] 無論人們在體制上如何評價英鎊和美元在國際貨幣體系中曾經發揮的舉足輕重的作用，但這種機制還是一種規則性的機制，而絕對不是一種玩弄陰謀的方式。對國際金融體系的陰謀論解釋，取向與之迥異其趣。國際金融陰謀論者認為，國際金融並不是像英國或美國這些國家的政府所操控的機制，而是像羅斯柴爾德家族這些隱秘的金融家族控制的體系。他們不惜筆墨，大力渲染這些金融家如何整頓家族力量，尋求與權力聯姻，將家族勢力從金融—經濟領域向政治領域大肆擴展。在他們筆下，正是羅斯柴爾德家族的五個孩子，早在兩個世紀以前，分赴當時歐洲經濟社會發展相對較好的五個國家，去控制這五個國家的金融，從而全面控制這些國家的經濟政治命脈。無論德國、奧地利、意大利、英國、或是法國，由於受控於羅斯柴爾德家族的金融資本，在國家的經濟運作、甚至是國家權力運行上，都不得不聽命於這個家族。[7]

像羅斯柴爾德家族為代表的國際金融集團，一開始的經濟活動就不是基於單純的經濟取向或盈利取向，而是基於國家權力控制取向，在各個國家進行的金融活動，就是為了控制該國的經濟命脈，進而與該國的政治家聯手共同控制這個國家。這種控制，一是對物的，主要是通過貸款和發行債券，將一國政府降服在他們的牟利措施下。二是對人的，主要是通過控制主權國家的主要權勢人物，如首相、國王、總統等，來控制這個國家的統治集團，從而使他們服從自己的盈利邏輯。凡是不服從這種邏輯的，要麼被幹掉，要麼被廢黜。論者自信宣告，美國便有七任總統，因為金融和權力的聯姻崩潰，而付出了性命代價。[8]

這樣的描述，與國際經濟發展的走勢完全不吻合，但其暗示性非常強烈。論者總是以非常籠統含混的言辭，暗示羅斯柴爾德集團控制着歐美市場與國家。首先，他們通過控制英格蘭銀行控制了英國，並正是因為國家政治權力與羅斯柴爾德家族狼狽為奸，讓英國坐上了世界霸主的位置。在一九一三年他們轉而控制美國時，借助後來建立的聯邦儲備銀行，控制了美國的金融體系，羅氏家族以控制英國的同樣手段控制了美國，讓美國成為新的世界霸主。羅氏家族的控制機制，可謂三個圈層的擴展，即從個人的陰險謀劃，到家族集團的相互勾結，最後落到家族集團與國家權勢者的共謀，從而實現家族控制一個國家甚至國際社會的經濟政治命脈的目的。隨着家族控制範圍的拓展，組織間的合作必不可少。諸如英國皇家國際事務協會和美國外交協會的興起，及其衍生組織如彼爾德伯格俱樂部及三邊委員的建立，控制了世界範圍內的經濟與政治資源。「這些組織的最終目的，就是建立一個由極少數英美精英分子所統治的世界政府，建立最終統一的世界貨幣發行體系，然後是對所有地球公民徵收『世界稅』，這就是所謂『新世界秩序』！」[9] 主權國家就此消失，公民權利就此被剝奪，奴隸時代降臨。

而在中國，不管是一九九八年，還是二〇〇八年，陰謀論依照其擴大範圍的演變軌跡，逐漸流行開來：西方的銀行家—政治家集團已經瓜分完他們國家的蛋糕，甚至瓜分完西方的蛋糕，需要向崛起的中國下手了。這是三重動力驅動的必然結果：一是這些西方陰謀集團要在西方外的廣闊世界追逐高額壟斷利潤。二是他們需要在西方以外的國家尋找金融、經濟與政治代理人，讓他們成為自己控制中國的馴服工具。留學生和親西方人群，便被認定為這樣的代理人。三是中國正進行金融貨幣體制改革，國際金融集團可以導師面目適時出現在中國經濟生活中。可見，國際金融集團進入中國，明顯依循一條從金融陰謀論向國家陰謀論轉變的線索。這與羅斯柴爾德家族進入英國、美國的情況，相似乃爾：羅氏家族以導師身份進入這些變革中的國家，誘惑他們上當，然後對國家加以嚴密控制。據此，陰謀論也可以稱為上當論。[10]

到這時，從金融陰謀論到政治陰謀論，實現了「三級跳」。首先，是從金融陰謀向經濟陰謀的一級跳。資本家的活動目的就是讓資本增值，為了實現資本最大增值的目的，他們絕對不會滿足於控制金融運作，一定會透過金融體系控制整個經濟體系。其次，是從國內經濟向國際經濟的一級跳。金融資本家想要控制的當然不止一國經濟，在一個全球化時代，它希望在控制全球經濟霸主國家的基礎上，控制整個全球經濟。再次，是從控制一個國家政治經濟命運向控制國際經濟政治命運的一級跳。金融資本家集團習慣於控制國家權力來謀取壟斷利潤，因此，他們會盡可能控制主要國家的權力系統，以保證他們贏取最大利益。人們知道，貨幣運用有四個層次的複雜結構。這四個層次是：私人層次上的個人理財結構，公司運作上的企業理財結構，政府運轉上的公共財政結構，國際金融上推動國際貿易的複雜結構。國際金融集團或陰謀集團通過收縮的方式，把複雜的國際經濟、國家政治、公司運轉和個人理財，簡單歸結為現代金融的關鍵環節——貨幣發行。以對貨幣發行權的掌控，實現對一國或多國的控制。僅此而言，金融陰謀論可以稱為貨幣發行陰謀論。一旦貨幣發行權交給私人，公共權力便敗給了私人權力，國家的受控就是必然的事情。

陰謀論強化了人們三方面的感知。第一，陽謀勝不過陰謀。因為陽謀發生在光天化日之下，在陽謀出台前，搞陰謀的人已經通過賄賂、收買、威脅、恐嚇、暗殺等手段，將事情在陰暗處搞妥，明處不過是做秀而已。第二，制度是密謀的結果。國家制度不是人民主權下形成的憲制，對權力分割制衡的結果，而是陰謀家起於密室的謀劃產物，尤其是現代金融制度，不是金融規則的制度化，而是金融陰謀的書面化。第三，金權永遠戰勝民權。人們常以為，現代政治讓神聖的君權敗給了神聖的民權。但陰謀論者認定，神聖的民權被陰損的金權打敗。金融陰謀讓國家的經濟命脈控制在金融銀行家手中。而現代國家的一切活動以經濟為基礎，因此，金融陰謀控制國家經濟命脈，進而控制國家命脈。民權不過是將這一機制正當化的紙面制度而已。這就是政治陰謀論的「學理」基礎。政治陰謀以密謀、暗殺和其他陰險手段呈現。總括而言，現代世界不是人類經過千百年的制度改進，經過群體的組織配合而進入的狀態，而是無數陰謀構成的陰險社會。從經濟領域到政治領域，從金融活動到國家權力運行，都是陰謀活動的空間。從金融陰謀出發，推導出政治陰謀，進而將人類歷史寫成一部陰謀論史。

## 二、陰謀論的流行機理與建構機制

陰謀論的構造，一般只有今古傳奇的水準。但為什麼陰謀論會如此流行？這問題使人們先分析陰謀論的流行機理。就陰謀論的西方流行史來看，它的流行確實是有讓人捕風捉影的歷史事實根據。光明會、共濟會等宗教神秘組織及其所辦的活動，[11]那些活動對某些歷史事件的發生具有驚天動地的巨大影響，為那些迷信陰謀論的作者提供素材。同時，由於足以控制社會輿論並引導民眾對社會事件看法的官方，常常製造太多的謊言，文過飾非，因此，讓人們對之疑竇叢生，寧信秘密組織的陰謀，也不信政府機構的陽謀。[12]再者，在人類生活中總是會出現一些查無實據的偶發事件，尤其是針對著名人物的暗殺事件，因常常得不到清晰可靠的完整資訊，人們在無以緩解心中疑慮的情況下，便會相信陰謀論的解釋。[13] 正是這種偶然的機緣巧合、必然的事件既成事實混生的因素，讓陰謀論有了廣為傳播的社會市場。

中國有陰謀傳統，沒有系統的、直白的陰謀理論。但正是由於哲學領域有道家、法家理念，社會領域有宗教密謀傳統，政治領域有宮廷密謀定勢，因此，中國存在對接陰謀論的多個接口。而在二〇〇八年金融危機後，陰謀論之得以在中國迅速流行開來，正是中國的陰謀論接口與西方陰謀論外掛程式接榫的結果；同時，也是中國改革陷入困境，光明正大謀劃改革不得，而只好以猜疑的心情對待社會變遷的結果。

分析起來，二〇〇八年以來，陰謀論的迅速流行，存在多重動力。首先，是由於國家權力機構轉嫁責任和誘導誤解而引發。中國經濟發展到今天，成就令人矚目。但各個方面，都還存在深入改革的必要：微觀領域的企業制度、企業運行和企業績效都存在缺陷；宏觀方面的貨幣機制和金融體系的建構、金融政策的供給，嚴重滯後於經濟的發展。無論是微觀的企業運行機制，還是宏觀的貨幣政策供給，乃至貨幣的發行，都出現過明顯的失誤。但政府對這些失誤和滯後，既不願、也不敢承擔責任。更為關鍵的是，由於改變這些缺失，意味着對政府權力全面重組及權力競爭因素竹戈引入，因此，政府不敢輕易啟動攻堅性的改革。在改革催生出一個權力與利益高度勾連的怪胎後，由於國家不敢一下切斷這樣的關係糾葛，而造就了一個權貴資本主義的國家機制——國家的金融財富和龐大資產，控制在特殊利益集團的手裏。[14] 對此，勿需過多舉證，僅僅看規模較大的私募基金及其實際控制者，就會知道是什麼人在控制私募基金，進而控制金融服務業及國家的金融命脈。缺乏權勢背景，要進入這些領域必定困難重重。

權力與利益的勾結，在改革開放三十餘年間，經歷了三個階段的變化。第一個階段是一九八〇年代，權錢勾結主要呈現為對有形物質的控制。具有強大權勢背景的個人與組織，搞實業、辦公司、做生意，賺取巨額利潤。第二個階段從一九九〇年代開始，權力與利益集團合謀，掌控實體經濟命脈，控制國家的生產要素。將能源、交通和通訊等關鍵領域瓜分完畢。跨世紀初到現在是第三個階段，權力與特殊利益集團勾連，致力控制國家金融命脈。這樣的控制，呈現為一個遞進的狀態：因為控制者深知，如果缺少金融行業的支持，現代經濟的發展動力並不強勁。有形物質財富的生產周期太長，又必須依賴技術創新，因此成為權勢集團愈來愈不願費心控制的領域。控制國家生產要素，固然可以保證收益，但激起公憤的可能性太大。借助金融手段控制經濟，進而控制國家，是保證權錢皆收之途，因此權勢集團樂此不疲。這樣的控制進路，與西方國家所謂陰謀論揭示的、像羅斯柴爾德家族般的權勢集團控制國家甚至國際金融經濟命脈的進路，同出一轍。恰在此時，國家缺乏改革意願，便助長了特殊利益集團對國家利益的侵吞之勢。國家自然不願意承認這一點。他們動員國家力量，將改變權貴資本主義不力的糟糕結果，推向市場和社會，勾起社會公眾對那些謀劃於密室、行走於坊間、囂張於社會的人群的強烈憤慨。陰謀論風雲際會，勢不可擋地傳播開來，並不令人意外。

其次，陰謀論的廣泛流行，是一種社會認知合謀的結果。社會認知的合謀，不是社會各個階層、集團與個人有計劃、有組織、經程式、求共識的結果，而是各個社會組織與集團，及富有影響力的個人，不約而同地傾向於某種認知模式所催生的一種社會共同看法。對陰謀論發揮了推波助瀾的作用，有如下三種社會認知：一是中國公眾所指責的經濟學家集團帶來的認知結果。融入主流的中國現代經濟學家們，不僅對現代經濟學新知在中國的傳播發揮了積極作用，對中國實行市場經濟更發揮了極大的推動作用。這樣的推動作用，在理論上是一個需要深入研究的重大課題。在實踐上，則是一個簡略的觀察，就可以發現的事實。「吳市場」、「厲股份」的民間稱謂，[15]就證明了主流經濟學家對中國市場經濟發揮的正面作用。當代中國公眾對現代經濟形式具備一定的常識，主流經濟學家功不可沒。但因為中國的改革是「經右政左」的殘缺化變革，僅僅靠經濟學家，絕對不足以供給中國改革以完整的知識和實踐方案。結果，在主流經濟學家無法解釋中國社會流行叢林規則，經濟改革陷入權貴資本主義泥淖的時候，所謂的非主流經濟學家嚴厲指責主流經濟學家，認為正是後者不健全的經濟學理論，導致了中國的不健康改革，他們必須為此負責。指責者甚至向公眾宣示，這些推動中國市場經濟發展的經濟學家們，在市場中都涉及隱秘的個人利益或家族利益，他們不過是與政府合謀，盤算公眾利益的勢利之徒而已。[16] 這樣的論斷，推動公眾去追究每一個著名經濟學家「背後」的利益鏈條，推究他們的學術主張與他們的個人或家庭利益的關聯性，尋找他們將學術與權力勾結起來的蛛絲馬跡。陰謀論就此滲入市場經濟的發展過程。

二是由社會學家和法學家推進的權利哲學所促成的認知結論。在改革開放進程中，中國的社會學家和法學家推動人們重視國家權力以外的社會權利，重視社會領域的公民自主、自治與自律，重視法律主治的現代國家治理方式。他們反對由國家一手包辦社會事務，主張社會領域的事務由公民自己處理，對社會的興起、法治的認同，發揮了極為明顯的推動作用。社會學家促使中國國家權力當局推出和諧社會的理念，而法學家們則推動政黨國家走向法治國家。不過，由於社會學家是嚇出了一個和諧社會政策，而法學家更是喜出望外地說他們「騙出」法治（the rule of law）來，因此，人們對他們收穫的學術之政治成果，就有了疑慮。這似乎不是訴諸陽謀的結果，而是恐嚇和誘逼權勢者做出的選擇。難道社會學家與法學家的舉動是完全出於公心，絕無個人的收益？這樣的追問，再一次激發了人們心中的疑竇：社會學家與法學家一向與發達國家的學界甚至是政界有廣泛且緊密的合作關係，他們是不是收受了外國的利益，而謀劃出對中國不利的「改革」？在人們無法對官方進行追責的情況下，這樣的質問，會收到令人意外的歸咎責任的效果，而且無形中對陰謀論的流行發揮了推動作用。

三是一些專業人士對社會心理投其所好催生的認知理念。這些專業人士，諸如研究貨幣金融問題的學者，對西方國家深懷警惕的專家，一旦遇到問題就歸咎於美國陰謀的國際關係學者等，他們對任何陰謀有着高度的敏鋭感與警覺性。這些人對各種各樣陰謀的解析，很容易擊中社會心理的弱點，[17]讓一些缺乏思考和辨析能力的人對之深信不疑。一方面，社會心理是流動不居的，且對專門問題懵然無知，因此很好誘導。公眾對銀行專業事務的無知，因此催生出來對銀行系統的不信任心理，是他們信從金融陰謀論的群眾心理基礎。公眾對貨幣金融問題的一知半解，通過自己的感知和經驗得來的零碎知識，則是他們對陰謀論的説辭言聽計從的知識動力。一個心如死灰的人，一個全無金融知識的人，都不會對金融陰謀論感興趣，因為那完全缺乏接受陰謀論言論基本的先在條件。另一方面，公眾的自命不凡是他們信從陰謀論的另一種心理動力。公眾通常認為，金融體系中的專業人士，只能進行專業描述和分析，而要在狹隘的專業知識基礎上進行正確的判斷，則必須依賴於公眾自己。因此，只要陰謀論者提出一些機緣巧合、似是而非的描述，給出一些跨越具體事實的任意想法，公眾就會舉一反三、放縱想像，將陰謀論者枚舉的陰謀論斷，推廣為普遍的結論。由此，陰謀論便具備了廣泛傳播的社會土壤。再一方面，社會普遍存在貪婪心理。這種貪婪，可能是不勞而獲，也可能是天降財富，還可能是命運寵幸，更可能是密謀而得。這類貪婪心理，常常讓人對得到意外之財，興奮不已、強烈期盼。人們總是期望，經過輕鬆謀劃，其財富就可以不明所以地大大增值。為此，他們內心深懷一種探知別人何以大發橫財的隱秘衝動，一旦陰謀論者滿足了這種心理需要，公眾內心的滿足感可想而知。

再者，陰謀論的流行是權力與公眾不經意合謀的結果。誠如前述，國家權力機構將自己無意或無力推進改革的責任，轉嫁給看工商業者，誘導公眾相信，不是政黨國家權力方面不願意推進改革，而是因為「無奸不商」的人群對改革橫加阻撓。國家權力方面是致力捍衛國家主權的，倘若國家主權受到侵害，那一定是賣國者幹出來的勾當。因此，國家權勢者常常訴諸民族主義、民粹主義理念，將公眾對現實的嚴重不滿，引導到某些具體人群如商人身上。另一方面，精明的社會活動家總是善於琢磨權力的走勢，他們配合官方媒體，將公眾極為關心卻不得甚解的疑惑，明確歸之於人們容易同意的那些屬於陰謀的活動。譬如，羅斯柴爾德家族的第六代掌門人到中國，中央二台的《對話》節目邀請他去做訪談。有被邀請的金融專家現場向羅斯柴爾德提問他們家族集團打算怎麼進入中國經濟，是否存意控制中國經濟。這樣的提問，很明顯是在誘導現場觀眾，讓他們相信，羅斯柴爾德到中國來就是要進行不為人知的某種陰謀活動。[18] 正是這些精明的活動家，積極配合國家權勢者，將人們誘導到無解的問題死胡同，寧信陰謀論，不信理性論。

分析後，就現代陰謀論主要建基其上的貨幣金融體制而言，從事貨幣金融活動，風險和收益總是相對的。[19] 但在人們被勸導進行投資、謀求財富增長時，常常忽略風險，對收益的強烈期待無時無刻激勵着普通公眾，成為金融專業人士和金融機構全力工作的唯一取向。對收益的單純期待，帶來了金融市場投資者的盲動和衝動。控制風險，保證收益，便成為現代金融制度建設的重中之重。問題在於，金融行業的風險控制是專業人員才能掌握的技能，普通投資者在金融市場中只能靠感覺和專家的引導行動，風險難以控制是顯而易見的事情。正是由於風險與收益的不均衡，金融市場讓人們認為它「仍然保持着神秘的面紗」。[20] 只要這層面紗還無法完全揭開，人們就會相信金融世界裏仍有某種神秘的力量在發生作用。陰謀論，也就在此種感覺與情緒中紮根。

金融領域是容易滋生陰謀論的素材。不唯金融領域的一般投資者對金融風險與收益不明究竟，容易相信金融陰謀論，即使是專家，也無法完全把控金融風險，而經濟周期總是會製造風險，驅使人們進行相應的金融創新，促進金融領域的制度化上升到新的台階。就此而言，對那些幾乎沒有接觸過金融領域活動的普通民眾而言，就更是神秘莫測，而促使他們盲聽盲信了，更使金融陰謀論有了強有力的公眾推手。就複雜的貨幣、金融資產和真實資產的風險和收益組合而言，普通公眾完全無從把握。一般而言，普通公眾唯一能把握的就是真實資產，即物質生活的有形物品。當他們在金融資產與真實資產之間變換組合方式時，難以確切知曉持有真實資產可以如何保持增值，而持有的金融資產什麼時候可以發財致富。尤其是在金融市場行情大起大落的時候，人們就更不知所措了。公眾的金融經營只好交付給專家打理。這是一種無力介入金融市場複雜事務的無力感。正是這種無力感，即因為他們無法掌握專業知識，尤其是複雜的收益計算能力，所以他們較為排斥金融專業知識與技能，進而使他們對金融體系運作背後的傳奇故事大感興趣。金融陰謀，就此成為公眾對金融產生強烈興趣的決定性通道。

即使不討論公眾介入金融市場的能力受限情況下對陰謀論的信從，對那些完全不介入金融市場的一般公眾而言，他們也無從充分把握金融市場的資訊，而對金融市場保持一種理性的判斷能力。對利益不相關的公眾而言，金融市場總是處在資訊匱乏的狀態中，公眾常常只能聽憑碎片化的資訊一知半解地了解金融市場。因此，經常陷入誤信乃是再正常不過的事情。對利益不相關的公眾而言，金融市場資訊匱乏表現在兩個方面：一是金融市場資訊總量的供給不足，二是公眾認為有用的金融資訊太過短缺。在這種情況下，人們只好相信一些專家的片面言辭，或信從陰謀論者的信口胡編。本來，如果公眾相信金融學家、經濟學家的告誡，具備最基礎的貨幣金融知識，相信自己的理性能力，就可以不受陰謀論者的蠱惑。但是，金融經濟學專家的專業知識告誡，並不能與陰謀論者花樣翻新的奇聞軼事所產生的轟動性社會效應媲美。因此，很少有人會聽取這樣的告誡。在傳統的貨幣金融活動已經讓普通公眾費解的情況下，現代金融行業日新月異的發展，金融衍生產品的頻繁創新，就更讓普通公眾目瞪口呆、不知所措。論者指望普通公眾增強自信，努力接受金融經濟學的新知，並且學會比較鑒別，從而能在金融活動中獲得盈利的期望，[21]就此顯得奢侈。

猶如前述，陰謀論不止流行於金融經濟領域。從金融陰謀論到國家陰謀論的衍生，是如此自然，以至於人們將陰謀論用來解釋人類所有活動形式。陰謀論何以如此泛濫呢？因為陰謀論的建構機制與人類活動機制之間有所吻合，它才具有如此強大的傳播能力。陰謀論建構的三個要素，與人類活動的一些特點相符。

第一，人們總是喜歡轉向制度背後追究一些重大事件的原委，這正是陰謀論深植於人類意識的認知方式的導因。陰謀論將那些與日常生活緊密相關但卻不為人深入了解的現象抽離出來，並以錯位對接的方式，對人類認知進行重組，從而產生了某種機緣巧合的特殊認知效果：陰謀論將人們從乏味的制度分析中「拯救」出來，轉向趣味橫生的軼事描述，催生人們對一些特殊事件跨越時空的想像力，這比限定時空條件的剛性客觀認知，自然更有吸引力。人們對現代金融非常複雜的運轉體系缺乏興趣，金融體系所涉及的四大塊：金融工具、金融市場、金融機構和金融規則，都遠離人們的日常生活。金融跟每一個人都會產生的關聯，只是這種活動區分出的巨富與赤貧的結果。普通公眾對制度分析不甚了了、不感興趣，而對這種結果了然於心、極感興趣，而這種頗誇張的認知興趣疏離，成為金融陰謀論流行的認知動力。

在金融市場迅猛發展的當代，不僅金融市場的運行愈來愈複雜，政府對金融市場的監管也愈來愈困難。各國央行專門研究金融的人士，也很難準確地判斷在政府和市場之間，在市場波動的波峰波谷之間，如何能有效地通過貨幣政策控制金融經濟的運行。民主與共和兩黨都仰仗出掌美國聯儲會主席長達十幾年的格林斯潘操盤的金融管控體制。但在二〇〇八年金融危機發生後，人們卻發現，此前被認為是格林斯潘管控得非常成功的美國金融體制，也存在不少失誤。[22] 政府的金融管控如此微妙複雜，加上金融市場與政府監管機制之間的複雜磨合，其監管動機與監管效果的脱序，便不令人驚訝。在發達國家，金融領域是由私有公司領銜的。因此，這更給那些仇視私有制的陰謀論者指責金融公司與政府機構相互勾結，甚至政府機構就是金融機構的代理人以口實。[23] 當陰謀論者把現代國家制度全數歸之於私營機構發財致富的代理者時，人們對制度的信心便會驟然降低，甚至反感自己居然受這些極不公正的制度的約束，轉而堅信國家權力與私營機構合謀，以損害公眾利益的行為中飽私囊。陰謀論在成功引導人們反感制度後，成功捕獲了他們信從陰謀論的心靈。

第二，陰謀論着力驅策人的情感，與人類情感化地看待社會事件的構成特點高度吻合，構成陰謀論流行開來的心理同構要素。陰謀論的架構是由三個元素結構起來的：一是探幽索隱、跨越時空的「事實」重組。二是無視政經現實的制度建制，驅使人們看重制度背後的利益共謀，也就是權錢的沆瀣一氣、坑蒙拐騙、一夜暴富、權傾一方。三是戲説歷史，把一些看似風馬牛不相及的事情強行捏合在一起，疏離各個獨立的事實，激發人們的想像力，讓人們在驚歎歷史的光怪陸離時，墮入陰謀論陷阱。陰謀論者常常以驚世的口吻提醒人們，像羅斯柴爾德家族，無論做出什麼決策，都會精心考慮內政、外交，戰爭、和平與金融、經濟等要素構成的複雜現實狀況與未來走勢。這一家族在世界各地佈滿間諜，資訊傳遞之快，絕對奪人先聲，他們不僅有政商兩界的廣泛人脈，甚至有自己專門的交通系統。人們獲知這樣的資訊，就只有感歎弗如、而無效仿之心了。為陰謀論者描述的這些事情，本是經商者正常的資訊收集。本來，主動收集的廣泛經濟資訊有利於經濟決策，在相對充分資訊條件下的經濟決策更有保障，這些經濟學常識，[24] 在這個時候絕對會被人遺忘，而被陰謀論者的戲説歷史擺弄得如癡如醉。陰謀論者總是讓大家覺得表面的正式協商條款，不過是一個個陰謀串聯的結果而已。所以，與其看正式制度的運轉，不如看背後的陰謀操弄。結果，大家對陰謀的興趣激增，對陽謀的興趣大減。

第三，人們總是以喜聞樂見的方式來了解世界，不願意以嚴肅的理論探討、定位具體事件，這正是陰謀論穩定植根其中的流行文化機制。陰謀論的流行文化機制，也有三重元素：激發陰暗心理，淺白表述方式和出版炒作手段。陰謀論者抓住了人們探知隱秘事物的基本心理特點，以流行文化那種恰到好處的、擊中人興奮點的手法，激發人們關注他們所揭示的種種陰謀。所有陰謀論作品，都有一個切中流行文化要害的賣點：一切陰謀事件，都是那麼驚險又精妙，不經過極富文學色彩的描述，不足以呈現它的精彩。讀者一經閱讀，便會覺得描述扣人心弦，「不看不知道，一看嚇一跳」，人類活動原來是由接連不斷的陰謀詭計構成的，人類歷史，尤其是近現代史，完全是由操弄陰謀詭計的少數人操縱的。這是多麼令人驚心動魄的歷史，哪是那些歷史學家的著作所描述的呆板無比的狀態，這些高頭講章，令人難以卒讀。人們由此可以明白，在中國張揚陰謀論的《貨幣戰爭》，為什麼能引起人們如此高的關注：在網上，它獲得的點擊數，超過百萬。[25] 陰謀、財富、戰爭這些流行文化的構成元素，經過陰謀論者的操弄，再經過出版社抓住市場閱讀神經的炒作，成為廣泛流行開來的暢銷讀物，成為街談巷議的流行話題，完全在情理之中。

## 三、在國家危機狀態中應對競爭性國際關係

正是由於陰謀論者抓住了人們的興奮點，同時又切近現代社會人們無從把握、徒發浩歎的複雜社會結構特質，因此，它很容易像傳染病般流行開來，難以遏制。在中國，陰謀論的成型機理與流行機制，與它的一般狀態沒有什麼本質上的不同。由於人民幣並未成為

國際貨幣，中國的普通公民能借助金融的理財手段不多，也不普遍，因此，金融陰謀論的流行地盤，不如發達國家般廣闊。反倒是由金融陰謀論衍生的國家陰謀論，在中國獲得了更為流行的強大動力。

所謂國家陰謀論，一般而言是，一個國家，通常是一個強國，怎麼對另一個通常較為弱小的國家，施加某一計謀，讓後一國家蒙受嚴重的損失，以至於完全無法與前一國家匹敵。這樣的國家陰謀論，之所以流行開來，可以說是中國人的歷史記憶和現實感受雙重強化的結果。中國人對近代以來西方國家總是欺凌和盤算中國的歷史記憶鮮明。因此，凡是西方國家與中國發生任何關係，都免不了有其詭異的圖謀。眾所周知，晚清中國的財富佔世界財富的六分之一，甚至是四分之一，是當時名副其實的世界首富、第一大國。但西方國家通過經濟、金融、軍事和政治陰謀，借助明槍暗箭，使強盛的晚清帝國變成了衰頹的沒落帝國。國運的急遽轉變，促使國人內心深處對西方國家深懷疑慮，認定西方國家暗算中國是由來已久、不可改變的定勢。只要是揭露西方國家對中國展開的任何行動所可能潛藏的禍心，國人就會信以為真、絕不懷疑。中國自古至今，有強烈的文化自戀主義情結，自認為是天朝上國，處在地球的中央，文化達到鼎盛狀態，因此資源貧瘠的西方國家對物華天寶、人傑地靈的中國一直垂涎三尺，必征服而後快。自中西交通以來，尤其是近代中國門戶開放以來，西方便以侵害中國利益的種種陰謀和陽謀，將中國置於絕對的弱國位置，任西方國家擺佈。「帝國主義亡我之心不死」，便是中國在此時期流行、至今不衰的對西方國家的認知定勢，同時，中國近代已降的有識之士，也認識到西方現代體系是中國人不得不悉心學習甚至模仿的體系，因此在這種矛盾心情中，就更加容易猜疑西方國家對華行動的居心。本應推動理性反思的動力，在這裏反而成了信從陰謀論的心理基礎。

從現實感受上說，自一九八〇年代中國啟動改革開放進程以來，國家領導人與普通公眾不約而同地意識到，中國必須潛心學習西方的現代文明，致力煥發古老中華文明的現代活力。因此，對外開放給中國經濟社會發展帶來的好處顯而易見：對外開放拓展了中國人的世界視野，讓人們能夠以極其開放的心態面對國際交往，從而獲得經濟領域的改革動力。

中國經濟從孤立發展到大規模的開放到加入國際貿易和投資的整個進程，為經濟發展增加了新的內容。隨着幾個特區和開放城市的興起，隨着許可的活動範圍延伸到包括外商直接投資和進出口貿易，獲得與國際市場相聯繫的商品、資訊和貿易機會的管道由最初的小基地逐漸穩步擴展。海外研究、國際旅遊、外國資訊刊物（包括大量的翻譯）的急劇增加擴大了國內外經濟的接觸面，也方便了國內外企業家、遊客和親屬的交流。……作為中國經濟主要組成部分的中外合資企業，以及後來外商獨資企業的出現，讓上百萬的中國工人、技師和經營者直接接觸到了全球市場競爭中所必需的技術標準、工程程式和管理方法。出口品生產或外資商業引起了供給網的擴大，這就讓愈來愈多只在國內經營的企業了解到了國際標準和做法。愈來愈多的外來事物不斷加強了改革嘗試的需要。[26]

這是一個客觀的描述，也是對中國開放推動改革的適當陳述。若不是中國對西方國家的開放，中國要想收穫經濟崛起的成就，絕對是匪夷所思的事情。

中國這樣一個長期封閉的國家之走向開放，絕對不是一帆風順的瞬間轉變就可以奏效的。自晚明以來，中國就厲行海禁，實行閉關鎖國的政策。國家自外於世界發展的大趨勢，自我封閉、自我欣賞、自我滿足。中經馬戛爾尼使華被拒，中國拒絕走上開放道路。一直到晚清，西方列強打上門來，中國才被迫打開國門，極不情願地與西方國家打起交道來。正是開放的被動性，使中國人在理智上認同學習西方的必要，但在情感—文化上拒斥西方，並且對西方國家心懷疑慮、抱有敵意。

現代時期中國和外部世界的交流模式受到三個方面因素的影響。第一，西方日益增長的優勢。這種優勢我們通過體制分析可以看出在中世紀就已經初露端倪；在文藝復興時期，由於對美洲的征服而初步形成；啟蒙時期，從金融、物質和精神等方面都顯露出來。到了現代時期，由於不斷地進行工業、醫學和科學革命，西方優勢完全實現，有目共睹。第二，對於西方的優勢，中國的態度是不斷變化的，但又一直存在着矛盾心理：既希望達到分享這種優勢的目的，又不接受實現這種優勢的方式；既要求進步，又拒絕聯合；既希望平等，又尋求獨立。這種矛盾心理在清末以來的人物，譬如袁世凱、國民黨、軍閥以及日偽國傀儡的身上，都可以看到。第三，西方內部發生了反對西方極權主義的反叛，這種反叛擴展到非西方的世界，使得中國能夠實現其既接受又拒絕、既打破傳統又拒絕現代化、既在喧鬧中中斷又暗中默默堅守的內心願望。因此，儘管在現代時期中國和外部世界的交流力度有所增加，特別是非中國世界和中國的交流有了增加，但如果中國的矛盾心理更少一點，與外部世界的聯合更多一點的話，那麼，中國和外部世界的交流會多得多。毛主席逝世的時候，中國仍然處於兩個世界之間，一個是她自身——被新長城保護的世界，另一個就是外部世界。[27]

這段話十分準確地勾畫出中國對世界開放時的矛盾心理。正是這種對西方將信將疑、瞻前顧後、欲拒還迎、一步三歎的微妙開放心理，導致國人染上隨時隨地發作的西方懷疑病。國人總是在尋求一個無法緩解的疑問的答案：西方國家會歡迎中國發展嗎？如果是真誠歡迎的話，那豈不是等於說西方國家願意跟中國分一杯羹，這不等於拱手讓渡利益給中國了嗎？這樣的心理疑懼，為陰謀論進入中國人的精神世界，留下了巨大的地盤。而且讓人百思不得其解的是，國人對那些堅決拒絕西化，但卻躋身強權行列且傷害中國利益甚重的國家，不僅缺乏基本的國家利益受損的警覺性，還視之為可靠的盟友。一個最典型的例子，存在於中國與蘇俄之間。國人總是在中西之間辨別敵友關係，似乎世界其他國家勿需辨別，都是中國固若金湯的「老朋友」。

由於上述思維定勢的作用，改革開放以來，西方總是成為中國懷疑和拒斥的對象。西方國家，既是中國從其受益最多的國家，也是中國最為疑懼的國家。這種悖反的國際關聯式結構，使中國人特別容易相信西方人對中國不懷好意的陰謀論。確實，這樣的陰謀論建構，也有一些事實的根據。譬如，西方國家的跨國公司，明確利用中國制度不健全的漏洞，以僱傭國家高層領導家屬的方式，鑽中國的制度空子，牟取暴利。近期揭露的葛蘭素史克藥品公司，更以自己高薪僱傭的政府官員及其親屬，以極高昂的商品價格行銷市場，謀求超逾想像的龐大經濟利益。[28] 又如定址香港的跨國金融公司，尤其是投資公司，也以僱傭國家高層領導人的親屬，謀求政策上的支持或特權，從而滿足其不正當的經濟利益訴求。[29] 至於中國明顯存在缺陷的金融銀行體系，其改革方案不是出自自己的合理設計，而是出自高盛公司的籌劃，甚至連四大國有銀行剝離不良資產的方案，其重要設計師之一也是高盛公司。[30] 美國金融公司如此深度地介入中國的金融事務，勿需陰謀論者多言，心存疑慮的國人自然也會想到這樣做的危險性，一旦有人斷言其中可能存在美國金融資本家的陰謀，人們一定會深信不疑——這些金融公司的運作目的就是要獲得高額壟斷利潤，他們豈會不求謀利而協助推動中國金融銀行系統合理改革，他們豈不是成為國際活雷鋒了？有陰謀論者甚至在網上斷言，中國的金融管理系統已經被美國所操縱，因為從中央人民銀行行長到央行重要機構的主管者，都是留美歸國的人士，中國的金融體系都不在純粹的中國人手裏，可見美國人玩弄金融陰謀達到多麼驚人的地步。[31] 在這樣的心理支配下，即使人民幣成為國際貨幣的改革，似乎也成了美國陰謀的一個組成部分。陰謀論者認為，恰恰是因為人民幣國際化程度較低，才保證中國免於一九九八至二〇〇八的金融—經濟危機。因此，中國一定不能上西方國家的當，迅速推進人民幣的國際化。[32] 總括而言，西方國家總是想顛覆中國，隱秘地謀劃着顛覆中國的各種圖謀，因此中國不得不高度警惕、隨時提防。

國家陰謀論在中國的流行，影響甚為負面，不能不認真對待。這種負面影響，主要體現在幾方面：一是腐蝕中國人健全的精神生活，讓人們總是處在疑神疑鬼、缺乏理性思考能力的低智商狀態。中國本就有強大的反智傳統，[33] 人們習慣漠視那些認認真真對一件事情追根溯源的嘗試，而對那些荒誕不經、亂力怪神深感興趣。因此，就社會事件而言，人們在精神上對之缺乏理性探究的動機，對那些繪聲繪色編造出來的故事盲聽盲信。二是妨礙中國人努力建構有效的現代制度。由於人們信從陰謀論，養成一種以隱秘謀劃實現個人利慾的惡劣習慣。制度的建構本身就此缺乏動力不說，即使是已經制定並頒佈的制度也因此成為一紙空文。長久以來，中國不是沒有建構規則性制度的努力，但種種制度形同虛設，就是因為人們根本不相信制度能夠發揮保護功能和懲罰作用，因此對其完全掉以輕心。三是毒化中國人的日常生活理念。由於陰謀論自古至今作用於中國人的日常生活，人們用於琢磨人的時間和精力，佔去日常生活的一定的時間和資源。因此，如何讓日常生活更為有趣、休閒、有品質，也就溢出了人們的日常生活視野。人們的生活哲學異常緊張，並處於防守型，「害人之心不可有，防人之心不可無」，成為人的基本生活哲學理念。這麼緊張的日常生活狀態，自然無法產出高品質的生活品味，創造出高技術的生活手段，進入人生的極高境界。

基於陰謀論對中國社會產生如此負面、消極的影響，因此有必要對之進行理性清算，讓其僅僅以今古傳奇的面目，成為人們茶餘飯後的談資，而不至於僭越到社會主流觀念的高位。由於今天中國社會流行的陰謀論，建立在金融陰謀論的基礎上，故爾有必要先行清理金融—經濟陰謀論，以便為清理國家陰謀論掃清地盤。被金融陰謀論誇張性放大的一些金融傳奇故事，實質上是對金融發展史的一種刻意扭曲的表述。毋庸諱言的是，金融資本確實在現代經濟發展史上發揮着愈來愈重要的作用。但金融資本發揮出這種作用，主要是現代金融制度演進的結果，而不是金融陰謀施展的成果。現代金融史與現代經濟史相伴前行，獲得了自身發展和推動經濟發展的豐富資源和制度動力。正是因為金融部門取得了如此重要的地位，發揮了如此重要的作用，政府部門對金融部門的監管，才峽成為政府公共事務的一個如此重要的組成部分。基於政府對金融部門監管的重視，金融究竟如何才能健康地發展，便受制於至少兩方面的條件制約：一是金融部門自身運作的健全機制，二是政府部門的監管如何產生有效作用。

就金融部門自身的發展來看，絕對不是金融資本家的陰謀發揮作用的結果。金融業之所以能對現代經濟發展發揮巨大的推動作用，首先是因為金融業為適應經濟發展需要做出各種令人眼花繚亂的創新。其次則是因為金融業自身隨之體系化和健全化，成為一個既具有強大活力，又具有內在控制能力的經濟領域。就前者看，論者指出，「二十世紀五十年代中期，特低和無最低餘額要求的支票賬戶開始出現。六十年代，信用卡被廣泛採用。七十年代，貨幣市場基金和二十四小時自動銀行出納機成為現實。八十年代早期，可簽發支票的帶息賬戶（如可轉讓的提款單即NOW賬戶和或貨幣市場存款賬戶，即MMO賬戶）和零息證券逐漸流傳開。九十年代早期，開始出現借記卡業務。對企業而言，像歐洲美元（美國以外銀行的美元存款）和大額可轉讓存單（CDs）這樣通行的短期投資工具在一九六〇年以前還不存在。引入簡單的抵押證券的時間是在七十年代。垃圾債券和更複雜的抵押證券的出現是八十年代以後的事情，如擔保品抵押合同（CMOs）。把債券拆分為獨立的本金證券（PO）和利息證券（IO），則始於九十年代早期。」[34] 一個具體的經濟領域有如此頻密的產品創新，豈是陰謀二字能概觀的。那些極度放大金融領域所謂陰謀的人，要麼是出於對金融產品創新歷史的無知，要麼是想達到宣揚金融陰謀外的其他目的的別有用心。

就政府部門對金融業的監管來看，其監管方式當然有強化監管和放鬆管制兩種選擇，這之間存在不同的監管鬆緊選項。基於具有天然的風險貨幣體系運轉、複雜的金融功用，政府不可能放棄對貨幣金融的監管。正面來說，金融愈發達，交易愈頻繁，自由度愈大，政府的監管事務就愈重要。但另一方面，金融愈發達，交易愈複雜，自由度愈大，政府的控制難度也愈大。金融業本身出現波動及它自身和政府力圖控制波動的努力，從來都沒有停止過。「政府的關注表現在兩個方面。首先，政府試圖通過管制政策（regulatory policy）為金融部門安全、高效的運轉營造一個良好的環境。其次，它通過貨幣政策（monetary policy）引起金融部門的變動，意在影響實際部門所處的形勢，從而有助於經濟達到既定的目標。」[35] 顯然，在這裏，政府與金融部門是一種理性共謀的關係，而不是利益合謀、甚至是詭詐密謀的關係。只是由於現代金融業本身的多向發展，無法越過一道天塹，即人類經濟活動自身的不可全控性，金融業的波動總是不可避免。無論商業銀行、借貸機構、保險公司，還是股票經紀公司，他們在金融經營過程中，僅僅觀察到金融體系的某個環節和某個局部的運作，因此，人們在金融經濟活動中不可能掌握充分資訊，也就難以保證理性決策。這就是市場總會失靈，政府總會失敗的鐵律體現。金融業的某個環節始終會出現問題，或衰退、變異，或停滯、崩潰。從一八五七到一九九八年，這樣的金融經濟波動，基本上呈現為十年周期。只要這一周期相對固定，就證明金融危機並不是金融陰謀家所致。因為個別人籌劃的陰謀，從來不可能掐準時間，只能找準機會行動。

從金融業的行業創新與政府—企業間關係來看，金融業從來不是陰謀論者所說的那麼不堪，完全依靠陰謀詭計求得生存、贏得競爭。相反，從制度的層面來分析，金融業是現代經濟領域中最具活力和創新能力的行業，正是在這種創新能力與行業活力的推動下，它才能成為現代經濟發展最強勁的動力之一。肯定金融業依靠創新發展，並不意味着簡單粗暴地否定陰謀論者所指認的一些個別事實。金融家們確實有起於密室的謀劃，也確實有意巴結或控制政府權力的企圖，當然也有精心組織和謀劃的金融政治事務，這是陰謀論得以促人信從的客觀依據。但是，金融資本家不管是想控制行業，還是愚弄社會公眾，或是控制政府，一切在密室籌劃的陰謀，一旦要付諸實施，都總要曝露在光天化日之下，故爾陰謀也就必定成為陽謀。一直將陰謀作為密室計劃，它就只能「藏之名山，傳之後世」，而不會成為控制一個國家或整個世界金融經濟命脈的偉大籌劃。至於陰謀論動輒將一個重大金融經濟與社會政治實踐的初始謀劃，簡單歸之於陰謀，那其實是一種把陰謀概念故意放大，以便吸引人注意力的修辭手段罷了。需要注意的是，陰謀的固定詞義是，暗中策劃（做壞事），或暗中做壞事的計謀。[36] 只有那些暗中策劃、秘密實施，只求私利、損害公共利益的舉措，才能歸諸陰謀行列。金融經濟領域不是沒有這樣的陰謀存在，但這樣的陰謀絕對不可能成為金融經濟領域的制度形式，因此也會見光即死。把這類陰謀故事蒐集起來，作為金融領域就是陰謀領域的證據，只會貽笑大方。

陰謀論把一切社會規範生活都湮沒到金融陰謀、經濟陰謀和政治陰謀的汪洋大海，人類社會似乎不是在觀念、制度與生活方式創新中生存和發展的。這是一種對人類歷史的刻意扭曲。在今天的中國，經濟的疾速發展與困境同時浮現，改革開放的收益與難題相形而在，領導集團和普通公眾在這時都會有徘徊彷徨、左顧右盼的時候，心生疑竇，最易迷惘，魑魅魍魎，競相登台。陰謀論在中國的流行，就此得到解釋。

陰謀論與國家發展困境相伴出場。國家發展困境讓陰謀論開拓市場，陰謀論突顯了國家發展理性籌劃鋭力不夠時的窘境。因此，可以説，陰謀論的流行，乃是國家危機的體現。恰如前述，這樣的國家危機，既投射在精神領域，也投射在制度層面，更直接體現在日常生活中。在這種國家危機狀態下，如何應對陰謀論，已經成為中國未來健康發展必須重視的事務。國家危機狀態，與國家處於金融或經濟的局部危機，或是處於局部動盪的社會危機，甚至是政治秩序受到局部衝擊的政治危機，都大不一樣。現代國家在應付與治理國家的局部危機上，已經積累了豐富的經驗。但由陰謀論的流行所彰顯的國家危機，是一種深度的、全面的危機。這種危機，對國家體系最大的挑戰在於，它在明顯可以認知和難以讓人覺察的兩種狀態上呈現國家停滯和倒退的危險。就前者言，國家權力體系乃至於普通公民，都可以在日常經濟、社會與政治生活中感受得到，並能夠相對從容地尋找解決的方法。就後者論，它既不容易被人們察覺，也不容易被當政者承認，甚至會促使普通公民和當局者以危為機，陷入淺薄的樂觀狀態，使危機不被曝光，進而喪失危機治理的可能。為此，需要以極高的警覺性，謀劃解決國家總體危機的出路。

第一，需要官民共同確認，在十六世紀基本落定、十九世紀完全成型的競爭性國際關係中，陰謀和陽謀替代出場的基本態勢是，陽謀不立，陰謀出場。[37] 人們完全可以金融陰謀論和國家陰謀論的美國案例為例，理解陰謀與陽謀誰究竟戰勝誰的撼人歷史。美國之所以到今天還能控制自身的經濟秩序，並維持超過一個世紀的世界綜合實力最強國家的世界地位，就是因為它長期以來依靠陽謀戰勝陰謀。美國的大市場、大社會和大政府的積極互動，正是國家健康發展的強有力的國家架構。固然，美國經濟有起伏有波折，但百餘年維持世界第一經濟體的實力，絕對不是一些陰謀詭計奏效的結果。曾任美國聯儲會主席的伯南克，在評價著名經濟學家密爾頓·弗裏德曼等撰寫的《美國貨幣史》時指出，「《美國貨幣史》改變了有關大蕭條的爭論。這部為所有宏觀經濟學家所熟悉的著作，詳細考察了美國貨幣存量的變化——無論是當局的主觀貨幣政策所致，還是銀行體系變化等非個人力量所致——與國民收入和價格的變化的關係。本書的主要目標是探究近一個世紀以來貨幣力量對美國經濟產生了怎樣的影響。」[38] 正是這本嚴肅的貨幣金融理論著作，揭示了美國經濟發展中貨幣的複雜作用，對美國政府的貨幣政策與金融市場的互動關係進行了全面的描述與分析。更為關鍵的是，這一部大書，從沒有將故作驚世之論的陰謀故事當作噱頭，博取人們的閱讀和好感。這不啻是對金融陰謀論最好的解構。這就提醒處在發展困境中的中國人，千萬不要放棄理性的制度探索精神，信從陰謀論的癡人誑語。尋求官民之間的理性合作，共同謀劃國家發展的未來，克服當下面臨的暫時困境，是中國走出陰謀論呈現的國家總體危機的唯一出路。

第二，需要在競爭性的國際關係中，克制三個有利於陰謀論流行的因素發酵。首先，我們需要確認，以「弱者自認」孕育出的兩種國家理念，即對強國時代的懷舊和對成為強國的期待，都是扭曲的國家觀念。我們必須正視改革困境中呈現的國家危機。從晚清、民國再到今天，中國都以一種曾經的強國和即將再成強國自我安慰，自我慰藉的國家話語作為種種「盛世」説辭。哪怕在晚清那種國家處境已經非常危急的時候，人們也以「盛世」的話語自欺欺人。中國的改革，需要博大胸懷、理性籌劃、制度推進和持續發展，在這四個條件滿足的前提下頑強地推進改革，迎難而上，從而妥善處理過去的強者、未來的強者期待隱含着的、對現世強者的期待的社會心理。這樣，既讓陰謀論無處藏身，又使國人心懷陽光心態，致力個人發展、組織成長、國家興盛的偉大事業，絕對不為陰謀論的鼓噪所迷惑。

其次，我們需要承認，中國當下的社會心理普遍脆弱。必須要提升中國社會心理的承受度，才足以為民族的健康發展、國家的強勢復興，提供強大動力。中國歷來被官方文化主導。但官方文化形態，是長期的皇權文化。由於沒有獨立的社會文化，國家權力總是能夠成功誘導公眾的想法。即使人們以反抗權力的心態看待權力，他們依然處在權力的誘導下，無法形成理性辨別是非的能力。金融陰謀論之所以能如此迅速侵襲整個中國社會，是因為權力方面有意讓人們相信，不是他們不願做頑強努力，而是西方列強的陰謀詭計使中國改革寸步難行。免除這樣的認知困境，需要人們充分意識到，國家權力與社會公眾可以各自發揮自己的作用，並在積極互動中促使對方理性、健康的發揮推動國家發展的動力作用，由此，中國攻堅克難的深度改革，就是可以期待的。就此而言，決絕地拒斥陰謀論的說辭，謀求健全的制度成長狀態，形成寬鬆的發展環境，中國的持續發展就絕對可以實現的目標。

再者，需要建立理性的競爭性文化理念，正常面對國家間的經濟政治利益衝突，從而拒絕以怨婦心態對待西方國家與中國的良性競爭態勢。中國文化傳統重視和諧。這本是一種優秀的文化傳統。但因為這種文化的畸形演化，導致中國人拒斥競爭、孤芳自賞的扭曲心理。這就不符合現代社會的需要，也不切合國際社會正常競爭的要求。尤其是近代以來西方列強侵略中國，給中國造成極大傷害。因此，這種為和諧而和諧的心理搭載上悲情的歷史心態，便形成一種關乎國際關係的道德化理念——既然西方列強傷害過中國，中國現在要謀求發展，西方就必須讓開大道，避免競爭。在這樣的心理氛圍中，最容易接受陰謀論的説辭，信從西方國家滅亡中國之心不死的斷論。需要知道歷史的傷害與現實的競爭，都是中國在世界體系中的真實處境，不能正視歷史的真實處境，遮蔽人們正視現實的真實處境的眼睛。理性競爭，才是中國融入國際社會的正常進路。信從陰謀論説辭，試圖以中國的陰謀對付西方的陰謀，並以之徹底戰勝西方，那不過是自我欺騙的一種新式伎倆罷了。

「中國改革一直集中在激勵、流通、價格靈活性、競爭和開放這些我們認為的『大問題』上。中國的經驗，和有關日本、韓國早期騰飛的記錄表明，雖然制度缺陷、價格不合理、入市障礙、腐敗和其他限制造成了阻礙，也讓中國付出了代價，但在激勵、流動等這些領域的改善推動了經濟的發展。中國最近的經濟進步，歸功於成功的改革，改革調動了經濟中這些關鍵因素。」

中國的進步在於孕育改革開放中的制度創新，而不在以陰謀對付陰謀的機巧聰明。這是一個必須信從的嚴肅結論。

## 註釋

1 中國的陰謀論傳統深植於「身在深宮之中而明照四海之內」（《韓非子・奸劫弒臣》）的帝王術中。而先秦道家強調的「不出戶，知天下；不窺牖，見天道」（《老子》四十七章）為之提供了哲學基礎，法家為之提供了較為系統化的理論論證。民間流行的神秘文化傳統，則為之提供了社會心理基礎。參見李冬生：《中國古代神秘文化》，〈導言〉，合肥：安徽人民出版社，1993，第1–7頁。由於這裏的分析主題是當下的陰謀論及其直接導因，因此對這些陰謀論的背景文化，不深入討論。

2 參見張宇主編：《中國模式：改革開放三十年以來的中國經濟》，第4章〈中國銀行業改革的三十年〉，北京：中國經濟出版社，2008，第62–63頁。

3 【美】喬治・索羅斯著，王宇譯：《開放社會：改革全球資本主義》，北京：商務印書館，2001，第234頁。

4 宋鴻兵：《貨幣戰爭》，北京：中信出版社，2007，第13頁。

5 【美】弗里德里克·S·米什金著，李揚等譯：《貨幣金融學》，北京：中國人民大學出版社，1998，第4頁。

6 參見弗里德里克·S·米什金著，李揚等譯：《貨幣金融學》，第461–463頁。

7 參見宋鴻兵：《貨幣戰爭》，第1章〈羅斯柴爾德家族：「大道無形」的世界首富〉，第13頁及以下。

8 參見宋鴻兵：《貨幣戰爭》，第2章〈國際銀行家和美國總統的百年戰爭〉，第34頁及以下。

9 參見宋鴻兵：《貨幣戰爭》，第2章，〈國際銀行家和美國總統的百年戰爭〉，第34頁及以下。

10 參見宋鴻兵：《貨幣戰爭》，後記〈對中國金融開放的幾點看法〉，第267–272頁。

11 參見【美】琳賽·波特著，韋民等譯：〈導論〉，《光明會：陰謀論的前世今生》，海口：海南出版社，2010，第1頁及以下。

12 在美國這樣的國家，人們一直對政府有著刻骨銘心的懷疑和不信任傳統，加之政府總是趨向於掩蓋事實真相，因此給陰謀論留下了傳播開來的巨大空間。

13 美國總統約翰·菲茨傑拉德·甘迺迪被刺殺的事件，就是陰謀論最好的素材。一九六二年他被刺殺至今，事件真相一直處在雲遮霧障的狀態，給陰謀論者的各種發揮以極大的支持。而羅奈爾得·雷根的遇刺，就更讓陰謀論者獲得了有關金本位制的驚天陰謀論據。參見宋鴻兵：《貨幣戰爭》，第185–186頁。

14 參見吳敬璉：〈中國改革進入深水區：挑戰權貴資本主義〉，《綠葉》，2010年1–2期合刊。

15 「吳市場」是民間對致力推動市場經濟做出重大貢獻的著名經濟學家吳敬璉的別稱，「厲股份」則是對致力宣傳股份制經濟做出顯著貢獻的著名經濟學家厲以甯的簡稱。

16 參見吳立波：〈中國十大經濟學家背後的財團〉，載《瞭望東方周刊》，2006 年 6 月 18 日。

17 在一個大眾時代，群眾心理之變動無常，常常讓那些居心叵測的人士產生利用這樣的心理並驅動群眾的狂熱衝動。參見【法】古斯塔夫・勒龐著，馮克利譯：《烏合之眾——大眾心理研究》，導言〈群體的時代〉，北京：中央編譯出版社，2005，第 1 頁及以下。

18 參見央視二〇〇九年四月對話節目〈揭秘金融帝國〉，大衛・羅斯柴爾德與七位元嘉賓的對話。對話始終離不開主題詞「神秘」二字。http://bbs.pinggu.org/thread-449980-1-1.html（瀏覽日期：2014 年 7 月 21 日）。

19 參見【美】喬治・考夫曼著，陳平等譯：《現代金融體系——貨幣、市場與金融機構》，北京：經濟科學出版社，2001，第 2 頁。

20 喬治・考夫曼著，陳平等譯：《現代金融體系——貨幣、市場與金融機構》，第 1 頁。

21 參見喬治・考夫曼著，陳平等譯：《現代金融體系——貨幣、市場與金融機構》，第 10 頁。

22 參見百度百科「美國聯邦儲備委員會」詞條。http://baike.baidu.com/view/597763.htm?fr=aladdin（瀏覽日期：2014 年 7 月 22 日）。

23 參見宋鴻兵：《貨幣戰爭》，第 3 章〈美聯儲：私有的中央銀行〉，第 63 頁及以下。

24 參見張維迎：〈資訊化與信用〉，載氏著：《信息、信任與法律》，北京：三聯書店，2003，第 252 頁及以下。

25 宋鴻兵：《貨幣戰爭》，封面廣告語。

26 【美】勞倫・勃蘭特等編、方穎等譯：《偉大的中國經濟轉型》，上海：格致出版社、上海人民出版社 2009，第 10 頁。

27 【英】S. A. M. 艾茲赫德著，蔣智芹譯：《世界歷史中的中國》，上海：上海人民出版社，2009，第 394 頁。

28 參見百度百科「葛蘭素史克中國行賄事件」。http://baike.baidu.com/view/10775042.htm?fr=aladdin（瀏覽日期：2014 年 7 月 23 日）。

29 參見陳無諍：〈國際投行的「中國高層圈」〉，載《南都周刊》2013 年第 35 期。

30 參見賀江兵：〈高盛中國十年〉，http://wenku.baidu.com/link?url=duyRLoBT1UhpcJq7AFVrObAlokDMxzLap-hax7Ezq848HaoKAjI8E6oseHhxqFbJUkwR0cjMDJf8Gh0hNWV2L16L47eN1qsEtll4-dY9CS（瀏覽日期：2014 年 7 月 23 日）。

31 關於周小川出逃美國的詭異傳聞，可以視為這斷言的一個非正式佐證。參見中金線上〈央行行長周小川亮相粉碎出逃美國流言〉，http://news.cnfol.com/100902/101,1277,8347813,00.shtml（瀏覽日期：2014 年 7 月 23 日）。

32 參見宋鴻兵：《貨幣戰爭》，〈後記：對中國金融開放的幾點看法〉，第二節「要貨幣主權還是要貨幣穩定？」，第 269 頁。

33 余英時指出，「中國的政治傳統中一向瀰漫着一層反智的氣氛，我們如果用『自古已然，於今為烈』這句成語形容它，真是再恰當不過了。……『反智論』可以分為兩個互相關涉的部分：一是對於『智性』（intellect）本身的憎恨和懷疑，認為『智性』及由『智性』而來的知識學問對人生皆有害而無益。……反智論的另一方面則是對代表『智性』的知識分子（intellectuals）表現一種輕鄙以至敵視。」見氏著：《中國思想傳統及其現代變遷》（余英時文集第 2 卷），桂林：廣西師範大學出版社，2004，第 276–277 頁。

34 喬治・考夫曼著，陳平等譯：《現代金融體系——貨幣、市場與金融機構》，第 4 頁。

35 喬治·考夫曼著，陳平等譯：《現代金融體系——貨幣、市場與金融機構》，第6頁。

36 中國社會科學院語言研究所詞典編輯室編：《現代漢語詞典》（第5版），香港：商務印書館，2005，第1621頁。

37 陰謀論也承認，凡是一個國家動盪的時候，或國際社會處在多事之秋的情況下，各種陰謀便進入活躍期，並因此產生震撼的可怕結果。參見宋鴻兵：《貨幣戰爭》有關章節。

38 【美】密爾頓·弗里德曼等著，巴曙松等譯：《美國貨幣史1867–1960》，北京：北京大學出版社，2009，封底。

# 第十二章

# 向左與向右

## 國際政治氛圍與中國政治決斷

左與右，是一個比較陳舊的政治學命題。對今天的中國社會來講，這個陳舊的命題，已經被技術化的改革嚴重模糊化了。但對一個不曾完成政體選擇的國家而言，或者説對一個國家所無法迴避的政治決斷來講，這個問題還有其不可以輕忽的意義。

一個簡短的思想史敍述是：左與右，起源於法國大革命時期，支持王黨與反對王黨的人，分別在議會裏坐左、右兩邊的位置，中間是折中派的位置。[1] 後來，左與右在擴展性的意義上使用。「左」被定義為採取激進的方法，主要是社會主義或共產主義的方法實現政治目的的進路；「右」則被定義為尊重既有秩序，在自由與權威之間達成妥協，反對激進革命的政治取向。現代意識形態史就是由左中右三派書寫的歷史。不過，當代意識形態的圖景顯得相當複雜。「中右」、「中左」已經成為極右、極左兩個極端之間的温和化意識形態，並且構成民主政體的主流意識形態形式。中國語境中的「左」，是列寧主義與斯大林主義意義上的社會主義，中國的毛澤東式社會主義（毛左）。而「右」，則基本上是指現代憲政民主的制度理念與政治安排。但總的説來，中左與極左共享着左翼意識形態稱號，中右和極右共享着右翼意識形態的命名。這是評價某種政治主張、政黨偏好和制度安排左右歸屬的基本坐標。

當今國際社會的政治氛圍，出現普遍的左轉傾向。從政治觀念上看，左翼意識形態的重建嘗試獲得了相當反響，以至於右翼意識形態的理論潰退，成為相形顯現的現象；左派政黨登上國家權力的舞台，推行左傾色彩鮮明的政策。社會公眾的左傾情緒，似乎也有顯著的增長。對中國而言，由於模糊意識形態的「不爭論」所推進的中性化改革很難超前行進，左派明確秉持一種意識形態清算的立場，因此，意識形態的左轉是一種顯而易見的社會政治事實。中國改革開放前行的道路，究竟是向左還是向右，抑或是走上一條不左不右、亦左亦右的創新性道路，令人矚目。據此可以斷言，國際社會的政治氛圍與中國的政治決斷，已經緊密地聯繫在一起。

## 一、向左轉的國際社會

從總體上判斷，今天國際社會的政治傾向出現了普遍的左轉，而不是一些論者斷言的普遍右轉。這是由三個基本判斷指標所確立的斷言：第一，國際政治理念的普遍左傾，這已經是一個公認的事實；第二，在制度建構上，人們重視一九七〇年代被普遍認可的福利社會理念；第三，國際社會普遍的群眾政治行動背後，潛藏着的政治理念是左傾的。這是需要從三個不同角度具體觀察和分析的問題。

首先，從政治意識形態的視角看，發達國家的左轉傾向是非常明顯的。發達國家、尤其是具有國際領袖地位的發達國家帶頭左轉，構成國際社會左轉的顯著標誌。在發達國家陣營中，英美兩國的取向具有象徵性意義。德國、法國則對歐洲大陸的政治傾向具有標誌性作用。這幾個國家的政治局面一向是複雜的。但近期的左翼政治傾向，令人矚目。以「改變」為口號登上總統大位的奧巴馬，毫無疑問有着強烈的社會主義傾向和民粹主義衝動。在他陳述自己政治主張的《我們相信變革》一書中，奧巴馬提出了明顯帶有左傾民粹主義色彩的政治主張，展現的那種社會底層意識和明顯的社會主義動員方式，是美國這個歷來顯得右傾的國家一個顯著左轉的標誌。

> 現在是做出艱難抉擇的時候了。讓更明智的政府為我們鋪平道路，為美國的未來進行正確的投資。我們肩負着創造新世紀的重任。我們應審視政府的方方面面。我們無法忍受官僚主義的繁文縟節和不合時宜的計劃。我們的政府將對民主敞開大門。我們將在網上公佈政府的數據，利用技術手段使收支更加透

> 明。我們將歡迎美國公民的貢獻和參與，克服官僚主義，以確保每個機構都達到精簡標準。我們將讓特殊利益集團明白，他們在華盛頓呼風喚雨的日子已一去不復返了，因為美國人民並非二十一世紀的難題，而是解決難題的答案。[2]

其實，這不過是對接此前民主黨總統克林頓的執政理念而已。當年，克林頓與英國首相托尼・布萊爾，大力提倡所謂「第三條道路」，以再次聚集西方社會的左派力量，重整左翼政治的聲勢。隨着奧巴馬的執政與連任，共和黨的右傾思維與民主黨的左傾思維，很顯然在美國社會已經完成了它們的交替。在美國建國以來的兩百年歷史上，奧巴馬罕見地以從未有過的底層邏輯、道義邏輯治理美國社會。正是這種政治傾向，決定了他對美國「特殊利益集團」、尤其是金融資本集團的憎惡心理、批評譴責和徵稅政策。但奇怪的是，奧巴馬這樣對準資本猛烈開火的人，在美國社會竟然贏得廣泛的歡迎和讚許。其實，資本是貪婪的、權力也是貪婪的，都是貪婪。奧巴馬不是基於權力貪婪，就不會競選總統。資本家對利潤全無追求，也就失去了階層特性。兩者之間誰也沒有理由譴責誰，或者必須同時接受譴責。但一方對另一方進行基於道義的譴責，似乎就有些悖於常理了。但正是美國這樣一個對權力、資本與群眾都富有警惕性的國家，由奧巴馬開出一個由權力驅動、動員群眾譴責資本的局面。這種左傾做派，實在是開美國左傾政治新局面。

在英國，十九世紀以來社會主義政治組織就強大到足以作為一支政治勢力登上政治舞台。一九八〇年代保守黨的撒切爾夫人進行了一輪右傾改革，以非國有化的基本態勢，將英國重新推向私有化經濟的道路，試圖醫治二十世紀左傾政治導致的「英國病」。但英國的左翼實力之強大，遠非撒切爾夫人可以一力矯正。英國人從費邊社會主義開始，到上個世紀末期，一百多年來，工黨都一股勁地沿着社會主義的跑道快速地奔跑。同奧巴馬這樣的西方左傾政治領袖一樣，英國的左翼政黨領袖總是以敵視資產階級，實現社會公平為己任。他們總是承諾一種旨在鼓舞人心的社會主義方案。

社會主義的道德基礎是唯一經受住了時間考驗的東西。這種社會主義是基於一種道德上的判斷，即人與人之間是相互依賴的，他們對自己也對彼此負有義務，良好的社會支持該社會中個人所作的努力，共同的人性要求每一個人都有一塊立足之地。它還有一個客觀的基礎，其根源是相信只有承認人們的相互依賴，個人才會有所作為，因為只有大家都好個人才能好。這一社會主義的概念需要一種政治形式，以此我們共同承擔責任，既向貧窮、偏見和失業開戰，以創造條件真正建設一個國家：容忍、公平、富有創業精神和包容能力。[3]

這樣的話語，與奧巴馬的宣誓何其相似乃爾！英美兩個國家的左傾轉向，非常明顯，勿需過多的辨析，可為人們感知。中國一些左翼學者常常與國家權力一方一樣，以自己表錯情的方式將其右翼化，將之作為預設好的敵人一樣，不遺餘力地加以攻擊，以此來證明中國的左傾政治之正當與合理。如此看來，這樣的論評完全是缺乏實際針對性的。

至於法國的左派意識形態之影響整個國家的政治傾向，是一個勿需太多口舌就可以確證的事情。執政的法國社會黨，一以貫之地以其左傾的做派，對法國左翼激進主義發揮着推波助瀾的作用。奧朗德是一個政治經驗很少的左派政治家。恰如論者指出的，「擴大帶薪假期、削減法定工作時間、擴大社會保障，一系列『社會主義』措施正是奧朗德心目中亟待恢復的『法國夢』」。[4] 而誰都知道，法國的問題恰恰是社會福利太多，激勵工作的措施太少。不過左傾的法國政府從來不考慮財富來源，只重視財富的分享。這是社會黨前總統密特朗就塑型的法國左傾政治風格。

發達國家的左轉，是被憲政體制規定了限度的政治變化。因此，發達國家左轉的極限，也就是中左而已。否則，發達國家就不得不處理政體重構的嚴重問題了。起碼到目前為止，這樣的政治局面尚未出現。但這種左傾政治的浮顯，無疑與發展中國家的左轉，構成一幅國際政治普遍左轉的總體政治畫面。轉軌中的俄羅斯，大有重回左傾激進政治狀態的勢頭。俄羅斯與美國為首的西方國家的對抗，引人矚目。「抵制敍利亞戰爭，抵制伊朗戰爭，抵制『人道主義轟炸』，抵制『顏色革命』，而這一切都歸納在『軟實力的非法工具』這個新的概念中。普京認為華盛頓規劃的世界新秩序毫無前途。真正有價值的是『國家主權的神聖原則』」。[5] 這是一種不同於列寧—斯大林主義那種國際主義牌號的、民族主義的左傾政治主張。這種政治主張，正成為普京在國內遊刃有餘地進行政治動員、獲得民眾極高支持率的重要支柱。

中東歐前社會主義國家，大多因為經濟發展困境，出現明顯的左轉現象。轉軌初期，這些國家多由右派政黨執政，因此，在無力扭轉經濟發展　勢的情況下，紛紛丟掉政權。恰如論者所指出的，

> 中東歐「政治光譜」的漸變，都是因為經濟不給力。由於歐債危機久拖未決，去年以來，羅馬尼亞、匈牙利、斯洛伐克和捷克等中東歐國家的經濟麻煩不斷，部分國家經濟甚至出現了「二次衰退」。為了走出經濟困境，政府都實施了嚴苛的財政緊縮政策，增加稅收，壓縮公共開支，減少社會福利和養老金，造成失業率高漲，普通民眾的生活質量受到嚴重影響。由於中東歐國家政府在這一時期都是右翼政黨執政，他們的支持率因此大幅下滑。而左翼政黨憑藉提振本國經濟、改善民眾生活的競選綱領，以及加強政府調控、增加就業機會、促進社會平衡的政治理念贏得民心。[6]

左翼政治總是能夠抓住時機，對公眾進行煽動性的政治動員，並以極富誘惑力的社會政治承諾，輕易贏得政權。加之中東歐國家本身就還沒有完成國家的民主轉軌，一旦遭遇經濟困難，會很容易受到推動發展且公平分配的政治許諾的誘惑。這構成中東歐國家左轉的新舊社會動力。

至於上個世紀曾經創造了發展奇跡的拉丁美洲，整體的左傾，已經不是近期出現的事情，而是近十幾年的整體政治趨勢。拉美在上個世紀後半期創造經濟起飛奇跡的時候，就已經由左傾的「依附論」將其打入了不健康發展的深淵。果不其然，拉美在上個世紀結尾階段陷入了困境之中。由此，對新自由主義的外部批判，就趁勢而起，將國家發展陷入困境的原因，歸咎於西方帝國主義的、自利的新自由主義方案。於是，國有化運動興起並興盛起來，作為對付西方資本主義國家侵害拉美利益的趨同性選擇。左派政黨輕易地贏得國家權力，並且採取激進的經濟政策，與發達國家、尤其是美國直接對抗。傳統的極左政權及其領袖人物，成為拉美的政治楷模，新生的左派領袖對之頂禮膜拜。古巴、委內瑞拉、玻利維亞的極左體系，巴西、阿根廷、智利、墨西哥的左傾政府，牢固地掌握國家權力。拉美與世界其他地區的左派國家形成了更為緊密的經濟合作關係，甚至在政治上也刻意突顯拉美的左派立場。曾經由軍人政權主導的拉美經濟騰飛，一下子轉變為左派政黨專政的拉美格局。

過去十多年左翼運動的興起和發展，是拉美地區社會發展歷史過程中出現的現象。拉美各國人民在經歷了二十世紀八十年代的債務危機，九十年代新自由主義改革失敗及其引發的政治經濟危機之後，為尋求新的發展道路，尋求符合本地區實際情況的發展戰略和模式而進行了長期奮鬥，左翼運動正是在這種歷史大潮中崛起和不斷發展的。同時，當前拉美政治格局的形成，也是冷戰結束以後國際戰略格局轉變的一個重要組成部分。這個歷史過程涵蓋了整個拉美地區，既不是某一個國家的孤立現象，也不是某個國家或某個人物所能左右或改變的。拉美左翼運動方興未艾，仍保持着強勁的發展勢頭。當前拉美政治版圖的形成是諸多因素作用的結果。[7]

與轉型國家和曾經迅速發展的國家的左轉不同，世界上存在一些自二戰以後一直處在極左政治局勢中，尚未發生任何改變的左傾激進國家。亞洲堅決抵制現代轉型的北朝鮮，堪稱代表。這個國家是世界上罕見的、以社會主義為名的，神話政治人物、進行階級專政的國家。[8] 拉美的古巴，則是另一個維持斯大林主義的社會主義體制的老牌極左國家。儘管菲德爾·卡斯特羅退出了國家的領導崗位，勞爾·卡斯特羅努力推動改革，但總的説來，古巴還是世界左派人士嚮往的代表性國家。正如菲德爾·卡斯特羅以質問美國總統的口吻表達的堅強政治意志，古巴將繼續成為極左政治的世界代言人。

你們難道不知道，古巴是堅如磐石的，古巴革命是堅不可摧的，古巴人民是永遠不會屈膝投降的嗎？你們難道沒有意識到，我們的愛國主義和國際主義是牢牢扎根在我們腦際和心田的嗎？其扎根之牢猶如那些壯麗的比那爾德里奧火成岩山丘的根底深扎在本省地底深處火山中那樣。比那爾德里奧省是一個叫做古巴的島嶼的組成部分；古巴已勝利地頂住了有史以來最強大的國家近四十二年的封鎖和侵略壓力，當今是榮耀在身，光芒四射。[9]

今天的國際政治，完全可以稱之為「隱形的社會主義陣線」主導的政治局面。這裏的「社會主義」，自然是一個包容性極強的概念。從北歐最温和的、憲政框架下的社會民主主義，到中國特色的社會主義，再到古巴、朝鮮的極左社會主義，最後坐實到蘇東變種的威權社會主義或國家主義，各種品牌的社會主義組合成為左傾的國際社會。傳統、穩定的右派憲政民主政治，在今天明顯處於守勢。

與國際政治局勢的左傾相伴隨，當今國際社會左轉的第二個突出標誌，就是國際社會政治思想的左傾色彩較為鮮明。在當今國際社會的思想界，相對於潰不成軍的右傾思想家，左派思想家的「結盟」出場，可以説是最令人矚目的一道思想景觀。德國的傳統左派思想陣營——法蘭克福學派，在老一代思想家哈貝馬斯、新生代思想家霍耐特的帶動下，一如既往地堅持其左傾的思想立場。在世界範圍內非常活躍的、美國的《新左評論》，掀起了不少思想波瀾。這個雜誌的主編安德森[10]不僅是左派思想家、社會活動家，而且堪稱左派的國際串聯者。他與中國新左派代表人物的對話，對中國新左派的聲勢發揮了巨大的助長作用。左派思想家活躍在學術研究的各個領域。以霍布斯鮑姆、弗蘭克為代表的左派歷史學家聲滿國際史學界，以阿明為代表的、批判不平等發展的理論在經濟學界影響廣泛，而以斯提格利茨、克魯格曼這些美式左派經濟學家發出的重視政府作用的聲音響徹環宇，以昂格爾為代表的左派法學家在國際法學界的影響也不可小覷。加之共和主義、社群主義等等左翼的社會政治思潮，國際思想界的畫面，幾乎可以說是由廣義左派所繪製的。

至於近期轟動美國讀書界的托馬斯・皮克迪撰寫的《二十一世紀的資本論》，就更是將左派自覺或不自覺的結盟而起的聲勢，推向了整個世界。一種承繼十九世紀以來宣稱資本主義絕對不平等的思想理念，正在當下集結起來，要宣告二十一世紀的資本主義延續了十九世紀的那種世襲性質，以至於必定陷入不可持續的狀態，非改弦更張不可。儘管這樣的左派立場，已經疏遠了斯大林主義式的方案，但卻是一種顯見的西方式左派主張。「我有志於謙恭地為以下討論做出貢獻——即關於組織社會的最佳方式和實現公正社會秩序的最適宜機制與政策。而且，我願意看到在法治之下有效地實現公正；這樣的公正平等地適用於所有人，且來自於民主討論後所形成的被普遍理解的法律。」[11] 這一似乎温和有餘的左派話語模式，很好呈現了「全球左翼之崛起」[12] 的趨同性思想性格。

就此可以對當下的國際社會左右歸屬做出一個概觀：在政治思想觀念上，國際社會流行好似結盟的左派價值觀念與學術主張，並以各種面目的反資本主義和贊同不同版本的社會主義將這些觀念陳述出來。在政治制度上，以反對資本主義的不平等，聲稱建構平等的社會主義制度而引人注目。在生活模式上，提倡一種反對權貴，傾向平民的態度，以同情弱者、改善民生為日常生活圖景，因之而吸引人們的關注。

## 二、向左轉的中國社會

在全球左翼崛起之際，左轉的國際社會氛圍，會對中國的政治氛圍發揮什麼影響嗎？中國的政治氣氛歸屬於左傾陣營還是右派營壘呢？一般而言，人們將改革開放之後的中國劃為右轉的國家。這是因為中國明顯地以左派反感的市場經濟為改革導向，而且形成了貧富嚴重不均的權貴資本主義經濟社會形態。但是，中國執掌國家權力的政黨性質，註定了它至少在國家形式結構上的左傾特質。而且，正是基於這樣的特質，也就塑造出中國在意識形態上的「寧左勿右」的精神氛圍。假如執掌國家權力的政黨還在銳意推進改革的話，左右間的平衡關係還能巧妙得到維護，國家不會以意識形態的左傾或右傾來呈現它的政治基本傾向。一旦國家發展受阻，能夠成功拒斥意識形態之爭的「不爭論」政策，就很難讓社會真正安定下來，不就左右選擇進行爭論。即使是國家權力一方在這樣的情況下以權力體系控制爭論各方，在社會意識形態領域，爭論不僅會展開，而且會非常激烈。左傾的一方，這個時候總是會利用中國之為政黨國家的權力便利，扼制國家權力的左傾咽喉，將整個國家帶向左傾、左傾極端的方向。並且掀動社會意識領域的左傾競賽，將整個社會迅速帶向一個全方位左轉的境地。

處在改革開放深水區的中國，不是挺向前方的規範立憲民主國家，就是倒退回極左主導的舊時代。由於國家權力對立憲民主政體的堅決拒斥，以及在觀念上展開的「亮劍」行動，因此，給左派、尤其是左派激進主義以巨大的政治鼓舞，這無形中催生了中國的整體左轉趨勢。這是可以經由多方面的描述和分析得到印證的事情。

我們起碼可以從兩個方面來描述和分析中國社會整體上的左轉：其一，中國社會氛圍的左轉，其二，中國思想界的整體左傾。

首先描述和分析中國社會氛圍的左轉。中國社會氛圍向左轉，是經濟升級換代困境促成的局面。以2008年為界，中國的經濟發展區分為兩個階段，前一個階段基本上由社會主義市場經濟的改革意識形態開道，將左右雙方約束在體制內，從而為市場經濟的推進提供了較為寬鬆的輿論環境。後一個階段已經不是前此的意識形態建構所可以引導的社會變遷進程。一方面，獨佔性執掌國家權力的政黨本身，陷入了執政的膠着狀態，四大考驗（執政考驗、改革開放考驗、市場經濟考驗、外部環境考驗）與四大危險（精神懈怠的危險、能力不足的危險、脫離群眾的危險、消極腐敗的危險）[13]的同時浮現，使執政黨自身的內部整合變得困難重重。另一方面，在執政黨難以分身應付社會的左右雙方對「中國向何處去」問題的對峙性解答時，作為社會公眾分裂基礎上形成的不同政治主張，就此斷然分割成左右對立的不同社會思潮。

這樣的局面，是中國的改革開放必然要遭遇的。原因很簡單，一個國家的經濟發展，發展主題從治窮演進到公平的時候，通常會遭遇發展困境。這種困境，就是人們熟知的「轉型陷阱」。

轉型陷阱指的就是，在這種變革和轉型的過程中，期間形成的既得利益格局阻止進一步變革的過程，要求維持現狀，希望將某些具有過渡性特徵的體制因素定型化，並由此導致經濟社會發展的畸形化和經濟社會問題的不斷積累……在體制的意義上，轉型陷阱並非僅僅是體制變革陷於停滯或倒退，而是將一種過渡形態的體制因素定型為一種相對穩定的制度；在發展的意義上，轉型陷阱導致的並不是簡單地陷入經濟放緩或停滯，而是陷入經濟社會發展的畸形化。[14]

論者所指陳的轉型陷阱，確實是中國改革開放走過三十餘年歷史後出現的驚人現象。正是由於轉型陷阱的出現，社會分裂、改革停滯、前途不明、爭論蜂起，才成為人們普遍感知的社會現實。「轉型陷阱最大的危險就是對新舊體制的這種組裝，以及在這種情況下形成的『左右為難』，甚至為了解決弊端而實施的某些改革措施，都避免不了被『組裝』的命運。」[15] 一個左右為難、左右不是的改革處境，自然就會將一個具有共識的社會撕裂，變成斷裂開來的社會。這個社會必定是一個西西里化的社會：[16] 此時，所謂自由主義的效率追求，與左翼激進主義的平等願望之間，變得似乎更難協調。如果不對國家權力進行結構性變動，就既不足以釋放被國家權力長期壓制的社會，也就不足以讓社會安寧有序。社會各階層站在自己認定的道德正當性基點上，對別的階層表現出明顯的不寬容：社會階層之間、組織之間、群體之間、國家權力與社會公眾之間，都缺乏起碼的信任，自力救濟變成公眾自保和互保的首選。

由於分配正義歷來是左派極力張揚的話題，因此，在分配正義所包含的複雜含義沒被公眾認知的情況下，人們很自然地不會關注起點平等、過程平等，而僅僅去關注結果平等。一個對結果不平等嚴重不滿的社會，讓左派煽動家具有了強有力的政治煽動根據。只要左派將貧富嚴重分化的驚人事實端上桌面，就足以摧毀人們關於「中國社會何處去」的基本共識。左派、尤其是激進左派，以對整個社會的道德熱情的煽動，推銷其絕對的結果公平理念。但當所有人把自己的道德同情心置於最高位置，撇除個人對國家、社會的自我責任，只以自己是一個高尚的個體來確立自己與別人關係的時候，高尚的道德衝動就使起碼的理智判斷消失無蹤。這種令人觸目驚心的變化，正是中國整體狀況的寫照——國家領導人以情感打動社會，但權勢集團卻在道義打動的同時，佔有國家的壟斷性資源，這是一個多麼鮮明的對比。

這種對比，足以催生整個社會的民粹主義思潮。[17] 這一催生過程，有來自正反兩個方面來的動力：正的推動，是指人們對分配不公的譴責與對底層問題關注的高昂熱情，左派的三農研究是強大的推手。在權勢集團佔據壟斷資源的情形下，人們仇富、仇官的心理，本就在吞噬腦海裏一來就殘缺不全的政治理性。一旦左派將這種不滿激發為亢奮不已的社會情緒的時候，它就會成為公眾發泄不滿的泄地水銀，滲透到社會的各個角落。加之中國千百年來平均主義的道義原則主宰了民族的政治思維，同情弱者的道義傳統又主導了人們搶佔道德高位的倫理神經，因此，當左派刻意激發公眾對分配不公的不滿情緒時，不僅社會很難設置預防嚴重分裂的堤壩，而且以公共利益名義侵害個人權益的做法會不可遏制地泛濫開來。

社會氛圍的左轉，不僅在左派的刻意渲染，而且還在於政治體制改革滯後造成的左傾回流。在當今中國，國家權力不由分說地拒斥立憲民主政治，同時致力啟動中國傳統文化應對政治改革的停滯難題。結果，造成整個社會以文明、文化對策代換政治體制改革的政治錯亂。千百年來中國沒有民主治理國家的經驗，在國家與社會二元化的古典時代，基層社會尋求的是自然秩序的和諧，高層社會追求的是絕對世襲的權力。「普天之下，莫非王土；率土之濱，莫非王臣」的皇權專制是一個制度事實。「打天下者坐天下」是一個握權的基本邏輯。不問權力來源的治道壓倒了追問權力來源的政道，結果完全發展不出民主政治。[18]這樣的權力邏輯，一直綿延下來，迄今未改。而中國近三十年的發展，又恰恰是由國家帶動的發展。國家主導的社會與市場微觀改革，促成中國經濟的迅速騰飛。這又給國家壟斷性控制資源，提供了理由。國家權力集權運作的體制，似乎就此獲得正當化的充分理由。

其實，中國的改革還需要向縱深處推進。這是因為，一個對專屬財產權利缺乏法律健全保障的國家，由國家絕對主導的經濟發展，一定會碰上產權對經濟持續發展的阻礙。國有壟斷企業對市場經濟發展的嚴重妨礙，已經是一個公認的事實。而國家對公民個人產權的隨意褫奪，對公民和國家致力長期的財產積累，產生了極為消極的影響。在經濟活動的激勵機制缺損的情況下，經濟的長期發展無異於緣木求魚。一九九〇年代以來持續的「國進民退」，[19]就是一個很好的證明；而富裕的人群「用腳投票」[20]的移民，則很好地顯示了人們對中國現存體制的棄取態度。國家權力方面今天還在津津樂道不惜一切代價，也要推進超大型項目的「舉國體制」，這本身就是體制弊端難以克治的表現。[21]

中國的國家權力方面之所以拒斥深度改革，固守體制現實，不僅是對國內局勢缺乏把握導致的，也是對國際壓力的左傾回應。今天中國所處的國際環境，與一九八〇年代啟動改革開放時期，已經迥然有別。在中國致力治窮的情況下，西方發達國家和睦鄰國家，都希望中國做到自給自足，以免給自己帶來不可預期的難題。但當下中國已經成為世界第二大經濟體，西方發達國家面臨一個強有力的市場競爭對手，自然需要採取既提防又合作的態度；睦鄰國家對崛起中國的警惕性就更是不在話下，因為一個強大的中國主導地區政治的局面，是這一地區的國家還沒有預計好的地緣政治狀態。國際壓力的驟然增長，使不太符合國際社會通行體制的「中國特色社會主義」體制面臨巨大的壓力。如何維持自身體制不變，同時拓展國際空間，已經成為中國下一步發展的絕頂重要的課題。這使得國家權力當局很容易回到固化當下權力體制，拒斥融入國際社會的體制改革。左傾的政治傾向，就此塑就。

在國際政治中，一切左傾政治力量還有一個共同特徵，那就是他們的假想敵都是美國。美國是一個公開張揚自己國家利益的國度。但這並不是左派仇視美國的原因。美國之所以被左派仇視，是因為美國被他們想像為國際社會右派勢力的總保護傘。更為重要的是，美國是一切旨在顛覆左派國家政權的總後台。對今天的中國來說，美國已經從曾經的國家典範，墮化為祛魅的對象，成為國家致力消解的顛覆性力量。確實，猶如一些論者較為客觀地指出的，中美關係的癥結，其實是雙方的體制差異。

中國的發展模式是否具有普世意義一直是備受爭議的問題，但客觀來講，中國今天的成功確實使世界其他發展中國家看到了工業化並不只有西方這一種途徑，而對美國而言，「中國模式」的根本挑戰似乎在於它表明了現代化完全不意味着要真正接受美國視之為重要國家利益的所謂「普世價值」。事實上，美國對一個模棱兩可的「中國模式」的擔憂在很大程度上是一種文化保守心理在作祟，即對美國式自由主義的偏執信仰，而其實很多年前就已有美國國內學者提出應該對這種『專橫強制的自由主義』進行反思了。然而，根植於民族個性的價值認同很難改變，這就意味着未來隨着中國現代化的繼續進步，美國對於「中國模式」的憂慮將會進一步加深，從而在深刻的心理層面上對雙邊關係構成制約。[22]

直白地講，中美雙方的經濟社會利益的衝突，都不是根本的衝突。但雙方對對方政治體制的疑懼，才是衝突與對立的根源。雙方自然都有令對方覺得具有顛覆性的體制傾向，也都有令對方不太放心的體制擴張力，而不管哪一種體制釋放出自己的體制能量，都對對方具有顛覆性。中國是當今世界左翼政治的代表性國家，尤其是以國家資本主義直接推動經濟發展的模式，與美國幾乎是由市場力量推動的經濟發展模式，具有直接的對抗性。這種對抗性，上承社會主義與資本主義對抗的歷史，下啟究竟由誰主導世界的未來政治局面。因此，衝突必不可免。而當下中國處在弱者的守勢，美國處在強者的攻勢，中國對自己左翼政治體制的堅定維護，就是情理之中的事情。中國東聯俄羅斯、南連拉美，制衡美國，便成為世界左右翼政治對壘的新局面。而美國重返亞洲，牽制中國，也就成為其國際事務中的重要事項。這從內外兩個方向上塑就了中國左傾政治風格。

與中國政治的明顯左轉相伴隨，中國思想界出現的左傾現象，引人矚目。當代中國已經進入一個網絡時代。網絡左派的力量聚集，是中國日常政治左轉的一個顯著標誌。當人們宣稱今天中國社會有一個與官方思想界不同的民間思想界之時，民間思想界的左派力量的彙集之地「烏有之鄉」網站，就不可不提。「烏有之鄉」是中國極左網站，表達內容和方式屬於典型的文革思維、文革語言、文革表達、文革做派以及文革靈魂。[23] 人們有理由佩服「烏有之鄉」的作者與讀者，他們對現實有着一種堅忍不拔的指責與批評。在某種意義上，在一個合宜的政治體制之下，極左思維有其存活的重要性與必要性。對於一個健全的現代社會而言，左翼的、不可妥協的批判選擇，是一個不可缺少的精神健康力量。不過，「烏有之鄉」對中國現實生活出路的主張，確實堪稱中國左轉的標本：他們主張，在經濟上重新恢復國有計劃經濟；在政治上恢復政黨一元化領導的體制；在文化上重新回到毛澤東時代的正統路線。他們拒斥一九七八年以來所謂中共的修正主義路線，堅持一九七八年之前正統的毛澤東思想。這是一種顯而易見的極左主張。烏有之鄉這類左派主張，扼制住了政黨國家意識形態的咽喉，使政黨國家沒有反抗能力。這也是中國左轉容易，改革很難的原因：左傾力量與國家體制是同構的。

學術界的極左主張與此前的新左派群體已經混合為一體。以「第二次思想解放」命名的學術探究，其實就是要對中共主導的改革開放進行清算，以走出所謂對西方發達國家的迷思為鵠的。他們的思想資源，當然是國際學術界的左傾思想。誠如其中一位較早表達這類理念的學者所坦陳的，「二十一世紀，是需要新思想的世紀。冷戰時代的舊的概念範疇，已經不能滿足中國和世界的需要。時代呼喚制度創新和理論創新。中國需要新的『思想解放』運動。在這一新的『思想解放』運動中，我們可以從『新進化論』、『分析的馬克思主義』和『批判法學』中吸取一些有益的啟發；然後，以中國深厚的土壤為基礎，將中國已經出現的一些制度創新和理論創新的萌芽培育、壯大起來。」[24] 這樣的主張，形式上看上去並無不妥。因為學術左派的主張，一般比較溫和有理。但當這樣的學術見解透過大詞呈現其政策走向的時候，真實意味就突現出來：那就是要拒斥發達國家已經刻畫出來的完整現代化藍圖，而另闢蹊徑，闖出一條所謂中國特色的現代化道路。而這條道路，不過就是他們所心儀的文革做派與當下公平訴求的奇怪結合體。這樣的結合體，首先是顛覆以美國為代表的現代模式的典範意義，其次則力圖樹立起一個符合中國國情的社會主義墶本。就前者講，他們的美國批判堪稱開路嘗試。就後者論，他們對重慶模式的推崇，可謂透入現實的努力。

誠如前述，美國是一個毫不掩飾地為國家利益張目的國度。這本身無可厚非。在一個由威斯特伐利亞合約界定的世界體系中，民族國家是國際政治的行為主體。[25]因此，國家間的關係，首先是基於領土、人口與主權等要素的利益關係。國際政治當然是要追求秩序的，但是作為行為主體的主權民族國家之間的討價還價，是形成這一秩序的前提條件。美國是這一世界體系中的一員。它當然要追求它的國家利益。但一個超級大國，總是被別的國家幻想為一個具有國際主義情懷的國家。十九世紀的英國是這樣，二十世紀的美國也是這樣被別的國家想像着。在一個競爭性的國際體系中，稍具雄心的國家都以這兩個稱霸世界的民族國家作為效仿對象。既然一個國家起念模仿另一個國家，被模仿的那個國家便具有了脱離其國家真實存在的想像特性：它是一個國家之所以強大必須模仿的對象，它之所以值得模仿，不僅是因為它在物質力量上的無可匹敵，更是因為它在價值世界的值得追求。這種想像，本與英美兩國無關，而與群起效仿的其他國家相連。不過，一旦一個國家發願這麼做，被想像的世界超級大國就必須具有這樣的國家特質。否則，發願模仿超級大國的國家中人，就會陷入失望之中，反而對自己試圖效仿的超級大國加以不留情面的攻擊。中國的新左派、後來的極左派，就是這麼對待他們心儀的美國楷模的。本來，他們對美國這樣的超級大國心懷敬畏，結果發現這個國家的實際狀態似乎離他們的想像相差太遠，於是以祛魅的名義對之的顛覆，便不遺餘力。這是左派貌似理性思維實則情緒化思維的典型寫照。

不錯，許多由西方學者提出的理論的確對我們認識中國與世界具有啟發意義。但同樣不可否認的是，看似精巧、新潮的西方主流政治學理論模型往往帶有根深蒂固的偏見和不可避免的盲點。由於這些偏見和盲點的存在，這些理論模型很可能變成束縛研究者手腳的緊身衣和遮蔽他們視野的有色鏡。雖然我們中國政治學者生於本土，對本土有深情的關懷和切身的了解，西方政治學潛移默化的影響之大，恐怕超出了我們的想像。如果不進行有意識的反省，我們往往會不自覺地以西方政治學之「是」為是，以西方政治學之「非」為非。什麼叫文化霸權？讓人在渾然不覺中變成附庸便是文化霸權法力的證據。願意向西方學習是好的，但是一味盲目接受西方的理論卻可能窒息自己的創造潛力。[26]

這段話說的很有道理。但將這種旨在「祛魅」的話語放置到論者祛魅之後確立的「創造性」話語中來看，恐怕就不得不為他設置的左傾知識立場感嘆一番。論者對文革中造反群眾行為屬於理性選擇的斷言、中國式民主就是實質民主的論定、公民社會屬於新自由主義神話的說辭，已震撼人心。他將剛剛草創的重慶平均主義模式稱之為「社會主義3.0」，便着實讓人感到這種預設好的、為左傾主張清場的知識清道，明顯是不顧事實的價值先行。

我感覺重慶經驗最重要的，就是把社會主義的未來和能夠看得見摸得着的成果聯繫起來，關注最廣大人民群眾的呼聲，這裏面既有社會主義1.0版本「匱乏時代」的要素，也有社會主義2.0版本「温飽階段」的要素，更重要的是其中也蘊涵實踐社會主義3.0版本「小康水平」的要素。重慶正在實踐的社會主義，在社會主義各個階段的發展中都具有連續性。[27]

這就一下子呈現了論者對西方祛魅的現實政治意圖，那不過是為了實現作者自己正當化中國政治左轉的意圖而進行的一種前期性清場而已。而且這種正當化已經到了一個不顧政策周期，便將某種政策意圖作為政策結果對待的反學理地步了。對此，只能在價值絕對先行而不顧其餘的角度予以善意理解了。恰如論者所指出的，「左派的思想資源在重慶彙聚，得到制度整合，形成了極大聲勢，這在近三十年來的中國地方發展和思想界，均是極其罕見的現象。民粹的毛左，政治的老左和學術的新左，首次在重慶的旗幟下匯成一股共同的洪流，似有不可阻擋之勢。」[28] 但左派學者的重慶聚集，也不過就是奉命而行、奉命寫作而已。左派學者對權勢的依附，就此徹底揭櫫。

這正是深入一步，左派表達自己的政治基本理念時，必然借助政治領袖人物，表達個人崇拜的政治基因。並據此將反美和崇毛兩個左派文化基因混成一個明確觀念：左派就是要在毛澤東式的建國方案中落定自己的國家理念。

> 百年共和的歷史給我們留下了兩個明顯的內傷，一個是身體上的，一個是精神上的。身體上的內傷是，自辛亥革命之後，中國因真假共和之爭陷入分裂迄今還沒有統一。誰在阻擾中國的統一？美國！美國阻擾中國統一依持的是

什麼理念？不過是讓凱撒的「分而治之」披上了普世觀念的外衣。精神上的內傷則來自毛澤東為了讓中國這個文明古國佔據黑格爾的世界歷史哲學的最後階段，以至於如今知識人對這位國父的評價極為分裂，要麼恨得不行，要麼愛得不行——「文革」的精神遺產是激進啟蒙觀念導致的中國人的精神內戰。哪個民族國家的國父會是這樣的呢？想到這點，我心裏就難受。[29]

基於這樣的判斷，「國父論」順勢出台：不是毛澤東這個讓孫中山差了十萬八千里的共和建國之父，中國的共和建國似乎就絕無希望。但問題在於，中國的共和建國至今並未竟功。這種登頂左派政治頌詞之巔的國父論，實在與中國的現代建國狀況相去甚遠，何止十萬八千里。它不過象徵着左派言説者為自己留下的驚人言論尺度而已。

## 三、左右之間：價值選擇、事實認知與問題導向

左右之爭，就是政治價值之爭。一個人或組織的政治價值取向，當然會影響這個人和這個組織的政治行動。但政治價值並不是一個人或一個組織行動的唯一動力。事實上，政治行動常常是具體的政治處境中多種構成因素的妥協性結果，而不是由政治價值傾向這個單一因素所決定。因此，左右之爭並不具有介入爭論的各方所認定的那麼巨大的功用。在現代政治生活中，反倒是政治價值的爭執、意識形態的對峙，常常造成災難性的政治後果。這就提醒人們必須跟政治意識形態拉開距離，並保持對政治意識形態之爭的警惕性。

自晚清以來，一直不絕於縷且愈演愈烈的、價值的「諸神之爭」，完全遮蔽了中國現代建國的真實問題。正是由於政治價值上的嚴重對峙，造成一種無法妥協的尖銳對立：只要有人說需要學習西方，那就傷害了民族自尊心，數典忘祖，變成了西方的走狗，是賣國賊無疑。然而，愛國者常常忘記了中國的國家處境，需要在學習西方的同時超越西方，完成國家現代轉型的重大任務。但是，左傾的價值立場，總是具有一種政治正確的保證性。以對抗的心態面對外部世界，總是會贏得公眾的廣泛認同：一談日本，就是那個侵略過中國的野蠻國家；一談美國，就是從門戶政策到今天導致台海兩岸不能統一的霸道國家；一

談西方，就是那個火燒圓明園的集群化侵略者。就這樣，現代建國的楷模，裂變為中國現代建國的對峙共存鏡像：一方面，西方國家的現代建國，是中國所必須完成的國家轉軌。另一方面，西方是中國的敵人，因此不能悉心學習西方，而必須先期超越西方，走出一條別具中國特色的建國道路。但怎樣才能走出這樣一條道路來，則是晚清以來中國現代建國一直沒有解決好的問題。

面對先行的西方現代建國，中國確實遭遇到必定會扭曲其學習價值的尷尬處境。其一，人們認為，中國的貧窮落後是西方帝國主義所致。從晚清、民國到中華人民共和國，中國人均有強烈的反對帝國主義的願望與行動。這種反抗本身是具有充分理由的。其二，前述立場是需要反思的一種政治行動傾向。因為，西方帝國主義侵入中國，確實是中國無法順利完成現代建國任務的重要導因。但中國自身權力體系如何認知國家轉軌的現實，並恰當處置建國事務反而被人忽視。這等於縱容自晚清以來的中國掌權者不履行他們對國家承擔的責任。

從道義的角度而言，西方國家侵略中國當然是可惡的。道義原則預示人們，強勢國家應當對弱勢國家秉持一種同情態度，而不能無情欺凌。但西方國家卻總是對中國肆意侵犯和大勢掠奪，這就完全不符合中國儒家傳統孕生的道義論邏輯。這就從價值觀念上強化了中國人對西方的反感。如果說近代以來中國陷入了無法妥協的價值爭端，就內部緣由來看，主要是由於古今之爭，即古今價值的替換導致價值世界的分裂的話，那麼，就外部緣由來分析，西方國家之作為典範與仇仇兀自對立與必須共存的態勢，便是中國無法處理好接受還是拒斥現代價值的重要導因。

這可以區分為三個時段和不同價值域來分別觀察。三個時段，即晚清、民國與人民共和國三個政治體執掌國家權力的三個階段。不同價值域，即現代國家基本價值、制度理念與生活觀念構成的精神世界。前一觀察視角，可以讓人們醒覺三個時段中國都不約而同地陷入了現代價值扭曲的狀態。後一觀察視角，可以讓人們認識到中西價值衝突的具體狀態。

先從前一視角觀察。晚清中國，是中西衝突尖銳化的第一階段。本來，明清交替之際，中西文化衝突便已發端。但晚明的閉關鎖國、厲行海禁，將肇其端緒的中西交流強行扼制住了。有清一代，在朝代的早中期，也實行同明朝一樣的海禁政策。因此，已經成型的現代西方，並未對中國造成巨大的衝擊。歷史運行到晚清階段，西方國家已經到了非打開中國市場不可的地步，因此，只要對其市場准入造成障礙的，西方國家便不惜以武力衝擊的方式，強行打開國家大門。這個時候，現代價值與傳統價值的直接衝突，勢不可免。此時掀起的中西體用之爭，便是中西價值衝突的典型寫照。儘管有中西各有體用的明智之見，但是，中體西用之説，則代表穩定既定國家權力結構一方的立場。而且由此構成阻止現代國家建制傳入中國的基本思維模式。

今欲強中國，存中學，則不得不講西學。然不以中學固其根柢，端其識趣，則強者為亂首，弱者為人奴，其禍更烈於不通西學者矣。[30]

以中學固其根柢，就是固中國行之既久的儒家價值與皇權制度；以西學為功用，不過是以堅船利炮武裝中國、而讓中國足以與西方競爭。前者是目的所在，後者是手段而已。中學的仁義禮智信、君臣父子之道，是構成中國之為中國的深層理由。這是再怎麼也不能更動的中國價值結構。學習西方，如果缺少這些價值觀念的主導，只會引發國家的失序，甘為西方人的奴隸。倘若這樣，拒斥西學勝於接納西學。張之洞所確立的中體西用進路，實際上就是在維護傳統人心秩序與社會政治秩序前提條件下，借助西方的現代技術夯實這些傳統的價值與制度體制。其站在國家權勢既定結構上的言説進路，是中體西用説的要害所在。在這裏，現代價值，諸如自由、平等、法治、民主與憲政等等，沒有傳輸進中國的任何必要。張之洞的類似理念與晚清政權維護既定權力結構的需要相結合，構成晚清中國實際上抵抗現代建國的重要「理據」。哪怕在晚清革命風暴席捲而來的時候，姓族統治集團也不準備與國人分享些微權力。

以建立現代共和國為目的的辛亥革命，推翻了晚清少數人專橫統治多數人的皇權體制。但無論是北洋軍閥政權，還是國民黨政權，也沒有打算兑現自己革命建國或曲線救國的政治理想。尤其是國民黨政權，以建立現代共和國為目的，成立革命黨，發起革命建國運動，推翻帝制政權，統一整個國家。但真正需要坐實共和國的民權至上原則的時候，國民黨再次墮入了壟斷國家權力的窠臼。

中國國民黨乃是全國國民共有共享的一個建國的總機關。中國國民黨革命如能成功，則中國國家方能獨立。如果今日的中國，沒有了中國國民黨，那就是沒有了中國。簡單的説，中國的命運，完全寄託於中國國民黨。如果中國國民黨的革命，今日不幸而失敗了，那中國的國家亦就無所寄託，不僅不能列在世界上四強之一，而且就要受世界各國的處分。從此世界地圖上面，亦將不見中華民國的名詞了。所以大家應該知道：自國家有機體的生命上説，沒有了三民主義，中國的建國工作，就失去了指導的原理，所以三民主義是國家的靈魂。自國家有機體的活動上說，沒有了中國國民黨，中國的建國工作就失去了發動的樞紐。所以中國國民黨是國家的動脈。[31]

正是這種黨國合一於黨的國家結構，讓國民黨全無與其他黨派、公眾組織和全國民眾分享權力的打算。在「一個黨、一個領袖、一個主義、一個軍隊」的政黨專斷統治下，國民黨自然是拒斥現代建國的價值理念與制度安排的。它之所以在丟失中國大陸政權的危機顯現以前，完全着力維護政黨專政體制，就是因為一個黨派的利益遮蔽了整個國家的利益。它最初的建國預期，與最後的建國結果之間，發生了直接而尖銳的對立。這是國民黨丟掉大陸政權最重要的原因。但儘管如此，從佔居國家權力的自私角度考慮國家的權力歸屬問題，國民黨卻是上承晚清政權既定思路，下啟未來執政黨派對待國家權力方式的承前啟後、接力為之的建國集團，它沒有跳出中國千古以來私有化國家權力的圈套。

人民共和國曾經以找到了打破歷史周期律的方法而自豪。中國共產黨在革命建國的過程中，一再強調將以民主的方式建立嶄新的國家。毛澤東曾經強調指出：

> 中國是有缺點，而且是很大的缺點，這種缺點，一言以蔽之，就是缺乏民主。中國人民非常需要民主，因為只有民主，抗戰才有力量，中國內部關係與對外關係，才能走上軌道，才能取得抗戰的勝利，才能建設一個好的國家，亦只有民主才能使中國在戰後繼續團結。中國缺乏民主，是在座諸位所深知的。只有加上民主，中國才能前進一步。[32]

實行民主，就是中國共產黨自認的、走出中國千古權力周期律怪圈的法寶。一人、一家、一團體、一地方，乃至一國，總是體現出「其興也渤焉」、「其亡也忽焉」。中國共產黨如何避免這一歷史周期律？毛澤東的回答簡潔有力，「我們已經找到新路，我們能跳出這周期律。這條新路，就是民主。只有人人起來負責，才不會人亡政息。」[33] 誠然，毛澤東領導的中國共產黨，正是以給人印象深刻的民主做派，才推翻國民黨政權，奪取國家權力的。毛澤東在建政以後，不能說沒有踐行他的諾言。事實上，毛澤東正是以人民直接民主的方式，來實踐自己諾言的。可惜的是，這樣的實踐，出現了兩個極其嚴重的錯位：一是跟國民黨一樣的政黨獨佔國家權力，從未打算跟其他黨派、民眾團體和全國人民制度化地分享權力。二是他沒有訴諸建立在人民主權基礎上的現代分權制衡體制來保障人民民主權利，而是訴諸大民主的方式來顛覆國家既定體制。結果，事與願違，毛澤東不僅沒能走出歷史周期律的制約，而且將國家推向秩序紊亂的困局。這正是後起的中共領袖必須進行改弦更張，啟動改革開放進程的原因所在。否則，中國共產黨統治國家的權力就會遭遇嚴重的挑戰。

自晚清以來的三個政治體，都沒有走上一條接引現代價值的陽關大道，更因此無力解決國家轉軌的現實緊迫問題。與此相映成趣的是，晚清以來，中國人也未能善處現代價值與傳統價值的有效對接問題。結果，至今中國的價值世界，還呈現出突兀的兩種價值體系對立的態勢：要不是傳統價值主導一切，要不是現代價值一統天下。前述晚清時期中體西用的説辭，已經顯示出這個時段將中西價值對峙起來的思維特性。在民國時期，不説是學術界處在主義與問題、西化與國粹、獨裁與民主、自由與專制的對峙狀態中，即便是信誓旦旦要開闢中國歷史新局面的國民黨領袖人物，也在幻想一手阻擊俄國人代表的共產主義力量，一手阻擊自由主義象徵的現代國家建制，而試圖走出一條秉承儒家禮義廉恥原則的、富有中國特色的現代建國道路。這是一條極富宏願的建國道路。但是，由於它堵塞了現代建國的兩條基本道路，即以黨建國和人民建國，傳統的儒家觀念事實上根本不可能直接轉變為現代國家理念與架構，因此，這條建國道路實際上在表達之際，就已經顯出此路不通的結局。一種基於絕對理想主義的建國進路，總是一條死路。表達理想建國方案的政治家，也意識到價值世界的紊亂，對於中國現代建國所具有的危害。

> 自清末維新，中經辛亥革命，五四運動，至於國民革命期間，因講學而改變學風，舉凡自由主義、國家主義、共產主義、無政府主義，世界各國所有的思潮，都經試驗。若深加考察，雖有不少的進步成分，散在社會，然而真誠篤實的風氣，終竟沒有造成。治學的人士，不能實事求是，身體力行。或思而不學，閉目空談，自逞胸臆，妄立門户。或學而不思，東塗西抹，人云亦云，無有定見。崇西化則捨己從人，尚國學則閉關自大。講學的人士，輕於發言，不復責任，附和流俗，姑息取容。以個人的私慾為前提，而自以為「自由」；以個人的私利為中心，而自以為「民主」。以守法為恥辱，以抗命為清高。利用青年的弱點而自以為「青年導師」，妄肆淺薄的宣傳而自以為「先進學者」。極其所至，使國家為之紛亂，民族因而衰亡[34]

論者對當時中國價值世界亂象的指責，固然有權力作祟發出的可怪之論，但也準確指出了當時中國莫衷一是的價值混亂局面。不是說中國在現代建國的處境中，不經由價值的激烈碰撞，就可以順順利利地確立西方國家已經確立起來的那些現代基本價值。但是，人們以自己的價值偏好引導各自的建國行動，真的使國家完全無法達成建國的價值共識。人們的價值偏好，造成他們以自己的偏好為建國必然之選的偏執，結果掩蓋了建國的真實需要。這就將國家轉軌的重大問題，嚴嚴實實地遮蔽起來。

這樣的價值偏執狀態，迄今未改，且有愈演愈烈之勢。改革開放之後的中國大陸，以「反左防右」的執政黨高壓政策，為意識形態上較為含混的經濟體制改革開闢了通道。國家權力當局必須以自己對意識形態的絕對掌控，來保證各種價值偏好不至於影響力求走在中間偏左價值路線上的改革開放政策的貫徹與執行。但這樣的努力，常常導致民間價值爭執的極化狀態。改革開放發展到晚近階段，這樣的極化狀態，甚至是政治權威人物都難以抑制的事情。因此，在表達再次啟動改革的意願時，不得不以明確的「不爭論」指示，強行壓住各種試圖對「中國向何處去」表達價值意念的思潮登場。

> 我們的政策就是允許看。允許看，比強制好得多。我們推行三中全會以來的路線、方針、政策，不搞強迫，不搞運動，願意幹就幹，幹多少是多少，這樣慢慢就跟上來了。不爭論，是我的一個發明。不爭論，是為了爭取時

間幹。一爭論就複雜了，把時間都爭掉了，什麼也幹不成。不爭論，大膽地試，大膽地闖。[35]

「不爭論」顯然是針對左右兩種價值觀念對中國改革的「干擾」而言的。儘管鄧小平強調兩個極端都要預防，而且着重指出「中國要警惕右，但主要是防止『左』」。[36] 但是，反右防左豈是那麼容易扼制住的兩個政治端點。由於鄧小平本人早就為改革設定了四項基本原則，認定「我們要在中國實現四個現代化，必須在思想政治上堅持四項基本原則。這是實現四個現代化的根本前提。這四項是：第一，必須堅持社會主義道路，第二，必須堅持無產階級專政；第三，必須堅持共產黨的領導；第四，必須堅持馬列主義、毛澤東思想。大家知道，這四項基本原則並不是新的東西，是我們黨長期以來所一貫堅持的。」[37] 這就意味着，他本人並沒有完全做到「不爭論」，而是預設了一條左的政治價值路線。這就為中國的極左派開啟政治價值爭端，清算改革開放，事實上終結改革開放，提供了方便法門。極左言論僅僅需要「以子之矛攻子之盾」，就足以將「不搞強迫、不搞運動」的改革開放打入冷宮，而讓極左的、以唱紅打黑為標誌的「重慶模式」大行其道。

中國的政治領袖，其實都偏愛替國人做出價值判斷。正是由於這種源自權力護駕的價值給定，讓中國的現代建國充滿了價值風險：因為，由國家權力高層給定的價值，一定與現代主流價值存在距離。起碼這些給定的價值，不會包含限制權力的價值理念在內。這就使真正足以引導中國現代建國健康發展的價值觀念，處在缺失的狀態。同時，也使制約國家健康發展的某些價值觀念得到權力的庇護。於是，價值的健康互動和相互平衡功能無從發揮，而現代價值理念在爭執中突顯出主流的機制也就無以成型。這也正是「不爭論」的政治禁令，無法真正禁止價值世界的必然爭論的緣由。

跨世紀之後，「不爭論」的政策基本失靈。中國明顯出現了兩種意義上的左轉。一是所謂觀念左派引導的價值左轉，二是所謂行動左派催生的政治左轉。就前者而言，以重回毛澤東路線為訴求的極左派，已經跟此前由晦澀的學術辭藻打點起來的書齋「新左派」合流，並且以唱紅打黑的「重慶模式」作為現實依託，呈現在世人面前。就後者論，推行深水區改革陷入困境的國家權力方面，面對群情洶湧的公平訴求，只能行走在國家主義的危險道路上，以民族主義、民粹主義這些極有可能引發社會動盪的價值觀念，維繫社會公眾對國家權力的有限支持。這個時候，國家缺少具有公眾號召力的願景，公眾明顯分裂，左右各自攜帶着不可遏制的價值力量，讓國家處於分崩離析的危險境地。

國家與公眾價值的偏執，造成了中國所處現狀的事實之扭曲，掩蓋了中國現代建國問題的解決之道。兩種基於價值偏執的圖景，突兀地呈現在人們面前：一方面，意識到國家統治危機的權力方面，致力清算可能引發統治失序的現代主流價值，開動國家機器，發動宣傳攻勢，將公民權利、憲政、公民社會、新聞自由、現代民主等等價值觀念拘囿在禁止言說的範圍。另一方面，社會公眾被權力左右開弓的權謀誤導，在價值觀念上明顯趨於分裂狀態。極左群眾崇信文革式思維，認定只有再來一次「文化大革命」，才足以克制貪腐，消除瀰漫中國社會的資本主義毒素，走上毛澤東式社會主義的正軌；極右群眾則認定，不馬上立定憲政民主體制，中國的貪腐無以遏止，因此現行體制必須徹底重造。有論者將這樣的價值分裂之局，稱之為必須超越的左右激進主義偏執狀態。

近年來，中國在取得巨大經濟發展與社會進步的同時，也產生一系列深刻的社會矛盾，腐敗問題、貧富分化問題、國富民窮問題、社會不公問題愈來愈引發社會大眾的不滿。社會大眾、知識分子與學者對中國前途的憂心焦慮感不斷增加。

正是在這樣的經濟與社會矛盾深化的背景下，兩種價值取向相反的激進主義思潮在社會上重新崛起，一種是左的激進思潮。它把改革開放中發生的種種矛盾、困境以及貧富分化與社會不公等消極現象，簡單地解釋為「資本主義復辟」，認為只有再發動一次「文革式的大民主」才能解決官僚腐敗問題，要把中國拉回到改革以前的平均主義道路上去。另一種是右的激進主義，它認為，只要把西方發達國家行之有效的多元政治制度直接搬過來，一切問題就能迎刃而解。[38]

為此，論者設定了由新權威主導的中道改革，「我們強調中道理性，一方面要反對左右的激進主義，另一方面，要反對保守停滯的思想，反對既得利益的保守化，即應對激進挑戰而走向退縮性反應。通過漸進改革，化解矛盾，走出新路來。」這樣的論説，似乎是旨在達成共識的言路。但左右雙方對之的反應，一定是這種主站不過突顯了第三方的偏好而已。因此，在一個分裂的價值世界，促成共識的可能性程度是相當之低的。在一個任由自己偏執某種價值觀念的情況下，人們對事實的辨認需要，已經降至冰點，他們又如何尋求合作，去解決棘手的建國難題呢？偏執的價值世界，必然將事實認知的要求遮蔽起來，並且拒絕承認有需要共同解決的問題的存在。如果這樣的情景僵固下來，人們就只好等待他們生活其中的共同體分崩離析，然後再開啟新一輪的尋求共識之旅。價值偏執，就此引出各執一端、不及其餘，循環往復、絕無終結的惡性循環。

## 四、突顯「化解革命」的優先性

今天的中國，處在一個左轉的國際氛圍、左轉的國家情景之中。這對中國未來的發展，將產生重大影響。導致這一局面的原因是複雜的。但經由前面的分析，人們可以知曉，引發中國偏離改革開放軌道的明顯左轉，是中國缺乏改革願景、埋首經濟發展的功利化取向必然的結果。從中國社會政治發展的現象上看，「摸着石頭過河」的試探性改革，一定會導致兩種與這一願望悖反的狀態：一是「只摸石頭不過河」的眼前功利取向，二是「摸到石頭不過河」的權力自保心態。這兩種狀況，都屬於前述「轉型陷阱」的表現。就前者言，只摸石頭，是一種只試探而不前行，倘若前行並無願景，僅僅流於一種借道問路、求取實惠的態度。這對革除積弊、創新體制，沒有任何積極作用。就後者論，摸到石頭，不聲不響；探到路徑，絕不做聲；明知對岸，自限此岸；深知願景，拒不坐實。這對改革進入縱深地帶，抵達成功彼岸，顯然發揮着阻礙作用。正是因為有這兩種在改革開放前確定試探性進路是未可預期的停滯行為，因此，改革開放的深入推進，實際上是在一種一步三回頭、對改革前的某些東西戀戀不捨前提條件下展開的有限改良，並不是一種氣勢恢宏、旨在落定現代中國的結構性更動。

對中國改革開放的處境，早就有兩種截然不同的評價：一是改革開放早就在一九八〇年代後期中斷、夭折。一是改革開放已然步入深水區，推進十分艱難，牽一髮而動全身，只能「謀定而後動」。前一種評價，是從改革的結構性推進而言的。確實，近二十餘年，中國的改革已經從結構化改革大步後退。很少見一九八〇年代那樣大開大合的重大改革手筆。小修小補的改革，頭痛醫頭、腳痛醫腳，查漏補缺，小步慢跑，是一九九〇年代以來以改革命名的政策調適留給人極為鮮明的印象。斷言中國改革的停滯、終結或夭折，似乎不無道理。

在經過將近四分之一世紀的蓬勃生命之後，中國的「改革」看來正在死亡。如果按照一般概念把中國改革分為「經濟」和「政治」兩個方面，我們看到，政治改革在尚未出生之前，就已經在一九八九年初夏舉行了葬禮；而經濟改革，作為中國改革的真正實際，到二〇〇一年中國正式加入世界貿易組織，也大體完成了其推動中國市場化的使命，把中國帶到了與世界市場經濟接軌的匯合處，從而為自己畫下了句號。過去二十多年來，在中國所發生的最大現實，就是這種以官僚國家掌控下的市場化為主要內容的「改革」，它具有在社會秩序大體平穩和政治權力框架不發生重大變化的前提下重塑國家、社會與市場關係的特點，基本上是上下結合、自上而下地發生和推動的。[39]

論者從八個方面給出了改革已然終結的理據：一是意識形態陷入自我維護的狀態，二是以對文革的反思發生歷史回流，三是一切以穩定為導向且犧牲改革的政治定位，四是經濟領域的體制改革已然淡出，五是國有企業的改革已經走進死胡同，六是中國的對外開放價值大打折扣，七是改革的正當性已經喪失，八是改革的戰略圖謀已經退場。[40] 這樣的總結歸納，自然是仁智各見的，絕對會有不同看法。但中國的改革開放，從一九九〇年代起始，確實氣勢漸衰，效用漸低，很難作為執政黨聚集統治合法性資源的強有力手段了。其中，左派勢力重回中國社會政治生活的中心場所，正是改革終結的一個顯着標誌。

另一些論者主張中國改革不是停滯，而是步入深水區，因此在「牽一髮而動全身」的複雜局面中，必須首先坐實改革的頂層設計，才能往下推進改革。這些論者指出，此前中國的改革，啃的都是軟骨頭，即將展開的改革，必須啃的都是硬骨頭。因此進展緩慢，情有可原；收效低微，實屬正常。論者為此列出了中國改革將要啃的幾塊硬骨頭：一是會損害部分人既得利益的政府體制改革，二是落實民權限制官權的政治體制改革，三是實現「耕者有其田」的土地制度改革，四是重組利益機制必須進行的壟斷行業改革，五是調整各方面權益關係的資源產權和價格改革。這些改革，確實是深水區的改革，其坐實的艱難程度，明顯超過既有改革的難度。但恰恰在中國改革步入深水區的時候，改革的動力減弱了，改革的阻力增大了，改革的複雜性加大了，改革的不確定性增加了。[41] 論者沒有言明改革阻力，但很顯然，權力的自辯與新老左派的合謀，是改革難以涉入深水區最重要的原因。

曾經對改革開放發揮巨大作用的「思想解放」，早就有偃旗息鼓之嫌。近年來，阻止思想解放的權力力量與左派思潮的力量，已經合流。對改革開放步入深水區，如何才能涉水過河的各種新鮮見解，幾乎都打入了禁止討論的冷宮。而且在政治上設防甚多，留下的只是新老左派在理論舞台上隨意舞蹈的空間。左派的可愛之處在於，他們總是對現實持一種極端憤懣的態度，總是將自己放在弱者的位置，總是有一種自己是底層群眾代表的道德高尚感，總是認定必須借助革命的手段才能徹底改變令人難以忍受的現實。但這種可愛切入現實之中，常常就走樣為對實際生活的強制性階級分析，以怨恨心態觀察一切，以救世主的心境看待社會下層，以無條件反對資本主義贊同社會主義矯正現實。他們中的極左部分，一直以一種不斷革命的毛澤東文革式思維看待中國問題，不願意對革命遺產進行清理，更不用説以超越革命的方式繼承革命旨在追求自由平等的現代精髓。固步自封、權貴思維，構成了老左派的基本思想品格。左派中的學界群體，以西方新左派的一些大詞將自己裝點起來，以突破西方現代價值理念與制度的魅惑為自己的學術標示，以肯定中國社會主義的獨特創新性為自己的論述要領，從而將其左派的政治主張與保守的權貴立場混合起來，「論證」老左派試圖正當化而不得的斯大林式、毛澤東式社會主義方案的正當性，認定那才是中國的未來，才是中國的希望。而匯入現代主流的價值和制度，則成為斷送中國前程的異端主張。新老左派一旦匯流，便成為一種誓死抱住革命遺產不放，拒斥中國共產黨從革命黨轉變為執政黨，以對洶湧群情的助長，呈現自己堅定捍衛民權的左派風格。其實，新老左派大都以此作為自己維護既定國家權力體系的巧妙方式，既拒斥執政黨進行的現代導向的改革，又堵塞人民主權真正坐實的通道。這其實是一種拒斥革命性改革以消弭矛盾、引發新一波激進革命的失責之想。

對今天的中國來講，左右對峙的價值局面，都可能引發劇烈的社會震蕩，導致浩大的社會革命，並在革命中將左右的偏執主張融合為一。分析起來，左的革命，是一種將中國重新推向持續的社會動盪的主張。這樣的革命偏執，表面上顯得非常正確，尤其扼制住了執政黨的意識形態咽喉，因而具有一種勢不可擋的政治正確的力量感。但這確實是一種足以將中國執掌國家權力的政黨組織推到風口浪尖的危險主張。由於執政黨對此的警覺性較低，容易引為同調，因此它對人心與社會政治秩序的危害之大，不容易為人所察覺。即便察覺，本屬左翼的執政黨也處在反抗無力的尷尬境地。因為，以改革矯正極左政策的執政黨取向，總是被極左的反改革所佔居的左傾高位所統攝。從極左一端發出的聲音，其所具有的左翼正當性資源，遠遠比來自改革的社會主義左派，要聲震屋瓦、富有氣勢得多。以極左制中左，乃是左翼政治史上從來不費吹灰之力就可以做到的事情。

右的革命，則是一種英雄式的改弦更張，對既定結構進行全幅調整，斷然推陳出新的革命形式。說右的革命是一場革命，有些牽強。因為，這樣的革命結果，跟左的激進革命沒什麼兩樣。英雄的慨然登場，結果仍然是英雄對國家的頤指氣使。國家建構，還是很難落定到現代國家立憲民主的平台上。在一個國家的法治化導向的改革很難推進的時候，右的權威主義革命理念，很容易被人以高企的希望隆重推出。近期還魂的新權威主義，可以被視為右的革命呼籲的典型理念。論者認為，近期中國已經呈現了新權威主義的2.0版本。這樣的新權威主義，是一種導向現代建國目標的權威主義，是正式到來的、新權威主義的黃金時代的標誌。恰如論者所指出的，「通俗地説，新權威主義者就是鐵腕改革派。他既反對左的保守勢力，也反對右的西化自由派勢力，新權威主義主張在尊重現存秩序的歷史連續性的基礎上，用鐵腕進行漸進市場經濟改革，最終實現市場經濟現代化與向民主政治軟着陸。凡是符合這兩個條件的，就是新權威主義。」這種由權力高層主導的權威主義改革，足以引導改革健康發展，走向「摸着石頭過河」的河的對岸。這是新權威主義改革的正面效應。從對應面上看，新權威主義則是化解革命危機的不二之選。

新權威主義具有「延時功能」，也就是説，在保持穩定的一定時間內，為改革爭取時間，通過改革來解決矛盾。只有通過解決矛盾，才能使連鎖性的社會爆炸才會逐漸被消解。當新權威主義下的社會經濟發展達到一個新的階段，中等收入階層逐漸增加，深層次社會矛盾漸次解決，極端主義與革命思潮就失去了社會基礎，薄殼效應就可以避免。到水到渠成時，那時中國的民主化的時代就會到來了。[42]

原來，新權威主義旨在化解革命。這種寄希望於國家當權人物的權威主義思路，本身就是一種它所反對的極右激進主義主張。但是，它對中國陷入革命窘境的高度警惕性，則成為它與左派籲求革命的主張在形式上最鮮明的區別。在某種意義上講，今天中國反左防右的聚焦點，就是化解革命。右派指望新權威登高而招，落定現代國家體制，走的是英雄一人革命的路徑。相對於左派的群眾革命運動而言，自然是一種主觀代價較小的革命形式。不過，它與左派的革命籲求相比較而言，致力化解革命，成為它的標誌性旗幟。

確實，化解革命，成為中國還可以言說改革的前提條件。在全球範圍的左轉趨勢中，告別革命，已經成為革命時代未曾清晰畫出界限的中左與極左，在和平時代的分水嶺。在全球左轉的趨勢中，有一個重要的分界線必須高度重視，那就是發達國家、發展中國家的中左取向，與欠發展國家的極左取向，明顯分道揚鑣。在國際社會中，冷戰早期那種高度統一的左派陣營，早就不存在了。極左與中左的斷然分流，在上個世紀中葉，就清晰地呈現在人們面前。在這種局面中，極左總是以簡單的統一戰線，將中左納入自己的陣營之中，以為全球都處在左派革命的大氛圍之中。其實，這是極左派的一種形勢誤解。上個世紀五十年代，隨着發達國家中的左派對斯大林式社會主義的拒斥，中左派以民主社會主義、社會民主主義等形式，從極左陣營中分化出來，成為左派政治最具有號召力的組織形式。這樣的社會主義形式，不再以腥風血雨的暴力革命為先導，而以議會鬥爭爭取執政機會；不再以公民起碼的物化生存權利為革命目的，而以福利社會的建構為追求；不再以對抗政治為政治參與的特殊形式，而以政治合作為社會參與的目的寄託。這樣的左派政治立場，相對於列寧—斯大林式的社會主義而言，更為重視的是限制市場的囂張跋扈，推崇政府的公平調節。他們所期待的是，不為資本主義的牟利籲求所主宰，而為公正公平的生活而努力。他們也存在下層情結，但已經放棄了以暴力革命的手段解放下層群眾的道德傲慢，轉而致力尋求一種憲政體制內的矯正力量，來實現社會的公平和正義。因此，極左的暴力革命，演進到中左的同意革命——即「通過同意實行有秩序統治」。[43]

過去的歷史經驗清楚地告訴我們，沒有一個政府能永遠進行或永遠實行恐怖手段，那怕這兩者都有其思想基礎；拿破侖和羅伯斯比爾領導歷史便是明證。任何一種高壓制度經過一個時期以後，假使要生存下去，就非轉化為同意的制度不可。[44]

> 假使我們希望來一次同意的革命，那麼現在就是採取行動的大好時機。革命的目的很清楚，就是重新開闢日益增長的福利的前景；因此就要設法維護我們文明社會裏的那些民主過程，並且用這些過程所包含的價值來與我們的敵人企圖強加於人的新秩序對抗。承認那些價值要有兩個先決條件：第一，人本身是目的，而不是達到另外什麼人的目的的手段；第二，個性實現得愈深刻，個性在其中起作用的社會也愈富裕。[45]

相對於流行中國現代社會的暴力革命觀念而言，同意的革命乃是一種反對革命的主張。但確實是一種矯正偏執的暴力革命的貼近性主張。無疑，對於一個崇尚革命的政黨及其理論主張而言，斷然告別革命話語是十分艱難的。這是所謂路徑依賴（path dependence）支持的斷言。革命黨走出革命的最好出路，就是貼近革命話語以消解革命危機。這樣不僅坐實了它早先掀動革命以實現公平正義的革命目的，又讓其走出崇尚暴力完全無法實現掀動革命目的的尷尬。

就當下的針對性來講，對執掌中國權力的政黨而言，化解革命，需要首先化解自己對革命的偏執情緒。一個革命黨如何演進為一個執政黨，是其必須處理的重大政治主題。基於人類理想願景的共產主義，可以一直作為理想政治來對待。但面向現實，執政黨必須為理想政治落定到政治理想，進而落定在現實政治、尤其是現實政治秩序上創造條件。就此而言，執政黨不能偏執地堅守既定意識形態，而必須保持一種意識形態上的開放性與靈活性。一些被保守的掌權者所拒斥的政治理念與改革方案，應當為其留下嘗試空間。但執政黨作別革命思維，最好的出路，當然不是跳到自己的對立面，直接坐實反革命的立憲自發秩序。以同意的革命作為觀念先導，消解暴力革命的潛在危機，從極左轉向中左，已然在左派光譜中確定自己的政治位置，從而上有階梯、下有台階，以一種類似英國光榮革命的方式，一方面兑現早先革命承諾的人民當家做主目標，另一方面為自己掌握可能是長期性、也可能是周期性的執政權奠定基礎。這是需要前述鄧小平所説的「大膽地試，大膽地闖」的精神。

扭轉執政黨長期偏執的革命價值理念，將斯大林主義的僵化社會主義模式送進歷史博物館，引入適應現代後革命狀態註定的民主社會主義理念，可能是中國告別極左，坐實中左，從而贏得廣泛的治理國家認同感的出路之一。民主社會主義究竟是否是中國曾經的斯大林式社會主義的替代性、解套性的思路，曾經引發中國思想界的廣泛爭論。主張以民主社會主義為斯大林主義解套的學者認為，只有為社會主義楔入民主要素，社會主義才有出路。

民主社會主義剔除了馬克思主義中的空想成分，使馬克思主義由空想變成了現實。作為活着的馬克思主義，在工人運動中生根的馬克思主義，是給工人階級和勞動人民帶來高工資、高福利的民主社會主義，而不是可望而不可及的烏托邦。當代馬克思主義的旗幟上寫的是民主社會主義。堅持馬克思主義就是堅持民主社會主義。社會民主黨人既代表工人階級的利益，又代表全社會的共同利益，有廣泛的階級基礎和群眾基礎。不是挑起階級衝突，激化社會矛盾，而是把社會各階級團結起來，促進經濟的發展，在社會財富總量的不斷增加中，調節分配，走共同富裕的道路。[46]

正是基於這樣的判斷，論者強調「只有民主社會主義才能就中國」。[47] 這自然激起了以旺盛鬥志捍衛原教旨馬克思主義的左派人士的憤慨。他們以經典馬克思主義作家的論述、中國國家領導人的論斷，作為支持自己反對民主社會主義的根據。[48] 也許他們有自己的道理。但是執政黨尋求後革命出路的嘗試，不能由此被阻斷。如果執政黨一直陷在革命泥淖中，它對國家的領導，就始終缺乏廣泛的群眾支持和公眾認同。這不能不是一個嚴肅面對革命遺產的現實理由。

這樣的告別革命思維，有其正當性。因此，它成為中國思想界為中國政治僵局解困的趨同性思路。早在一九九〇年代，李澤厚等就以「告別革命」來申述二十世紀中國出路的看法。他們指出，革命那樣的風雲激蕩、電閃雷鳴，解決不了它承諾解決的問題。相反，改良倒是可以實現這樣的目的。

> 革命確實有巨大的破壞力量，它可以改變人們的存在方式，但是，以為革命可以解決一切問題，確實是一種幼稚病。過去，我們以為摧毀舊的國家機器之後，一切將迎刃而解，所以把希望、力量都放在革命上，結果社會本身的組織機能、管理機能和建設機能就退化了。什麼都仰仗於人為的階級鬥爭，以為抓住這個綱就抓住了一切，沒想到，當這個綱舉得高高時，社會自生長、自組織的自然自發能力喪失了，社會變得空疏、空洞，理想重新化為空想。……

革命可說是一種能量消耗，而改良則是一種能量積累，積少成多，積小成大。看來似慢，其實更快。一個問題一個問題的解決，就是積累。我們現在只能做一點建設性的、積累性的工作，這其實才是最有意義的工作。[49]

可惜的是，這種有利於執政黨長久執政、更有利於國家落定在穩定的秩序平台上的主張，一開始就被傾向於既成權力的人們所斷然拒絕。[50] 這些自認為維護現存政權的人，其實是目光短淺、缺乏政治睿見且傷害現存政權長期利益的人。但正是這些發誓捍衛現存政權的人，持續不斷地中止了為現存政權解套的理性嘗試。跨世紀以後，來自執政黨內部的有識之士，嘗試以溫和而有利於執政黨整合社會的中左主張，取代長期流行於中國社會並扼制住執政黨意識形態的極左主張，提出的民主社會主義的政治改革方案。不出意料，自以為捍衛現存權力體系的人士，再一次不遺餘力地抵抗從革命黨轉化為執政黨的黨內嘗試。人們當然還沒有理由斷定這些主張就一定會收到為中國政治僵局解套的終端效果，但開放性的嘗試，總比封閉性的固守要好：不僅對執政者要好，也是對國家利益負責的表現。

在籲求改良的開明聲音受到推崇革命的保守主張明顯抑制的情況下，人們不得不以一種更為柔性的說法來激發執政集團內部的睿識之士認識清楚中國的現實處境，於是，「改革與革命賽跑」的命題順勢而出，引起社會的廣泛迴響。

中國今天已經具有了這樣的「流血革命」的形勢嗎？的確可以慶幸還不像是全面具備。但也已經出現了一些危機的徵兆：例如社會對權力腐敗的憤怒、乃至對官員和富人的仇視；政府的公信力出現危機；利益分配的結構已經相當固化，社會兩極分化，垂直流動的正常渠道愈來愈被阻塞；新媒體帶來的廣泛信息使人們對政治的期望值普遍提升，甚至包括統治者自己也覺得不能完全照原樣一樣統治下去了，但另一方面政治改革幾乎趨於停擺，政治理性在有些地方有所倒退；社會和知識界在政治改革的方向和主導價值觀上也陷入分裂，社會上出現一種戾氣，人們愈來愈不耐煩和不安，一部分人的生活還相當艱難，還有一部分人遇到不公卻無處申訴和處理等等。如果這些危機因素不斷累積起來而不能以改革來緩解，再加上哪一天突然經濟發展也開始停滯、甚至爆發全面的金融危機、或者還加上出現天災和外患，就有可能猝不及防地產生如上所述的「革命」。[51]

改革的遲滯甚至是停頓，已經有效醞釀了革命的種子。而且，這樣的革命不是秉持一種追求公平正義理念的現代政治革命，即便這種革命，也已經給人類造成了難以平復的創傷。蘊蓄着爭勝中國改革力量的革命，乃是一種發泄不滿情緒的暴力宣泄行動，它缺乏現代價值引導，也沒有制度重建理念，甚至完全缺少追求滿意生活的最低革命訴求。如果説中國的改革戰勝不了這樣的革命，這場革命將是人類歷史空前的暴力發泄災難。就此而言，突顯化解革命的優先性，應當成為左轉氛圍中論道中國出路的共識。

以對改革的有效籌劃，突顯化解革命的優先性，需要強調幾個基本結論：第一，對不斷革命的惡性循環，必須有一個嚴肅的認知；對當下中國革命的危險性累積，一定要有所警覺；一定要拒斥左派人關於「如果中國今天不回到毛澤東那種時代，革命就是不可避免的」趨勢性斷定。第二，要強調解決中國問題之道，就是進行深度改革。一方面，有效限制政黨與國家權力的胡作非為，真正將政黨與國家權力限定在法律之下，以分權制衡的體制，將權力體系嚴格地約束起來。另一方面，以有效改革化解個體與國家關係的緊張、個體與社會關係的緊張、民族與民族關係的緊張、民族與國家關係的緊張，明確確立憲政愛國主義的國家整合方式。再一方面，以有效改革，化解階層與階層之間的對峙，坐實社會自治，扶持公民組織，以國家與社會的健康互動，讓權利主體之間展開理性博弈。最後，強調人民同意基礎上的政治穩定，拒斥以高昂的維穩經費強制維持穩定的國家運行方式，真正落實平民共和原則，以此維護國家認同。

在今天眾説紛紜的價值論説當中，穩住現代價值的基本立場，確立現代價值對國家發展的理性引導，拒斥極左價值誘惑，化解革命風險，已經成為中國可持續發展的必然選擇。要如何從眾説紛紜的左傾價值世界突圍，克制從晚清以來到今天國家發展的左傾定勢，已是涉及國家前途與命運的重大決斷。

## 註釋

1 參見【美】邁克爾・羅斯金等著，林震等譯：《政治科學》，北京：中國人民大學出版社，2001，第 106 頁。

2 巴拉克・奧巴馬：《我們相信變革》，http://book.people.com.cn/GB/69399/107424/145023/8762456.html（瀏覽日期：2014 年 7 月 27 日）。

3 【英】托尼・布萊爾著，曹振寰等譯：《新英國：我對一個年輕國家的展望》，北京：世界知識出版社，1998，第 24 頁。

4 鍾禾：〈奧朗德：「左右共治」家庭走出的左翼政治家〉，載《深圳特區報》2012 年 5 月 8 日。

5 新華網：〈西報：普京緣何成為西方國家眼中釘〉，http://news.xinhuanet.com/world/2012-03/19/c_122849435.htm（瀏覽日期：2014年7月27日）。

6 李增偉等：〈中東歐左翼政黨日趨強勢〉，《人民日報》2012年12月12日。

7 沈安：〈左翼仍佔主導〉，載《中國經濟報告》2013年第4期。

8 參見百度文庫「北朝鮮現狀」，http://wenku.baidu.com/link?url=3b63EaeeEGqR3CFT4ejolHhGFK7oCWxNrcakmKKE06SA1Zu_QCs_ XH3ptkDU3YNjnBf07ZjLeu7mFol_Mkw1o9_VAs_y1SATRdFmKtXfKoi（瀏覽日期：2014年7月27日）。

9 【古巴】菲德爾·卡斯特羅著，徐世澄等譯：《總司令的思考》，北京：社會科學文獻出版社，2008，第78頁。

10 佩里·安德森（Perry Anderson），加州大學洛杉磯分校歷史學和社會學教授，《新左評論》（*New Left Review*）的主編。

11 Thomas Piketty, *Capital in the Twenty-First Century*, Cambridge: The Belknap Press of Harverd University Press , 2014, p. 31.

12 【葡萄牙】鮑溫圖拉·德·蘇拉·桑托斯著，彭學農等譯：《全球左翼之崛起》，〈前言〉，上海：上海人民出版社，2013，第1頁。

13 參見胡錦濤：〈堅定不移沿著中國特色社會主義道路前進 為全面建成小康社會而奮鬥——在中國共產黨第十八次全國代表大會上的報告〉，第12部分「全面提高黨的建設科學化水平」，http://xj.xinhuanet.com/2012-11/19/c_113722546_12.htm（瀏覽日期：2014年7月28日）。

14 清華大學凱風研究院社會進步研究所、清華大學社會學系社會發展研究課題組（孫立平等）：〈中等收入陷阱還是轉型陷阱？〉，http://wenku.baidu.com/link?url=U0UtckcA-1CZqmGz5zuX2EWY3EuFI52o5WuInoexaOE7Lq9ExzBVhhVQG9MuhTIgDTOD-5hQU9gSbcDvRcf7dxOlzkdOI7TDPrlu-5egvNC。

15 清華大學凱風研究院社會進步研究所、清華大學社會學系社會發展研究課題組（孫立平等）：〈中等收入陷阱還是轉型陷阱？〉。

16 參見孫立平：《轉型與斷裂：改革以來中國社會結構的變遷》，北京：清華大學出版社，2004，第119頁。

17 參見胡應泉：〈民粹主義問題探析〉，載《濟寧學院學報》2014年第1期。

18 參見本書本卷第七章〈政道民主與治道民主：中國民主政治模式的戰略抉擇〉。

19 參見韋森：〈什麼是真正的國進民退？〉，http://caijing.com.cn/2010-02-09/110375152.html（瀏覽日期：2014年7月28日）。

20 參見魏倩：〈中國富豪移民都去哪兒？〉，http://finance.people.com.cn/n/2014/0607/c1004-25116083.html（瀏覽日期：2014年7月28日）。

21 參見本書第二卷第十四章〈舉國體制、超大型項目與國家的均衡治理〉。

22 金燦榮等：〈當前中美關係的困境與出路〉，載《國際觀察》2014年第1期。

23 烏有之鄉網站已經被查封，但仍然以「烏有之鄉網刊」（http://wyzxwk.com）的形式運作，打開網刊首頁，撲面而來的就是極左氣息。一方面，這表明中國仍然有極左的社會土壤；另一方面，也表明中國的極左思潮尚存權力背景。否則，像中國這麼嚴控的國家，這樣的網站想要生存下來，絕對是不可想像的事情。

24 崔之元：〈制度創新與第二次思想解放〉，http://21ccom.net/articles/sxwh/shsc/article_2013092192313.html（瀏覽日期：2014 年 7 月 28 日）。

25 參見【挪威】托布約爾・克努成著，余萬里等譯：《國際關係理論史導論》，天津：天津人民出版社，2004，第 85 頁及以下。

26 王紹光：〈中國政治學三十年：從取經到本土化〉，載《中國社會科學》2010 年第 6 期。

27 王紹光：〈重慶經驗與中國社會主義 3.0 版本〉，《中國社會科學報》2010 年 11 月 8 日。括號中的話，是筆者對作者的社會主義三個版本的概括。

28 榮劍：〈奔向重慶的學者們〉，http://21ccom.net/articles/zgyj/gqmq/2012/0428/58663_2.html（瀏覽日期：2014 年 7 月 28 日）。

29 劉小楓：〈如何認識百年共和的歷史含義〉，載《開放時代》2013 年第 5 期。

30 張之洞：《勸學篇，內篇・循序》第七。

31 蔣介石：《中國之命運》，南京：正中書局，1976，第 205–206 頁。

32 毛澤東：〈中國的缺點就是缺乏民主，應在所有領域貫徹民主——1944 年 6 月 12 日毛澤東答中外記者團〉，載笑蜀編：《歷史的先聲——半個世紀前的莊嚴承諾》，汕頭：汕頭大學出版社，1999，第 3 頁。

33 黃炎培：〈只有讓人民來監督政府，政府才不敢鬆懈——1945 年 7 月毛澤東與黃炎培的談話〉，載笑蜀編：《歷史的先聲——半個世紀前的莊嚴承諾》，第 287 頁。

34 蔣介石：《中國之命運》，第 184–185 頁。

35 鄧小平：《鄧小平文選》，第 3 卷，北京：人民出版社，1993，第 374 頁。

36 鄧小平：《鄧小平文選》，第3卷，第375頁。

37 鄧小平：《鄧小平文選》，第2卷，北京：人民出版社，1983，第164–165頁。

38 蕭功秦：〈超越左右激進兩極思維——以中道理性為基礎重建社會共識〉，載《人民論壇》2012年第10期上。

39 吳國光：〈改革的終結與歷史的接續〉，載《二十一世紀》2002年6月號。

40 參見吳國光：〈改革的終結與歷史的接續〉。

41 參見李佐軍：〈中國改革進入「深水區」〉，http://finance.ifeng.com/roll/20090615/790822.shtml（瀏覽日期：2014年7月29日）。

42 蕭功秦：〈習近平代表新權威主義的黃金時代〉，http://guancha.cn/xiao-gong-qin/2013_12_19_193803.shtml（瀏覽日期：2014年7月29日）。

43 【英】哈羅德・拉斯基著，朱曾汶譯：《論當代革命》，北京：商務印書館，1965，第193頁。

44 哈羅德・拉斯基著，朱曾汶譯：《論當代革命》，第122–123頁。

45 哈羅德・拉斯基著，朱曾汶譯：《論當代革命》，第192–193頁。

46 謝韜：〈民主社會主義模式與中國前途〉，載黃達公編：《大論戰：民主社會主義與中國出路・謝韜引起的爭鳴》，香港：天地圖書有限公司，2007，第25頁。

47 謝韜：〈民主社會主義模式與中國前途〉，載黃達公編：《大論戰：民主社會主義與中國出路・謝韜引起的爭鳴》，第28頁。

48 參見黃達公編：《大論戰：民主社會主義與中國出路・謝韜引起的爭鳴》所收「乙方」有關諸文。

49 李澤厚等：《告別革命：回望二十世紀中國》，香港：天地圖書有限公司，2004，第64–65頁。

50 參見李澤厚等：《告別革命：回望二十世紀中國》，〈關於『消解』馬克思主義——再論《告別革命》之一〉，第244頁。

51 何懷宏：〈改革，和「革命」賽跑——讀韓寒的革命、民主、自由三文〉，http://21ccom.net/articles/sxpl/pl/article_2011122750973.html（瀏覽日期：2014年7月30日）。

第十三章

# 國家預案

## 中國轉型前景的沙盤推演

古人云：「凡事預則立，不預則廢」。[1] 人是有思想的動物。人的行動總是預先考慮、計謀和籌劃。因此，人所採取的所有行動，事前計劃和準備都是必要的且極為重要。人的行動，從個體到組織，再從一般組織到國家，進而從國家到跨國組織，無不遵循行動預期這個原則。

中國的改革開放是前無古人的偉大事業。這一進程的起點是沒有預案的，是在「殺出一條血路來」的悲壯情懷中啟動的。但在改革開放的實踐中，逐漸突顯出清晰的決策與為政脈絡。國家權力的自我謀劃、社會的興起與自我組織、市場的自為與監管，在顯示出改革不再行走在由一股衝勁兒主導的道路上。就事情的角度而言，改革的先期謀劃愈來愈理性和主動；就理論的角度而言，改革的規範狀態愈來愈清晰地呈現了出來。在國家、社會與市場三大領域，凡事先期謀劃、制定預案、引導行動，能提高績效。但是，從總體上說，將整個國家諸因素加以統合考量，就整個國家的前途和命運作出的謀劃，還付諸闕如。因此為了國家穩定、協調和可持續的發展，有必要對整個國家的未來制定預案。

## 一、轉型陷阱與國家預案

從常識層面上看，「預案，是指根據評估分析或經驗，對潛在的或可能發生的突發事件的類別和影響程度而事先制定的應急處置方案。」[2] 可見，預案具有三個基本要素：一是對預案時限範圍內可以考量的諸多因素，根據既有經驗描述、分析與評估。二是針對可能或已經突然發生的各種事件有所準備。三是制定對突發事件的處理方案。顯然，對預案進行的這一界定，是一個狹義的定義。就廣義而言，預案應該是針對人的所有預期行動作出的規劃。在這樣的規劃中，行動者可以是個人、組織、國家，乃至國際組織。制定預案的主觀意圖，主要是針對突發性事件，但也可以是針對一件事情的常規性變化，更可以是針對當下諸要素構成的某一結構的未來情景與走勢。就預案本身的構成來看，可以是針對具體事件進行的全面而細緻的籌劃，也可以是針對中觀層面即某些關聯事務而做出的預計，更可以是對宏觀總體的事務進行的綜觀預計。

在改革開放的進程中，基於理性預期對改革績效具有愈來愈明顯的影響，而逐漸推動國家、社會與市場的行動者制定各種預案。在諸種預案的基礎上，中國已經形成一個輪廓明晰的國家應急預案體系。在構成上，國家應急預案體系由四個層面構成。在最高層面，

「國家總體應急預案」行政法規的出台，為國家常態運作下應對突發事件提供了法律依據。這一法規明確規定，立法的目的是「為了提高政府保障公共安全和處置突發公共事件的能力，最大程度地預防和減少突發公共事件及其造成的損害，保障公眾的生命財產安全，維護國家安全和社會穩定，促進經濟社會全面、協調、可持續發展」，立法的法理基礎是，「依據憲法及有關法律、行政法規，制定本預案。」法規所界定的國家總體應急預案應對的事件，涉及全國範圍影響的突發性公共事件。基本構成要素有兩個：一是突發事件的構成性要素。「本預案所稱突發公共事件是指突然發生，造成或者可能造成重大人員傷亡、財產損失、生態環境破壞和嚴重社會危害，危及公共安全的緊急事件。」二是突發事件的行政層級所指。「本預案適用於涉及跨省級行政區劃的，或超出事發地省級人民政府處置能力的特別重大突發公共事件應對工作。」在這裏，跨省級行政區的涵義就是全國的意思。「本預案指導全國的突發公共事件應對工作」。全國，當然可以進一步區分為部分省區，大部分省區和所有省區三層意思。但主導突發事件應對的行政機構，都是中央政府及其組織部門。[3] 由此規定了應對不同等級突發事件的資源投入和處置方略。

針對全國範圍各個領域可能發生的突發事件，國家也制定了相應的行政預案法規，從而形成「國家專項應急預案」體系。這類「應急預案主要是國務院及其有關部門為應對某一類型或某幾種類型突發公共事件而制定的應急預案。」[4] 已經發佈的國家專項應急預案包括：國家自然災害救助應急預案、國家防汛抗旱應急預案、國家地震應急預案、國家突發地質災害應急預案、國家森林火災應急預案、國家安全生產事故災難應急預案、國家處置鐵路行車事故應急預案、國家處置民用航空器飛行事故應急預案、國家海上搜救應急預案、國家處置城市地鐵事故災難應急預案、國家處置電網大面積停電事件應急預案、國家核應急預案、國家突發環境事件應急預案、國家通信保障應急預案、國家突發公共衛生事件應急預案、國家突發公共事件醫療衛生救援應急預案、國家突發重大動物疫情應急預案、國家食品安全事故應急預案等。這類應急預案還在不斷增加中。

在前兩種應急預案的基礎上，組成了「國務院部門應急預案」體系。「國務院部門應急預案是國務院有關部門根據總體應急預案、專項應急預案和部門職責為應對突發公共事件制定的預案。」[5] 這一應急預案體系，主要是組織實施的體系，不過是基於行政部門的分工原則進行的具體部署。

在各級地方政府層次，也形成「地方應急預案」體系。「突發公共事件地方應急預案具體包括：省級人民政府的突發公共事件總體應急預案、專項應急預案和部門應急預案；各市（地）、縣（市）人民政府及其基層政權組織的突發公共事件應急預案。上述預案在省級人民政府的領導下，按照分類管理、分級負責的原則，由地方人民政府及其有關部門分別制定。」[6] 這類應急預案，主要針對省級及其以下各級地方政府需要應對的突發性公共事件。這是對國家層次應急預案的有效補充。缺少地方層面的突發性公共事件應急預案，國家應急預案體系也就不完整。

在改革開放進入到縱深層面的時候，中國便建立起國家的應急預案體系。國家之所以花費人力、物力和財力制定應急預案體系，不是為了增加國家法規的數量、行政檔案的閱讀量或具體施政的審美感。在這樣的時間點上，建構一個相對完整的國家應急預案體系，具有來自不同方向上的強大動力。首先，現代社會是一個風險社會。[7] 這個社會，基於其高度發達的科學技術、相對健全的社會運行機制、理性預期的人類行為方式，人們愈來愈覺得它是一個高度安全、穩定和有序的社會。殊不知，這個社會處處潛伏着危機。這些危機的源頭，就是因為人類處處面對無可把握的因素。科學並不能給人們揭示一切事務的因果關係。即使是已經揭示出來的因果關係，也只是建立在概率統計基礎上的大概率結果。因此，人類對客觀世界的認識，總存在盲點，內在地限制了人類行為的理性程度和實現預期目標的能力。技術帶給人類極大的行動自由，提供了解放人類體力、精力的良好替代手段。但是，技術本身也有限制。這類限制不僅表現為一切技術都是必須在一定時限範圍內達到的高度，因此無法徹底將人類解放出來，使之完全不受先天條件限制。同時，技術的理想總是無法完全兌現的。技術必定存在內在缺陷。技術的操作更存在各種意外。本來為了解放人類的科學技術，隨時隨地可能給人類帶來悲劇。加之社會政治體制的局限，人類為了爭奪大大小小的利益展開的對立性行動，更加劇了人類行動動機與目的之間的對立。結果，本來是天經地義、十拿九穩的事情，往往事與願違，以正劇開始，以悲劇收場。此外，人類無法掌握的自然現象，更令情況雪上加霜，加增加人類面對風險的不可預期性。面對風險社會，人類卻不安之若素、受制宿命、臣服變幻，而總是敢於應付風險。人類以其行動的預期性強化自己應對風險的能力，提早做好應對各種風險的資源準備、政策謀劃和行動預案。這是驅動中國社會建立應急預案體系的最深層動力。

其次，中國之所以能快速地建立起國家應急預案體系，主要還是因為國家迅速發展，提升了政府行動的理性預期水準。眾所周知，在改革開放初期，國人的行為動力，主要是敢闖敢幹。改革一時間處在「撐死膽大的，餓死膽小的」狀態中。這與改革開放初期人們完全無法預期自己的行為收益有關。改革初期，計劃經濟向市場經濟迅速轉變、集權體制向分權體制轉軌、群體行動向個體行動變遷，國家領導也好，社會人士也好，任誰都對改革刺激起來的活力沒有把握。因此，依靠膽量支持的早期改革開放，風險不僅不為人們所畏懼，相反更強而有力地刺激人們投入改革。但是，當改革進入到一個不能以理性預期行動就沒有任何收益的階段，膽量與智慧不對等的話，人們愈是努力，收益卻可能愈是低下。職是之故，個人的理性行動趨於自覺，而國家的理性行動也明顯增強。在趨於理性的行動模式中，無論是個人還是國家，都需要對常態範圍和非常態狀況下的情形進行全面的預估，才能實現自覺的預期目標。中國的迅速發展，不僅推動中國政府放開眼界，制定有利於經濟社會長期發展的各種推進計劃，也推動中國政府預防各種意外事件與事故，從兩個端點上防止影響國家持續發展的極端情形的出現，從而推動國家的穩定、協調和可持續發展。

再者，中國要建立國家應急預案體系，是因為國家發展進到瓶頸狀態。各種預期、非預期和完全意外的突發公共事件頻頻發生，促使國家不得不加快制定相關應急預案的步伐。從前述國家應急預案體系來看，中國國家層面的預案，主要是針對突發性公共事件。顯然，這與近年中國成幾何級數增長的各種災害型事件、突發性群體性事件，有着緊密的關係。這些事件，有自然災害導致的，譬如嚴重的地質地理災害引發的社會危機；也有人為造成的災難性事故，譬如城市建設中的強拆導致的群體聚集與公眾反抗。政府不得不花費更多的工夫、動用更多的資源，來應對這些突發公共事件。正是層出不窮的突發性公共事件，促使國家權力機構制定針對不同範圍、不同領域與不同問題爆發的突發性公共事件，以免自身總是尾隨在突發性事件後面，被動地處置相關事件。這會使政府窮於應付，造成政府威信的明顯下降。

可見，中國的轉型處境是推動中國政府制定各種國家應急預案的主要動力。這些預案的制定與執行，對中國走出被突發公共事件牽着鼻子走的困境發揮積極作用。但是，中國的國家轉型處在一個亟需突破的重要階段。人們已經指出，所謂中等收入陷阱，其實是轉型陷阱的一種具體表現而已。就中國轉型的過程而言，起點是計劃經濟，終點是市場經濟，加上民主政治、法治社會。在到達轉型規範終點之前的過程中，每一個節點都可能會陷入停頓、安於現狀、不願意推進改革。而轉型陷阱出現的最大導因，就是權力與市場的結合。這一結合體現為市場希望從權力那裏得到壟斷資源，權力希望從市場那裏得到維持現狀的物質基礎。結果，轉型就陷入停頓，甚至回流。[8] 在這種處境中，各級政府制定應對不同類型的突發性公共事件的預案，既可能發揮積極疏導社會、進行危機治理的作用，也可能成為控制社會並按其意志發展的工具，阻止國家朝轉型終極目標運行。轉型陷阱可能引發國家自身的全面危機。因此，國家自身不能不成為應急預案的對象。猶如前述，在目前中國國家應急預案體系中，完全沒有將國家作為應急預案的處置對象，所有應急預案都是由政府作為處置緊急事件的主體，假定國家絕對不會落到危機狀態，只有社會才會落到危急處境，期後政府再按照應急預案出手救治，使其重歸常態。

其實，在轉型社會中，國家常常成為突發性公共事件針對的對象。國家不是防治突發性公共事件的唯一主體，它也可能是突發性公共事件的引發原因。因此，相對於以政府為治理主體確立起來的應急預案而言，也應當留下以國家為治理對象的應急預案作備用，才足以對整個國家進行善治，由此可見，制定國家預案的必要性。國家預案，將整個國家作為制定預案的對象，從而對整個國家諸要素進行宏觀、總體的謀劃，預估國家走勢、預測國家諸因素不同組合的態勢、預期國家演進的諸種局面，估計國家極端處境在中諸結構性因素的變化，是為「國家」預案，即針對國家可能陷入的緊急狀態制定的預案。

## 二、維持現狀：不改革的收益與代價

制定國家預案，必須超越目前中國完全由國家主導應急預案制定的定勢。完全由國家主導的應急預案體系，是一種絕對由國家決定社會事務，尤其是遭遇到突發性公共事件的社會事務機制。這是一種國家通吃狀態下應對緊急事件的產物。從現代國家的實際運作來看，即使是再強大的國家，也沒有辦法獨自應對所有突發性公共事件。尤其是當國家權力自身遇到危機的狀況下，國家就更軟弱無力，無以應對。這個時候，需要一個強大而穩定有序的社會，來幫助國家渡過難關。在國家與社會的二元結構中，具有強大行動能力的國家權力機構，依照法治和責任制原則，成功應對突發性公共事件；而具有極強的自主、自治和自律能力的社會，成為強大國家生長的深厚土壤，在國家權力陷入混亂的情況下，維護一個井然有序的社會機制，促使混亂國家迅速回歸秩序狀態。缺乏一個足以與國家權力分庭抗禮的秩序化社會，國家就就會成為畸形國家，一個不足以有效應對突發性公共事件的僵化權力建制。

在國家通吃社會的情況下，由於國家權力包攬了應對突發性公共事件的應急預案制定權與執行權，因此，社會（包括人化自然）作為被治理的對象，就成為被動地被權力支配的對象。久而久之，社會也就喪失了面對動盪、傷害和災難，本應具有的自治與自癒能力。為了更廣泛動員應對突發性公共事件的資源，有必要將國家與社會兩個空間有效區隔開來。避免單純以國家權力勉強地應付突發性公共事件的被動局面。就此而言，需要重建突發性公共事件應對的國家機制。

其一，應當提高國家預案的理性程度，走出單單應付國家權力主觀認定的突發性公共事件的應急預案制定狀態，將整個國家的健全運轉作為制定國家預案的目標。主動而理性地將國家預案，昇華為涉及常態情形和非常態情形條件下處理國家事務的預應性方案，而不是由國家權力單方面為維持權力、對付社會制定危機處理模式。需要指出的是，今天中國國家的應急預案體系，只是一種單方面維護國家權力以對付挑戰權力的自然與社會危機的體系。這是一種極不健全的國家體制。在這種體制中，國家權力不可能真正處理好導致自然環境危機的人與自然關係，更不可能處理好引發社會公眾事件的公民權利、社會組織意志和公眾意願問題。因為當代中國的國家權力，還是一種自我封閉和自我正當化的權力體制。它的一切行為，都是按照自身的意志運轉的。在一種完全自閉的體制中，國家權力不會明白尊重自然規律的極端重要性。自然環境必須服從國家自我維護的政治意志。因此自然環境總是被國家意志所差遣的對象，尤其是在國家將國內生產總值增長作為自我正當化的決定性支撐條件的情況下，自然環境從根本上無法逃脫被破壞的命運。因自然環境破壞引發的公共危急事件，肯定會層出不窮。至於公眾，無論他們作為個體，還是作為組織成員，不論他們是在市場空間中活動，還是作為社會利益組織、公益組織的成員，甚至是加入國家機構的工作人員，具有至上性的國家權力都不會真誠地尊重他們，他們隨時隨地都會因為各種不同的理由，成為國家差遣的工具，甚至成為國家權力暴力制服的對象。抽象的、至上的國家權力，即使對國家領袖人物，也不會放下它自我維護的尊嚴，為具體個人彎下高貴至極的政治之腰。一切只要對國家權力自我維護發生絲毫不利影響的人與組織，都無一例外地成為國家權力征服的對象。這種處境中的國家，永遠不可能明白發生突發性公共事件的真實原因。因此，國家對突發性公共事件的處理，也就只能處在治標不治本的惡性循環中。

因此，其二，需要將國家從不正常的狀態恢復到正常狀態，促使國家以正常的思維、理性的政策和寬鬆的舉措應對突發性公共事件，免於將這類事件作為政治事件，即挑戰國家權力的行為加以處理困獸猶鬥式尷尬。通吃型國家不是正常的國家。因此它考慮一切問題都容易走火入魔，滑向政治化的極端。本來，國家制定應急預案應該實現多重目的。如果國家只是想在突發性公共事件出現後才補救，那麼國家對正常的法治化運作就缺乏起碼的制度準備。國家必須將應急預案作為國家善政良治的撬動杠杆，借助治理危急事件提供的機遇，將國家推向一個法治化、責任制的正常軌道。因此，國家應對突發性危急事件，不是要將自己局限在勉力應對危機的被動狀態，而是要將國家推上以法治國、依法處置危急事件的正常狀態。從願景上説，國家應對突發性公共事件，是要從中獲得反面動力的正能量，促使國家成為法治平台上、責任制舞台上的強大國家；從實際治理危急事件的過程來看，國家應對突發性危急事件，尤其是制定應對這類事件的預案，應當秉持尊重環境、尊重公民、努力自我克制、堅持依法辦事的原則，放下政府的身段，與公民個人和公民組織謙恭合作，動員多方治理主體，對突發性公共事件標本兼治。由此促使整個社會公眾形成健康的人與環境、人與人、人與社會、人與自身關係的觀念，從根本上降低突發性公共危機事件出現的可能。

對於今天中國的國家權力體制而言，在國家預案的制定中，處於一個主位與客位相互界定的特殊位置。處於主位的國家權力，在制定國家預案中，需要客觀地對待自己的權力地位，理性承諾權力的常態、非常態、危急乃至被顛覆的不同境遇，從而將自己放在不同處境中客觀衡量，不將自己放在國家預案的謀劃範圍之外。處於客位的國家權力，是社會對之採取不同態度且釐清這些態度的物件。在社會與國家健全分化的狀態下，社會對國家具有非常不同的姿態：極端滿意、滿意、不太滿意、極不滿意、非常反感、致力推翻。國家不能採取非正常的方式鼓勵滿意的個體與群體，動員公共資源對之加以激勵；國家同樣不能採取非法手段對付不滿，甚至主張顛覆國家的個體與群體，而應當遵循法律途徑，化解這些人士對國家的敵意。國家能夠在主位和客位上進行換位思考，不將自己絕對不變地安頓在控制一切的法外地位上，就可以真正制定出有利於善政良治的國家預案，而不是制定一些社會公眾拒絕合作，只是國家單方面自得其滿、旨在維護權力的國家預案。

理清關乎國家預案制定的諸前提條件，我們就可以對處在轉型瓶頸期的中國國家預案制定的大致輪廓進行勾畫。以整個國家為預案制定的物件，其考量的核心問題是推動轉型，還是維持現狀。以這一問題為圓心，畫出一個未來中國運行的國家軌跡：維持現狀的中國會如何，成為國家預案考量的現實基礎；主動變革的中國會怎樣，成為國家預案需要認真應對的重大問題；面對革命危機，國家究竟如何化解革命，或革命一旦發生，國家會進入一種什麼樣的狀況。這是中國國家預案需要應對的三大挑戰，也是國家預案需要進行沙盤推演，以尋求國家發展滿意狀態的重心所在。

對中國的國家處境而言，制定國家預案的現實主義選擇是保持現狀。保持現狀，是一種各方都能接受的國家預案。從時空範圍上看，未來一段時間，中國確實具有保持現狀的強勢理由。一是國家可以波瀾不驚地行走在既定的經濟發展軌道上。即使在二〇〇八年歐美的金融、債務危機爆發後，中國還是相對從容地以支持自己長達三十年之久的三根經濟支柱——投資、外貿與內需，較為成功在幾年時間內避免陷入經濟衰退或經濟危機。一種絕對由國家權力主導和支援的經濟增長模式，已經在長達三十餘年的增長奇跡中，給予國人安之若素的慣性力量。人們雖然對這種經濟形式必然伴隨的國家權力隨意決策不滿，對由此註定的權錢勾結非常憤慨，對貧富分化的嚴重程度難以接受，對其能否可持續發展深表懷疑，但是，人們不願意冒任何風險，犧牲少許已經獲得的利益。在朝向更好狀態但確實具有不可確定風險的改革，與守住缺陷明顯但不付出利益損失的現實之間，傾向守舊的社會公眾習性，鼓勵國家權力一方不進行利益重新組合的任何改革。社會由此在慣性的軌道上滑行。誰管這些問題呢，畢竟日子是一天一天過的，而不是三年五年當一天過的，人們不能考慮那麼長遠的問題；而且生活總是以個人和家庭為單位，而不是以公共事務和國家發展為鵠的的。維護現狀由此就具有官民雙方強大的現實驅動力。

二是在維護現狀的情況下，枝節性的改良足以滿足人們喜新厭舊的社會心理需要，而維護既有的權力秩序也足以給人以安定有序的安全感覺。權力在已經形成的享受好處的基礎上，自信地宣稱其制度的優越性。政治集團之間的衝突與合作在利益合謀中不斷衍生。執政黨與不執政的準政黨之間，各自為執政的集團好處與不執政的個人好處權宜地合作。執掌政黨國家權力的集團和個人之間，不在意施展政治抱負，而在意獲得權力實利。因此，一切權勢人物之間的衝突，總會以個案的形式，被現有制度迅速埋沒在不斷制度複製的沉沙之中。黨國、黨軍、黨政、黨企、黨資、黨群、黨社之間，一股腦兒向前一方面大幅度傾斜的機制，不必經過任何修正，就能繼續發揮整合中國各方力量的作用。人們習慣在執政黨那獲得權力授予機會，從而將謀取私利最大化。社會心理由此出現一種仇恨權錢勾結，但更期望自己取得權錢勾結機會的怪誕定勢。整個國家，就在缺乏國家雄心的軌道上緩慢地度過，誰也不清楚、也不必清楚現狀可以維持多久。

三是在改革或不改革的風險評估上，人們日益擔心朝向規範狀態的改革，即促進中國步上規範的市場經濟軌道，推進中國走上民主、法治與憲政的政治道路，促使中國社會呈現多元的治理局面，會導致不可控的巨大社會政治風險。因此，不改革還能度日的公眾社會心理與官方政治心理高度契合，促使中國社會或明顯地、或隱晦地拒斥改革的社會政治定勢。另一方面，由於官民共同斷定改革會出現承受不了的危機，付出償付不了的代價，改革由此成為純粹的政治號召手段，呼聲震天，卻落地無聲，無疾而終。中國社會流行的「不改革是等死，改革是找死」的斷言，形象地體現了大家寧願維持現狀而不願主動改革的精神空乏。加之中國社會已經徹底喪失了激勵改革的條件，改革精神早已渙散，改革者得不到任何物質、職位與榮譽的激勵，相反，容易因改革而牽動那些影響其升遷的重要人物的利益而受到懲罰。因此，改革就更是為官宦集團所敬而遠之。人們在呼喚改革共識的時候，大多忘記了改革激勵的複雜處境，以為改革只要形成共識，一種觀念的共同力量就可以重新啟動改革。這是一種政治幼稚病的表現。

顯然，不改革而維持現狀，從短期來看，是有利於各方的明智選擇。這是從眼前來看，收益最大、代價最小的國家預案：對黨國權力來説，維護統治地位的至上考量，可以在一段時間內得到確定性保證。維護現狀，絕對不會立刻動搖自己的統治地位；進行改革，卻肯定會遭遇統治難題，甚至導致其統治地位受到挑戰、動搖和顛覆的威脅。兩相比較，統治集團傾向維護現狀的政治心理很容易穩固下來。誰也説不清的改革不確定性，是統治集團追求確定收益時最容易拒絕改革的理由。對各種利益集團來説，不推進傷筋動骨的深入改革，各自所獲多少不定的利益不會遭遇大的風險。這是一種不得已的利益和諧狀態。因為一旦展開利益再分配的改革，既得利益集團首先就會頑強抵抗，以免自己的利益受到損害；對於那些獲利相對較少的社會群體而言，他們的擔心之一，是本來不多的利益進一步受到損害，處於利益得不到維護的地位下降狀態；自然，對那些利益本來就缺乏保障，在利益分配格局中無法表達利益訴求的群體來説，那也只不過是維持現狀而已，不會遭遇到更為殘酷的盤剝。在一種堅韌忍受的社會共同心理支撐下，維護現狀就成為各種群體所見略同的國家發展方案。

維護現狀的國家權力選擇，是一種毋需訴諸文字的國家預案形式。這種選擇，對掌權者來說只需要心照不宣就可以落定在期望的狀態上，對無權者來說只需要承受現狀就可以心安理得，對企圖重啟改革者而言不過是強化自己期盼的心理、自我寬慰。因此，在領導集團唯一可以暗自歡笑的維護現狀中，國家在慣性的軌道上緩慢滑行。但維護現狀的代價也是巨大的。從總體上估計，國家存在的一切問題都得不到解決，也得不到正視。國家會陷入一種僵化停滯的狀態，步入離心運作的危險軌道：統治集團愈來愈在自得自滿的心境中不思進取，設法提出一些窮盡已然蹺薄的統治資源的緩兵之計，支持撐到被推翻的關頭。然後將國家最後崩盤的原因，推給擊鼓傳花最後接花的那位倒楣蛋了事，並繼續在自我精神麻醉中，維持其所謂政治理想。進而在喪失權力的新社會中展開在野的政治抗議，成為絕對邊緣化的社會政治勢力。[9]

在統治集團將國家推向崩盤之後，一切社會權勢集團則繼續其蠅營狗苟的謀利行動，完全不在乎國家的前途與命運。因為國家對他們而言，不過是方便自己謀利的工具，而不是為公眾謀求福利的制度體系。社會公眾對國家陷入這樣的分崩離析狀態有心無力。因為在一個政黨高度壟斷國家一切重要資源，甚至是壟斷公民自主、自治與自律的資源的情況下，他們完全缺乏規範國家發展進程與實際發展狀態的能力。在執政黨能夠維持權力的情

圖 10.1　國家、社會、市場及其主體的離心運轉[10]

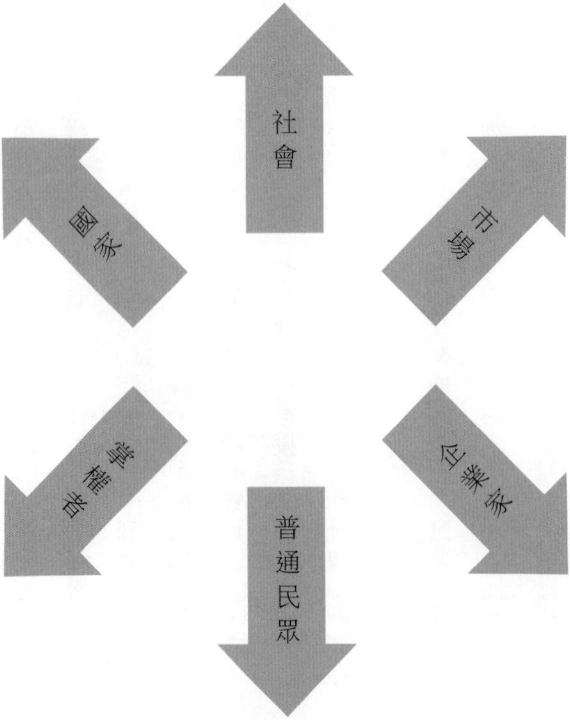

況下，他們只能忍受國家權力叱吒風雲；在執政黨操盤的黨國體制崩盤後，國家陷入混亂狀態，他們依然只有忍受新崛起的權勢集團的胡作非為。國之不堪，由此盡顯。

## 三、主動變革：超越轉型陷阱

在中國不改革的收益與代價估價中，國家預案必須正視當下守成之局與中長期的崩盤走勢。但因為守成的效益是顯性的，而崩盤走勢是隱性的；守成的收益是大家直接可感受的，而崩盤走勢沒有顯現結局之前都是無從明確感知的；守成的慣性思維符合人們的生活習性，而崩盤走勢的避免則需要驟然改變人們的生活慣性。因此，守成與崩盤之間的種種不同，讓人們不容易察覺因循守舊的固執現實會有什麼即時危險。在人類的政治史中，權力總是傾向於守護自己掌權的現實，拒斥主動的變革。因為守成較易，變革較難；守成能夠預期，變革前途未卜；守成沒有當下危險，變革立刻遭遇挑戰；守成毋需動搖既成秩序，變革需要重整規範；守成有利於維護當下的掌權地位，變革不利於當下的權力獨佔。國家權力的保守傾向，就此固化。

然而，鬥轉星移，時移世變。一切社會政治統治理念、制度與舉措，都需要與社會變遷相適應，才足以免除危險的僵化統治態勢，保持動態而具活力的社會政治局面。政治科學上強調的政治周期，在政治統治與社會變遷的關係變化中呈現出來：當政治統治完全適應社會變遷的時候，政治秩序就有根本保證；當政治統治的初始設計與社會變遷開始脫節的時候，政治秩序開始出現一定程度的混亂；當政治統治的初始設計比較明顯地與社會變遷疏離的時候，政治秩序便陷入紊亂；當政治統治的初始設計完全與社會變遷相左的時候，政治秩序完全無法維持，社會動盪，政局不穩，山雨欲來，革命風暴蕩滌一切。一切政治體制，都會在初始設計與後起運轉之間存在差異，都會有從相互適應到相互排斥的過程。這個過程，就是政治周期逐漸呈現的進程。政治衰敗，[11]就出現在這一過程的中後期階段。從某種意義上說，一切政治體的掌權者都會被迫不間斷地與政治衰敗做鬥爭。假如這一鬥爭是有效的，那就能暫時免於政治衰敗嚴重局面的出現，也即是免於喪失政治統治地位的危險；假如鬥爭失敗了，那麼政治統治便會或快或慢地陷入危機狀態，統治集團的地位也會不保。但更為糟糕的是，統治集團控制的國家，就此陷入災難性的局面且難以控制。因此，把握住政治周期，在政治統治權力可以從容謀劃領導國家事務的情況下，富有遠見地施展政治抱負，拒絕僵化的政治守成，免除政治衰敗危險，有效維護政治統治的活力，保證社會秩序的安定和諧，成為統治集團的上上之選。

變革出現在國家統治集團的審時度勢中。只要一個統治集團不絕對拒絕對社會變遷做出反應，它就會進行有限度的變革；如果統治集團積極適應社會變遷，它一定會主動進行變革。統治集團的變革期待，直接的落點當然不是價值關懷和道德情懷，只能是權力穩固和競爭優勢。但統治集團直接主導的變革，卻可以收到重整秩序、穩定社會、推動發展和收攝人心的間接效果。不論是立憲民主政體的國家，還是極權專斷政體的國家，都不能指望掌權的國家統治集團站在歷史的制高點上，氣定神閒地謀劃改革大業，以歷史自覺引領國家變革的，除了罕見的幾個例外，從來都是被動接受社會壓力展開變革進程的。立憲民主政體中的國家領導人，主要在法律之下活動，他的政治活動空間本來就不大，因此想對社會進行結構性的手術，自然難上加難。但當社會需要他們做出變革的時候，他們也會因勢利導，為變革供給制度動力和個人智慧。極權專制政體中的國家領導人，一般習慣於頤指氣使、獨斷專行、我行我素，斷難接受法治化的國家制度安排和規則程式。但極權專制政體下的國家領導人，也可能將其身上聚集的壟斷權力，用於實現個人的政治抱負。假如這樣的抱負恰恰與歷史發展大方向相吻合，他就會以新權威的身份扮演推動政治轉型的引領者角色。前者如美國新政的推動者佛蘭克林・德拉諾・羅斯福，後者如中國改革開放的「總設計師」鄧小平。不管是政體差異多麼巨大的國家，大多數政治家都只是依例循規做事的平庸人物，尤其是在現代社會中，「登高一招、應者雲集」的政治家已經淡出政治舞台，政治世界活躍的身影大多只是資質平平的政客，政治成為一種職業，由此使政治家多數成為按照職業習性行為的社會普通一員。這個時候，就難於指望政治家歷史興會、深契脈象、一指點化、開創新局。由此，人們思考一個國家的變革可能，就只能轉向國家基本制度的合理建構和法治化運作。在這種制度中，國家領導群體不得不悉心學習、適應社會、因時而作、爭取主動。這樣的行為模式，少了激越人心的起伏跌宕，卻多了波瀾不驚的正常變化。

中國的現代轉型已經走過驚濤駭浪不斷的早期階段，進入深入細緻的查漏補缺時期。所謂查漏補缺，從政治觀念上說，就是將百餘年前開風氣之先的啟蒙人士，已經宣講和闡釋過的現代政治價值引入政治謀劃之中，將之作為政治實踐的核心理念。從政治制度上說，就是將近代以來作為中國人期盼的諸現代政治制度，落實到整個國家的制度建構過程當中。民主、憲政、法治這些現代政治—法律的基本制度安排，構成國家制度的基本要件。從社會政治生活方式上說，將國家與社會相對清晰的分流坐實下去，國家依照法律行使它的許可權，它不再包辦各種社會事務，尤其是公民自治事務。社會按照法治方式，推動充分的自主、自治與自律。社會的多元化局面，就此夯實。對於這些現代化的基本結構要素，中國人早已經深入認識，曾經頑強實踐。這是當代中國改革開放「摸着石頭過河」的河對岸大致的景象。無論國家權力當局如何尋找託辭對之加以抗拒，只要試圖「過河」，就得接受河對岸的現實；無論「將錯就錯」、傾向權勢的學者們，如何以學術辭藻包裝花樣翻新、拒斥現代要件的理論，現代的基本結構都不會有所改變。

晚清以來，中國人就完全接受了現代化轉變的現實。在百餘年現代轉變的艱難歷程中，來自國家權力方面對現代的極力抗拒，體現為他們以精巧包裝起來的權力自私話語，作為掩蓋這類抵抗的國家哲學。其中，國情與穩定，是國家權力抗拒現代轉變，推行現代改革的主要理由。中國的國情似乎是自然抗拒立憲民主的，而世界主流的立憲民主浪潮不過是中國之外的一種政治情形。其實，國情與世情，並不是絕對矛盾的兩種客觀情形。孫中山強調，「世界潮流浩浩蕩蕩，順之則昌，逆之則亡。」[12] 這是對所有處在現代世界的國家發出的警告，更是對中國現代變遷的精準把握。適應這樣的形勢，「內審中國之情勢，外察世界之潮流，兼收眾長，益以新創」，[13] 必然成為中國人必須主動變革的做派。而國家的根柢，也為他所揭櫫。「民國應該是自由之國」、「民國應該是博愛之國」、「民國更應該是法治之國」。[14]一切不符合這些國家定位的陳舊理念與制度，都在大力改革之列，都必須淘汰。在這之前，康有為也指出「觀萬國之勢，能變則存，不變則亡，全變則強，小變仍亡。」[15]強調處在大變局中的中國，必須認識清楚改革的重要性。「夫方今之病，在篤守舊法而不知變。處列國競爭之世，而行統一垂裳之法，此如已夏而衣重裘，涉水而乘高車，未有不病暍而淪胥者也。《大學》言：日新又新。孟子稱：新子之國。《論語》孝子毋改父道，不過三年。然則三年之後，必改可知。夫物新則壯，舊則老，新則鮮，舊則腐，新則活，舊則板，新則通，舊則滯，物之理也。法既積久，弊必叢生，故無百年不變之法。」變法的目標模式，就是要大膽而快速地引進立憲民主、三權分立制衡的現代政治制度。可見，晚清以來中國的國情是如何適應世情，而不是以國情自外於世情。中國永遠處於世界之中，而不是處在世外桃源。因此，社會政治生活也都只能像現代世界一樣，採取立憲民主政體。一切以似是而非的所謂國情抗拒立憲民主改革，都是權力自私的表現，都是面對世界潮流負隅頑抗的好笑之舉。

當代中國正是在適應世界潮流的變革中獲得活力的。國家實力的提升、社會活力的呈現、國家間競爭展現的某些優勢，都是主動變革帶來的。假如中國還處在毛澤東晚年抗拒世界潮流的愚昧封閉局面中，國家發展成就完全無從想像。因此，面對改革開放中出現的種種問題，即使是其中非常嚴重的權錢勾結、叢生腐敗，分配不公、貧富分化，權力自閉、參政困難，階層固化、流動不易，硬性發展、環境破壞，也都只能在進一步的改革開放中加以矯正。這些問題，絕對不可能以拒斥改革，維護現狀，退回文革加以解決。在「逆水行舟，不進則退」的處境中，主動變革，超越轉型陷阱，成為考驗今天中國國家權力掌控者的首要難題。

主動變革，需要積極面對問題，而不是消極地忽略問題；不是以空幻的自信進行自我鼓舞，而是以切實的改革舉措解決嚴峻的現實問題。主動改革的路線圖與時間表，學術界已經有不同向度和不同針對的設計與構想。需要主動改革的問題，已經從中羅列。有論者指出了需要着手解決的六個問題：建立市場經濟條件下的利益均衡機制；優化社會結構；促進公民意識和社會組織的發育；形成解決社會矛盾和衝突的制度化方式；促進社會保障和公共服務體制的建立與完善；重建社會的基礎秩序。[16] 在轉型陷阱的論述進路中，這六個方面當然是極為重要的國家重建命題。但是，這一努力超越轉型陷阱的問題求解思路，仍然是功能性、技巧性和權宜性的。因為超越國家轉型陷阱，最需要解決的問題，卻為論者明顯忽略，那就是國家基本制度的改革。孫中山曾經對他嘗試建立的黨化國家存在的最大危險做出論述，「前之以黨救國者，今乃以黨亡國矣」。[17] 一個曾經以革命理想支撐的建國政黨，倘若喪失了革命政黨的理想性，這個政黨就會成為傾覆其國的黨派。孫中山的這一論述，正好切中當代中國國家轉型的根本問題。

中國共產黨是一個以黨建國的革命黨。不同於孫中山對革命過程中的革命黨德性敗壞的擔憂，中國共產黨在革命過程中經受到德性的考驗。但是，在中國共產黨執政後，掌握了分配全國資源的大權。這個時候，中國共產黨不得不面對一個難題：在爭奪全國政權的時候，指責掌握資源者未能公平分配資源，輪到自己掌握分配資源的國家權力的時候，卻很難將資源公平地分配給社會公眾。而且由於以黨建國的理想主義遭遇了以黨治國的現實主義的嚴峻挑戰，黨化國家體制的運作日益應付不了市場經濟興起後的龐大利益分配問題。腐敗的叢生、貧富的懸差，不僅反映執政黨理想主義的失落，也體現了執政黨現實主義傾向與整個社會追逐利益之間正面的衝突。於是，改革的一切問題，最後都聚焦在執政黨的改革上面。經濟體制改革做大了利益、社會體制的改革促成公民自治、文化體制的改革促使公民精神覺醒，結果都會落到政治體制的分享權力上面。缺乏權力分享，前述成就根基不牢。在轉型陷阱呈現出來的時候，國家變革的一切問題，瞬間聚焦在權力分享、權力錄用和權力公正問題上。超越轉型陷阱的主動變革，不能再在經濟體制的邊緣問題上游走，也不能在社會體制上虛與委蛇地退讓，更不能再在文化體制上以功能的多元應付。不

圖 10.2　國家、社會、市場及其主體的向心運轉[18]

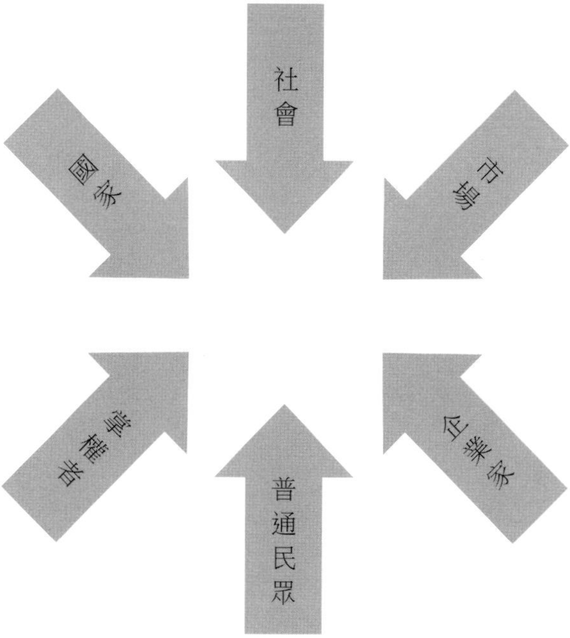

在政治體制上分享國家權力，不開放權力錄用機制，不體現國家權力的法治化、公正性運作精神，國家就會陷入爭奪權力的全面危機：領導集團內部會首先出現爭奪權力的明爭暗鬥，接着整個社會會在權錢勾連的機制中尋租弄權。社會政治秩序的混亂由此可以預見。

超越轉型陷阱的主動改革，就是圍繞黨化國家轉軌展開的政治體制全面「更化」。所謂硬碰硬的政治體制改革，難就難在它針對的是執政黨自身對國家權力的壟斷，而不是政府權力對資源配置的方式去選擇。在主動改革的國家預案中，切割政黨與國家的關係，是決定主動改革能否收到重建國家秩序效果的決定性問題。唯有如此，國家才能邁向向心運作的善政良治軌道。

在主動改革中，黨國關係分離被視為頭等大事。分離黨國關係，就是要將政黨放置到憲法之下活動，[19] 國家由此成為超越任何個人與組織的公器。國家的至上規則僅僅由憲法提供，而不是由政治組織供應。國家不被政黨的政治意志捆綁，而受法治條規約束。任何政黨不能謀求控制國家的超強權勢，不能處在任何其他個人與組織之上。政黨都應該成為議會政黨，而不是正在控制與嘗試控制議會的政黨。

其次，執掌國家政權的政黨必須處理好軍文關係。軍文關係的核心，是執政黨組織與軍事組織之間的制度性疏離。在中國建立現代國家的過程中，軍隊是由政黨組織起來的。

因此，誰控制一支強大的軍隊，誰就能控制國家權力。但這種結構的國家權力機制，始終逃不出打天下者坐天下的武力主義陷阱。軍事暴力機器是國家重器，不能掌握在某一個人或某一組織手中，否則國家權力在根本上就不能立於公平的地位。切割政黨與軍隊的關係，將軍事暴力歸屬於國家管控，從而免除公民個人與組織機構對國家暴力的恐懼感，讓恐懼感轉換成為安全感，國家秩序自然就有根本的保證。

再者，理順黨政關係，建立政黨派出行政精英執掌政府權力的機制。政黨派出行政精英執掌政府權力有兩種思路：一是政黨派出行政精英掌握國家日常資源，行使政府權力後，這些行政精英不再代表黨派意志，而成為國家日常權力的行使者，對國家所有公民負責。二是政黨派出行政精英後，繼續秉承政黨意志，按照政黨利益所向行使行政權力。行政人員只向政黨負責。前者是現代國家的黨政關聯式結構，後者是黨化國家的黨政關係機制。中國的主動改革，就是要從後一種機制，轉變為前一種結構。這樣，政府管理才能超越傳統的統治模式，進入多元治理主體共治的公共管理新境界。國家權力的運作效率，才能被真正提高。

復加，需要將黨企、黨資、黨群、黨社等混為一談的機制，逐一切割開來。企業組織本來是按照價格邏輯運轉的經濟組織，但在中國，一切企業組織內部都衍生出一個執政黨的政黨組織，將企業組織的性質轉變成經濟與政治組織混生的複雜結構。經濟組織的績效自然明顯下降。如果是國有企業，尤其是國有壟斷企業，政黨組織的規模與職能都較大，直接構成追求經濟效率的企業組織的威脅性機制，磨合成本之高，遠在人們的想像之外。因此，黨企關係的分割，成為中國主動改革以提高經濟效益的關鍵因素之一。黨資關係，即表面上體現的政資關係，也必須切割。當國家資本在政黨組織的政治意志控制之下時，資本運作的效益之低，人所共見。資本邏輯歷來被中國執政黨的理念邏輯所敵視。當資本被政治組織控制或駕馭的時候，它完全無法按照資本的增值邏輯運行。釋放資本的增值能量，就必須將資本從政黨的監禁中解放出來。黨群關係需要切割，是因為政黨組織與社會團體組織，在性質完全不同。政黨組織通吃社會組織後，便將工會、青年團、婦聯等群體組織高度政治化。結果，這些群體組織並沒有組織物件維護自身的權益，而是放棄群團的特殊利益，追逐執政黨的政治意志，群體的社會功能因此喪失。在切割政黨與群團組織的關係後，這些社會團體就能真正發揮組織社會的功能，促使社會構成穩定而強大國家的厚重底盤。黨社關係是一個被人忽視的問題。這個問題常常被當作政社關係來處理。在中國的黨化國家結構中，政府與社會的關係不是一個關鍵的問題。因為政府根本是一個影子機構，背後的操盤手是執政黨。執政黨對社會的關係是一個贏家通吃的關係。不論是社會思潮、社會組織，還是日常生活，執政黨都要一貫到底控制，因此中國社會徹底喪失了自我組織與自我管理的能力。只有將中國社會從執政黨的全面控制中解放出來，社會才能從病入膏肓的病態中恢復，不致陷入與其他社會存在要素相互為惡的競爭狀態。

超越轉型陷阱的主動改革，是一個系統謀劃、理性推進、漸顯效果的進程。它是一個納入改革進程中的諸要素相互磨合，逐漸突顯出來的良性局面。這需要在其中活動的諸主體具有高度的理性行為精神、穩定的社會心理與互利互惠的行動取向。關鍵的問題，自然是控制國家權力的執政黨必須具有供給政治希望的能力。只要執政黨向人們提供希望，國人看到國家朝向立憲民主的現代政治轉型，國人的理性精神、穩定心理與互利互惠心態，就自然會生長出來。如果國人只看到執政黨不容商榷地獨佔國家權力，社會就完全不可能進入理性的軌道，只會流於權利的惡性爭奪。

## 四、直面革命：國家如何應對崩盤局面

維持現狀的政治決斷，主動變革的政治抉擇，都可能導致革命。革命就是國家主權的轉移，現行政治體系的徹底顛覆，既定社會秩序的混亂，一切打亂重來。掌握國家權力的執政者，當然都畏懼革命，但不等於説不掌權的其他社會階層，就很歡迎革命。即使是社會底層群眾，也不會在革命中和革命後受惠，因此他們不見得是革命的中堅力量。原因在於，革命是一場社會的大變動，誰也無法預期自己在革命動盪後會有什麼收穫。革命確實會產生新生的政治統治集團，他們會按照自己的意志統治整個國家。但這樣的集團如果將革命精神火種撒播到整個社會，社會便會處在不斷革命當中。國家秩序回復不到革命前的狀態，新生統治集團也就無法穩固自己的統治地位。至於革命是不是可以實現革命煽動者、組織者的願望，將捲入革命大潮之中的公眾，尤其是社會底層群眾心懷的向上流動期盼加以兑現，那也不是革命本身能夠保證的。革命之謂革命，就在於它的無法預估。

在現代政治史上，革命一直是政治理論研究的熱門話題。關於革命的著作汗牛充棟，其中有兩部書值得轉型中國認真對待。一是俄國人弗拉基米爾・伊裏奇・列寧的《國家與革命》，二是法國人夏爾・阿列克西・德・托克維爾的《舊制度與大革命》。列寧的書，對

今天中國執政黨當初組織革命有正當化的作用，卻對轉型中國潛蟄的革命具有催化效果。托克維爾的書，對試圖防止革命的掌權者是一劑清心良藥，對處在革命危險中的轉型中國選擇激化革命還是化解革命的道路，具有極大的警醒作用。前者伸張摧毀既有國家機器的暴力革命主張，認定革命是實現舊國家變成新國家的唯一手段，也是最後摧毀國家機器的決定性手段。後者的主張恰恰相反，認為革命並不解決舊社會、舊制度的弊端，僅僅是表達人們不滿現實的政治期望的一種方式。兩相比較，前者吟唱的是革命頌歌，後者低歎的是革命挽歌。但不能不看見的是，後者的影響力遠遠不如前者。在一個轉型社會的艱難困苦時期，人們更指望通過一次性革命，解決所有社會政治難題。那種寄希望於漸進改良，讓社會現狀得到改善的主張，絕對處在緩不濟急的尷尬狀態。

列寧的號召力十分巨大。列寧説，「國家是階級矛盾不可調和的產物和表現。在階級矛盾客觀上不能調和的地方、時候和條件下，便產生國家。反過來説，國家的存在證明階級矛盾不可調和。」[20] 因此，國家必定成為革命的對象。尤其是無產階級革命，必須打碎資產階級國家機器。原因很簡單，除非借助無產階級暴力革命的方式，它才會退出歷史舞台，否則資產階級國家不會自行消亡。「無產階級國家代替資產階級國家，非通過暴力革命不可。無產階級國家的消滅，即任何國家的消滅，只能通過『自行消亡』。」[21] 列寧有關國家消亡的論述對革命論說的價值不大。但他對革命發生條件及其目的的論說，對今天中國處理革命難題，具有明顯的啟發：首先，既然革命是消除階級壓迫的手段，那麼，只要階級、階層甚至社會集團仍然存在，革命就無法徹底消逝，革命必定捲土重來。問題只是看被壓迫階級對自己的處境是否達到忍無可忍的地步。其次，只要國家存在，就證明階級壓迫還在發酵。除非真正建立起促使國家自行消亡的無產階級國家，國家就不會退出歷史舞台，革命就必然在不斷的循環中襲擊壓制性的國家。再次，既然國家是不可調和的階級矛盾、階級壓迫的工具，國家本身的存在，就證明社會矛盾層出不窮，難於協調，革命的可能性深深潛藏其中。國家統治者化解革命的能力，就受到內在限制。當代中國顯然不僅存在國家，而且在不斷強化國家功能。這證明國家的壓迫作用不僅沒有降低，相反還在加強。國家與革命的循環性否定關係，就不能不成為擾亂人們秩序思維的核心性政治因素。那些處在社會底層的群眾，便是發動革命的人士致力動員的物件，也是革命得以掀動所倚重的社會力量。

托克維爾對革命的論述正好構成列寧論述的反面。托克維爾本人並不反對革命。他指出，「大革命的業績」，就是「通過一番痙攣式的痛苦努力，直截了當、大刀闊斧、毫無顧忌地突然間便完成了需要自身一點一滴地、長時間才能成就的事業。」[22] 舊制度的崩潰並不是革命的成果。不是大革命，這制度也會坍塌，只不過是逐漸的、緩慢的倒掉，而不會瞬間發生。大革命不過是讓舊制度在短時間迅即全面崩解而已。對於法國大革命研究而言，托克維爾提出的三個驚天之問，足以讓拒斥革命的當權者和社會公眾沉潛反思、慧心質問：大革命為什麼會在法國繁榮的時候發生？大革命為什麼會在行政改革的時候出現？大革命為什麼會發生在國家致力減輕民眾負擔之際爆發？這對一切變遷社會、轉型國家，都是時時叩擊人們心靈深處的沉重之問。混亂的致富與只想維護秩序的政府，是法國在繁榮之時發生革命的重要推手。當既定的利益不足以感動人們的時候，新秩序就成為人們趨之若鶩的目標。革命也就勢不可免。托克維爾考察法國革命前的一段歷史後強調，「革命的發生並非總因為人們的處境愈來愈壞。最經常的情況是，一向毫無怨言彷彿若無其事地忍受着最難以忍受的法律的人們，一旦法律的壓力減輕，他們就將它猛力拋棄。被革命摧毀的政權總是比它前面的那個政權更好，而且經驗告訴我們，對於一個壞政府來說，最危險的時刻通常就是它開始改革的時刻。」[23] 尤其是當國家啟動的改革僅僅與官員利益密切相關，而人民完全被排擠在權力分享的大門之外，任何改革所具有的社會感召力都會蕩然無存。加之行政權總是想將施政的不足諉過於人，因此政府的權威必然會逐漸降低到令人難以置信的地步。社會的同情普遍遠離政府，絕對偏向社會底層群眾，全社會的道德激情因此啟動。社會同情成為點燃底層革命烈火的引子。政府為了滅火，不惜將個人利益作為首要敵人，並且以暴力偏好對待和處理權利訴求。規則被高高懸擱起來，人民受到反規則的革命教育。改革就這樣註定輸給革命。「既然國家的各個部分沒有一處保持平衡，最後一擊便使他整個動搖起來，造成了前所未有的最大的動盪和最可怕的混亂。」[24] 托克維爾對法國革命的精彩論述，實際上是對當權者進行一場特別具有教益的、化解革命的教育。與列寧不一樣，他絕對沒有對革命的無條件頌揚。相反，他對革命懷抱敵意。革命並不能解決它所承諾解決的任何問題，甚至參與革命的大眾，在革命後的日子艱難困苦，更甚於革命之前。但革命就像一個吸食鴉片的人，當其上癮後再想戒掉，是萬分困難的。革命一旦啟動，革命就自然發生。「書籍已經提供了理論，人民負責實踐」，[25] 革命沒有什麼絕對遠離發展社會的規律可言，它逐漸蘊積，瞬間爆發。革命的機制從來就不是給人明確信號後才形成並發生的。

中國借由改革開放，避免了一九七六年形成的某種革命危機。但中國的改革開放只是殘缺不全、局部的社會政治改良——國家權力沒有按照立憲民主制度重組，權力的分享極不均衡；社會公眾的期待日復一日高漲，但滿足的可能性卻日甚一日下降，導致國家權力對社會權利對峙的因素逐漸累積起來，積重難返。中國的改革開放形成的所謂權貴資本主義局面，早就為人所詬病。但二十年餘年，這樣的局面不僅沒有任何改變，相反愈來愈嚴重。加之國家權力主動進行結構性改革的希望尚未嶄露，維持現狀的政治心理日漸厚重，中國早就陷入了所謂「改革與革命賽跑」的危險處境。有論者指出，國有經濟和政府部門的改革滯後，形成了一種市場經濟和統制經濟雙重體制並存的格局。在此之下，中國社會存在「向何處去」的問題，一條是沿着完善市場經濟的改革道路前行，限制行政權力，走向法治的市場經濟；另一條是沿着強化政府作用的重商主義的道路前行，走向權貴資本主義的窮途。面對這樣的形勢，除了法治市場經濟和權貴資本主義的比賽，還面臨改革和革命的賽跑。[26] 這裏的論述，是在一種比較的關聯式結構中突顯出來的：假如改革走向深入，革命就可以化解；如果改革停頓，維持權貴資本主義局面，革命勢必發生。究竟是革命主導中國變局，還是改革引導中國發展，國家前景之別，就在一念之間。

如果中國發生革命，必定是由於國家的當權者、市場的企業家和社會公眾之間離心離德，維持不了基本的團結，並且都認為只能交由一場革命來解決中國改革已經解決不了的問題。這是國家的離心運作與向心運作兩種力量拉鋸運作必然導致的結局：當國家離心運作的力量大於向心運作的力量，並具有掙破國家約束的客觀能力的時候，革命就會將國家推向一個萬劫不復的境地；當國家的向心運作得到官方與民間兩種力量的支持，足以抵擋

圖 10.3　國家、社會、市場及其主體的離散運轉 [27]

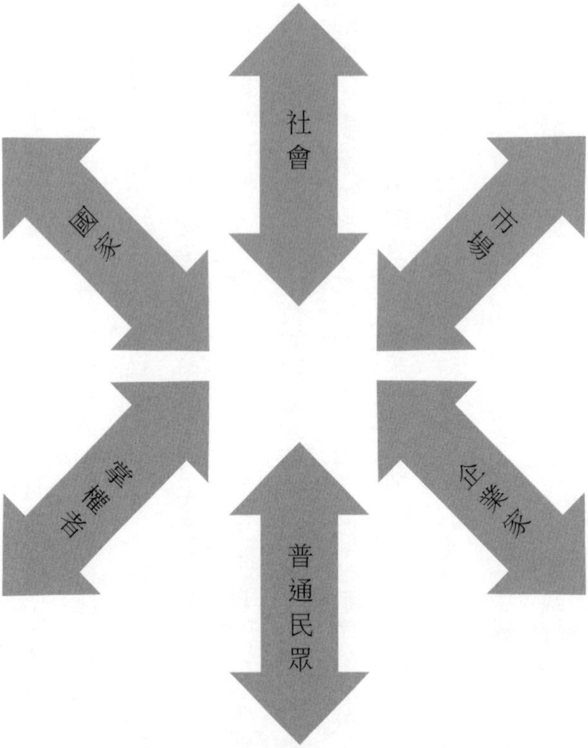

離心運作力量的時候，國家的秩序維護與持續發展，就變得可以期望。然而，革命形勢形成之際，後者的力量往往無法與前者的勁道媲美。

中國是在列寧主義的革命論指引下，推翻舊政權，建立新國家的。這樣的革命曾經創造了國家重建的光榮史。至今它還成為中國人，尤其是部分掌握國家權力的人士的榮耀記憶。但是，列寧主義的建國原則，一旦反過來作用於已經掌握國家權力的前列寧主義行動者和政治組織，革命的殘酷性遠遠超過此前運用它的政黨的革命殘忍性。因為這讓該政黨無法尋求任何有利於自己的政治理論解釋，而只好任由人們借助自己曾經熟稔於心的革命理論來對付自己。中國有必要跳出這一怪圈。但能不能跳出這一怪圈的前提條件，就是掌握中國國家權力的領導者與領導集團，有沒有決心處理列寧主義循環式作用的改革難題。如果統治集團渙散無力，甚至根本就無法凝聚成聚合性改革的政治意志，那麼革命就將成為無可避免的國家災難。托克維爾就此對中國領導人與領導集團，具有耳提面命的效用。

中國會出現革命，導致國家崩盤，絕對不是危言聳聽。在收拾人心的呼籲聲中，論者已經指出人心的散失。這意味着國家不再具有整合人心、保證國家認同的能力，反映國家制度的底線效能已經缺乏保障。論者直言不諱地警告當局，「不能再沉湎於經濟的高速增長，國際地位的提高，應當看到，貪腐、改革步伐的緩慢或者停滯不前、民主建設的相對滯後、一些官員的驕縱蠻橫，確實在一點一點地吞噬着人心。」[28] 人心散了，任當局做出多巨大的努力，都是白費功夫，都會付諸東流。在這種社會心理的作用下，革命會像颶風一樣，迅即成型，摧毀一切。

直面革命，化解國家崩盤危機，需要以大智大勇重啟改革，並且成功地回應托克維爾嚴厲質疑的三大問題。在中國的繁榮表面中，如何平衡世道人心與追逐財富的關係，促使中國社會走出利慾薰心的生物性逐利主義泥淖，已經成為化解崩盤危機的首要難題。這當然需要率先矯正執掌國家權力的政治組織，僅僅以慾望政治作為統治合法性基礎的政治基調。社會公眾的逐利心理，是僅僅追逐掌握國家權力的執政政治組織塑造出來的。這樣的組織，在運作時一定會表現為對掌握國家權力外的所有事務不予真正關心的特徵。執政組織的掌權利慾，與社會公眾的唯利是圖，是一個逐利社會相互支撐、沆瀣一氣的精神特質。一旦整個國家都在追逐利益的機制中運作和行動，這樣的國家就必然缺乏內在的凝聚力量，走向崩盤，絕對不是在人們的意料之外。因此，在化解國家崩盤危機的當下，必須克制慾望政治對中國的國家扼制作用。但這並不等於説就要重新轉向禁慾主義的政治。以中國曾經經歷過的禁慾主義，即文革式的國家統治策略，來緩解國家陷入崩盤的危機，無異於緣木求魚。在一味鼓勵公眾追名逐利和理性引導公民慾望之間，實現巧妙的平衡，是最有利於國家長治久安的。這就要看國家權力的執掌者，是不是具有平等與公民相處的政治能力了。因為只有國家與公民平等相處，他們各自的慾望才會浮現有效節制的可能性。

同時，在啟動改革的過程中，不再行走在行政體制改革的僵化道路上。要化解國家崩盤危機的改革，一定是將所有政治領導人與政治組織納入改革的範圍，才足以湊效的事情。為此，需要壟斷性執掌國家權力的政黨，勇敢地放棄獨佔國家權力的壟斷政治定位，促成國家權力理性分享的局面，由此解決國家權力獨佔導致的統治者與統治集團的私心之絕對自利心態，讓公天下成為中國政治正常化的原動力，藉此促使那些具有政治雄心的個人與組織，理性地參與政治分肥，而不是無可奈何地鬱積革命情緒，指望經過革命的風捲殘雲，自己一把奪得所有國家權力，成為國家權力的新的獨佔者。一個理性分享權力的國家，處在政治組織之間理性競爭掌權機會的狀態中；一個理性分享國家權力的社會，個人都有出任國家職位的開放機會。如此，他們就不會陷入除了反對國家，便無法介入國家政治過程的極端政治處境。為了不讓國家、社會與市場分裂成碎片，依法打通三個領域之間的自由流動管道，對塑造三個領域中活動着的個體理性，具有重要的幫助作用，促使他們知曉在政治、經濟與社會領域中發揮作用方式的重大差異，以及不同領域中發揮領導作用的難處。

再者，中國要避免崩盤，必須解決由執政黨一廂情願施政的機制困局：執政黨決定何種事務是國家事務、如何由國家權力進行利益分配、怎樣實現國家權力至上權威性的認同，不能再作為整個國家必須無條件回應的運作機制。只要軍隊、政府、社會、企業、群團等機制都還由執政黨全方位、剛性化控制，執政黨的施政就很難實現理性化的目標。即使執政黨很想為民眾提供他們所需要的一切資源與機會，民眾買賬的不會是愈多，只能會是愈少。因為封閉的一黨執政的國家權力機制，必定造成執政者無法清晰了解公眾需要的尷尬狀況。公眾的社會分層，需要分化得更為細密。這是一個高度統一起來的現代超級大型政黨所無法指望深切了解清楚的事情。猶如法國大革命時期的情況般，當國家試圖為公眾做好事的時候，卻釋放了公眾的慾望，但國家事實上卻無能滿足它釋放出來的公眾慾望，公眾對國家的不滿、怨恨、敵視和反叛情緒便會與日俱增。終於，形成顛覆國家的革命形勢。國家不能隨意給公民許諾，公民滿足慾望不能單純指望國家。在國家、社會與市場的多重空間謀求公眾慾望有條件滿足的結果，是一個國家有序運作的客觀要求。唯有如此，革命情緒才不容易被煽動。國家、社會與市場才能成功維持其作用邊界，不至於陷入各自崩潰，終至全面崩盤的可怖局面。國家一旦將自己放在急遽膨化公眾慾望的位置上，成為國家龐大騙局的製造者，那麼國家就是自尋死路。「天作孽，猶可違；自作孽，不可活」[29]即此理。

## 五、以民主改革緩解國家危機

中國今天的形勢，與法國大革命前二十年的形勢相近。這從兩個角度體現出來：一是國家的客觀局勢大致相同。中國經過三十餘年經濟的迅速增長，經濟實力已經躋身世界前列。經濟的持續增長，大大地刺激國家領導人與統治集團的國家雄心，促使他們為國家發展制定更為宏偉的藍圖。從三十年前尋求國內生產總值總量的翻番，到十年前尋求人均生產總值數量的翻番，再到當下承諾居民收入翻番，國家對自己能力的信心達到難以想像的頂峰。但繁榮的經濟形勢不是公正的制度運作成果，而是國家領袖與執政黨政治意志作用的產物。因此，國家愈繁榮，社會穩定就愈缺乏保障。不說是權錢勾結、腐敗叢生，公眾群體性反抗事件頻頻發生，即使是國家善意為公眾承諾的事宜，公眾已經不太買賬。為此，國家不得不花費大量的公共資源來維持自己的統治權。尷尬的是，這使中國在現代世界歷史上第一次貢獻了維穩經費超過軍費的治國之例。中國的國家和社會雙方，對這樣的國家處境了然於心。但是，國家為此做出的改革努力，遠遠落後在公眾的期待值後面。國家總是迴避決定全國局勢的重大改革事項。政府改革成為掩蓋更為重要改革的遮羞布。即使是政府改革，結構性舉措甚少，技巧性重組甚多。結果國家行政權力的運作績效，在這種改革中不是提高了，而是明顯下降，招致了人們的政治不滿。當國家在公眾對貧富分化、權錢勾結表現出嚴重不滿，而且在訴諸社會運動尋求改變的時候，做出了調整財富分配結構的承諾。但是，公眾在慾望政治中養成的終生難以滿足的各種渴望，豈是國家所可以滿足得了的。這個時候，國家不得不牽動既得利益者的利益，以為底層群眾製造公平印象。但精英的利益一旦被觸動，他們就會驚慌失措地棄國而去，國家從此失去創造財富的企業家階層的支持、思想學術界精英的精神生產和政治—行政精英維護國家權威的認同，國家還可以用什麼資源討好底層公眾呢？這是一個明顯的兩難之局。

在這種處境中，國家自然不敢驟然啟動刮骨療毒的改革。國家權力的掌控者當然知道改革的必要性與重要性。但改革從何下手，才能收到事半功倍的預期效果？又如何可以有效避免因不當改革造成的國家崩盤呢？國家就此陷入改而進不得，不改卻退不得的窘境。對國家這種兩難處境表示同情的學者，已經提出了所謂國家不是畏懼民主，只是沒有做好準備的斷言。這絕對是主動為國家化解至今沒能提出強有力的改革舉措困境的做法。「為什麼政治體制改革遲遲未上路？有人認為緣於既得利益集團的阻撓，稍加分析便發現僅此不足以解釋現存的矛盾和問題，因為不改革死路一條，那時既得利益將喪失殆盡，故即使為了保護既得利益也不會拒絕改革。也有人認為緣於執政黨出現精神懈怠，缺少必要的勇氣和改革熱情，不敢觸及民主政治，擔心政治民主最終與權力集中的領導體制相衝突，危及執政權。初看這抓住了問題的要害，實則不然。共產黨並非天生反民主，……我們因民主而產生和發展，卻又因民主建設滯後導致矛盾叢生，為什麼？不是懼怕民主，而是很大程度上緣於理論準備不足。沒有科學理論作指導，就不能保證正確的改革路徑。經濟體制改革做錯了可以再選擇，政治體制改革或民主政治走錯了路幾乎沒有補救的可能。」[30] 論者在這斷定的基礎上，確立了建構新政治觀以解決國家發展的政治困局的思路。而新政治觀的要素，一是重新解讀政治信仰，二是確立中華民族核心價值觀，三是建立執政黨的政治倫理，四是設計新政治觀下的體制制度，五是形成與新政治觀一致的話語系統。總括而言，新政治觀就是希望在現有政治框架中，解決中國遭遇的政治難題。這談何容易。

必須承認的是，當代中國已經陷入結構性的危機。要解決這種結構性危機，初期完全可以在漸進性改革的道路上進行，逐漸將可以組合的社會諸要素盤活，從而刺激陷入絕境的計劃經濟，促其轉軌，激發出市場經濟的活力。但由於這樣的改革缺乏對現代政經目標的深切認識和理性認同，改革不過是在保證國家基本制度不做任何修正的基礎上，以經濟利益產出機制的能量，證明既定社會政治體制的正當性與合理性。這就給所謂中國的結構之病，提供功能修補的温補之藥。在施政的初期，這樣的調適性救治，完全能夠收到令人意外的效果。但愈近改革的攻堅階段，這類權宜性的功能化改革，就愈是無法真正將改革推進到現代的規範狀態，實現中國的全面轉型。就此而言，中國官方可能確實不怕民主，卻在理論上對規範意義上的民主政治之成為中國改革主題的挑戰準備不足。原因很簡單，超越曾經主導中國社會政治生活的大民主，是一個必然選擇。但中國現有機制卻容納不了立憲民主政治。這樣的政治定勢，使現有機制體制中人士無從做好理論準備與心理準備。它與執掌國家權力的人們熟稔於心的大民主，幾乎沒有任何直接的聯繫。它需要經過極具挑戰性的觀念革命，才可以鍥入國家領導人和領導集團的大腦，才能落定立憲民主的國家政治目標。

中國的改革推動中國的轉型。但中國的轉型是沒有願景的權宜性變遷。啟動改革的初期，改革設計者心中思念的僅僅是如何走出國民經濟陷入崩潰邊緣的困境。國家的現代規範構成要素，是一個生活在完全封閉的中國社會的領導者所不了解的。一種惠民與自救的樸素願望引導的早期中國改革，也就沒有進行事前國家變革之沙盤推演的必要。只是在權宜性改革推向縱深的時候，在「摸着石頭過河」的權宜舉措難再湊效後，主導改革的國家領導人和領導集團才陡然發現，改革已經不能照其初期那樣實現「瞎貓撞上死老鼠」的預期。相反，改革的預期目標與最後結果之間的鴻溝，愈來愈大。這個時候，改革的動力確實在流失之中。改革動力的流失，不是主導改革的黨國領導人與領導集團個人品質導致的。改革難於推進，首先是因為缺乏願景的改革，不再具有吸引人們投入其中的魅力；同時也是因為改革走到了改革改革者的地步，主導改革的黨國領導人與領導集團心生遲疑，對改革的風險與收益不再成竹在胸。加之改革縱深處的任意舉動，都是牽一髮而動全身，呼應要求之高，出乎人們的想像。改革因此逐漸陷入停頓狀態。改革逐漸成為社會純粹號召方式，而不是推進社會現代變遷、國家現代轉軌的運作機制。

中國改革的困境，需要對國家轉型進行全面的沙盤推演。這樣的推演，是為了對改革的種種不同進路、時間刻度、推動進程、相關變化和最終後果了然於心。這樣的了然於心，不只是針對官方而言的，也是針對民間而言的。對官方來說，此前站在獨享國家權力視角對改革做出的籌劃，已經不能夠維持。獨享權力地改革，也是一種胸有成竹的表現。它給主導改革的黨國領導人與領導集團以政治安全感與政治自信心。若缺乏政治安全與自信，改革的主導者就會步履遲緩，被改革進程拋向滯後位置，成為時代變遷的窘迫尾隨者。在改革，尤其是政治體制改革的極端重要性顯現出來後，主導改革的黨國領導人與領導集團，必須站在現代政治的高度，重新思考國家發展的前途與命運；必須承接現代政治理念、制度安排與運作模式。真正樹立分享國家權力的現代民主觀念，重新思考獨享國家權力的非民主政治意識，再次籌劃無政治前提條件地推動國家現代轉型的宏大事務。國家轉型的沙盤推演，成為眾所公認的重要改革籌劃事宜。對民間來說，改革是不是了然於心，關係到他們對改革的參與還是否持拒斥的態度選擇問題，也關係到他們接受還是反對政黨國家的問題，更關係到對改革究竟是熱情以對還是冷漠相待的問題。如果國家轉型只是一場讓普通公眾付出代價、甚少收穫、幾近剝奪的轉變過程，他們秉持抵制和反抗的姿態，採取抗拒和反對的行動，就完全在情理之中。除非國家轉型能帶給人們前行的希望，他們才會煥發熱情，積極投入其中。

國家轉型的沙盤推演，是一個在明確國家轉型最終目標，即明瞭「摸着石頭過河」的河對岸風景後，進行的步步逼近的模擬性演練。國家轉型的目標模式，早就由先行的現代國家突顯出來。民主政治、市場經濟與多元文化的互動性機制，是典型的現代國家運行機制。民主政治，不是為中國人曾經熟絡的那種大眾直接民主。那是一種以政治恐怖引導的古代民主模式。這樣的民主模式，不再適應規模巨大、結構複雜、運作精巧的現代國家。現代民主是立憲民主。這是一種基於公民自由基礎上的旨在限制和規範國家權力的分權制衡民主制度。這樣的民主體制，是保證公民對國家認同的政治前提；也是保證國家權力皈依伏法運轉的政治基礎。其運行的機制，就是要按照體現公民共同政治意志的憲法、憲政，安排所有國家事務。國家不再尋求全面的權力控制，也不再尋求對社會的高壓限制，及對經濟資源的絕對壟斷。這樣的現代國家體制，在約翰・洛克的《政府論》下篇，尤其是在孟德斯鳩《論法的精神》中，有着最簡潔明瞭的政治原則闡述；在亞當・斯密的《國富論》中，有着最明確有效的經濟原則伸張。而對今天的中國來說，人們基於對現代國家政治機制的清楚認識，開始強調，立憲民主制度的建構，關乎國家的最高利益。因此，不管政黨國家的領導人與領導集團是歡迎，還是對憲政民主制度反感，它都是走出改革困境，進入改革順境必予認定和實施的政治體制。[31] 在國家轉型的沙盤推演中，當局者和公眾都必須對立憲民主制度的宗教與信仰自由、思想與言論自由、民主選舉、司法獨立與憲法審查加以認取，否則，國家就會喪失政治改革的大目標。改革自然就會走向茫無目標、瞎摸亂撞的境地。

圍繞這樣的政治轉型目標，一切與之適應的政治機制，應當悉加保護，予以啟動。行憲，成為這類需要保護和啟動的最重要政治機制。恰如論者指出，政治體制改革完全可以不假外求，真正行憲，就足以有效推進。「真正行憲就是政改」。[32] 前述各種不符合憲政的國家制度安排，都必須按照憲政制度的要求，重新進行沙盤演練，促使他們各自回歸立憲民主國家的常態位置。因為這樣的改革只是以回歸常態確立原則，改革不會具有過強的挑戰性。不管這樣的挑戰性是對政黨國家的當權者而言，還是對普通公眾而言。實施久已承諾的政治框架制度，完全能夠免除改革的驚心動魄，坐實現代國家的規範體制機制。與憲政最為適應的市場經濟、多元文化，在中國的既有改革實踐中，已經於理論上坐實。在國家轉型的沙盤推演中，只需要將坐實的現代經濟與文化形式，與憲政制度進行搭配性試驗，促使現代國家三大要素之間的相互適應、積極互動，就足以成功。

中國改革的關鍵問題是政治體制改革。政治體制改革的關鍵突破是立憲民主政體的建構。在國家轉型取得的巨大成就中，市場經濟經已為國家權力當局與普通公眾廣泛認可、充分接受和積極參與。市場經濟成功取代計劃經濟的過程，證明國家轉型在經濟層面已經完成。如何將市場經濟坐實到一個規範的平台上，是經濟領域的轉型要進一步作為的空間。政黨國家在意識形態上的逐漸鬆動，已經讓渡出一個相對寬鬆的思想空間。近三十年思想市場的競爭運作，已經讓不同思想體系之間的非權力博弈關係建立起來。只要國家不追求重新統一意識形態，這種思想的繁榮局面，就可以為國家轉型提供足夠的觀念動力。不過需要指出，在民主政治、市場經濟與多元文化的配置上，三者的磨合過程才剛剛開始。在國家轉型的縱深階段，還會經歷不少的磨難，才足以落實到相互適應的規範狀態。其中，民主政治導向的改革，對市場經濟的規範化走向，多元文化的相互尊重型運行，具有決定性作用。對此，只要從產權的落實與思想自由的文化繁榮對兩者的決定性意義上，就可以得到印證。

中國國家轉型處於膠着狀態。這極易造成國家發展的進退失據。這是一種國家危機。國家危機有兩種存在形式。一是暴露無遺的顯性形式，二是部分暴露的隱性形式。在顯性形式上，中國的國家轉型並沒有呈現出爆發危機的徵兆。但在隱性形式上，中國的國家危機已經醞釀一段時間，而且不曾減緩，一直處在激化的累進過程。這是國家轉型沙盤演練處理的維持現狀、主動變革與直面革命的三種情景所要面對的國家處境。執政黨領袖人物直接點出執政者面對的四大考驗（執政考驗、改革開放考驗、市場經濟考驗、外部環境考驗）、四大危險（精神懈怠的危險，能力不足的危險，脱離群眾的危險，消極腐敗的危險），反映執政者強烈的憂患意識與危機應對張力。在社會公眾的情緒日益不穩的情況下，國家權力自身遭遇嚴峻挑戰，意味着國家－社會面臨同樣的危機處境。國家轉型必須理性而緊迫地籌劃。國家轉型的沙盤演練，就此具有理論上的重要性、現實中的針對性、操作上的應用性和後果上的有效性。這樣的演練，不是票友的興趣使然，而是國家處境的需要。

## 註釋

1 《禮記・中庸》。

2 百度百科：「預案」。http://baike.baidu.com/view/1083365.htm（瀏覽日期：2012 年 12 月 24 日）。

3 中國政府網：〈國家突發公共事件預案體系〉。www.gov.cn/yjgl/2005-08/31/content_27872.htm（瀏覽日期：2012 年 12 月 24 日）。

4 中國政府網：〈國家突發公共事件預案體系〉。www.gov.cn/yjgl/2005-08/31/content_27872.htm（瀏覽日期：2012 年 12 月 24 日）。

5 中國政府網：〈國家突發公共事件預案體系〉。www.gov.cn/yjgl/2005-08/31/content_27872.htm（瀏覽日期：2012 年 12 月 24 日）。

6 中國政府網：〈國家突發公共事件預案體系〉。www.gov.cn/yjgl/2005-08/31/content_27872.htm（瀏覽日期：2012 年 12 月 24 日）。

7 參見烏爾里希・貝克著，何博文譯：《風險社會》，南京：譯林出版社，2004。

8 參見孫立平：〈轉型陷阱，中國面臨的制約〉。www.21ccom.net/articles/zgyj/ggzhc/article_2012010151303.html（瀏覽日期：2012 年 12 月 25 日）。

9 蘇聯崩潰過程之中及崩盤後的狀態，堪為典型。今日蘇共（俄共）的政治處境，尤其說明一個僅僅只想維持現狀的政黨，在喪失自己掌握的國家權力後，會出現一種多麼糟糕的政黨態勢。蘇共（俄共）的這一演變，不能被解讀為執政黨一股腦維持政權對它的政治操控權具有怎樣的必要性與重要性，而只能被解讀為一個固守現狀的執政黨必然喪失政權的失勢結局。參見周尚文等：《蘇聯興亡史》相關章節，上海：上海人民出版社，1993。

10 國家在拒絕改革情形中離心運作的示意圖。國家、社會與市場，及三者的人格載體——掌權者、企業家和普通公眾，都偏離國家團結和謀求發展的目標，讓國家的政治聚合能力處於下降狀態。

11 關於政治衰敗的分析，參見弗蘭西斯・福山著，毛俊傑譯：《政治秩序的起源——從前人類時代到法國大革命》，桂林：廣西師範大學出版社，2012。

12 孫中山：〈世界潮流浩浩蕩蕩，順之則昌，逆之則亡〉。

13 孫中山：〈中國國民黨宣言〉。

14 孫中山：〈世界潮流浩浩蕩蕩，順之則昌，逆之則亡〉。

15 康有為：〈應詔統籌全域疏〉。下同。

16 孫立平：〈轉型陷阱，中國面臨的制約〉，www.21ccom.net/articles/zgyj/ggzhc/article_2012010151303.html（瀏覽日期：2012 年 12 月 25 日）。

17 孫中山：〈在浙江共和、民主兩黨浙江支部歡迎會上的演講〉。

18 在主動改革情形中中國向心運作的示意圖。國家、社會與市場，及三者的人格載體——掌權者、企業家和普通公眾，都圍繞國家團結和謀求正常發展的目標，實施其日常行為與展開理想追求。

19 二〇〇二年胡錦濤在紀念現行憲法頒佈實施二十周年大會上的講話，二〇一二年習近平在紀念現行憲法頒佈實施三十周年大會上的講話，一以貫之地強調，任何個人與組織都必須在憲法之下活動。這裏的個人，最重要的涵項是國家領導人；這裏的組織，最重要的涵項則是執政黨中國共產黨。因為兩者是決定能不能將所有個人與組織納入憲法之下的決定性因素。

20 列寧：〈國家與革命〉，《列寧選集》第 3 卷，北京：人民出版社，1972。

21 列寧：〈國家與革命〉。

22 托克維爾著，馮棠譯：《舊制度與大革命》，北京：商務印書館，1997，第 60 頁。

23 托克維爾：《舊制度與大革命》，第 210 頁。

24 托克維爾：《舊制度與大革命》，第 210 頁。

25 托克維爾：《舊制度與大革命》，第 238 頁。

26 參見吳敬璉：〈對新一年的期待〉，《中國改革》，2012 年第 2 期。

27 在革命形勢中國家崩潰情形示意圖。國家、社會與市場，及三者的人格載體——掌權者、企業家和普通公眾，離心力與向心力相互拉扯，造成機構的組織能力散失，人心不穩，各失基準，有效的自我約束與相互約束的邊界徹底虛化。最終，國家喪失自我維持的內聚力，陷入崩潰的境地。

28 周志興：〈收拾人心是關鍵〉。www.21ccom.net/articles/dlpl/whpl/2012/1129/72021.html（瀏覽日期：2012 年 12 月 28 日）。

29 《尚書・太甲》。

30 公方彬：〈新政治觀的創新點與突破口〉，載《人民論壇》2012 年 10 月，總第 380 期。

31 張千帆：〈憲政民主是最高國家利益〉，載《領導者》2012 年第 5 期。

32 張千帆：〈真正行憲就是政改〉，載《經濟導報》2012 年 11 月 7 日。

# 後記

三卷的《中國的現代國家構造》，終於完稿。

就中國現代國家構造寫一本篇幅如此巨大的書，是不是有些小題大做？這個問題近大半年一直縈繞在我心，揮之不去。這大半年，我集中精力，為這本書的清稿，總覺得篇幅太多，有些讓人抓不住韁的感覺。而且，三卷的主題似乎各自可以獨立出版，不必整合在一起，因此，總思考自己是不是故意想弄出一本大書，將分散的不同主題刻意捆綁起來？一邊清稿，一邊總是在想這個問題，久而久之，便愈來愈想給這本大書的成稿給予充分的理由。

中國的現代國家構造，是世界現代化史上為時最為漫長、過程最為艱巨的國家建構。從時間上看，它肇始於明朝晚期，卻在清朝早中期中斷，到晚清又以驚心動魄的歷史畫面，呈現給世人；但經歷了中華民國、中華人民共和國兩個階段，中國的現代國家構造仍未完成。相反，現代國家建構一波三折，讓人浩歎，也讓人提出無盡的疑問。從清朝的古典帝國建構，到晚清轉進民族國家的努力，中國人致力建構現代國家的嘗試一直未曾中斷。然而，轉出古典帝國是成功了，但民族國家的建構仍沒有成功。不僅民族國家的形式結構還有待坐實，民族國家的規範形態即立憲民主政體的建構，也遠未可期。中國的現代國家建構，還是一個需要艱苦努力才能成功的事情。相對於中國發展現代市場經濟而言，中國的現代國家建構發展不僅更加艱難，而且收效也更加低微。令人擔憂的是，若中國現代國家建構的任務不完成，中國的經濟發展成便會毀於一旦。

建構現代國家，中國必須處理好傳統政治遺產，這是建構現代國家必須直面的歷史問題。中國傳統政治遺產，有兩個厚重的結構面：一是千年的古典政治傳統。這一傳統依託的國家形態是古典帝國，是一種需要轉變的國家形態。事實上，自近代以來，已經發生了不可逆轉的結構變化。但傳統政治的思想遺產和制度遺產，還是一筆值得重視的政治資產，要致力建構現代中國，便不能將之隨意拋撒。二是近一個世紀的政黨國家遺產。政黨國家是現實的中國國家形態，似乎還不能說是一筆政治遺產。但政黨國家百年的興廢史，需要人們認真加以分析研究，從中分析出中國現代國家建構的經驗與教訓。在這個特定的意義上，以超越政黨國家為目的對之進行的反思，已經突顯出它的必要性與重要性。

建構現代國家，只有基本的價值準則和大致的國家框架可循，沒有具體的推進方案和固定模式可依。因此，中國的現代建國一定具有毋庸置疑的「中國特色」。但這中國特色，並不是在基本價值和基本制度上呈現的，而是在具體進路和實際形態上展示的。中國如何守住現代國家的底線，怎樣因應國家的實際處境，建構符合一般標準的現代國家，確實是一個需要認真辨析的問題。辨析清楚這樣的問題，才足以為中國的現代國家建構提供強大的實踐支援。否則，建構現代中國就只會是天方夜譚，想得到，做不到。

就此而言，可以確立本書論題的重要性。這似乎為筆者研究這一論題提供了強有力的支持。

但是，研究中國的現代國家建構，鋪開這麼大的篇幅，涉及五十多個論題，未必是論題重要性所可辯護的事情。做到言簡意賅，豈不更好？確實，以一本小冊子概述中國的現代國家建構重大問題，提要鈎玄，直指要旨，為國家建構提供一本行動指南，不是更有價值嗎？回答是肯定的。但就筆者的研究進路和論述趣味而言，一是不想這麼處理論題，二是不願這樣簡單地對待複雜的建國問題。因此，論題無形中就多起來，寫作篇幅日漸膨脹，到後來竟然分了三卷。

中國的現代國家建構，確實是不能簡單處置的宏大問題。對此，要言不煩、簡明扼要的論述，讓人們一下子明白中國建構現代國家的已有收穫、存在的問題、解決的方式、發展的前景。但這樣的論述，在收到化繁為簡效果的同時，也會遭遇掛一漏萬的尷尬。而且，總是以宏觀勾畫線索的小篇幅著作處理中國現代建國的重大主題，似乎對此中蘊含的重大政治學理論問題不公；或總是以歷史敍事的方式重述中國現代建國的艱難困苦，似乎也有些避重就輕的理論逃避嫌疑。

為此，筆者確立了不同於近年漢語學術界通行、論述中國現代建國問題的進路，一方面拒斥從規範政治哲學視角，陳述中國現代「應當」如何建國的論述方式。這樣的論述方法，可以將中國現代建國的目標模式直接展示給人們。但無法處理中國現代建國蘊藏的重大政治學理論主題，有以規範理論掩蓋中國問題的草率感。另一方面，筆者也拒斥近年學術界流行以歷史敘事的方式重述中國現代建國的過程，以縷清事件與影響，描述人物與故事，貫穿論者的建國理念。這種借助歷史影射現實的做法，不是筆者擅長的。筆者確立的論述進路，是政治學理論的進路。一者，它與歷史論述相關，不以歷史敘事主導論述，而試圖透過歷史的演進，透顯其中蘊含的國家建構理論內涵。二者，它與政治哲學有關，但將重點放在應當如何建國上，而試圖借助政治哲學的規範陳述，提供一個論述中國現代建國的背景框架。這一論述的便利和有力，可能是緣於歷史但重視當下，源於規範但尊重事實。因此，既可以開放處理歷史遺產的大門，又可以為現實處境中發揮建國效能的人與組織提供資訊，還可以因應實際情況引導建國往規範方向前行。

這種論述意圖，當然就不是較小篇幅可以概括的。筆者既然希望勾畫中國現代建國的既成歷史，又試圖分析當下建國的狀態，進而對中國的現代國家建構走勢加以勾勒。這中間每一個論述意圖，都是關乎中國現代建國的重要論域。因此，也就需要相當的篇幅才能處理其中的重要主題。篇幅，就這樣增大了。

筆者為全書確立了三個論域。分別是，中國現代建國涉及的國家形態轉變問題，國家運行過程中的政策制定與執行問題，國家形態轉變的規範指向與推進困難。選定這三個論域，自然是因為它們關乎中國現代建國的整體圖景如何完整呈現的問題。三個論域，各成一卷。

全書三卷，以第一卷處理第一個論域，主要是想刻畫中國現代建國催生的不同國家形態，在結構上呈現出來的基本特質。從帝國轉進到民族國家，民族國家未及穩定，帝國復辟便催生了政黨國家。但政黨國家是不是就是中國現代建國的落定形態呢？從中國現代國家結構的超常狀態來看，它還不是一種落定形態，還需要轉進到規範的立憲民主政體，才能夠完成建構現代國家的任務。因此，在歷史呈現現代中國的四個國家面相後，需要對政黨國家進行較為系統的分析：政黨國家如何處理民族、國家與政黨三者的關係，如何校正憲法與國家的關係，政黨國家如何控制國家並維持其國家形態，政黨國家怎樣因應社會的訴求處理政黨—社會關係，政黨國家如何贏得人們認同，怎樣為改革政黨國家的弊端預留空間和籌劃未來。這些具體的論題一一浮顯，構成第一卷的論述主題。

第二卷的論域是國家理念與公共政策。試圖處理的主題因應論域的廣泛而較為繁雜。本來，處理這樣的論域，需要像第一卷般，廣泛涉及帝國、政黨國家與憲政民主國家的政策制定與分析；但這一卷主要限於中國內地的國家理念與公共政策的關聯性分析。這是一種適當收縮陣線的分析進路。這樣做的原因很簡單，兩岸四地的政治體結構不同、制定政策的進路明顯有異、執行政策及評估績效的方式相別，連鎖論述，根本無法從容實施。集中精力描述和分析切近論述者和閱讀者生活經驗的那些事實，是比較適當的進路。因此，這一卷主要是描述與分析中國內地國家觀念與政策制定、實施的諸論題。重點在於指出，中國的政黨國家理念，決定它的政策制定與執行狀態。正是由於高度集中的政黨國家權力體制，以及國家受制於政黨政治意志的統治，因此，各種政策的制定與執行，儘管保有相當的靈活性，追求的卻是政治氣勢，而不是政策績效。故而，在尋求國家治理體系與治理能力現代化的當下，需要轉變國家結構，才能保證政策的公共性和績效性。

第三卷的論域是國家轉型。中國已經從帝國轉出，但轉進的是形式上的民族國家，實質上的政黨國家。因此，國家結構形態面臨一個再次轉型的問題。設定中國國家結構形態再次轉型的規範形態是立憲民主國家，那麼，就需要對現代規範國家的憲政結構進行描述，並分辨立憲政體產生的地方性與擴展的普遍性之間的複雜關係，進而對現代立憲民主國家的廣泛論題加以處理：諸如如何對待國家的憲政建構，如何真正坐實人民主權，怎樣建立適應民主社會需要的公民宗教，如何避免以治道遮蔽政道的改革，怎樣處理大國的中央權力與地方政府的關係，如何從基層向中層和高層推進民主，怎麼助長作為現代國家基礎結構的公私領域分化，如何以超然的國家機制整合各方力量以保穩定秩序，杜絕陰謀論主導社會心理，在「反左防右」的兩端之間選擇適中的國家發展道路，以最壞的國家處境謀求最滿意的國家轉型結果。

本書需要這麼大篇幅，從此似乎獲得了正當辯護。當然，基於本書論域的相對獨立性，讀者完全可以分開閱讀自己感興趣的部分。但如果想對中國現代建國的總體狀況有一個比較全面的了解，全書還是值得一讀的。

本書創作前後經歷近二十年。這既證明本書論題是筆者長期關注的問題，因此逐漸推進，漸次深入，將中國現代建國的主要論題，盡量納入筆者的論述範圍。同時，也證明筆者不是突發奇想，隨便選定一些論題湊成本書的。對筆者這一代學人來說，關注中國的國家狀況，既是時代塑造的結果，也是「為中華之崛起而讀書」的學術氛圍促成的結果。對筆者個人來說，長期從事政治學理論的研究，想對中國的現代國家建構進行政治學理論的解釋，便是本書寫作的職業驅動力。

全書各具體論題的選擇具有偶然性。但選題之間的相關性，卻不是由偶然註定的，而是由筆者對相關主題持續的關注所引導的。一個顯著的事實是，要關注中國的現代國家建構，就必須關注它的歷史脈絡、現實處境和未來走向。這是筆者最後清稿時，一個可以認定的寫作處境。這些逐漸被納入書中的論題，都是基於學理的及需要確定的。

無疑，本書是一本政治學理論作品。在中國，進行政治學理論研究，吃力不討好。確定中國現代建國的政治學理論研究主題，更是自墮敏感話題陷阱之中。筆者自認，在本書中處理的話題，無論多麼敏感，都是基於分析中國現代建國的學術需要選定的。因此，筆者對之的論述，也保有一種學術獨立、不偏不倚的論述立場。筆者並沒有任何政治雄心，從來不打算借助論述國家問題而介入國家權力。筆者更是熱愛自己的祖國，對之充滿善意的期待，絕對不存任何敵意。任何對本書的極端解讀，都與作者的寫作旨趣無關，都不能改變筆者對中國的現代國家構造進行絕對單純的學術探究初心。

從寫作風格上說，筆者從來沒有在寫作任何專著或論文前，確定誰是讀者這一問題的答案。原因很簡單，筆者作為一個在大學裏任教的專業研究者，既不能將自己包裝成渲染某些教條的宣傳家，也不能將自己視為拯救民族或國家的政治英雄。筆者需要信守的只是專業立場。因此，筆者的寫作只需要向專業負責。為此，筆者從來不曾打算將自己的作品寫成暢銷書，也不打算以之謀求權勢者的青睞和恩寵。居中的寫作，就此成為筆者確定的相關問題的解析方式。如此，修辭的講究並不在考慮之列，文學化的表達被嚴格拒斥，政治上的考量也不是重點。

筆者看似不尊重讀者權利，沒有實現讓人一看就懂的寫作目的。確實，深入淺出、老少咸宜的寫作方式，筆者自覺有些排斥。因為這樣的寫作，有一種投合大眾趣味的取巧嫌疑。筆者不願為之。守住專業立場，確定與論述主題相一致的表述風格，乃是筆者從事專業研究工作必須承諾的原則。尤其是在筆者論述有關中國現代國家建構這麼凝重話題的時候，來不得半點戲說，容不得華麗文辭。或許，基於這樣的寫作風格，筆者需要向讀者致歉。但筆者想請讀者給點耐性，與筆者一起理性地思考這一重要話題，而不是用輕鬆自如的調侃和戲劇化的表達打發這一重要話題。

前後長達十多年的漸進性寫作，內容上可能容有交疊，表述上可能前後不一。筆者選定主題時，盡量保持彼此間的距離，極力拉開相關論述的視角。因此筆者在清稿的時候，尚未感覺明顯的重複和冗言。這自然可能是筆者自美的感覺導致的印象。讀者盡可以根據自己的判斷做出批評指正。

論述中國的現代國家建構，就此告一段落。在一個思考國家問題，就會行走在危險邊緣的狀態下，這種及時收筆也許是必要的。

筆者近年的專業工作，是西方政治思想史的教學與研究。但中西之間、東西之間，何曾割離。遠在古希臘與先秦時代，東西問題就隨時叩擊不同地域的人們的大腦。踏入近代門檻後，東西衝突，尤其是中西衝突，構成中國社會政治變遷的主旋律。西方政治思想，構成人們思考現代國家建構的理論基礎之一。專注西方政治思想史的教學研究，而不直接言說中國政治問題，免除直白言說現實政治的危險性。不過，這並不是說筆者完全沒有中國關懷。或許，西方政治思想史的教研工作，僅僅需要轉換自己的思考方式，借助一種新的思想資源、話語方式，更間接但深沉地尋求同一個問題的不同答案而已。

這是一個中國人註定要面對的事。

悠悠萬事，唯此為大！

任劍濤

二〇一四年七月二十八日於廣州家中

# 增補後記

由於眾所周知的原因，這本完全是學術化的討論中國現代國家建構的書，在大陸幾家出版社周遊近十年，終未能出版。因此只好交付香港城市大學出版社付諸出版，我對城大出版社出版學術著作的熱忱深表敬意。特別需要感謝城大出版社社長朱國斌教授、責任編輯陳小歡小姐，他們為拙著的出版費心盡力，讓人感念。

二〇一九年五月二十日

CIVITAS 思想共和國
CIVITAS 思想共和國 CIVITAS 思想共和國 CIVITAS 思想共和國
CIVITAS 思想共和國 CIVITAS 思想共和國 CIVITAS 思想共和國
CIVITAS 思想共和國 CIVITAS 思想共和國 CIVITAS 思想共和國 CIVITAS 思想共和國
CIVITAS 思想共和國 CIVITAS 思想共和國 CIVITAS 思想共和國
CIVITAS 思想共和國 CIVITAS 思想共和國 CIVITAS 思想共和國 CIVITAS 思想共和國
CIVITAS 思想共和國 CIVITAS 思想共和國 CIVITAS 思想共和國
CIVITAS 思想共和國 CIVITAS 思想共和國 CIVITAS 思想共和國 CIVITAS 思想共和國
CIVITAS 思想共和國 CIVITAS 思想共和國 CIVITAS 思想共和國
CIVITAS 思想共和國 CIVITAS 思想共和國 CIVITAS 思想共和國 CIVITAS 思想共和國
CIVITAS 思想共和國 CIVITAS 思想共和國 CIVITAS 思想共和國
CIVITAS 思想共和國 CIVITAS 思想共和國 CIVITAS 思想共和國 CIVITAS 思想共和國
CIVITAS 思想共和國 CIVITAS 思想共和國 CIVITAS 思想共和國
CIVITAS 思想共和國 CIVITAS 思想共和國 CIVITAS 思想共和國 CIVITAS 思想共和國
CIVITAS 思想共和國 CIVITAS 思想共和國 CIVITAS 思想共和國
CIVITAS 思想共和國 CIVITAS 思想共和國 CIVITAS 思想共和國 CIVITAS 思想共和國
CIVITAS 思想共和國 CIVITAS 思想共和國 CIVITAS 思想共和國
CIVITAS 思想共和國 CIVITAS 思想共和國 CIVITAS 思想共和國 CIVITAS 思想共和國
CIVITAS 思想共和國 CIVITAS 思想共和國 CIVITAS 思想共和國
CIVITAS 思想共和國 CIVITAS 思想共和國 CIVITAS 思想共和國 CIVITAS 思想共和國